国家出版基金项目
NATIONAL PUBLICATION FOUNDATION

U0615921

国家社会科学基金项目资助

骆越文化研究丛书

骆越青铜文化研究

LUOYUE QINGTONG
WENHUA YANJIU

谢崇安 著

覃彩銮 总主编

广西科学技术出版社

图书在版编目（CIP）数据

骆越青铜文化研究 / 谢崇安著. —南宁：广西科学技术出版社，2024.1
（骆越文化研究丛书）
ISBN 978-7-5551-1337-9

Ⅰ.①骆… Ⅱ.①谢… Ⅲ.①青铜时代文化—研究—中国 Ⅳ.①K871.34

中国版本图书馆CIP数据核字（2020）第084676号

骆越青铜文化研究

谢崇安　著

策　　划：卢培钊　黄敏娴	责任编辑：方振发　程　思　苏深灿
责任校对：陈剑平	封面设计：韦娇林
责任印制：韦文印	

出版人：梁　志	出版发行：广西科学技术出版社
社　　址：广西南宁市东葛路66号	邮政编码：530023
网　　址：http://www.gxkjs.com	
印　　刷：广西民族印刷包装集团有限公司	

开　　本：787 mm × 1092 mm　1/16		
字　　数：420千字	印　　张：27.75	
版　　次：2024年1月第1版	印　　次：2024年1月第1次印刷	
书　　号：ISBN 978-7-5551-1337-9		
定　　价：108.00元		

总　　序

　　商周时期，我国分布着众多古老的部族，经过频繁的战争、迁徙、交融与发展，逐步形成东夷、西戎、中夏、北狄、南蛮等五大族群集团的分布格局，奠定了中华民族多元一体的基础。长江以南的广大地区，属百越分布地，"自交趾至会稽七八千里，百越杂处，各有种姓"（《汉书·地理志》）。"百越"者，支系众多，分布地域广也。从今越南北部到中国浙江绍兴会稽山一带，分布有吴越（今江浙一带）、扬越（今江苏扬州一带）、东瓯（今浙江）、于越（今浙江绍兴会稽山一带）、闽越（今福建）、赣越（今江西）、南越（今广东南部）、西瓯（今广西东北部）、骆越（今广西西南部、云南东南部至越南北部）等。因百越分布于我国长江以南地区，地理相连，自然条件基本相同，故而其生产方式、文化习俗亦大同小异。

　　骆越是百越族群中的一个重要分支，主要居住在岭南西部、云南东南部至越南北部地区。在长期的历史发展进程中，骆越人民以自己的勤劳与智慧开拓了珠江流域文明，创造了丰富多彩、特色鲜明、闪耀着人类智慧光华的稻作文化、铜鼓文化、干栏文化、歌舞文化、花山岩画艺术等，为丰富中华民族灿烂文化乃至世界文明做出了重要贡献。因而，骆越历史文化是研究华南民族历史文化的重要课题，历来为历史学和民族学界所关注。长期以来，学者们对骆越的起源、发展、地理分布、文化面貌与特征进行研究，取得了许多成果。但是，一方面，由于历史和地理方面的原因，史籍中有关骆越历史、分布及文化的记载较少，且多语焉不详，使骆越创造的丰富、灿烂文化被历史岁月所湮没，也给全面、深入研究和揭示骆越历史文化面貌带来了困难，不同学者对相关问题出现不同看法在所难免。另一方面，古代骆越分布地跨越今中国和越南两国，由于缺乏跨国开展调查、研究与合作、交流的机制，学者们在对骆越历史文化进行研究时，多注重于本国范围内的研究，未能将骆越作为一个整体进行全面、深入研究，加上两国学者的史学研究方法、目的、认知及依据资料不尽相同，因而对于骆越的来源、分布、社会发展等方面的观点截然不同。越南学界一直重视骆越相关问题的研究，20世纪60年代末至70年代，越南史学界相继组织专家、学者开展骆越历史文化的研究，召开了全国性的学术研讨会，且国家领导人出席研讨会议，鼓励学者们大力开展骆越相关问题的研究。越南出版了一系列研究著作，认为骆越集中分布在今越南北部的红河流域，是今越南民族的直接祖先；居住在越南北部的骆越早在公元前4世纪已建立"文郎国"，产生了第一代君王"雄王"；"文郎国"的范围北至今广西以至湖南洞庭湖一带。事实上，骆越属我国南方百越族群的一个分支，其文化亦属百越文化系统，其主体分布在我国岭南西部地区，秦始皇统一岭南后，骆越分布地属秦王朝统一管辖的范围，有关骆越活动的记载皆为中国史籍（注：越南在宋代以后才出现用汉字记载的史籍）。然而，中国学界对骆越历史文化的研究一直处于分散状态，研究成果也较零散，未能形成合力，出版的骆越历史文化专著也较少。而越南学界关于骆越的上述观点，并不符合历史事实，引起了我国学界的高度关注。因而，我们应组织力量，集合专家学者的智慧，以历史唯物主义的立场、观点为指导，坚持实事求是的史学态度，通过对相关史籍记载和出土考古资料的梳理与考释，全面、深入开展骆越历史文化的研究，对越南学界不符合历史事实的观点予以辨正。

为了还原骆越历史真相，揭示骆越文化的面貌与特征，阐明骆越文化是中华民族源远流长的多元一体文化的组成部分，2015年，广西民族学界组成骆越文化研究团队，设置系列研究专题，旨在对骆越历史文化开展全面、系统、深入和整体性的研究，形成系列性研究成果，出版系列著作。

参加该课题研究的学者，都是长期从事考古学、历史学、民族学研究，对骆越历史、文化研究有相当高的学术造诣和深厚的学术积累，并且有着丰富前期成果的资深专家。其研究专题根据骆越起源、分布、文化面貌与特征的整体性、全局性等重要问题的研究需要而设置。负责各专题研究的专家从各自擅长的学科出发，通过对文献资料的梳理与考证，运用中国和越南历年来考古发现的丰富资料，从历史的纵深度、社会发展的横向度和文化的开阔视野与深掘度，对骆越起源、发展、分布、文化面貌与特征及其与中原文化的关系，骆越文化遗产的保护、传承与利用等问题，做了全面、系统、深入的研究与揭示。其成果取得了多方面的突破与创新：一是站在中华民族多元一体文化的基点上，阐明秦始皇统一岭南后，在今广西、广东和越南北部设置桂林郡、南海郡、象郡三郡，实行封建统治，因而，骆越及其文化是源远流长的中华民族多元一体的组成部分。二是研究方法的科学性和严谨性，即坚持历史唯物主义的立场和实事求是的科学态度，通过对史籍中有关骆越活动的记载详加梳理和考释，对骆越故地（包括中国广西和越南北部）发现的各类历史文化遗存和出土遗物进行全面收集，详加甄别与辨证，揭示了骆越的形成与发展过程，阐明了骆越的主体分布在中国广西及海南，而后逐渐向西迁移，进入今越南北部。三是对古代骆越及其文化进行整体研究，突破了以往中国学者侧重于本国境内骆越历史文化研究的局限。四是在理论和观点上有诸多创新，即运用中华民族多元一体的理论，以文献资料和考古资料为依据，阐明骆越文化与我国古代南方百越族群及中原文化的密切关系。骆越文化在发展过程中，始终受到百越文化和中原文化的深刻影响；骆越在公元前4世纪尚处于原始部落或部落联盟的发展阶段，大约到了公元前2世纪才逐渐进入前国家形态的方国发展阶段，开始出现青铜文化；宋代以前，骆越文化属中华民族文化的组成部分，权属中国；宋代以后，随着越南独立，骆越文化遗产分属中国和越南所共享，但其主体在中国。中越两国在骆越文化遗产的保护、传承和利用方面，可开展交流与合作。正是专家们科学、严谨和深入的研究，使骆越历史和文化的研究取得诸多突破性成果，显示出重要的理论价值、学术价值、应用价值和现实意义。

　　广西科学技术出版社领导慧眼识珠，决定将骆越文化研究系列成果列入出版规划，并且获得国家出版基金的资助，这将是我国迄今首次出版的骆越历史文化研究系列专著，意义重大而深远。愿该系列著作的出版，有助于还原骆越历史文化真相，有利于不断推进和深化骆越历史文化的研究。

2019年12月28日

前　　言

　　根据《史记》《后汉书》等极其有限的史籍记载，骆越是先秦两汉时期分布于今中国、越南边境的著名族群酋邦集团，但其真面目一直存在许多谜团。近一个世纪以来，在中国和越南发现了许多灿烂多姿的上古青铜文化遗存，这为重建骆越史提供了可能。因此，研究骆越青铜文化可补文献记载之缺，可建立骆越史的编年体系，可厘清骆越文化的源流及其与夏商周文明的关系，可揭示骆越青铜文化所反映的族属与族群关系，可复原骆越先民的社会形态及其文化发展演变的轨迹，可揭示骆越集团及其文化如何融入秦汉王朝多元一体的发展历程。

　　本书是一部主要立足于现当代考古发现资料，并对之加以综合研究的骆越青铜文明史，内容分为十一章。

　　第一章主要阐述本书的基本概念，课题研究的意义、研究对象与时空范围、史料来源，以及研究的方法和理论的借鉴。通过学术史的总结，本书还讨论了研究存在的主要问题及其突破的方向。

　　第二章阐明骆越的族源与分布。史料表明，东亚南部先秦两汉时期的骆越集团的主体族群是属于百越系民族的一大分支，主要分布在桂南、粤西南、雷州半岛、海南岛和越南北部一带。骆越先民远在商周时期就与中原华夏诸族有了交流和朝贡贸易关系，骆越地区的主要特产也已经闻名中原。考古发现也可证明，先秦两汉时期，不断有来源不同的族群迁移至骆越地区，到秦汉王朝先后征服岭南地区，并在当地建立了中央集权郡县制实施管辖，经长期的民族融合，骆越文化逐渐与汉文化融为一体。因此，本书所要阐明的"骆越"，事实上是包含有多个族群的集团，研究对象就是整个骆越历史民族区考古发现的青铜文化。

第三章阐明骆越青铜文化的起源。通过比较研究，笔者认为骆越青铜文化主要是在夏商周青铜文明的传播影响下起源发展起来的，在距今3500～2800年，骆越地区先后进入了青铜文化的初创阶段。大约在西周中晚期至春秋早中期，骆越地区才逐渐形成具有地方特色的青铜文明。

第四章研究骆越青铜文化的区系类型与年代分期。过去，骆越地区发现的先秦两汉时期的青铜文化遗存虽然为数不少，但因典型遗址不多，也缺少共时而又系统的陶器遗存，故对骆越青铜文化最基础的研究——遗存的区系类型划分和年代分期，前人大多忽略。笔者不辞浅陋，旨在通过比较研究提供的共时关系，初步将骆越青铜文化区分为两大区系和五个地方类型，分别代表各地青铜文化起源和发展演变的时空序列，从而为今后的骆越问题研究提供较坚实的基础。

第五章揭示骆越青铜文化的发展和演变。骆越青铜文化虽然起源很早，且不断受到中原青铜文化的影响，但这一发展过程十分缓慢。笔者认为，这反映骆越地区当时尚处于古国社会形成的阶段，岭南与中原地区的族际交通互动，还不足以达到能够极大地促进骆越社会性质产生质变的程度。直到公元前6世纪之后，骆越青铜文化才开始进入繁荣发展期，并在公元前3世纪—公元前2世纪达到鼎盛阶段。这时骆越文化已经形成自身独特的风貌，以铜鼓、羊角钮钟、铜钺为组合标志的骆越青铜文化，成为骆越方国礼制文明的象征。在荆楚文化、吴越文化、滇文化的不断影响下，骆越已经发展成为与西瓯、南越并立的岭南大酋邦方国。进入秦汉时期，骆越青铜文化开始融入多民族统一国家文明的演进历程，既体现了汉越文化的融合，同时也出现许多卓越的青铜艺术品，对后世产生了十分深远的影响。

第六章揭示骆越青铜文化反映的族属与族群关系。从青铜文化遗存观察，可知骆越地区先后分布有文身断发的骆越人、辫发的氐羌人以及巴蜀人、夜郎人、滇人、汉人等族群，表明骆越是包括有多种族群的集团方国。进入秦汉时期，汉族移民虽然属于骆越地区众多族群中的少数，但在政治上处于强势地位，从此便成为中国南疆多元一体格局形成和社会发展进步的主导力量。

第七章揭示骆越青铜文化与中原文化的关系。从极其有限的古籍记载，过去很难弄清上古骆越文化与中原文化的关系，但从青铜遗存观察，就可知骆越青铜文明事实上就是商周青铜文化圈的延伸。到秦汉时期，骆越文化已经发展成为具有汉越融合特征的多民族统一国家文化的重要组成部分。

第八章论述骆越青铜文化与周边文化的关系。比较研究表明，骆越青铜文化与周边青铜文化存在着密切的交流融合关系。如中原文化就是通过南越、西瓯等越人地区才传入骆越地区的。两广汉墓出土的骆越铜提桶、镂空圈足铜壶等遗存，也可同史书印证，表明骆越方国也一度臣属于南越国。南越、西瓯的文化因素在骆越地区不断出现，也意味着南越、西瓯、骆越的融合。在先秦两汉时期，中国西南各民族与骆越的交流也十分密切，如骆越文化最主要的因素——铜鼓、羊角钮钟等，就来自滇文化。川、滇、黔文化因素在骆越文化中的出露表明，骆越文化在形成发展的过程中也受到过西南各族的重要影响。

第九章阐明骆越青铜文化反映的古代社会性质与社会形态。从骆越青铜文化的起源发展历程来看，笔者认为它属于商周青铜文明的次生形态，属于秦汉国家区域文化的重要组成部分。骆越社会与许多少数民族社会一样，也经历了从古国、方国到帝国社会的发展阶段。骆越青铜文化既是骆越先民社会生活的反映和缩影，也是骆越先民精神世界的象征。

第十章着重揭示骆越青铜文化所见之秦汉多民族统一国家形成发展的历程。骆越地区发现的青铜文化不仅可以重建先秦骆越史，而且可以证明，经秦汉王朝前后达400余年的经营，环北部湾地区最终完成了王朝国家化和民族认同的进程。许多重放光彩的文物，既可形象地反映当时骆越地区社会经济与文化的繁荣，也可证明环北部湾地区是东西方大交流时代的汉朝东方门户前沿，是古代"海上丝绸之路"的重要中转站，在世界文明发展史上具有不可替代的地位和价值。

　　第十一章讨论青铜文化遗产的传承保护、开发利用及其对策建议。鉴于骆越青铜文化遗存对解决重大学术问题，以及对于文化教育和文化交流具有的重要价值，笔者对骆越青铜文化遗产的传承保护和开发利用提出了四项对策和建议：一是将文化遗存保护与文物保护单位及文化遗产名录的申请结合起来；二是基础研究与科普宣传并举；三是加强文物保护机构与教育、文化、科研部门的合作；四是实现常态化的国际交流与合作。

　　本书的完成，是对中国、越南的上古骆越青铜文化的考古发现和研究进行一次系统的梳理和理论探索，旨在进一步丰富中越两国民族史和东南亚古代史的内涵，阐明东亚南部民族社会发展演变的一个重要规律：区域文明必须要与周边文明和其他地区的文明进行互动交流才可能产生质的飞跃。

　　总之，本书作为一项综合性的研究，可促进中越民族史和东南亚史的学科建设，将有助于当今中国南疆开发中的文化基础建设及该地区的民族文化艺术遗产的保护和利用，还可为"一带一路"的研究和中外学术文化交流提供新的学术理论基础。

目　　录

第一章　·　绪论

　　《吕氏春秋·恃君篇》曰："扬汉之南，百越之际。"这是先秦中原华夏族认为，长江中下游以南地区皆为上古百越民族的分布地，"骆越"即是上古百越族群中的一个庞大的族群集团。"骆越"很早就与商周王朝进行交往。《逸周书·王会解》记载南方的朝贡者时就说道："路人大竹，长沙鳖……蛮杨之翟，仓吾翡翠……自古之政，南人至，众皆北向。"《吕氏春秋·本味篇》也载有"越骆（人）之菌"，在《史记》、"两汉书"、《水经注》等文献中就已多见"骆越"之名了。据史载，先秦两汉之骆越集团先民的地理分布，大体上就处于今广西红水河沿线以南至越南北部这一地区。笔者认为，这一广大地区实际上是以骆越族为主体，同时也包括有多种族群的历史民族区，本书即是将骆越历史民族区迄今考古发现的先秦两汉青铜文化遗存统称为"骆越青铜文化"。

第一节　研究骆越青铜文化的价值和意义

　　"骆越"虽然是先秦两汉时期史籍中所见的著名民族，但事实上关于古代骆越史迹的记载很少，其真面目一直存在许多谜团。一个多世纪以来，在中越边境发现了为数不少的上古文化遗址，从此为研究骆越文化的源流，以及重建东亚南部的区域文明史提供了可能。可以说，任何脱离中越边境考古发现的所谓骆越研究，都不免是空中楼阁。因此，研究骆越青铜文化至今仍然是国内外的显学和热点问题。例如，从20世纪50年代至今，越南学者陶维英的《越南古代史》、文新等人的《雄王时代》等论著，都以青铜文化的考古发现作为研究越南古代民族建国的立论基础。与此相对，中国岭南的桂南等地区，也是古代骆越族的主要分布地之一，研究骆越青铜文化的起源和发展，也事关壮侗民族的古代文明起源和发展，事关秦汉王朝多民族统一国家形成和演变的历程。从20多年来问世的《壮族通史》《广东通史》《壮族铜鼓研究》《铜鼓与南方民族》等论著都不难看出，考古资料是构建东亚南部民族史、文化史和地方史的主要材料，但其中的篇幅都很有限，远远不能概括本区域青铜文化考古发现的全貌，本区域的断代史也几乎是一片空白。这说明由于文献资料的缺乏和考古资料尚未能得到充分的阐明及利用，造成了学术理论研究的不足，造成了关于骆越历史文化问题的种种争论，更谈不上如何充分开发利用民族文化资源为现实社会服务。

凡此种种，也使我们认识到，就目前的考古研究现状而言，中外学术界对于骆越物质文化的基础研究，事实上仍然存在着许多空白和薄弱的环节。例如，何谓"骆越青铜文化"？如何在广大的中越地区的上古考古学文化遗存中区分出骆越青铜文化？骆越青铜文化的来龙去脉如何？骆越青铜文化的分布与类型、断代分期和文化演变序列如何确立？骆越青铜文化与中原商周青铜文化的关系如何？骆越青铜文化与周边文化的关系如何？骆越及其文化如何融入秦汉王朝多元一体格局的演进历程？这都需要不断地深入研究与探索才能将问题逐一解决，并且要追踪最新的考古发现，及时修正过去认识的不足。

上古青铜文化的考古发现表明，中国云南、广西与越南北部有着古老悠久的民族及其历史文化传统，但这一地区性的上古文明不像商周王朝文明那样是属于有文字可考的历史。本书所侧重研究的骆越青铜时代，基本上是历史记载的空白，正因如此，通过考古发现来研究、复原骆越地区上古青铜时代族群的社会历史，几乎可以说是唯一的选择。

有鉴于此，本书即以中国广西、云南和越南北部作为主要的研究空间，拟对这些地区考古发现的先秦两汉时期的骆越青铜文化遗存进行系统深入的基础研究，并做出综合性的物质文化与族群归属、族群关系以及社会形态等方面的科学阐释。我们将针对上述提出的主要命题，展开系统深入的调查研究和探索讨论，希冀所做出的成果能对我国的区域考古学、民族史和东南亚史的学科建设、西部大开发的文化基础建设、国家有关部门申报各级骆越专题文化遗产项目以及南疆民族文化资源的保护开发利用有所建树和贡献。

第二节　研究的史料、方法和理论的借鉴

　　本课题研究的资料来源主要有三个部分：一是为数不多的传世古代文献；二是较为丰富的地下出土的考古学文化遗存；三是民族史志和人类学资料。

　　如前所述，有关上古骆越地区的直接史料记载并不多，它们在《史记》、"两汉书"等传世古籍中所占的比例极小，而且涉及面也十分狭窄。在现代前辈学者的论著中，他们都曾对有关骆越历史民族区的古文献史料做过较深入的梳理分析，如徐松石的《粤江流域人民史》[①]、蒙文通的《越史丛考》和越南学者陶维英的《越南古代史》等。尽管这些古文献与古史研究有关骆越的内容不够丰富，但仍然是我们作共时性和历时性比较研究的坚实基础。

　　与稀少的传世古文献相对而言，地下文化遗存的考古发现，迄今可说是层出不穷。许多墓葬和遗址，大都经过考古学者科学有序的发掘，其地层关系清楚，时代明确，为我们复原先秦两汉时期的骆越青铜文明史提供了极为难得的第一手资料。其中的代表作有《广西先秦岩洞葬》《广西贵县[②]罗泊湾汉墓》《合浦风门岭汉墓》《广西田野考古报告集》等。

　　自法属殖民地时代到现当代，越南北部的青铜时代与铁器时代的遗迹发现为数不少，对此，国外学者也做过较多的报告和研究。例如，越南学者黎文兰等人著《越南青铜时代的第一批遗迹》、陶维英著《铜器文化与雒越铜鼓》、何文晋主编《越南考古学》，日本学者俵宽司著《越南古代史的考古学研究》[③]、西村昌也著《越南古代考古学》等。

---

　　①徐松石：《粤江流域人民史》附录一：关于岭南的重要旧籍，载《徐松石民族学文集》，广西师范大学出版社，2005，第209–210页。

　　②贵县于1988年12月20日经国务院批准撤销贵县建制，设立贵港市。书中除引用的文献资料使用"贵县"称谓外，其余均用现称"贵港（市）"。

　　③俵宽司：《越南古代史的考古学研究》，博士学位论文，日本九州大学，2003。

　　可以说，通过利用考古文物资料比证古文献记载，我们已经可以基本阐明中越边境的骆越青铜文化史及其反映的古代骆越社会的基本风貌。

　　广义的民族史志和人类学资料，应当包括历代传世文献中的南方少数民族地区的史志材料，以及近现代民族学、人类学学者通过科学艰辛的田野调查和理论探索所获的民族史研究成果。虽然直接记载上古南方民族的史料不多，但相关的历代地方文献和史志材料还是不少。例如，《礼记·王制》载："南方曰蛮，雕题交趾。"《楚辞·大招》曰："魂乎归来……北至幽陵，南交趾只。"《楚辞·招魂》又曰："魂兮归来！南方不可以止些。雕题黑齿，得人肉以祀，以其骨为醢些。"这些记载都反映先秦时期的楚人已涉足南方骆越地区，其地有文身、黑齿（久嚼槟榔而人齿变黑，或漆齿）之民，有人祭与食人之风，此风俗皆可在《后汉书·南蛮西南夷列传》之交趾的"乌浒"人、《异物志》的"西屠国"人以及东亚南部民族志中的众多猎头民族中找到例证[①]。又如"漆齿"，在越南北部清化省绍阳青铜文化遗址出土的一个蒙古人种的男性头骨上，就发现了在牙齿上涂漆的现象，这种漆齿之俗在越南近代社会还很普遍。其墓主的族属应当是上古青铜时代的骆（雒）越人[②]。同样，广西南部崇左一带的壮族先民，近代也保留有用植物染料漆黑牙齿的习俗[③]。通过古籍、考古资料、民族志互证，我们就可以阐明中越边境青铜时代先民与后世民族的源流关系。

　　在借助"三重证据"材料对骆越青铜文化进行广泛综合研究的同时，我们还必须借鉴多学科的方法和理论视角，才能深入和完善前人在相关领域的研究。例如，借鉴体质人类学的鉴定成果，甚至DNA分子人类学的研究成果，都可以为我们揭示骆越地区上古民族的源流提供有益的启示[④]。

---

①吴永章：《异物志辑佚校注》，吴永章辑佚校注，广东人民出版社，2010，第5页。

②埃德蒙·索兰、让皮埃尔·卡伯内尔：《印度支那半岛的史前文化》，任友谅译，《考古学参考资料》（2），文物出版社，1979。

③民国二十六年黄旭初监修、吴龙辉纂：《崇善县志》（崇善即今广西崇左）127页：壮族"男子天寒好包头，多跣足。女子带颈圈，染黑齿"。台北成文出版社1975年影印本。

④李辉：《百越遗传结构的一元二分迹象》，《广西民族研究》2002年第4期。

借鉴科技考古的方法和研究成果，我们也可以进一步厘清骆越青铜文化起源和发展演变的线索。

揭示骆越历史民族区多族群社会的文明诸形态，更需要借鉴现代历史科学有关文明理论研究的成果。例如，顾颉刚就曾对重建中国古史的新体系提出"四个打破"的新史观，其中最重要的就是：一要打破民族出于一元的观念；二要打破地域向来一统的观念①。笔者认为这两点对于指导骆越上古史研究尤其具有现实意义。

事实的确如此，通过对骆越地区青铜文化考古发现的比较分析，可认为：上古骆越地区历来都是多族群往来碰撞磨合的漩涡，到秦汉时期，它已经演变成多族群共生的文明社会；它的社会结构也不是纯粹的中央集权专制政体，而是多元一体运行的地缘政治格局。

在秦王朝统一岭南之前，骆越地区是否存在过国家政体？这在中越学界也是有争论的。按照中国著名考古学家苏秉琦提出的国家文明起源理论，中国早期文明的历程，一般是经历了由古国、方国到帝国的发展"三部曲"，秦汉帝国即处于中国早期文明发展的高峰阶段②。如何将考古发现资料转变为历史语言的框架，如何重建中国古史的上古时代，就必须把考古学、历史学、人类学真正地结合成一体③。苏秉琦认为，中华文明的形成是由多元文化组成的，除中原地区的华夏族外，周边民族都有其自身文明运动的轨迹，通过多民族文化的融合与互动，最后才汇成中华民族文明的大实体④。笔者认为这些理论观点，完全可以作为我们今天综合研究骆越地区上古青铜文明起源和发展及其社会形态的出发点和参照验证的主要理论模式。

①顾颉刚：《答刘胡两先生书》，载《古史辨》第一册，上海古籍出版社，1982。
②苏秉琦：《中国文明起源新探》，生活·读书·新知三联书店，1999。
③俞伟超：《本世纪中国考古学的一个里程碑》，载《中国文明起源新探》，生活·读书·新知三联书店，1999。
④苏秉琦：《中国文明起源新探》，第101-127页。

第三节　骆越历史民族区的地理环境及其影响

一、广西的地形与气候

广西属于中国南方丘陵地区的一部分。先秦两汉时期，岭南的许多越人地区之所以会分别形成不同的酋邦方国，显然与这种山地丘陵的地形分割密切相关。

就整体而言，广西地貌的基本特征是山地丘陵众多，平原和盆地的面积一般不大。山地大多呈东北—西南走向，没有太高大的山脉分布，西部与北部为喀斯特地貌。广西河流众多，受盆地的地形影响，干支流向中部汇合，形成以桂东为出口的叶脉状水系。其南部海岸线长而曲折，与越南北部海岸线相接。

气候与降水直接关系到农作物的品种布局、生长和产量。广西地跨亚热带和热带地区，降水丰沛，气候湿热，四季不明显，受季风、台风的影响较大。岩石经风化后形成深厚的红色风化壳，在此基础上，土壤发育成砖红壤。

由于湘江发源于广西，与漓江间的分水岭不算高峻，因此在广西东北部形成了与湖广相联系的天然通道。自古以来，广西民族社会的发展，总是通过湖广、江汉地区不断接受中原文化的影响。

广西盆地的封闭是相对的，其南面的钦州地区有临海的出口。这里的海岸线有许多天然良港，且有内河相沟通，因此自南海丝绸之路开通以来，两汉王朝的合浦郡便成了古代中国南向对外交通的重要门户前沿。

从岭南先秦两汉时期考古遗存在空间的分布来看，它们主要是发现在五岭南北两侧的河流沿线，这表明岭南地区和中原文化的交往是沿着岭南山地的河谷而进行的，这些河谷也是历史时期的过岭通道。这些南北通道在先秦时期已基本形成，五岭南北地区发现的性质相似的新石器晚期遗存和内陆中原的殷周式青铜器（图1-1），可对此做出有力的证明。

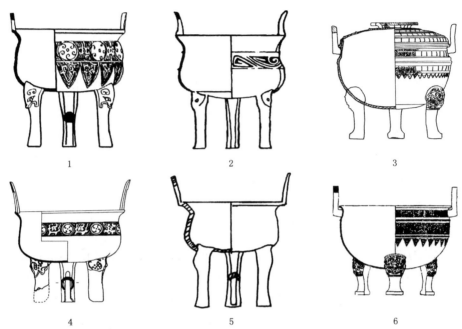

1—湖南望城高砂脊（西周前期）；2—湖南望城高砂脊（西周后期）；3—湖北当阳楚鼎（春秋）；4—广东博罗横岭山铜鼎（西周晚期）；5—广西贺州马东村铜鼎（春秋）；6—广西恭城秧家楚式鼎（春秋）。

图1-1　两湖、两广地区出土的殷周式铜鼎

　　到了秦汉统一时期，中央王朝对南疆的经略与开发，又进一步将中原与岭南的交通线推移到交趾及更南边的越南中部地区，有力地促进了上古骆越地区文明社会的发展，也大大加强了东亚南部族群社会与中原内地王朝的政治经济联系。

二、越南北部的地形与气候

　　越南位于中南半岛东部，是一个多山的国家，山地和高原约占国土面积的3/4。西北—东南走向的长山山脉斜贯西侧全境，成为越南地形的西侧主脊。境内河流以北方的红河和南方的湄公河为最重要，它们各自在下游冲积成巨大的三角洲，形成越南主要的两大平原。本书所要研究的南部

骆越历史民族区，指的就是越南北部的红河、马江、嘎江流域及其邻近地区。

红河发源于中国云南省，长约1200千米，在越南北部境内长约500千米，上游流经山区，自富寿省越池起即进入面积广大的平坦三角洲地带。红河三角洲地区与北邻的中国广西地区一样，远在新石器晚期，人口密度就比较大，散布着很多史前遗址。远古时期，这里曾经是北部湾的一个港湾，后来逐渐被数量庞大的河流冲积物填满形成三角洲，并每年向北部湾推进约100米。因此，红河三角洲可为古代民族不断提供生存发展的空间，成为越南民族的世居地，并逐渐成为上古骆越青铜文明的一个区域中心。青铜文明产生的前提是要有发达的农业基础，历史上，越南北部最发达的农业区一直集中在红河三角洲。

红河的两条主要支流，水量十分丰沛。云南高原的山脉、河流从西北朝下向东南方的越南北部穿越，河流就是沟通两地民族交往的通道。因此，上古的越南北部骆越青铜文化与云南滇系青铜文化就一直有着密切的联系，这是大河流域的地缘关系造成的。此外，越南北部也与桂南山水相依，通过河流、海洋、峡谷等无数通道，两地人民也可以自由交往。越南北部上古骆越青铜文化就是在当时滇桂文化的双重影响下发展起来的。

越南地处热带季风气候区，有气温高、降水多，旱季、雨季明显等特点，低纬度地区年均气温一般在24℃以上，对水稻等作物的生长很有利[①]。这是古代青铜文明产生的重要物质基础。由此可见，由于骆越历史民族区具有产生较发达稻作农业的地理环境，气候湿热，又紧邻东亚大陆腹地，因此这里在上古时期产生灿烂的青铜文化就不足为奇了。从地理形势和地缘政治关系来看，中国广西南部与越南北部的确有利于东亚内陆王朝文明的延伸。

---

①东北师范大学地理系主编《世界经济地理》（上册），北京师范大学出版社，1984，第84-86页。

三、骆越历史民族区的自然条件

中国广西与越南北部由于纬度低，受海洋季风等气候因素的影响，湿热多雨，在上古时代，其植被与赖以生存的动物资源远比中古时代以后更为丰富，除了今天仍然存在的物种，在广西与越南的史前遗址中出土的野生动物遗骸还有一些绝灭种或当地绝灭种（如剑齿象、大熊猫等）①。这些都为古人类的生存和发展提供了丰富的物质资源。而且，五岭沿线及其以南地区也广泛分布有野生稻资源，远在距今约11000年前的新石器时代早期，五岭地区的古先民已经学会了人工栽培水稻（如湖南道县玉蟾岩、广东翁源青塘诸新石器早期遗存有发现）。广西南宁的邕宁顶蛳山新石器时代遗址地层的植硅石分析结果表明，桂南地区在距今约6000年前就已经产生了较为发达的稻作农业②。

自然地理史的研究表明，骆越历史民族区在晚近的历史时期依然是森林茂密，河流众多，盛产犀牛、大象、孔雀等亚热带、热带动物，汉晋文献中也记载了当地的不少亚热带和热带植物。从气温来说，夏商时期属于东亚大陆的气候温暖期，这种长达数百年的温暖气候一直保持到公元前1世纪③。而这一漫长的气候温暖期，也正是骆越历史民族区步入青铜文明与酋邦方国族群社会蓬勃发展的时期。

四、产生青铜文明的地区

中国桂南与越南北部地区的地理环境以山地丘陵为多，地形、纬度不同，因而气候变化也较为复杂。自古以来，这里并不是所有的地区都适宜

①柳州白莲洞洞穴科学博物馆等：《广西柳州白莲洞石器时代洞穴遗址发掘报告》，《南方民族考古》（第一辑），四川大学出版社，1987，第143-160页。

②赵志军等：《广西邕宁县顶蛳山遗址出土植硅石的分析与研究》，《考古》2005年第11期。

③中国科学院《中国自然地理》编辑委员会：《中国自然地理·历史自然地理》第三章，科学出版社，1982。

产生青铜文明和酋邦方国文明。

迄今的考古发现表明，盆地平原与河流冲积平原的稻作农业区，是东亚南部区域上古青铜文明产生的中心地区，如云南昆明盆地的环滇池地区就是古滇国青铜文明产生的中心。在东亚南部的山地丘陵之下，还会形成不少的河流冲积平原，这里开垦容易，运输便利，可大量种植稻米，自然会成为古代文明的中心邑聚。广东珠江下游地区的上古南越国、广西东北部的西瓯国、广西南部与越南北部的骆越国，就拥有多个古代酋邦方国的中心邑聚。

由于受到地貌和大气环流的影响，骆越历史民族区的地形特征和气候带呈现出有层次的分布和复杂多样性，因此古代文明社会的发展和演变在整个区域内肯定是不平衡的，依靠内在文明的运动，它也很难形成像秦国那样的统一帝国。由此可见，我们要阐明的东亚南部的上古骆越青铜文明及其族群社会，是一种在小生态下产生的酋邦方国文明，其内在的运动规律与外部文明的影响作用力紧密相关。可以说，多元化的地理环境自然会造就多元的地方政治格局，这是东亚南部上古青铜文明及其族群社会起源发展的一大特点。

五、经济资源

冶铜业资源。青铜文化的起源发展离不开冶铜业资源，就此而言，东亚南部有着得天独厚的条件。直到今天，广西红水河上游的南丹和云南红河流域的个旧等地仍然是著名的锡都；中国云南、广西与越南北部的铜矿数不胜数。先秦两汉时期的青铜工艺品，如铜鼓等青铜器在本历史民族区的铁器时代仍然流行，这与本地盛产铜、锡矿料有密切关系。迄今，考古学者在出土著名的巨型北流型"铜鼓王"的故乡——广西北流市铜石岭，就发现了大规模的汉代采矿冶铜遗址。今天的铜石岭在古地志、县志中被称为"铜山""铜石山"，这里发现多处采铜料的矿井，表明它是古代的铜矿藏。在铜石岭的大小山坡上到处散布有炉渣、残炉壁、残断鼓风管、铜锭、铜矿石、陶片等。考古学者在遗址中曾发掘出14座汉代炼炉。可见，桂东南古越人的制铜业已有悠久的历史，并形成了高超精湛的铸铜工艺①。

其他物质资源。东亚南部的特产和中原内地所迫切需求的物资，在《逸周书》《诗经》等先秦文献中已有明确的记录。如《逸周书·王会解》引商书"伊尹朝献"云："伊尹受（汤）命，于是为四方令曰：臣请……正南瓯邓、桂国、损子、产里、百濮、九菌，请令以珠玑、玳瑁、象齿、文犀、翠羽、菌鹤、短狗为献。正西昆仑……贯胸、雕题、离丘、漆齿，请令以丹青、白旄、纰罽、江历、龙角、神龟为献。"《诗经·鲁颂·泮水》又云："憬彼淮夷，来献其琛。元龟象齿，大赂南金。"

在商周时期，上述南方物产当以铜、锡、龟甲、贝壳为最重要的政治与经济资源，铜、锡、龟甲为制造中原统治者施礼行政使用的道具所需，如用铜锡合金（吉金）铸造精美的青铜礼乐器，以龟甲制作占卜记录神谕的甲骨文。《说文解字》云："古者货贝而宝龟，周而有泉（钱），至秦废贝行钱。"可见先秦之中原王朝也往往是以珍稀的海贝作为货币使用。在河南郑州、安阳殷墟等地的考古发掘中，都有南方海贝出土，说明至迟在商代中晚期，南方海贝就输入中原的殷王都等地。四川广汉三星堆文化遗址是商代晚期的蜀国中心大邑，其中也出土有产自南方的大量海贝和象牙。

在秦汉时期，因交通状况大为改善，除了不断输入南方的传统物资，中原内地还大量输入经南方丝绸之路进入内陆的西方珍贵物产。如《汉书·地理志》等文献记载，当时从南方丝绸之路输入中原的物品就有大量的象牙、犀角、玳瑁、珠玑、珊瑚、金饰、琉璃、奇石等，还有未加工的玻璃石原料、贵重木材、香料等。

这些丰富的物质资源不仅是东亚南部人民与外界交往的媒介物，也是其自身社会文明起源和发展及借鉴吸收各地先进文化不可或缺的物质基础。因此，中原商周文明的不断传播影响，日益频繁的内外沟通交流，也是促成南方骆越民族集团迈入青铜时代社会必不可少的推动力。

①姚舜安、万辅彬、蒋廷瑜：《北流型铜鼓探秘》，广西人民出版社，1990，第93—96页。

第四节 研究简史与存在的主要问题

　　骆越历史民族区的考古发现与研究可以追溯到20世纪初期。首先是奥地利考古人类学家弗朗茨·黑格尔，他当时广搜传世的东亚南部民族的铜鼓及相关资料，进行了分门别类的研究，于1902年写成《东南亚古代金属鼓》一书。弗朗茨·黑格尔不仅为铜鼓研究提供了划分类型和断定时代的基础，还预见性地指出，铜鼓的发源地应当是在中国南部和越南北部一带，其后才流传到马来西亚等地[①]。弗朗茨·黑格尔的研究可谓影响至今。此后的法属殖民地时期，西方学者也对越南北部的青铜文化遗存做了不少搜寻和发掘，当时获取的大量文物及其后续发表的相关成果，今天仍然不失为研究骆越青铜文化的重要资料[②]。广西博物馆成立于1934年，此后也一直注意收藏古代南方民族的铜鼓，其间还进行过小规模的发掘[③]。但因长期的战乱和种种历史的局限，可以说直到20世纪40年代末，岭南考古活动还谈不上成熟、科学。骆越历史民族区的青铜文化考古发现和研究，应当是从20世纪50年代开始才进入发展期。迄今为止，一个多世纪过去了，在中外学者的长期努力探索下，骆越青铜文化的研究已经取得了较丰硕的成果，笔者对之摘要述评如下。

一、桂滇地区骆越青铜文化的考古发现和研究

　　1956年，考古学者黄增庆、何乃汉在广西贵县发掘了汉墓。相关的考古发掘工作，除1966年—1972年被迫中断外，可说是持续了数十年至今。其重要发现和研究有如下几个方面。

　　首先是广西地区发现了分布较广泛的上古青铜文化遗存。其年代上限

---

　　①弗朗茨·黑格尔：《东南亚古代金属鼓》，石钟健等译，上海古籍出版社，2004；鲍克兰：《黑格尔〈东南亚古代金属鼓〉解说》，汪宁生译，《民族考古译丛》（第一辑），云南民族学院民族研究所考古民族学研究室，1979。

　　②黎文兰、范文耿、阮灵：《越南青铜时代的第一批遗迹》，梁志明译，（越南）科学出版社，1963，第8页。

　　③黄启善主编《广西博物馆七十周年（1934—2004年）》，文物出版社，2004。

可追溯到商末周初，下限至战国秦汉时期。广西武鸣马头勉岭山麓出土的兽面纹提梁卣（天卣）①，为窖藏青铜器，形近著名的湖南宁乡晚商器戈卣。此外，还有出土于桂东北兴安的天父乙卣。这些早期青铜器可同2004年发现于湖南湘江流域的宁乡炭河里文化对比，两者青铜礼器的相似性，意味着商末周初时期，中原殷周文化的影响已波及五岭北部和岭南地区，它与广东、香港和越南北部等地出土的商代牙璋、玉琮等早期文明的标志物一同证明，中原青铜文明对东亚南部上古时代的原住先民及其古代社会发展已经开始产生重要的影响，从而成为古骆越地区青铜文化与酋邦方国文明起源的诱因②。

　　广西历来是古代铜鼓艺术品出土的集中地，因此铜鼓也成为各级博物馆的重要藏品。与此同时，有关中国西南与东南亚古代青铜文化的科学研究也备受中外学者关注。自20世纪初期弗朗茨·黑格尔的著作《东南亚古代金属鼓》问世以来，目前仍有不少中外学者在从事铜鼓学的研究。20世纪70年代以来，以《广西古代铜鼓研究》的论文发表为标志③，中国掀起了华南上古民族青铜文化艺术考古研究的新潮。继蒋廷瑜的《铜鼓史话》《铜鼓艺术研究》④等论著于20世纪80年代相继问世至今，广西已成为古代铜鼓研究的重要地区，出现了邱钟仑的《骆越与铜鼓》，张世铨的《铜鼓人像的族属试析》⑤，姚舜安、万辅彬等人的《论灵山型铜鼓》⑥等一批力作。过去的公私家收藏铜鼓多为传世品，断代分期颇多争议。广西贺州⑦龙中战国墓、贵港罗泊湾1号西汉早期墓⑧、西林普驮汉代铜鼓墓先后

　　①梁景津：《广西出土的青铜器》，《文物》1978年第10期。

　　②谢崇安：《略论西江中上游地区的青铜礼乐器及其艺术审美特征》，载《西江文化研究》，广西人民出版社，2004。

　　③洪声：《广西古代铜鼓研究》，《考古学报》1974年第1期。

　　④蒋廷瑜：《铜鼓艺术研究》，广西人民出版社，1988。

　　⑤张世铨：《铜鼓人像的族属试析》，载《中国铜鼓研究会第二次学术讨论会文集》，文物出版社，1986。

　　⑥姚舜安、蒋廷瑜、万辅彬：《论灵山型铜鼓》，《考古》1990年第10期。

　　⑦1997年3月19日，梧州地区和梧州市行政区划调整，撤销贺县，设立贺州市。书中除引用的文献资料使用"贺县"称谓外，其余均用现称"贺州（市）"。

　　⑧广西壮族自治区博物馆：《广西贵县罗泊湾汉墓》，文物出版社，1988。

出土了精美的石寨山型铜鼓，浦北出土的东汉晚期铜盆纹饰与铜鼓纹饰相类似[1]，这些发现都为铜鼓的科学分类和分期断代提供了重要的地层关系资料。

这时的研究，也注重多学科协同攻克铜鼓研究的难题，注重人文科学与自然科学研究方法的结合。例如，万辅彬主持的铜鼓科技攻关项目，多次获得国家自然科学基金项目的资助，《北流型铜鼓探秘》[2]《中国古代铜鼓的科学研究》[3]等著作就是其中的代表性成果。如今，万辅彬主持的国家社会科学基金项目"红水河流域铜鼓文化传承与保护（2004年度）"已经出版了结题专著成果[4]，它将科学研究与民族珍贵文化遗产的保护传承与开发利用有机地结合起来，其成果对于揭示骆越上古青铜文化的诸多疑问将有所助益。

目前，广西具有地方青铜文化特色的考古发现，应首推武鸣马头敢猪岩等地的岩洞葬（图1-2）[5]、马头元龙坡（图1-3）[6]等地的先秦古墓葬遗址的发掘。

这些发现，从其地层资料、具有地方特点的青铜钺、沙石铸范、碳-14年代测定数据及殷周式青铜戈、卣等因素考察，均表明广西骆越先民开始铸造和使用青铜器的时代上限，应当不会晚于西周至春秋早期。虽然这些考古遗存的分期断代目前在学术界仍有争论，但它实质上已动摇了"岭南地区在战国晚期才进入青铜时代"的传统观点，应当肯定为广西西瓯、骆越青铜文化考古的重要突破。

此外，广西青铜文化的重要发现还有田东祥周南哈坡、武鸣马头安

---

①梁旭达、覃圣敏：《广西浦北县出土的青铜器》，《文物》1987年第1期。

②姚舜安、蒋廷瑜、万辅彬：《北流型铜鼓探秘》。

③万辅彬：《中国古代铜鼓的科学研究》，广西民族出版社，1992。

④万辅彬等：《大器铜鼓：铜鼓文化的发展、传承与保护研究》，中国科学技术出版社，2013。

⑤广西文物考古研究所、南宁市博物馆：《广西先秦岩洞葬》，科学出版社，2007，第77-97页，图版四二。

⑥广西壮族自治区文物工作队、南宁市文物管理委员会、武鸣县文物管理所：《广西武鸣马头元龙坡墓葬发掘简报》，《文物》1988年第12期。

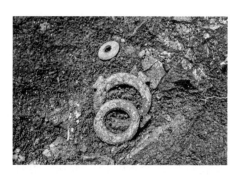

图1-2　武鸣马头敢猪岩岩洞葬出土的器物

图1-3　武鸣马头元龙坡古墓出土的铜器

等秩山①、恭城青铜器群②、贺州马东村、贺州龙中岩洞葬③、平乐银山岭④、西林普驮铜鼓墓⑤等青铜器遗存，以及合浦、贵港、岑溪等地的战国秦汉遗存中所包含的大量青铜器。这些青铜文化遗存的发现既为先秦两汉时期瓯骆文化的比较研究提供了珍贵的资料，又为重现广西上古瓯骆民族的社会历史与文化奠定了坚实的基础。面对这些发现，中外学者也做过许多专题研究。

在综合论述方面，主要有黄展岳的《论两广出土的先秦青铜器》⑥、李龙章的《湖南两广青铜时代越墓研究》⑦《广西右江流域战国秦汉墓研究》⑧诸文。他们对广西的青铜文化遗存做了类型学和地层学的开创性考察，成为广西青铜文化分期断代的重要参考。黄展岳还对两广青铜文化的起源及其与中原文化及吴越文化的关系、文化内涵与社会性质做了探讨。李龙章也对两广青铜文化与湖南越文化的关系，右江青铜文化与滇文化的关系、族属及文化遗存的分区问题做了较深入的分析。这些论著的分期断

①广西壮族自治区文物工作队等：《广西武鸣马头安等秩山战国墓群发掘简报》，《文物》1988年第12期。

②广西壮族自治区博物馆：《近年来广西出土的先秦青铜器》，《考古》1984年第9期；广西壮族自治区博物馆：《广西恭城县出土的青铜器》，《考古》1973年第1期。

③贺县博物馆：《广西贺县龙中岩洞墓清理简报》，《考古》1993年第4期。

④广西壮族自治区文物工作队：《平乐银山岭战国墓》，《考古学报》1978年第2期。

⑤广西壮族自治区文物工作队：《广西西林县普驮铜鼓墓葬》，《文物》1978年第9期。

⑥黄展岳：《论两广出土的先秦青铜器》，《考古学报》1986年第4期。

⑦李龙章：《湖南两广青铜时代越墓研究》，《考古学报》1995年第3期。

⑧李龙章：《广西右江流域战国秦汉墓研究》，《考古学报》2004年第3期。

代及相关研究虽不能作为最终的结论，但已将此前的主要考古发现与研究进一步系统化，也把族属等许多重要问题的研究引向深入。文中所提出的问题发人深省，值得在今后的考古发掘实践和综合研究中认真加以总结和验证。

在专题研究方面，如蒋廷瑜的《从银山岭战国墓看西瓯》[①]《西瓯骆越青铜文化比较研究》[②]、韦仁义的《武鸣马头墓葬与古代骆越》[③]，这些论著不仅是研究越人支族西瓯与骆越的文化特征及分布问题，实际上也是对广西青铜文化的分区及其族属问题的探索迈出了关键的一步。以考古资料来推论先秦时期没有文字记载的瓯骆民族史，这也是岭南民族考古研究的又一重要进展。

又如，在考古发掘的基础上，郑超雄[④]、李珍[⑤]对广西先秦时期的越族青铜文化分期、文化源流、酋邦方国的形成[⑥]先后做过探索。覃彩銮在对广西的青铜文化进行综论时，曾提出骆越青铜文化是骆越人和南来的中原人共同创造的观点，认为它是一种在中原青铜文化的影响下而发展出来的具有双重性的地方民族文化[⑦]。其对族属的判断虽存争议，但对广西青铜文化的源流及其文化艺术风格特征的把握，至今仍不断为考古新发现所证实。

青铜文化反映的主要社会背景与时代精神就是"国之大事，在祀与戎"，故有一部分学者也对广西的青铜礼乐器[⑧]和青铜兵器[⑨]等专题进行了研究。这些研究从不同的角度，对广西青铜文化的性质、区系类型、年代

①蒋廷瑜：《从银山岭战国墓看西瓯》，《考古》1980年第2期。

②蒋廷瑜：《西瓯骆越青铜文化比较研究》，载《百越研究（第一辑）——中国百越民族史研究会第十三届年会论文集》，广西科学技术出版社，2007。

③韦仁义：《武鸣马头墓葬与古代骆越》，《文物》1988年第12期。

④郑超雄、覃芳：《壮族历史文化的考古学研究》，民族出版社，2006。

⑤广西文物考古研究所、南宁市博物馆：《广西先秦岩洞葬》。

⑥郑超雄：《壮族文明起源研究》，广西人民出版社，2005。

⑦覃彩銮：《骆越青铜文化初探》，《广西民族研究》1986年第2期。

⑧覃义生：《战国秦汉时期瓯骆宗教性青铜器探微》，《广西民族研究》1999年第1期。

⑨蓝日勇：《广西先秦越族青铜兵器研究》，载《广西博物馆建馆60周年论文选集》，广西民族出版社，1993。

分期、文化源流、社会性质、宗教形态、文化演进的模式、时代的审美特征，以及民族艺术风格的形成与发展都做了初步的探索①，从而拓展了东亚南部青铜文化研究的深度和广度。

广西青铜文化遗存的族属研究一直受到学者关注。如"骆越"与"西瓯"，两者或为同族异名，或为相邻而各有分布区域的两个越人支族，这在学界尚未形成定论。当学者对广西西林普驮铜鼓墓的族属进行研究时，又引发了"骆越非百越"系统民族的争论。蒋廷瑜曾提出，西林普驮铜鼓墓的主人是西汉前期句町国的首领，据晋人常璩《华阳国志·南中志》的记载，句町国"置自濮，王姓毋"。一些学者指出，濮原在"江汉之南"（见《尚书·牧誓》伪孔传），"濮在楚西南"；春秋时先有楚之蚡冒"始启濮"（《国语·郑语》），继有楚武王"始开濮地而有之"（《史记·楚世家》），直至楚将庄蹻王滇的战国晚期达到高潮（《史记·西南夷列传》）。楚国不断地开疆拓土，迫使濮人逐渐向西南各地迁移②。这一观点实际上是滇人源自濮人说的延伸，最终导致有学者重新提出"骆越非百越"系统民族的看法③。笔者认为，上述有关黔桂滇边区青铜文化族属问题的讨论，十分有助于学界加强对西南民族文化的源流、性质的再研究，更有助于揭示青铜文化遗存所蕴藏的族群关系与民族互动融合的史迹。

近30年来，国外一些学者也独立进行或与广西的学者合作，对广西及其相邻地区的青铜文化做了一系列专题研究。如日本学者新田荣治的《越南、两广地区的青铜提筒及其演变》④，从一个专题视角揭示了三地青铜文化的共性及其源流关系。又如梶山胜的《越文化的人像柄青铜短剑——从湖南省长沙市树木岭1号墓出土资料谈起》⑤一文，也为进一步研究本区

---

①谢崇安：《壮侗语族先民青铜文化艺术研究》，民族出版社，2007。

②蒋廷瑜：《西林铜鼓墓与汉代句町国》，《考古》1982年第2期。

③范勇：《骆越考》，载《考古学民族学的探索与实践》，四川大学出版社，2005。

④新田荣治：《ベトナム·两广地区の青铜提筒とその变迁》，《考古学杂志》70卷2号，1984。

⑤梶山胜：《越文化的人像柄青铜短剑——从湖南省长沙市树木岭1号墓出土资料谈起》，黄德荣译，《中国古代铜鼓研究通讯》1996年第12期。

域青铜剑的内涵、分布、族属提供了一定的线索参考。吉开将人的《再论东山系铜盉》[①]，探讨了中国广西与越南北部青铜文化的关系。日本东京大学的学者还与广西壮族自治区博物馆的蒋廷瑜、农学坚等铜鼓专家组成中日铜鼓研究课题组，对广西铜鼓文化遗存、冶铜遗址做了深入调研，并将合作的调研成果撰成《广西灵山、北流铜鼓调查报告》一书。双方人员互访并举行了专题学术讲座。2004年，蒋廷瑜在东京举办的日本东南亚考古学会"考古学与铜鼓研究"特别演讲会上宣读的论文《岭南与越南铜鼓比较研究》，就是此项研究课题的延伸。

　　从历史文献记载来看，云南不是上古骆越集团的分布地，但滇桂地区和越南一衣带水，古代民族关系与文化交流十分紧密。云南青铜文化遗存的考古发现与研究，与中原的商周青铜文化一样，都是研究骆越历史民族区青铜文化来源和文化比较的基础。云南出土了极为丰富的上古青铜文化遗存，对广西和越南骆越青铜文化的综合研究、理论阐释都是必不可少的参考资料。例如，骆越青铜文化的主要特征，就是以铜鼓、铜钺为标志的礼制文明，这两者都与滇文化有关；骆越地区发现的青铜戈、曲刃短剑等，都与滇文化的同类器极为相似，可以说滇文化也是骆越青铜文化的主要来源之一。

　　由于云南青铜文化遗存丰富多彩，价值巨大，相关研究成果层出不穷，对广西和越南骆越青铜文化的研究也产生了十分明显的促进作用。30多年来，研究滇桂地区和越南青铜文化的课题屡屡获得国家社会科学基金与自然科学基金的立项资助，如童恩正主持的"西南丝绸之路的考古学综合研究"被列为1987年度国家社会科学基金重点项目；李昆声主持的"中国云南古代铜鼓的起源、传播及其与越南东山铜鼓的关系研究"入选2004年度国家社会科学基金项目。其后，还有谢崇安主持的"滇桂地区与越南北部上古青铜文化及其族群研究"（2006年）、梁庭望主持的"古骆越方国考"（2013年）、彭长林主持的"越南石器时代

　　[①]吉开将人：《再论东山系铜盉》，载《铜鼓和青铜文化的再探索——中国南方及东南亚地区古代铜鼓和青铜文化第三次国际学术讨论会论文集》，《民族艺术》1977年增刊。

至早期铁器时代的文化谱系研究"（2014年）等课题，也先后得到了国家社会科学基金的立项资助。

总之，涉及骆越青铜文化研究的西南民族考古，迄今为止可谓成绩斐然。例如，汪宁生对云南石寨山文化（滇文化）的系统研究，对南方民族铜鼓的族属与族群关系的研究，以及利用青铜文化艺术的考古资料来阐明西南民族的古代社会形态，都可谓创见迭出，影响深远①。

童恩正对中国西南早期铜鼓的研究，论证系统且方法缜密，能从多角度深入地探讨早期铜鼓的分布、源流、族属、诸多社会功能与年代分期等问题，在其出任中国古代铜鼓研究学会理事长期间，铜鼓与西南民族青铜文化艺术的研究也获得了长足的进步。需要指出的是，童恩正对西南青铜剑、青铜戈、大石墓等专题所做的系统研究，至今也不失为研究骆越青铜文化来源、族属的重要参考。例如，童恩正在论文中曾指出，越南东山文化青铜剑柄雕塑就见有辫发的氐羌系族人的形象。童恩正将西南民族历史文化区置于亚洲南部、中国中原与西北民族地区的历史大背景下进行全方位、多角度的考察，提出并多方论证了"东北至西南的边地半月形文化传播带"的理论，这对本书和其他学者的相关研究仍然具有重要的借鉴和方法论上的指导意义②。

此外，李伟卿③、张世铨对南方铜鼓所做的分类断代研究，也为后来中越铜鼓实现分类的统一开了先河。张增祺对云南青铜文化艺术遗存也做过多方面的比较研究。他认为滇文化是百越系统民族创造的文化，滇文化与越南东山文化有着密切的关系④。张增祺的学术观点事实上也拓宽了骆越青铜文化研究的视野。类似的研究，还有王大道对云南青铜文化与越南东山文化、泰国班清文化所做的比较研究⑤，谢崇安的"滇桂地区

①汪宁生：《汪宁生论著萃编》（上、下卷），云南民族出版社，2001。

②童恩正：《童恩正文集·学术系列·人类与文化》，重庆出版社，1998。

③李伟卿：《中国南方铜鼓的分类和断代》，《考古》1979年第1期。

④张增祺：《中国西南民族考古》，云南人民出版社，1990。

⑤王大道：《云南铜鼓》，云南教育出版社，1986；《曲靖珠街石范铸造的调查及云南青铜器铸造的几个问题》，《考古》1983年第11期；《云南青铜文化及其与越南东山文化、泰国班清文化的关系》，《考古》1990年第6期。

与越南北部的青铜剑及其相关问题"①研究等。日本学者松井千鹤子也研究过越南北部出土的青铜戈，其通过对中国滇桂地区和越南青铜戈的比较研究，提出了滇文化是越南北部骆越文化主要来源的观点②。可见，前人的研究都一再强调，研究中越骆越青铜文化的来龙去脉，云南是不容忽略的地区。正是认识到东亚南部各地青铜文化有着紧密的关系，不能以现今国界划分进行封闭的研究，近十几年来，李龙章③、郑小炉④、李昆声、黄德荣⑤、陈果⑥、谢崇安⑦等中国学者，在综合国内外研究成果的基础上，对滇桂越地区的铜鼓和青铜文化又继续展开进一步的比较研究。这些论著所做的区系类型、分期断代、族属与族群关系的探索、文化阐释、社会形态的种种复原，都可为今后探索上古骆越青铜文化诸问题提供新的研究参照系。

二、越南北部骆越青铜文化的考古发现和研究

一个多世纪以来的考古发现和研究表明，越南北部在上古时代也产生过灿烂的青铜文化，这一文明应当是以骆越为主体的多族群集团共同创造的，它在世界古代青铜文化发展史上也占有独特的地位，因此历来受到越南、中国和国际学术界的关注。这些考古发现和研究同时也证明，越南北部与中国滇桂地区上古时代的青铜文化及其族群都有着不可分割的关系。

越南北部青铜文化的发现可追溯到19世纪末至20世纪早期，以法国巴若考察团的"探险"为起点，各界人士都加入了搜寻挖掘越南文物的行

---

①谢崇安：《滇桂地区与越南北部的青铜剑及其相关问题》，载《首届中国与东南亚民族论坛论文集》，民族出版社，2005。

②松井千鹤子：《越南北部出土的青铜戈》，唐虹、孙晓明译，《东南亚》1987年第1期。

③李龙章：《岭南地区出土青铜器研究》，文物出版社，2006。

④郑小炉：《吴越和百越地区周代青铜器研究》，科学出版社，2007。

⑤李昆声、黄德荣：《中国与东南亚的古代铜鼓》，云南美术出版社，2008。

⑥李昆声、陈果：《中国云南与越南的青铜文明》，社会科学文献出版社，2013。

⑦谢崇安：《滇桂地区与越南北部上古青铜文化及其族群研究》，民族出版社，2010。

列，他们在各地搜集到一批铜器。法国印度支那考古工作团和远东博古学院等机构成立之后，其考古目的有了改观，但掠夺式的采集挖掘仍在继续。法国远东博古学院获得了大量的越南上古青铜器，其中包括精美的铜鼓——玉镂鼓。一些法国学者也撰写了描述性的铜器资料文章。杜穆蒂尔（G. Dumontier）于1893年发表的《关于瓯雒王国的首都古螺城的历史和考古研究》一文，可谓别开生面，因为它记述了越南上古时期最重要的遗迹古螺城的地形和构造。如前所述，对越南骆越青铜文化研究影响最深远的，还是弗朗茨·黑格尔于1902年写成的《东南亚古代金属鼓》一书，它事实上奠定了后来东亚南部古代铜鼓研究的考古类型学基础。

1924年—1931年，法国人巴若长期主持发掘了著名的越南清化省东山文化遗址。这一发掘极为粗糙，虽然在遗址区和墓葬群中获得了大量的文物，但由于没有标明出土物的层位和详细记录遗物遗迹，因而给后人对东山文化的分期断代和研究文化共存关系带来了许多困难。1930年，法籍俄裔学者V.戈鹭波发表《北圻和北中圻的铜器时代》一文，他首次明确了越南青铜时代的存在，并较全面地介绍了东山青铜文化的重要发现，但该文对东山文化的断代分期并不准确。随后，奥地利人R.H.革尔登第一次提出"东山文化"的概念，并得到学术界广泛的响应而沿用至今[1]。

中国仰韶文化的发现者——瑞典学者安特生，也曾到越南进行考古活动，并将搜集到的越南铜鼓等文物带回瑞典，收藏于斯德哥尔摩博物馆。瑞典学者早期研究越南青铜文化较有影响的是B.高本汉和O.阳士。B.高本汉于1942年发表的《早期东山文化的年代》一文，采用器物类型学方法对东山文化进行了比较研究，指出东山文化中的中国战国（公元前5世纪—公元前3世纪）文化因素，推断其年代应在公元前4世纪—公元1世纪。可以说，B.高本汉的研究奠定了东山文化分期的基础。

O.阳士在1931年以前研究了安特生等人搜集到的云南等地的青铜器，发表了《东南亚的一批古铜器》一文，此后，他便受到法国远东博古学院的邀请，开始不断深入到越南清化东山各地进行调查和发掘（图

---

①黎文兰等：《越南青铜时代的第一批遗迹》，第7页。

1–4）[①]，由此而获得许多有价值的青铜文物。O.阳士对越南北部绍阳等地汉墓进行发掘所获得的资料，迄今仍然是复原汉代骆越文化的重要依据。

20世纪30年代以来，日本学者也开始对越南青铜文化进行研究。他们根据西方学者发表的资料和越南博物馆的实物，撰写了一批研究论文。较重要的有梅原末治对东南亚青铜文化遗存的调查（图1–5），论著有松本信广的《关于越南各考古时代的文化》[②]、滨田耕作的《论铜鼓的铸造年代》、鹿野中雄的《东山文化对东南亚一些地区的影响》，以及梅原末治关于东山文化铜戈、铜缸的研究等。其中，小林知生的《中南半岛北部平原的古文化》一文较有影响，他分析了东山文化的本地因素和由中国输入的因素，把东山文化划分为本地阶段、混合阶段和汉文化阶段。日本学者的这批前期研究成果，对其后学如量博满、新田荣治、今村启尔、吉开将人、俵宽司、西村昌也等人的研究无疑具有先导作用。

图1–4　O.阳士发掘的越南汉墓出土的铜鼓　　图1–5　梅原末治调查过的越南黄下鼓

在越南青铜文化的早期研究中，也有欧美及中国学者的贡献。例如，荷兰的范得贺、范希克、考伦费尔斯等人，他们在关于印度尼西亚的历史、艺术、考古学的各项研究中，采用比较研究的方法探讨了越南和印度尼西亚之间在铜器时代的相互关系和影响[③]。中国学者如郑师许、徐松

---

①戴尔·布朗主编《东南亚重新找回的历史》，王同宽译，华夏出版社、广西人民出版社，2002，第54页。

②松本信广：《古代インドシナ稲作民族宗教思想の研究——古銅鼓の文様を通じて見みたる》，载《インドシナ研究：東南アジア稲作民族文化綜合調査報告》（一），有邻堂，1965。

③黎文兰等：《越南青铜时代的第一批遗迹》。

石、凌纯声等人对东亚南部的铜鼓也有先行研究。如徐松石的名著《粤江流域人民史》（中华书局，1938年）就列有"铜鼓研究"一章，论述也涉及安南铜鼓。该书力图将出土文物结合民族史问题做综合研究，可以说，徐松石的方法论对骆越历史文化的研究影响至今[①]。

20世纪50年代末至60年代初期，越南考古事业迅速发展，在北方发现了许多重要的青铜时代遗迹，如清化绍阳居住遗址和墓葬区、富寿越池遗址、河东鸿阳遗址、海防越溪船棺葬等。越南学者还在清化省东山地区重新调查，并进行大规模的发掘。

1963年，黎文兰等人编著的《越南青铜时代的第一批遗迹》出版，它标志着受到苏联和中国考古学派影响的越南考古学已达到了一个新的水平。该书对此前半个多世纪的越南北部青铜文化的发现和研究做了一次较全面的科学总结，其中所整理分析的大量考古资料及作者提出的理论观点，可说是成了此后越南东山文化研究的重要参照系。该书已经注意到考古遗存的地层描述和器物类型学研究，报告了不少重要收获。但其区系类型及分期断代研究并不深入，没有全面披露此前所获得的考古发掘资料，即使披露的出土文物也没有标明其出土的层位，这对今后的深入基础理论研究必然会造成不利的影响。这时期产生的重要考古报告，还有越南文化部考古队编著的《关于越南考古的若干报告》（1966年）等。

20世纪60年代至80年代，越南的历史学、民族学专家也在关注考古的新发现，他们和考古人类学家一道，都力图以此结合文献和民族志资料来阐明越南上古史和越南民族、人种的起源问题。如阳明的《试论在古螺城所发现的铜箭》（越南《历史研究》1960年第5期），文新的《文郎国社会和瓯雒国社会》（越南《历史研究》1960年第11期），张黄州的《越南青铜时代唯一的考古学文化以及雄王的文郎国问题》（越南《历史研究》1967年第12期），阮廷科的《试论越人人种形态的特点》（越南《历史研究》1968年第8期）、《越人起源问题》（《越南考古学》1969年第3、4期），黎文兰的《考古资料和雄王时代的研究》（越南《历史研究》1969

[①] 徐松石：《徐松石民族学文集》，广西师范大学出版社，2005。

年第7期）等论著。

　　这一时期的青铜文化考古发现，也在一定程度上突破了东山文化的时空格局，如阮录等学者发现了冯原文化遗址①。考古学者在越南北部的同翁遗址和春骄遗址（冯原文化）的发掘中，也证实了扪丘文化和冯原文化的联系。学者们开始注意构建整个越南新石器晚期文化向早期铜器时代过渡的文化演变序列②。尽管现今的考古发现材料还不够丰富，但在越南史前存在一个铜石器并用时代这已经成为多数学者的共识③，而且据最近10多年来的考古发现，越南北部青铜文明的起源已经可以追溯到冯原文化的晚期阶段。

　　长期以来，越南考古发现与研究的热点，还是集中在对所谓"雄王时代"考古遗迹的探索，也可以说，这一研究热点与本书的骆越青铜文化研究紧密相关。越南学者在传说的文郎国首都所在地永福省各地展开过大规模的发掘，发掘到许多东山文化类型的墓葬，出土了许多青铜器及小铜鼓和铸范。

　　越南学者还将发掘范围扩大到更南部的马江、嘎江流域，大量墓葬的发掘和随葬品的出土，使得东山文化的时空序列变得更加清晰。例如，义安省鼎乡遗址的多次发掘④，为研究东山文化的不同地方类型及其族源等问题提供了重要的新资料⑤。

　　与此同时，越南学者借助考古资料，对"雄王时代"社会诸形态的专题研究也大为增多，如阮灵、黄春征的《（雄王的）土地和人》，何文晋、阮维馨的《（雄王的）经济发展》（《越南考古学》1970年第7、

①阮录：《我是怎样发现冯原遗址的》，《越南考古学》1969年第1期。
②范光山：《对鹿原河流域的新石器时代后期和铜器时代初期文化发展的初步探索》，《越南考古学》1978年第1期。
③范文敬：《试论南方各省新石器时代后期和铜器时代初期的文化》，《越南考古学》1978年第1期；叶庭花：《越南青铜时代初期的金属器物》，《越南考古学》1978年第2期。
④郑明轩：《鼎乡（义安省）——雄王时代的一个重要遗址》，《越南考古学》1974年第15期；郑明轩等：《鼎乡》，《越南考古学》1974年第16期；吴士宏：《1983年鼎乡（义安省）第二次发掘》，《越南考古学》1983年第2期。
⑤谢崇安：《兰威克文化艺术遗存之早期中越民族文化交流管窥》，载《中国壮学》（第一辑），民族出版社，2006。

8期），黎文兰等人的《雄王时代的物质和精神生活》（《越南考古学》1971年第9、10期）。

越南学者也十分重视对古代铜鼓的研究，发表了许多铜鼓研究的论著，后来一些重要的论文也被译介到中国，如武胜的《东山鼓在越南和东南亚的分布情况》、郑明轩的《越南的古铜鼓研究情况》（《越南考古学》1974年第13期）、武世龙等人的《越南铜鼓上的花纹》（《越南考古学》1974年第14期）等。

今天，铜鼓研究仍是越南与中国西南考古学、民族学学者热衷的显学。中国前辈学者如闻宥[①]、凌纯声[②]、冯汉骥[③]等人虽然对铜鼓研究早有贡献，但由于"文化大革命"等历史原因，铜鼓研究一度中断，而此期间越南学者在中国等国学者研究的基础上奋起直追，反过来又刺激了中国学者如汪宁生、童恩正、蒋廷瑜等人的研究及中国古代铜鼓研究学会的崛起。此后，在中国古代铜鼓研究学会主办的《中国古代铜鼓研究通讯》及多次学术会议论文集、多卷本《广西博物馆文集》中，都十分注意介绍越南学者的铜鼓发现及研究成果。云南省民族研究所、云南省博物馆等单位也曾组织翻译过一批研究越南古代青铜文化和铜鼓的外文资料。

采用多学科协作方式研究青铜文化遗存，也是越南考古学在20世纪70年代后出现的新趋势，尤其是越南学者对铜鼓的综合研究，对中国的铜鼓研究也产生了影响。其代表作有阮文煌的《从分类分组到探索古铜鼓的年代和故乡》，武世龙的《东山铜鼓和铜器上的动物形象》，郑高奖、黎文兰的《东山鼓上持武器的人物形象》，吴玉书的《铜鼓铸造法的探索》，叶庭花的《古铜鼓的功用》，培辉红的《黄夏铜鼓上雄王时代的日历》，黎壬雪的《从铜鼓上的形象看雄王时代的风俗》，陈孟富的《从铜鼓艺术装饰的发展看东山文化》，黎文兰的《铜鼓的民族学意义和东南亚古文明的概念》（《越南考古学》1974年第13、14期），陈科贞的《玉镂铜鼓的复

---

①闻宥：《四川大学历史博物馆所藏古铜鼓考·铜鼓续考》，巴蜀书社，2004。

②凌纯声：《记本校二铜鼓兼论铜鼓的起源及其分布》，《台湾大学文史哲学报》，1950；Ling Chunsheng: *New Interpretations of the Decorative Design on the Bronze Drums of South East Asia*，Academia Sinica，Vol 2（1955）。

③冯汉骥：《冯汉骥考古学论文集》，文物出版社，1985。

制》（《越南考古学》1977年第2期）、《玉镂铜鼓复制成功》（《越南考古学》1978年第3期）等。中国学者后来注重对古代铜鼓的科技考古研究，这也当与越南学者的学术交流有关。近年，中国的科技考古学者还对越南出土的早期铜器的矿料成分及产地进行了分析鉴定①。

进入20世纪90年代，越南学者在日本丰田基金会的资助下，对越南北部青铜时代遗迹——东山文化的发现和研究做了一次全面的论述总结，由何文晋主编，10多名越南学者合作编著的《越南东山文化》一书于1994年出版②。后来在何文晋主编的《越南考古学Ⅱ——越南金属器时代》（1999年）一书中，越南学者再次对越南境内的青铜文化遗存做了新的阐述和总结③。

相对而言，利用考古资料比证历史文献和民族志，深入探讨上古青铜时代的中越文化关系、社会诸形态、族群关系等，越南方面的研究还是明显不足。

除少数西方学者长期以来仍在关注东南亚大陆考古之外④，日本学者的研究也令人瞩目。关于东南亚考古的论著，不仅散见于日本的《考古学杂志》等学术刊物及出版物，日本东南亚考古学会还长期出版了《东南亚考古学会会报》，集中介绍日本国内外的东南亚考古学进展，如新田荣治的《东南亚出土的青铜熔范》（日本《鹿儿岛大学教养学部史学科报告》第30号，1981年），横仓雅幸的《越南金属器的起源》（日本《考古学杂志》1987年第3期），菊池诚一翻译的何文晋编著《越南的考古文化》（日本六兴出版社，1991年），西江清高的《春秋战国时代的湖南、岭南》（日本《纪尾井史学》1987年第7期），今村启尔翻译的《1983年鼎乡（义安省）第二次发掘》（日本《东南亚考古学会会报》第10号，1990年），俵宽司的《越南汉墓的分期》（日本《东南亚考古学》第27号，2007年）等。

①崔剑峰、吴小红：《铅同位素考古研究：以中国云南和越南出土青铜器为例》，文物出版社，2008。

②何文晋主编《越南东山文化》，（越南）社会科学出版社，1994。

③何文晋主编《越南考古学Ⅱ——越南金属器时代》，（越南）社会文化出版社，1999。

④史密斯、沃森编《早期东南亚：考古学、历史学和地理学论文集》（英文版），牛津大学出版社，1979；海汉姆：《东南亚大陆地区的考古学》，剑桥大学出版社，1989。

此外，近20年来，日本学者到越南进行日越联合实地调查和发掘，也取得了较好的成果，如量博满、今村启尔等人的鼎乡遗址发掘（图1-6）[1]，西村昌也对越南北部古螺城的考察等[2]。吉开将人、俣宽司、西村昌也等人的博士论文，都是在越南长期从事考古调查、发掘的基础上完成的综合性论著。

1　　　　　　　　　　　　　　　2

1—石墓遗迹；2—土坑墓的青铜器。

图1-6　越南与日本联合考古队发掘出土的越南义安省鼎乡遗址

由于越南战争等原因，西方国家学者对越南北部青铜文化的研究长期处于薄弱状态，十分缺乏关于中越考古学文化方面的比较研究。20世纪末期至今，情况有了改观，研究成果有海汉姆（C.Higham）的《东南亚的青铜时代》[3]，美国学者邱兹惠关于中国西南与越南早期铜鼓研究的系列论文[4]，乔伊斯·怀特、伊丽莎白·汉密尔顿关于东南亚青铜工艺起源的研

---

①Graduate School of Humanities and Sociology The University of Tokyo, *The Lang Vac Sites*, *The Vietnam-Japan Joint Archaeological Research Team*, 2004.

②李昆声、黄德荣：《中国与东南亚的古代铜鼓》，第16—17页。

③Charles Higham：*The Bronze Age of southeast Asia*, Cambridge University, 1996.

④邱兹惠：《试论东南亚所见之万家坝式鼓》，载《铜鼓和青铜文化的再探索——中国南方及东南亚地区古代铜鼓和青铜文化第三次国际学术讨论会论文集》，《民族艺术》1997年增刊。

究①，查尔斯·海汉姆等人著的《东南亚青铜时代的起源》②，哈佛大学林永昌关于越南东山文化的再研究等③。其中的专题研究论证较严密，不乏真知灼见，但仍然缺乏系统而深入的研究专著和比较考古学研究。

三、存在的主要问题和努力的方向

综上所述，骆越历史民族区的青铜文化考古发现和研究，一个多世纪以来，已取得不少成果，在本书的有限篇幅里实难一一列举。尽管如此，我们认为过去的发现和研究仍然存在不少空白或相当薄弱的环节。

例如，探索早期铜鼓的源流，至今仍是尚待解决的难题，铜鼓发源地在何处，中外学者仍在争论。美国学者邱兹惠对越南早期铜鼓（万家坝型）的矿料与冶金工艺进行分析，判断其为当地的产品，这是对主张万家坝型铜鼓起源于中国滇西的观点的再次质疑。有的中国学者也认为，根据昆明羊甫头19号滇墓铜鼓的发现，石寨山型铜鼓是由更原始的万家坝型铜鼓发展而来的观点已不成立④。越南学者认为万家坝型铜鼓是黑格尔Ⅰ型铜鼓（即石寨山型、东山型）的次生退化形式，这更是缺乏考古发掘地层关系和类型学研究的依据。针对这些争论，笔者最近也以早期铜鼓、提桶为个案做了进一步的比较研究，认为滇文化不仅是东南方骆越青铜文化的重要来源之一，而且对骆越文化具有持续的影响力⑤。之所以会造成观点分歧，主要原因还是资料积累不足和研究不够深入。

---

①乔伊斯·怀特、伊丽莎白·汉密尔顿：《东南亚青铜技术起源新论》，陈玮译，载《南方民族考古》（第七辑），科学出版社，2011。

②查尔斯·海汉姆、托马斯·海汉姆、罗伯特·强南：《东南亚青铜时代的起源》，董红秀译，载《南方民族考古》（第九辑），科学出版社，2013。

③林永昌：《东山文化的若干问题再检讨》，载《南方民族考古》（第七辑），科学出版社，2011。

④杨帆等：《云南考古（1979～2009）》，云南人民出版社，2010，第265页。

⑤谢崇安：《上古滇系铜鼓对骆越铜鼓造型与纹饰的影响》，《民族艺术》2016年第6期；《论几件越南东山文化青铜提桶的年代及相关问题》，《四川文物》2016年第5期。

上述表明，对东亚南部的青铜文化遗存进行区系类型、断代分期研究，这仍然是最重要的基础研究，也远远未能取得学术界公认的一般成果。如蒋志龙对云南石寨山文化进行分期，将其定在春秋早期（或更早）至东汉早期[①]；徐学书[②]、李龙章等人则认为石寨山文化的年代上限和万家坝型铜鼓的年代不会早于西汉早期[③]。广西右江流域武鸣马头元龙坡青铜文化诸遗存，发掘报告者将其年代断定为西周中晚期—春秋战国—西汉时期，李龙章则将之改断为战国晚期—秦汉之际—西汉时期[④]，彼此的意见分歧甚大。青铜文化遗存的断代分期不能建立较为统一的标尺和文化序列框架，理论综合研究的结论也难免会遭到质疑和动摇。如李伯谦通过对闽粤边界浮滨文化的地层关系和器物类型学的比较分析，就完全动摇了岭南青铜文化不会早于战国晚期的观点[⑤]。

　　又如，越南北部的青铜时代考古，其早期青铜文化的起源及其如何过渡到东山文化繁荣期的演变发展线索，目前还是不太清楚，这一情形与中国滇桂地区的考古现状相似。它们究竟是否是本地起源，与泰国班清文化的关系如何，或为中国内陆商周文明或东南沿海区越族早期青铜文化传播的影响？这都需要进一步积累相关的田野考古发掘资料才能将问题廓清。如过去学者们认为云南剑川海门口遗址中，与大量石器伴出的铜器和石铸范，应当是东亚南部较早的青铜文化遗存，其年代上限当在商代中晚期，但据科技考古专家的研究，认为其年代上限不会早于春秋晚期，冶铜术的原始并不能说明其年代的古老[⑥]。直至2009年云南剑川海门口遗址的第三次发掘报告公布，报告者仍然坚持认为，海门口遗址第二期铜器的绝对年代当处于距今3800～3200年，是滇西目前所知的最早的青铜文化遗

　　①蒋志龙：《再论石寨山文化》，《文物》1998年第6期。
　　②徐学书：《关于滇文化和滇西青铜文化年代的再探讨》，《考古》1999年第5期。
　　③李龙章：《楚雄万家坝墓群及万家坝型铜鼓的年代探讨》，《文物》2003年第12期。
　　④李龙章：《广西右江流域战国秦汉墓研究》。
　　⑤李伯谦：《关于岭南地区何时开始铸造青铜器的再讨论》，《考古》2008年第8期。
　　⑥李晓岑、韩汝玢：《云南剑川县海门口遗址出土铜器的技术分析及其年代》，《考古》2006年第7期。

存①。这一断代结论无疑是重要的，因为其铜器的原始性和沙石铸范，与骆越地区早期铜器起源的情况有共性，而且骆越在整个青铜时代一直受到来自红河上游地区的影响，两者的文化源流关系也是今后值得重点关注的学术问题。

可以说，因田野考古发掘不足等缺陷，尤其是可供分期断代的文化层出土陶器尚未能构成文化演变的序列，中国和越南早期青铜文化的起源、区系类型与年代分期的研究要取得学界的共识，今后还要做大量的工作。

我们认为，文化遗存的源流谱系研究要达到较精确的程度，一是要求田野考古的科学发掘资料需要积累到丰富的程度，二是要求发掘报告报道得全面细致，以及多学科的协同攻关。就东亚南部的考古现状而言，仍存在许多需要大力改进的不足之处。

此外，有关上古骆越集团的研究，目前也存在较多的争议。例如，关于骆越的族源，目前就存在"百越说""百濮说"两种主要观点。对骆越集团所处的社会性质也有多种看法。事实上，早在20世纪60年代，越南学者黎文兰等人就认为，从越南东山文化的发现来说，骆越集团并不是一个单一的族群，而是多种民族的集团，笔者赞同这一观点。例如，从广西和越南发现的上古青铜文化遗址中，就可见多种不同的葬俗，如岩洞葬、土坑葬、铜鼓葬，还有船棺葬、火葬和石墓葬等；可辨的多种青铜人物雕像，也能够从不同的发式和服饰看出不同的族属。

可以说，对骆越历史民族区各地上古青铜文化遗存的比较研究，以及文化内涵、文化关系、社会形态、艺术风格、审美特征等方面的阐释和理论研究，至今还未得到充分的开展，更缺乏系统的专门史论著。因此，要将骆越历史民族区各地上古青铜文化的研究引向深入，首要任务仍然是要加强科学的基础研究，要加强多学科专业的整合与协同攻关，要采用考古地层学和类型学、历史文献学、民族学、人类学、碳–14年代学等多学科综合研究的理论方法，从以下几个主要方面入手推进骆越青铜文化的研究。

---

①云南省文物考古研究所等：《云南剑川县海门口遗址第三次发掘》，《考古》2009年第8期。

第一，加强田野考古的调查与发掘。尽管前人已积累了较丰富的田野考古资料和研究成果，但上述基础研究之所以会存在诸多的问题和争议，归根到底还是现有的资料缺乏典型性、全面性和系统性。如文化遗存的分期断代就缺乏较多的地层叠压和打破关系；各遗址、墓葬的碳-14、热释光法年代测定数据较少，误差大，这也是导致考古类型学研究无法最终解决问题的症结。因此，目前首要的工作仍是需要开展大规模的田野考古调查和发掘，以积累更多的科学发掘资料。同时，发掘工作固然重要，但提高撰写综合发掘报告的质量和水平，并及时、完整、准确地公布发掘层位资料，才是促进综合研究深入发展的关键。事实上，经长期发掘获取的大量出土文物，几十年来仍然沉睡在考古单位的库房里的现象并不鲜见。

　　第二，加强田野考古资料的年代学综合研究。可以说，一些研究者对东亚南部上古民族青铜文化遗存相关的碳-14年代测定数据，已经到了弃置不用的地步。究其原因，一是学者认为数据积累不多且存在较大的误差；二是数据与学者自身的分期断代研究存在较大的矛盾。这都需要今后考古学者与年代学专家就此问题协作攻关并最终达成共识。

　　第三，加强考古遗存的区系类型、年代分期与文化性质、文化关系的比较研究。由于田野考古资料尚需积累，使得学者目前对骆越历史民族区青铜文化的源流也未能达成共识。不能将考古资料分析研究系统化，导致理论研究的粗疏也就在所难免。因此，解决问题的前提，就是要建立较完整全面的青铜文化的区系类型、年代分期的框架。事实上，上古骆越地区是多族群活动极为频繁，文化发展演变极为错综复杂的历史民族区，而基础研究越深入，就能更好地为解决判定遗存的文化性质、文化源流、族属等问题提供可靠的依据。

　　第四，继续加强青铜文化遗存的专题研究、综合研究，并上升为专门史理论。与中原地区的华夏上古文明研究的成果比较，骆越地区青铜文化遗存的研究要形成一门系统的理论科学，需有丰富资料的积累，能为多学科提供广泛的研究对象，并能形成许多专门史的研究论著，应说两者之间还有相当大的差距。

　　综上所述，一方面，东亚南部地区上古民族青铜文化遗存的发现与研究，还大有潜力可挖，针对目前存在的主要问题，不断地开展多学科的专题研究和综合研究，是今后要取得科研重要突破的必由之路。

另一方面，中越两国的考古学者在考古研究信息的交流上，至今仍不够畅通。如果不能从历史民族文化区的角度对广西、云南和越南等地的青铜文化做全面系统的比较研究，那么，这些青铜文化的族属与族群关系的研究也就无从谈起。就拿中外学者的铜鼓研究来说，构建广西、云南和越南的铜鼓分类谱系框架已基本完成，但就整个上古青铜文化的谱系而言，目前只有中国学者对广西、云南和越南的上古青铜文化进行了初步的比较研究。我们认为，要全面、系统、深入地研究骆越青铜文化，还必须加强中外学者的学术交流与合作，这样才能较完整地构建骆越青铜文化的谱系，并在此基础上重建东亚南部的上古民族史和文明史。

第二章 · 骆越的族源与分布

　　《逸周书·王会解》为汉籍中有关骆越人的最早记载。从中国古文献记载可知，东亚南部先秦两汉时期的骆越集团的主体族群是属于百越民族的一大分支，主要分布在今红水河以南的桂南地区、广东西南部、雷州半岛、海南岛和越南北部一带，即今天的环北部湾地区。

第一节　古文献中的"骆越"族源

　　《逸周书·王会解》卷七载，西周初期"成周（洛阳）之会"，南方来朝贡者有云："路（越）人大竹，长沙鳖……蛮杨之翟，仓吾翡翠……自古之政，南人至，众皆北向。""路"同"雒""骆"，古文互见通假例很多，这可以视为汉籍中有关南方交趾地区的骆越人的最早记载。

　　《吕氏春秋·本味篇》载"味之美者"，有"越骆之菌"。东汉高诱注："越骆，国名。菌，竹笋也。"闻宥指出："越骆"即为"骆越"之倒置。古汉语文献中的一些族称，它们的词序刻意颠倒的现象很常见。如《后汉书·马援列传》称交趾郡（今中国广西南部与越南北部）的原住居民为"骆（亦作雒）越"，唐李贤注："骆者，越别名。"但是，旧本《水经注》里却写作"越骆"。"温水"条下说："盖藉度铜鼓即越骆也。"又"叶榆河"条下说："击益州，臣（马援）所将越骆万余人。"①

　　蒙文通则认为，此"越骆"，晋戴凯之《竹谱》引作"骆越"，当是戴所见别本作"骆越"。"菌"既为竹笋，则字当作"箘"。《说文》："箘簬，竹也。"清段玉裁注"累呼曰箘簬""单呼曰箘"。《文选·吴

---

①闻宥：《族名小考》，载《闻宥论文集》，中央民族学院科研处内部发行，1985。

都赋》刘逵注引《异物志》言："射筒竹，细小通长，长丈余无节，可以为射筒。筒及由吾竹皆出交趾、九真。"交趾、九真，正骆越地也。与《吕氏春秋·本味篇》"越骆"之说合。段注以射筒（吹箭筒）释"箘"当为正解。《逸周书·王会解》之"路人大竹"，则就竹之美大言之。南朝陈顾野王《舆地志》始谓"交趾，周时为骆越"，盖不误[①]。

笔者认为，岭南盛产竹子，古骆越人食竹、用竹非常普遍，故竹文化被中原人视为岭南骆越人的一大文化特征。

《史记·南越列传》载："秦已破灭，（赵）佗即击并桂林、象郡，自立为南越武王。……佗因此以兵威边，财物赂遗闽越、西瓯、骆，役属焉，东西万余里。乃乘黄屋左纛，称制，与中国侔。"当时赵佗南越国击并之二郡，当包括秦朝之前的岭南西瓯、骆越故地，南越国时期，二郡是由南越国桂林监长官羁縻统属管辖，从此便有"瓯骆"连称。如《史记·建元以来侯者年表》载："湘成侯居翁，以南越桂林监，闻汉兵破番禺，谕瓯骆兵四十余万降侯。元鼎六年五月壬申，侯监居翁元年。"（《索隐》："监，官也；居，姓；翁，字。"）又："下郦侯黄同，元封元年，以故瓯骆左将斩西于王功侯。"《史记·南越列传》又载："太史公曰：……瓯、骆相攻，南越动摇。"《史记·南越列传》晋裴骃《集解》注"骆"，引《汉书音义》曰："骆越也。"唐司马贞《史记索隐》引晋裴渊《广州记》云："交趾有骆田，仰潮水上下，人食其田，名为'骆人'。"

上载皆可证西汉初期，南越国西部在羁縻统治之下有西瓯、骆越等部族封国。

《汉书·贾捐之传》又载："初，武帝征南越，元封元年立儋耳、珠郡，皆在南方海中洲居，广袤可千里，合十六县，户二万三千余。……元帝初元元年，珠涯又反，发兵击之。诸县更叛，连年不定。上与有司议大发军，捐之建议，以为不当击……对曰……骆越之人父子同川而浴，相习以鼻饮，与禽兽无异，本不足郡县置也……又非独珠涯有珠犀玳瑁也，弃

---

①蒙文通：《蒙文通文集第二卷·古族甄微》，巴蜀书社，1993，第381~382页。

之不足惜……”这表明中原西汉人也将海南岛视为骆越之地。

《后汉书·马援列传》又载："……交阯女子征侧及女弟征贰反，攻没其郡，九真、日南、合浦蛮夷皆应之，寇略岭外六十余城，侧自立为王。于是玺书拜（马）援伏波将军，以扶乐侯刘隆为副，督楼船将军段志等南击交阯。（建武）十八年春，军至浪泊上……明年正月，斩征侧、征贰……（马）援奏言西于县（治在今越南河内西北）户有三万二千，远界去庭千余里，请分为封溪、望海二县，许之。（马）援所过辄为郡县治城郭，穿渠灌溉，以利其民。条奏越律与汉律驳者十余事，与越人申明旧制以约束之，自后骆越奉行马将军故事。"

上载表明，"两汉书"也把今两广南部的合浦郡、儋耳郡、珠崖郡及今越南北部的交阯郡、九真郡、日南郡的越人统称为"骆越"。而且几乎也把交阯等同于骆越。因此，学者一般都将上述地区界定为上古骆越人的分布区①。

《后汉书·马援列传》唐李贤注云："征侧者，麓泠县雒将之女也，嫁为朱鸢人诗索妻，甚雄勇。交阯太守苏定以法绳之，侧怨怒，故反。"（亦见《后汉书·南蛮西南夷列传》）

关于骆越远祖，徐中舒认为，越南较可信的古史传说，最早是见于4世纪的《交州外域记》②，此书早已亡佚。北魏郦道元《水经注·叶榆河》引《交州外域记》曰："交阯昔未有郡县之时，土地有雒田，其田从潮水上下。民垦食其田，因民为雒民。设雒王、雒侯，主诸郡县。县多为雒将，雒将铜印青绶。后蜀王子将兵三万，来讨雒王、雒侯，服诸雒将，蜀王子因称为安阳王。后南越王尉佗举众攻安阳王……安阳王发弩，弩折遂败。……（南）越遂服诸雒将。"③《史记索隐》引5世纪的晋裴渊《广州记》所载之史事也与之大同小异，只是"雒"取同音字写作"骆"。前人多指出，"雒"即"鸟"，"雒越"即"鸟越"，属于崇拜

　　①何平：《东南亚民族史》，云南大学出版社，2012，第135页。

　　②徐中舒：《〈交州外域记〉蜀王子安阳王史迹笺证》，载《四川地方史研究专集》（《四川大学学报丛刊》第五辑），1980。

　　③郦道元著、陈桥驿校证：《水经注校证》，中华书局，2007，第861页。

鸟图腾的百越人的一大部族集团[1]。

第二节　骆越历史民族区的界定

上述流传有序的中国古籍记载表明，骆越是先秦两汉时期分布于今环北部湾地区的庞大民族集团，事实上，分布于这一辽阔地域的居民并非单一的族群，而是包括多种族人的集团[2]。因此，笔者认为应当把环北部湾地区界定为骆越历史民族区，理由如下。

《逸周书·王会解》卷七引"商书"载"伊尹朝献"云："伊尹受（汤）命，于是为四方令曰：臣请……正南瓯邓、桂国、损子、产里、百濮、九菌，请令以珠玑、玳瑁、象齿、文犀、翠羽、菌鹤、短狗为献……"

"伊尹朝献"所指的正南之"九菌"，当为商周时期岭南越人的族名，可与同书记载的"路（越）人大竹"、《吕氏春秋·本味篇》所载的"越骆之菌"对应，朝贡品也相似，大多为环北部湾地区的特产。可见骆越有很多部众，应当是广大的部落联盟，故称"九菌"。

战国晚期的《吕氏春秋·恃君篇》又说："扬汉之南，百越之际……缚娄、阳禺、骥兜之国，多无君。"这表明岭南越人众多酋邦方国当时尚未形成父系嫡长继统的集权国家政体。经过长期的兼并，到秦汉时期，岭南地区突显的方国主要有"南越""西瓯""骆越"的名称。秦朝统一岭南地区，就在当地设置了南海、桂林、象郡三郡。秦末天下大乱，由秦朝南海郡龙川令赵佗将三郡统一为南越国，原属桂林、象郡的西瓯、骆越成了南越国的羁縻统治区，故赵佗自称"蛮夷大长"（《汉书·两粤传》），两者都受南越国桂林监长官统辖节制，故合称

---

①陈国强、蒋炳钊、吴绵吉等：《百越民族史》，中国社会科学出版社，1988，第68—69页。
②黎文兰等：《越南青铜时代的第一批遗迹》，第187页。

"瓯骆"。到第四代南越王时，岭南地区被汉武帝重新统一，西汉王朝又在南越国行政区的基础上设立了新的郡县，大体上属于骆越故地的是合浦、交趾、九真、日南、儋耳、珠崖诸郡，此外还包括郁林郡的一部分。为什么这样说呢？如南朝陈顾野王《舆地志》《旧唐书·地理志》记载的骆越人居地和骆越、西瓯杂居区，都在这些地区，不可能将"瓯""骆"截然划分[①]。再如，《太平寰宇记》卷一六六也说，骊水（今红水河）"本牂牁河，俗呼郁林江，即骆越水也，亦名温水。古骆越地"[②]。

事实上，如果我们分析古籍的有关记载和考古发现，就会察觉到，在骆越地区内，实际上还分布有各种不同的族群，笔者试摘要叙述如下。

蜀人。《水经注·叶榆河》引《交州外域记》中就有关于战国时期蜀王子泮率三万军南征交趾骆越，并取代骆王建立安阳王国的传说。多数学者认为这是古越南有信史的开始，可说明在战国时期已经有巴蜀人迁入交趾地区[③]。

夜郎人。《后汉书·南蛮西南夷列传》又载："（东汉）安帝永初元年，九真徼外夜郎蛮夷举土内属，开境千八百四十里。"据此，联系到《汉书·西南夷两粤朝鲜传》记载西汉成帝河平年间，贵州之夜郎王被汉军镇压的史事，蒙文通推测：事变后，夜郎人有部众逃到了南方的交趾（今越南北部）地区，所以在东汉伏波将军马援征交趾之后，又复见"九真徼外夜郎蛮夷举土内属"的史迹[④]。

乌浒人。梁钊韬曾指出，事实上西瓯"君长"势力为秦所灭，岭南被秦统一之后，"西瓯"一名在历史上便逐渐消失。郭璞注《山海经》和宋人乐史写的《太平寰宇记》所记载的西瓯，只是追述秦汉之间的往事，东汉以后，在今广西贵港地区逐渐出现了"乌浒"等族称（见《后汉书·南

①梁庭望：《古骆越方国考证》，《百色学院学报》2014年第3期。
②乐史：《太平寰宇记》（七），中华书局，2007，第3173页。
③饶宗颐：《安南古史上安阳王与"雄王"问题》，载《选堂集林史林》（上、下册），中华书局香港分局，1982。
④蒙文通：《越史丛考》，人民出版社，1983，第76-81页。

蛮西南夷列传》），当时乌浒被称为"蛮"，可能是当时居深谷间，经济较落后的骆越之先民。这时的乌浒人，也许不全然是骆越，还有其他的民族成分①。

笔者认为，"乌浒"应当与"焦侥种夷"有关。中国两广地区和越南北部等地与中国西南地区一样，上古时代也曾分布有所谓的"焦侥种夷"（见《后汉书·南蛮西南夷列传》等），即身材较矮小的热带黑人种——尼格利陀人。《水经注》卷三十六《温水》引《林邑记》曰："汉置九郡，儋耳与焉，民好徒跣，耳广垂以为饰，虽男女裸露（裸体），不以为羞。暑褰薄日，自使人黑，积习成常，以黑为美，《离骚》所谓'玄国'矣。"

《山海经·大荒南经》云："有小人，名曰菌人。"《大荒东经》又云："有小人国，名靖人。"袁珂认为，"菌人""靖人"，疑均"侏儒"之音转，即《海外南经》所谓"周饶""焦侥"也②。

上述可见，焦侥夷人指的就是热带小黑人种。这在古文献和民族志中都有反映。例如，远在公元元年前后，内迁中国西南地区的东南亚原住民族，就有操南亚语的尼格利陀人——"焦侥种夷"。《后汉书·南蛮西南夷列传》载：汉安帝"永初元年，（永昌）徼外焦侥种夷陆类等三千余口，举种内附，献象牙、水牛、封牛"。《国语·鲁语下》说："焦侥氏长三尺，短之至也。"也可证"焦侥种夷"为热带小黑人种，其黝黑矮小的体质特征很接近近代仍留存生活在马来西亚半岛深山丛林中的原始色曼人③。

关于乌浒的源流，江应樑则认为："乌浒"是东汉时对越人的另一族称，一直到两晋时期，这一名称仍被普遍使用着；乌浒是指一个较广泛地区的越人。例如，《后汉书·南蛮西南夷列传》载："灵帝建宁三年，郁林（郡）太守谷永以恩信招降乌浒人十余万内属，皆受冠带，开置七县。"又载："光和元年，交趾、合浦乌浒蛮反叛……"从郁林到交趾，

---

①梁钊韬：《西瓯族源初探》，载《梁钊韬民族学人类学研究文集》，民族出版社，1992。

②袁珂：《中国神话大词典》，四川辞书出版社，1998，第51页。

③穆达克：《我们当代的原始民族》，童恩正译，四川省民族研究所，1980。

正是秦汉时期西瓯、骆越的分布区，可知乌浒人就是越人①。

然而，笔者认为，在《后汉书》中所记之骆越人，与乌浒人还是有一定区别，而且同书之《南蛮西南夷列传》又明确指出，"交趾，其西有瞰人国，生首子辄解而食之，谓之宜弟；味旨则以遗其君，君喜而赏其父；取妻美则让其兄；今乌浒人是也"。这段记载表明，乌浒人是曾分布于交趾骆越西部的族群。

三国万震《南州异物志》又说："乌浒，地名，在广州之南，交州之北。恒出道间伺候行旅，辄出击之，利得人食之，不贪其货财。"这是说乌浒是因地名以作族名，凡居住在广州之南交州之北的当地族群，也是为乌浒。

分析上述史料，笔者认为，乌浒可能是本居住在骆越西部的山地猎头族群，也很可能是原南亚语族分支，在东汉时已从西部经河谷等通道穿山越岭，渗透到骆越故地的今广西西南部和越南北部。乌浒人最后也发展并融合到越僚系统的大族群当中。

文郎人。交趾地区还有所谓的"文郎"人。岑仲勉认为，文郎国即麊泠。"麊泠"中古音皆近"文郎"，"文郎"当为"麊泠"的异写。文郎与夜郎实同一语源。《太平寰宇记》卷一七〇载："峰州，古文郎国。"又嘉宁县："麊泠，古文狼夷地。"麊泠县已见《汉书》卷二八下交趾郡②，治所在今越南北部福安市安朗县夏雷乡（从陶维英之说），其东南距今河内市约40千米。

笔者认为，文郎人应当有广义和狭义之分。广义的文郎人应当就是麊泠人，即骆越人。狭义的文郎人可能属南岛语族先民，即属热带黑人种的尼格利陀人，其与前述岭南两广地区的"倭人"同类，也应当说是在远古与百越同源的族群，但狭义的文郎人由于从原始族群分化的时间太久，其体质特征和社会发展水平已大异于岭南地区的骆越、西瓯等族群。如《水

①江应樑：《百越族属研究》，载《江应樑民族研究文集》，民族出版社，1992，第360–397页。

②岑仲勉：《据〈史记〉看出缅、吉蔑（柬埔寨）、昆仑（克仑）、罗暹等族由云南迁去》，《中山大学学报》1959年第3期。

经注》卷三十六《温水》引《林邑记》曰："朱吾以南有文郎人，野居无室宅，依树止宿。鱼食生肉，采香为业，与人交市，若上皇之民矣。县南有文狼究，下流径通。"

尤中指出，《林邑记》成书于5世纪；朱吾县则为西汉时期设置的日南郡属县，其地在今越南中北部的广平省洞海至美丽一带。对于《林邑记》的记录，我们只能做这样的理解：西汉王朝设置日南郡之后，在日南郡朱吾县以南，有一种"文郎人"，其生活仍然很原始。这种"文郎人"当是日南郡内原始的原住民。先秦时期，在交趾地带有不少的"文郎人"。至13世纪后期，越南的编年史《越史略》，便附会为先秦时期在越南北方存在过一个"文郎国"①。此言甚是。

狭义的文郎人在战国至秦汉之际，较集中分布在越南中部或北部的偏僻地区，但也有一部分融入了骆越族群。例如，在越南清化省绍阳青铜文化遗址出土的6个人头骨，其中有4个为蒙古人种，有2个被鉴定为"澳大利亚-尼格罗人种"②。这2个人应当是同化于骆越人中的热带黑人种。

汉移民。从《史记》《汉书》《后汉书》等文献中我们已熟知，战国晚期至秦汉时期，随着中原王朝先后对岭南的征服统一，中原地区不断有汉族先民迁入今中国岭南和越南北部，汉族先民虽然属于少数，但由于在政治上处于强势地位，从此便成为骆越历史民族区社会发展的主导力量。因此，骆越地区的战国秦汉时期的中原式青铜器遗物层出不穷（图2-1：2）。不过由于鞭长莫及，广大骆越地区虽设郡县，秦汉王朝的实际控制还是较松弛的。如《汉书·食货志·下》载："汉连出兵三岁，诛羌，灭两粤，番禺以西至蜀南者置初郡十七，且以其故俗治，无赋税。"《水经注》卷三十七《叶榆河》也载："汉武帝元鼎六年开都尉治。"《水经注》引《交州外域记》曰："（南）越王令二使者典主交趾、九真二郡民；后汉遣伏波将军路博德讨越王，路将军到合浦，越王令二使者赍牛百头，酒千钟及二郡民户口簿诣路将军，乃拜二使者为交趾、九真太守，诸

---

① 尤中：《中国西南边疆变迁史》，载《尤中文集》（第4卷），云南大学出版社，2009，第8-9页。

② 何文晋主编《越南东山文化》，第五章。

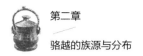

雒将主民如故。交趾郡及州本治于此也，州名为交州。"

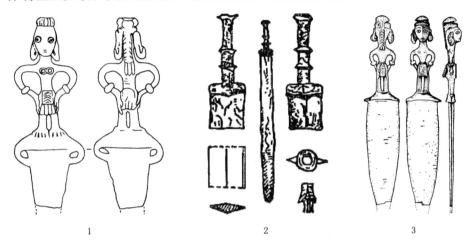

1—越南清化东山出土的短剑；2—越南清化东山出土的东周式铜剑；3—湖南长沙树木岭M1出土的铜剑。

图2-1 骆越地区出土的铜剑

上述可见，汉王朝对交趾、九真、日南三郡的管理，与后世的所谓羁縻统治颇为相似，其当时的主体族群还是骆越人，故《交州外域记》在追记西汉统一岭南各地并重新置郡之后，当地仍然是"诸雒将主民如故"。

"诸雒将"统治者及其骆民，各层阶级还包括汉官吏及各种来源复杂的汉移民，其中也有罪人。如《后汉书·南蛮西南夷列传》载："凡交趾所统，虽置郡县，而言语各异，重译乃通。人如禽兽，长幼无别；项髻徒跣，以布贯头而著之。后颇徙中国罪人，使杂居其间，乃稍知言语，渐见礼化。"

再如，《水经注》卷三十六《温水》引《林邑记》曰："浦西，即林邑都也，治典冲……秦汉象郡之象林县也。""浦口有秦时象郡，墟域犹存。"然而至晋代时，"秦余徙民，染同夷化，日南旧风，变易俱尽"。这就是不同民族长期融合的必然结果。

俚人。《后汉书·南蛮西南夷列传》载："建武十二年，九真徼外蛮里张游，率种人慕化内属，封为归汉里君。"注云："里，蛮之别号，今呼之俚人。"

三国万震《南州异物志》载："俚在广州之南，苍梧、郁林、合浦、宁浦（今广西横县）、高梁（今广东阳江等地）五郡皆有之，地方数千里。"

晋张华《博物志》卷二《异俗》载："交州夷名曰俚子。俚子弓长数尺，箭长尺余，以焦铜为镝，涂毒药于镝锋，中人即死，不时敛藏，即膨胀沸烂，须臾焦煎都尽，唯骨耳。"

《南史·萧劢传》载："俚人不宾，多为海暴。（萧）劢征讨所获生口宝物，军赏之外，悉送还台。"

《隋书·南蛮传》又载："南蛮杂类，曰蜑、曰俚、曰狼、曰獠、曰迤，古先所谓百越是也。"《太平寰宇记》也说："贵州连山数百里，皆俚人，即乌浒蛮。"

据上述史料，前人多认为交州之"里（俚）人"就是越人，也即东汉之乌浒蛮[1]。

笔者认为，《后汉书》不称"俚人"为骆越人，其又原居九真徼外，可见后世文献所谓"俚人"的先民不一定就是骆越人，两者也应当是异源合流的关系。汉朝九真郡大体处于今越南北纬18°～20°紧倚长山山脉的狭长地带，即夹在交趾与日南两郡之间，其徼外蛮"里人"，也有可能是来自九真郡边境外的南亚语族或南岛语族的分支。法国学者H.马司帛乐曾指出，前越南语言的出现形成，是来源于孟·高棉的一种方言和泰语的一种方言，可能还有第三种未知的方言。后来，越南语才借用了大量的汉语词汇[2]。可见，越南语的历史语言学研究结果，与我们从史料分析得出的结果也是有对应关系的。

越南学者文新等人认为，先秦两汉时期史籍的"交趾"名称出自"Keo"，现今一些邻近民族仍称越南人为"Keo"。但"九真"则不知其来源。它们可能原来是两个部落联盟。骆越之"骆"则是统称。后来原始部落的语言变成了部族语言。现代越南语至少是由孟·高棉语、泰（台）语两个主要因素以及第三种因素汉语相混合的结果。越南语初期使用了

---

①江应樑：《百越族属研究》，第360–397页。
②H.马司帛乐：《关于安南语的语音学历史的研究》，《法国远东博古学院集刊》1912年第12期，第一分册。

孟·高棉语、泰语的基本词汇，后来在造词方面日趋远离孟·高棉语，而在声调等方面日益接近泰语。这可能意味着这两个族群融合成了骆越部族，因此它能在后期抵制汉语的渗透。国外学者所指的泰语，包括中国的壮侗语。

文新等人还指出，从越南北部的冯原文化到东山文化，文化的同一性在形成和发展。各地出土文物大同小异。与文化习俗相应，有些传说也相同，如越族人妪姬生百卵、百卵化为百男的传说。芒族巫师《造地建国》祭文也说鸟生百卵化为芒族人。古代越南人不仅摆脱了征服，还同化了一些汉族移民[①]。

笔者认为，上述反映骆越先民不仅在语言上与百越民族同源，连鸟图腾的信仰也相似，"骆"即"鸟"之越语发音。

越南学者也多次强调过越南北部上古族源的复杂性。陶维英说，从考古发现来看，今越南北部在西汉以前就一直是许多人种互动融合的地区。如新石器时代的北山遗址，曾发现10多个古人类头骨，其中6个属美拉尼西亚人种（热带黑人种），8个属印度尼西亚人种（蒙古人种南亚类型），1个是蒙古人种和印度尼西亚人种的混血，1个类似澳洲人种[②]。

事实上，陶维英的表述要言之，即越南北部在西汉以前居民的人种体质特征，无外乎热带黑人种、蒙古人种南亚类型、蒙古人种，以及不同人种的混血类型。然而，这种情况到了东汉时期又有了一些变化。

由于东汉朝国土疆域有所拓展，加之对外经济与文化交流的频繁，汉朝之交趾郡实成为中国南方的重要门户，南方丝绸之路的重要中转站。《汉书·地理志》"粤地"条后云："自日南障塞、徐闻、合浦船行可五月……有黄支国。"

冯承钧等中外学者皆考证"黄支国"位于南印度，为古代之建志补罗城。早在公元前2世纪—1世纪，从今中国东南部至越南（汉之交趾、日南

①文新等：《雄王时代（历史、经济、政治、文化、社会）》，梁红奋译，云南省历史研究所内部翻译资料，（越南）科学出版社，1976，第66~67页。

②陶维英：《越南古代史》，刘统文、子钺译，科学出版社，1959，第19~20页。

郡）沿海一线又到南印度的海上交通航线已经开辟①，拜访汉朝的外国人可谓史不绝书。如《后汉书·南蛮西南夷列传》载："（东汉）熹平二年冬十二月，日南徼外国重译贡献……六年，日南徼外国复来贡献。"

因此，越南北部当时族群的复杂性，就如《后汉书·南蛮西南夷列传》所云"凡交阯所统，虽置郡县，而言语各异，重译乃通"。据此细分析史料，除了前述的原有族群，我们还可对两汉时期骆越历史民族区分布的族群做如下补述。

东山文化青铜器中可辨的族群。我们从越南东山文化中的青铜人物雕像也可观察到，其中存在较多的服饰和发式各不相同者。如越南安沛陶盛青铜器的人形作齐肩短发，为断发之越人，与《史记》等中国古文献中"越人断发文身"的记载相吻合。

此外，断发也可作髡头解，如越南东山文化铜钺的人物、船纹也见有髡头人像（图2-2、图2-3）。有学者指出，此种髡头人像与广西左江流域岩画中的髡头裸身人像相似，正合《汉书·两粤传》"瓯、骆裸国"的记载，两者当为骆越人的真实写照②。因此，中国与越南的多数学者都认为，越南北部青铜时代的东山文化就是骆越族群的青铜文化。然而，这也并不尽然。

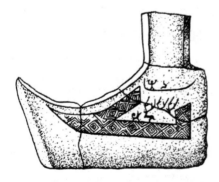　　　　

图2-2　越南东山文化铜钺　　　　图2-3　中国湖南衡山出土的东山式铜钺

①冯承钧：《中国南洋交通史》，上海古籍出版社，2005，第1-8页。
②覃圣敏、覃彩銮、卢敏飞：《广西左江流域崖壁画考察与研究》，广西民族出版社，1987，第147页。

　　例如，越南清化省东山、义安省鼎乡等地出土的部分越式青铜剑柄上的人形雕像，却作辫发著尾饰之像，双大耳垂环（图2-1：1），此种发式与装扮是中国西南氐羌系先民的又一特点（见《史记·西南夷列传》），这可视为越南北部青铜文化受到云南青铜文化影响的直接证明③。此外，越南北部出土的沱江铜鼓，纹饰中也见有披长发的氐羌人形象。再如，在红河下游的越南兴安省发现的东山文化洞舍铜鼓，其鼓身的船纹水手形象，就与裸体的骆越人迥异，却与云南滇系石寨山型铜鼓的滇人形象相似④。

　　林邑人。《晋书》卷九七《南蛮传》说："林邑国，本汉时（日南郡）象林县，则马援铸柱之处也。去南海三千里。后汉末，县功曹姓区，有子曰连，杀令自立为王，子孙相承。"

　　陶维英认为，日南郡在九真郡以南，是汉朝在征服了瓯骆以后增添的一郡。当时骆越人只是居住在交趾和九真两地，日南郡却未曾见有⑤。可见，建林邑国的种族当不是骆越人。我们从后来的古籍中查找到，越南中部的林邑国人中，已有表现为热带黑人种与印度雅利安人混血的族群类型。

　　例如，《太平御览》卷七八六引《北史》曰："（林邑国人）深目高鼻，发卷，色黑，俗皆徒跣，以幅布缠身，冬月衣袍，妇人椎髻。"《晋书·林邑传》曰："其人皆裸露徒跣，以黑色为美。"据此可推测，林邑人应当是包含了受印度化影响较深的南岛语族原住居民，以及经扶南国（今柬埔寨）北上，渗透到东汉日南郡边地的"深目高鼻，发卷，色黑"的"胡孙人"。《水经注》卷三十六《温水》引《林邑记》曰："浦西，即林邑都也，治典冲……秦汉象郡之象林县也"，"建武十九年，马援树两铜柱于象林南界，与西屠国分汉之南疆也"。此载表明，东汉早期，汉日南郡之南疆已存在有印度化的国家，即所谓"西屠国"。

---

③谢崇安：《兰威克文化艺术遗存之早期中越民族文化交流管窥》。
④谢崇安：《论几件越南东山文化青铜提桶的年代及相关问题》。
⑤陶维英：《越南古代史》，第459页。

东汉杨孚《异物志》载："西屠[1]国在海外，以草漆齿，用白作黑，一染则历年不复变；一号黑齿。"

三国《吴时外国传》曰："有铜柱表，为汉之南极界，左右十余小国，悉属西屠，有夷民所在二千余家。"[2]

所谓的"胡孙人"应当就是与东汉伏波将军马援分界的西屠国人，该国人可能是印度雅利安人与东南亚土著尼格利陀人混血的类型。岑仲勉指出，在《晋书》等古文献中，东南亚的黑人种一般都被称为"昆仑人"，如《晋书》李后传说"形长而色黑，宫人皆谓之昆仑"，可见昆仑人不一定矮小。《隋书》真腊传又云：昆仑人"形小而色黑"，当是吉蔑、昆仑二族与小黑人尼格利陀人混血的结果[3]。

因林邑国人深目高鼻，发卷，肤色黑，其种族特征有别于越南北部的原住居民，故在越南的古史传说中就被渲染为"胡孙国"人。越南学者文新等人曾说，广义的瓯骆国疆域北达左江（中国广西），南边界则与胡孙国接壤。胡孙国即在越南中部形成的印度化国家林邑——占城国。越南古史传说提到的外族有所谓"胡孙"，即九真郡以南的林邑人[4]。

笔者在此也附带一提，早在20世纪60年代，崇奉骆越人为越南人远祖的越南学者，如阮良璧等人也曾经提出，骆越人的世居发祥地实际上是仅仅局限于汉代交趾郡的红河中游地区，核心区域就在骆将之女——征侧、征贰姐妹发动反抗东汉起义所在的交趾郡麊泠县，而且俚（里）、乌浒等族群与骆越只是平行关系，不能混为一谈[5]。这一观点与笔者上述的论说既有相合之处，也有明显的矛盾。因为，笔者划分的"骆越历史民族

---

[1]"西屠"，蒙文通认为即《汉书·景武昭宣元成功臣表》所载瓯骆之"西于国"，即安阳王国南迁之族裔；见《蒙文通文集第二卷·古族甄微》，第375页。笔者认为《水经注》卷三十六《温水》引《林邑记》曰"建武十九年，马援树两铜柱于象林南界，与西屠国分汉之南疆也"，故西屠国当为汉日南郡象林县南界外的占城酋邦。

[2]李昉等：《太平御览》卷七九〇引，上海古籍出版社，1994。

[3]岑仲勉：《据〈史记〉看出缅、吉蔑（柬埔寨）、昆仑（克仑）、罗暹等族由云南迁去》。

[4]文新等：《雄王时代（历史、经济、政治、文化、社会）》，第153页。

[5]阮良璧：《骆越、骆王、骆侯、骆将、骆民是我们越族的祖先还是其他民族的祖先》，范宏贵摘译，（越南）《历史研究》1963年11月。

区"，包括今广西红水河以南的桂南地区、广东西南部、雷州半岛、海南岛和越南北部一带，这是根据《史记》《汉书》《后汉书》及相关文献的记载所做出的基本判断。若依阮良璧之说，则有以偏概全之嫌，更不符合下文列举的大量考古发现的史实。

本章小结

综上所述，从中国古代文献的记载可知，东亚南部的骆越集团属于百越民族的一大分支，主要分布在今广西红水河以南的桂南地区、广东西南部、雷州半岛、海南岛和越南北部一带，即今天的环北部湾地区。骆越人远在商周时期就与中原王朝华夏族有交流朝贡关系，环北部湾地区的主要特产也已经闻名中原。与邻近地区相比，骆越历史民族区因毗邻东南亚大陆西部与东亚南部，因而其先秦两汉时期的族群关系已显得十分复杂，骆越集团实际上已经包括了多种族群。但有一点是十分明确的，即骆越集团的主体族群是操原始壮侗语的民族，从体质形态上说，骆越人主要属于蒙古人种南亚类型，到战国晚期至秦汉时期，中原王朝先后征服了骆越集团，并在骆越地区建立了中央集权制下的郡县制行政区实施管辖，中原地区的汉族先民也不断迁入岭南各地，从此成为骆越历史民族区社会发展的主导力量，在长期的民族融合过程中，由青铜时代发展而来的骆越文化就逐渐与汉文化融为一体，形成了具有汉越文化特征的青铜文明。确立这一前提，本书所要研究的骆越青铜文化，事实上就是骆越历史民族区的青铜文化。

第三章 · 骆越青铜文化的起源

如前所述，南方"百越"民族中的"骆越"，应当是先秦两汉时期主要分布在今中国广西红水河沿线以南及其邻近地区的庞大族群集团，这是学者的一般共识[①]。考古学者也认为，迄今为止，在这一历史民族区发现的先秦两汉考古学文化遗存，或多或少都与骆越族群集团有对应的关系[②]。对此，笔者也持认同的观点。然而，何谓"骆越文化"？骆越考古学文化的来龙去脉如何？这又是学术界长期没有能够深入探讨解决的问题，尤其是极少开展中越跨境考古学文化的比较研究。因此，笔者首先选择骆越青铜文化的起源问题，具体揭示进入文明时代初期的骆越族群集团的主要文化特征——青铜文化形成的过程。

第一节　桂南及其邻近地区早期青铜文化的发现

一、发现与分布

在广西南部及其邻近地区发现的早期青铜文化遗存，有广西那坡县感驮岩晚期遗存[③]，忻城县矮山岩洞葬，来宾市溯社乡古旺山、白面山岩洞葬[④]，武鸣区两江乡独山岩洞葬、全苏勉岭、马头敢猪岩等青铜器遗

---

①范宏贵等：《壮族历史与文化》，广西民族出版社，1997，第19页。

②韦仁义：《武鸣马头墓葬与古代骆越》；蒋廷瑜：《西瓯骆越青铜文化比较研究》。

③广西壮族自治区文物工作队等：《广西那坡县感驮岩遗址发掘简报》，《考古》2003年第10期。

④广西文物考古研究所、南宁市博物馆：《广西先秦岩洞葬》，第67页，图版三五，3-4；127页。

存①。典型的早期青铜文化遗址有武鸣马头元龙坡墓葬②。

二、早期青铜器的类型

　　这些青铜器可分成两类：第一类是具有岭南越族地方特点的青铜文化遗存，其中有沙石铸范、青铜短剑、不对称斜弧刃铜钺、铜斧、宽叶形铜镞、铜铃、铜灯炬、铜针、长柄弧刃刀、刮刀等（图3-1）；第二类是殷周式青铜器，其中有铜卣、盘、罍、钟、戈、矛等（表3-1）。

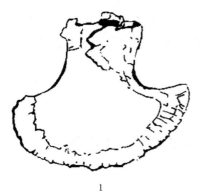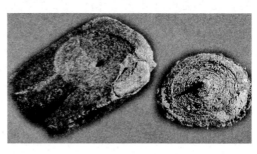

1　　　　　　　　　　　　　　　　2

1—铜钺；2—石铸范。

图3-1　广西武鸣马头元龙坡越人墓出土的铜钺、石铸范

三、青铜冶铸工艺与青铜器的比较

　　上述青铜文化遗存发现的地点不算很多，但通过比较研究，可对其来源、年代和文化性质做出基本的判断。

　　据碳-14年代测定，出土沙石青铜铸范的广西那坡县感驮岩晚期地层（图3-2：1），有4个标本的测年数据：螺壳标本年代为距今3800年左右；炭化粟标本距今3131年左右；炭化稻标本一个距今3463年左右，一个

---

①梁景津：《广西出土的青铜器》。

②广西壮族自治区文物工作队等：《广西武鸣马头元龙坡墓葬发掘简报》。

距今2883年左右[①]。因石灰岩地区水生动物标本碳–14年代测定数据有偏老1000～2000年的误差[②]，故螺壳标本数据暂可搁置。感驮岩晚期文化遗存延续的年代大体应当在距今3500～2883年。砂石青铜铸范分别出自感驮岩晚期地层的第一层和第三层。

东亚南部发现类似早期砂石青铜铸范的地点还有广西平南县石脚山遗址上层[③]，武鸣区马头元龙坡墓地（图3-2：2），灵川县新岩遗址（图3-3），广东珠海市淇澳岛亚婆湾、中山市南蓢龙穴遗址、香港沙埔村、东弯仔等遗址[④]，云南剑川县海门口遗址[⑤]，越南北部永福省义立的冯原文化（3-4）遗址[⑥]。

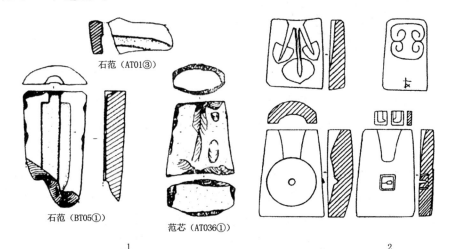

1—那坡感驮岩出土的石范；2—武鸣马头元龙坡出土的石范

图3-2 广西地区出土的早期石范

①广西壮族自治区文物工作队等：《广西那坡县感驮岩遗址发掘简报》。
②北京大学考古学系、中国社会科学院考古研究所：《石灰岩地区碳十四样品年代的可靠性与甑皮岩等遗址的年代问题》，《考古学报》1982年第2期。
③广西壮族自治区文物工作队：《广西平南县石脚山遗址发掘简报》，《考古》2003年第1期。
④蒋廷瑜、彭书琳：《文明的曙光——广西史前考古发掘手记》，广西人民出版社，2006，第116–117页。
⑤云南省文物考古研究所等：《云南剑川县海门口遗址第三次发掘》。
⑥谢崇安：《滇桂地区与越南北部上古青铜文化及其族群研究》，第197–199页。

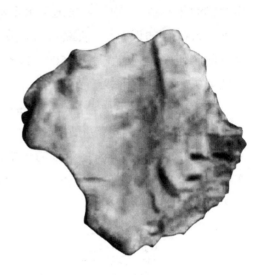

图3-3　广西灵川新岩出土的越式铜钺石范[①]　图3-4　越南冯原文化义立遗址的铜斧残石范

　　上述砂石青铜铸范的发现，意味着在距今3500～2800年之间（商代至西周），这是骆越先民等东亚南部民族青铜文化起源形成的阶段。

　　如果我们再放眼更远的地区，就会发现当时南方百越民族进入青铜时代并不是孤立的现象。例如，在中原地区，被认为是夏朝文化的河南偃师二里头文化遗址、山西夏县东下冯遗址，都发现过用石范铸造铜器的证据[②]，它们的年代为距今4000～3500年。其后，华南地区出土砂石青铜铸范的地点还有江西赣水流域的清江吴城文化遗址[③]、湖南石门皂市商代中期遗存[④]，很可能是随着中原地区青铜文化的向南传播，青铜冶铸工艺也在岭南各地陆续出现。

　　例如，江西吴城文化的年代处于商代早期末段至商代中晚期，它的青

---

　　①蒋廷瑜：《试论岭南早期青铜器铸范》，"青铜工业与早期文明国际学术研讨会"论文，江西铜陵，2006。

　　②北京大学历史系考古教研室商周组：《商周考古》，文物出版社，1979，第138页。

　　③江西省博物馆等：《江西清江吴城商代遗址发掘简报》，《文物》1975年第7期。

　　④高至喜：《论中国南方出土的商代青铜器》，载《商周青铜器与楚文化研究》，岳麓书社，1999。

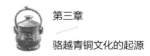
铜器造型和纹饰已明显受到了中原商文化的影响，吴城遗址也出土了较多的石铸范。粤东饶平地区的浮滨文化出土了殷式直内无胡二穿戈，出土形制相似的石戈有30余件，年代上限为距今3500～3200年，说明它尚处于青铜文化起源的阶段就受到了商文化的影响。

广东珠海市淇澳岛东澳湾的沙丘遗址，出土了中原夏商式的石牙璋、石戈、压印云雷纹陶器、铜器石铸范，已经能够铸造小件铜器。类似的遗址还有香港的大湾、东湾仔北等处，年代上限为距今3500年左右。东湾仔北墓葬出土的人骨具有南亚蒙古人种的特征和人工拔牙风俗[①]，说明这些岭南地区早期青铜时代的居民虽然属于原住越人，但也受到了中原夏商文化的影响。

《吕氏春秋·恃君览》说："扬汉之南，百越之际。"《汉书·地理志》注引臣瓒曰："自交趾至会稽七八千里，百越杂处，各有种姓，不尽少康之后也。"上古文献虽说江南各地的百越族群不都是夏人的后裔，但也不等于说其中没有中原移民的成分。从早期青铜工艺来看，这些各有种姓的百越族群，在进入青铜时代早期阶段，其青铜文化也体现了一定的共性和地域特点。

此外，上述华南地区发现的早期青铜器，其中有一部分是用合铸泥范制作（如吴城文化）的，凡属于大件青铜容器的制作皆如此。华南民族冶铸大型青铜容器的技术无疑是由中原地区流传过来的，因为在距今3500年左右，中原地区的夏商文化已经产生了成熟的大型青铜礼乐器。

相当于商代中晚期的殷周式青铜器，在广西也有零星发现。

例如，广西武鸣马头敢猪岩出土的一件青铜残戈，形近直援戈，援中脊起，上下栏突出，长方直内，内后部有斜向而相邻的二穿孔（图3-5：1），此残戈与河南安阳殷墟、灵宝等地出土的商代早期铜戈相似，当为商代器物[②]。值得注意的是，中国两广地区和越南北部发现的早期玉石戈也具有明显仿制殷商式铜戈的特点。此外，与武鸣马头全苏勉

①中国社会科学院考古研究所：《中国考古学·夏商卷》，中国社会科学出版社，2003，第645-658页。

②广西壮族自治区博物馆：《近年来广西出土的先秦青铜器》。

岭殷商式兽面纹青铜卣伴出的还有一件殷商式铜戈，作长胡三穿，直内长直援，器身残留有栉纹、云雷纹。此戈应当是骆越先民在当地仿制的殷周式铜戈（图3-5：2、3）[1]。

桂东北灌阳县新街也曾出土一件三角援铜戈，内作长方形，已经残损。援中脊起棱，断面呈菱形，戈援两面饰对称的夔凤纹和斜角云雷纹，形制同中原商周三角援铜戈，也接近四川西周早期的蜀式戈，夔凤纹则是早期楚器的装饰作风。这种商周式三角援铜戈在越南北部也有发现。这意味着早在商周时期，湘桂走廊已成为岭南的西瓯、骆越等越人部族与中原王朝交通的重要渠道。在紧邻桂东南的粤西南信宜市，也出土过典型的西周早期铜盉（图3-6），表明湘桂通道在商末周初已经延伸到粤西南地区[2]。

再如，广西兴安出土的天父乙卣（图3-7：1、2），也是典型的晚商器。广西武鸣全苏勉岭坡出土的晚商兽面纹青铜卣（器盖有"天"字铭文，可称"天卣"），也与湖南宁乡炭河里文化的提梁铜戈卣（宁乡黄材出土）很相似。两者的器形及装饰风格（如凤鸟纹、夔龙纹），都是典型的殷周式铜卣作风。湖南宁乡炭河里文化遗址是商末周初的一个城邑，这里出土了一批典型的殷周式青铜器，是在当地制作的，与当地出土的殷周式陶鬲共存的遗物也有不少越式几何印纹陶器，表明湘水流域的宁乡炭河里文化是中原华夏族南下与当地越族融合形成的文化，代表了湖广地区进入早期青铜时代的一个南方方国。该方国很可能是通过邻近的湘桂走廊与岭南的西瓯、骆越等酋邦方国进行交往，而且宁乡炭河里文化居民在商周时期，也应当是中原华夏族与湖广越人交通的重要中介者之一。

①蒋廷瑜、彭书琳：《历史的足迹——广西历史时期考古手记》，广西人民出版社，2006，第4页。

②徐恒彬：《广东信宜出土西周铜盉》，《文物》1975年第11期。

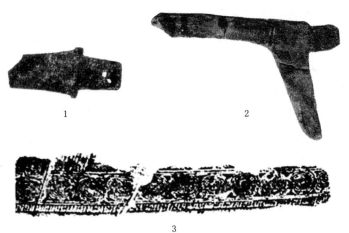

1—敢猪岩青铜残戈；2—勉岭铜戈；3—勉岭铜戈纹饰。

图3-5　广西武鸣马头出土的铜戈

图3-6　粤西南信宜出土的西周早期铜盉

　　考古发现还表明，商周时期的西瓯、骆越等南方越人部族，在与中原王朝交往的同时，也在仿制商周式青铜器。

　　例如，出土于广西荔浦、陆川、宾阳、田东等地的铜罍，都具有模仿中原地区典型商周铜罍的痕迹。出土于桂西田东祥周南哈坡的铜罍，与殷周式铜罍相比，其器身略显瘦长，双肩衔环兽耳显得更为突出夸张，器身肩部饰涡纹和夔龙纹，腹部饰蝉形垂叶纹，这都是典型的殷周式纹饰。两者的明显区别就在于，典型的商周礼器多作三重花纹，以云雷纹衬地，兽面纹主题作浮雕形式，十分精美而端庄；骆越青铜仿制品的纹饰浅薄，多作线刻画，庄重的风格已经减弱。其他地点出土的铜罍也装饰有兽面纹、云雷纹等，但铸法做工显得较为粗糙，分铸然后焊接的肩部双兽耳也具有夸张突出的地方特点。

武鸣马头元龙坡墓葬出土的西周铜盘也有类似的情况，与中原殷周式青铜器相比显得较为粗简。百色右江河谷出土的铜戈也是殷商式铜戈的仿制品，作直援、曲内、折胡二穿，类似的铜戈也见于越南北部的青铜文化遗址。

这些仿制铜器与同时期共存的越式青铜器相观照，就反映出商周至春秋早期，骆越人的青铜器制作尚处于起源仿制的初创阶段。

四、广西骆越地区早期青铜器的年代与文化性质

（一）早期青铜器的年代

广西地区早期青铜器的年代分期见表3-1。

表3-1   广西地区早期青铜器年代分期表

时代	青铜器			
	卣/盘	盉/罍	钟/鼎	戈/钺/剑/矛/角
商代至西周早期	1 2	3	4	5 6 7

续表

时代	青铜器			
	卣/盘	盉/罍	钟/鼎	戈/钺/剑/矛/角
西周中晚期至春秋早期	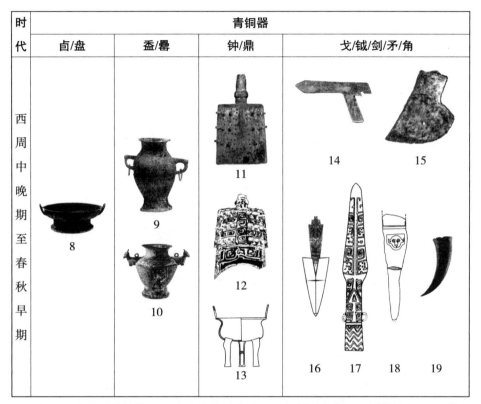			

注：1.武鸣马头勉岭；2.武鸣马头元龙坡；3.贺州马东村；4.灌阳仁江；5.武鸣马头敢猪岩；6.武鸣马头勉岭；7.灌阳新街；8.武鸣马头元龙坡；9.田东祥周；10.宾阳木荣；11.忻城大塘；12.武宣；13.贺州马东村；14.百色右江；15、16.武鸣马头元龙坡；17、18.贺州马东村；19.武宣。

以出土铜器石铸范遗存的年代推论，大体上，广西骆越地区进入青铜时代的年代上限应当在距今3500年左右，相当于中原地区的商代中晚期。这时的骆越人受到周边青铜文明传播的影响，已经开始尝试用石铸范来制作一些简单的工具和武器。此后，中原地区的商周青铜器也通过各种渠道，不断传入骆越地区，这里不仅存在一定数量的殷周式青铜器，还出现了仿制品。另外，骆越人在仿制中原器物的过程中，也开始生产具有地方特点的青铜器。这一青铜文化初创的时期大体上是从西周早期开始延续到春秋早期。

根据考古发现，我们观察到广西地区受到中原文化的影响是多渠道的，中原文明向南方传播也是渐次推进的。

这一过程从广西出土的早期铜罍可看得较为清楚。铜罍在殷周礼制中是用于礼仪活动时的盛酒器或盛水器，它们分别出自广西贺州（图3-7：2）[①]、荔浦、宾阳、陆川和田东祥周等地的窖藏或墓葬。其形制作大敞口，束颈折肩，腹斜内收，高圈足，折肩部焊接对称的兽耳。

最初，桂东北湘桂走廊的贺州马东村出土的铜罍还具有较典型的中原殷周式罍的特征，其年代上限当不晚于西周早期。但桂西南的田东、宾阳各地出土的铜罍已经产生了变异的现象。这些铜罍类型与中原殷周式典型的圆肩铜罍比较已经有一定的差别，但却与四川彭县[②]（今彭州市）、湖南湘阴等地出土的西周铜罍很相似。其器身上的花纹，如兽面纹、三角垂纹皆为典型的殷周式铜器纹饰，但其中的云雷纹、环带纹与典型的西周青铜器纹饰比较，已呈变异形态而融入了地方纹饰色彩，尤其是广西宾阳所出者（图3-7：3）。

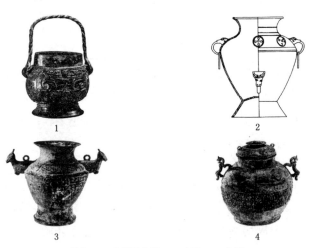

1—兴安；2—贺州马东村；3—宾阳；4—恭城。

图3-7　广西出土的早期青铜卣、罍

①贺州市博物馆：《广西贺州市马东村周代墓葬》，《考古》2001年第11期。
②四川省博物馆等：《四川彭县西周窖藏铜器》，《考古》1981年第6期。

蒋廷瑜等人曾将此类型铜罍年代断定为春秋早期[1]，其说可从。它们很可能是由巴蜀地区或湖南等地传入的殷周式铜礼器的仿制品。

广西恭城秧家出土的青铜罍（图3-7：4），其形制花纹与安徽、湖南等地所出的东周楚式青铜罍颇为相似，作圆口直颈，圆鼓腹，圈足，肩作兽形耳，器身主要饰蟠虺纹，造型与纹饰的制作都较为精美，具有春秋晚期至战国早期的时代特征[2]。从其共存遗物的情况综合分析，战国中晚期是铜罍在该地区流行的年代下限。

又如，广西武鸣马头元龙坡越人墓出土的铜盘（M33：3），它是在祭祀、宴饮、演礼时常用的盛水器。其器身作平唇、折沿、浅腹、双耳、高圈足，器外腹饰窃曲纹，圈足饰勾曲纹，具有西周中晚期的特征。根据其共存关系判断，春秋早中期可能是其在本区域流行的年代下限，但此类铜盘后来罕见。总之，在西周至春秋时期，广西越人仿制和改造殷周式铜器而产生的地方青铜器逐渐增多，表明这一时期也是东亚南部青铜文化起源发展的一个重要的过渡阶段，这一阶段出现的骆越铜戈（图3-8）、铜罍（图3-9）等青铜器，都有明显的仿制殷周式铜器的痕迹。

图3-8　广西百色右江出土的铜戈

图3-9　广西田东南哈坡出土的铜罍

（二）骆越早期青铜文化的性质

通过对桂南及其邻近地区早期青铜器的分析，表明骆越青铜文化起源

---

①广西壮族自治区博物馆：《近年来广西出土的先秦青铜器》。
②广西壮族自治区博物馆：《广西恭城县出土的青铜器》。

的过程，是在东亚大陆夏商周青铜文明的不断影响下，逐渐发展出来的区域性青铜文明，骆越青铜文化一开始就显示出礼制文明的特征，这表明它是中原三代文明的次生形态。

"国之大事，在祀与戎"，这是中原三代青铜文明的基本特征。桂南地区的骆越早期青铜礼制文明的标志性器物组合是铜卣、罍、盘、钟、钺、戈等，包含了殷周式礼器和地方性礼兵器。这种青铜文明的复合形态，一开始就体现了华夏文化与骆越文化的融合。当时还没有形成以铜鼓、铜钺组合为主要特征的骆越礼制文明。

第二节　越南北部早期青铜文化的发现

一、越南早期青铜器的发现及其存在的问题

据目前的考古发现，在越南南部和北部都发现过一些早期青铜文化遗存。

例如，越南南部胡志明市（西贡）东面70千米的贡洞，发现过一批斧范和别针的铸范，还有很多有榫或无榫的磨光石斧、带槽石器。伴出含碳陶片的碳-14年代测定数据为距今4000年左右，它与泰国东北班清文化能诺他遗址的两个数据接近。能诺他的青铜斧和砂石斧范是和磨光小石锛同出的。巴耶德等人认为，能诺他遗存属于青铜时代早期（公元前2700年）。其他遗址也有相似的发现，表明公元前2700年左右，泰国班清文化就产生了青铜冶炼术。部分国外学者认为越南南方贡洞青铜文化遗存与泰国班清文化有着明显的联系[①]。

分布于越南中南部地区的沙黄文化诸遗存，也存在铜斧和石铸范，越南学者将沙黄文化的青铜时代遗存称为"前沙黄文化"，以区别于晚期的

---

①埃德蒙·索兰、让皮埃尔·卡伯内尔：《印度支那半岛的史前文化》。

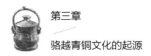

铁器时代遗存。在"前沙黄文化"只发现一批简单的铜器和石铸范，较晚阶段出现的器型有铜制的凿、箭镞、鱼钩等。越南学者认为沙黄文化产生青铜器遗存（渚村阶段→龙盛阶段→平洲阶段）的年代为距今3500～2000年。此外，在越南东南沿海地区也发现过一批青铜文化遗存，越南学者将其年代定为距今4000～3000年，其主要的青铜器类有对称斧、叶形管銎矛、长胡多穿戈等①。

　　笔者认为，通过文化比较，事实上越南中南部的青铜文化的考古发现和研究，尤其是年代分期，至今还存在着许多疑难问题。首先，这些青铜文化遗存及相关碳-14年代测定，尚未能构成较清晰的文化发展序列，而且作为跨境跨文化比较的基础资料，如泰国班清文化的年代也仍然存在很大争议，一些中外学者就认为，泰国班清文化诸遗址出现青铜器的确切年代，不会早于距今3500年左右②。又加上越南南方发现的资料不够典型和系统，发掘的文化层不够清楚，因此，在越南从事过20多年考古调查发掘的日本学者西村昌也曾认为，越南南方晚期新石器遗迹中存在的少量铜器，是由后代墓葬混入的遗物③。

　　据目前的考古发现，可认为越南中南部早期青铜文化是在越南北方和泰国早期青铜文化的影响下发展起来的。例如，这里最早出现的铜斧和石铸范，与泰国班清文化和越南北部的"前东山文化"的同类器物较相似。在越南东南部同奈省春禄县龙交遗址出土的19件铜戈中，就有长胡多穿戈（图3-10：2）④，其祖型是来自东亚大陆的商周式铜戈，器身的螺旋切线纹，也是滇文化和东山文化最常见的装饰纹样。其样式最接近越南北部海防象山出土的东山文化铜戈（图3-10：1）⑤。此外，越南中南部沙黄文化的陶瓷纹饰见有带凸点的变形雷纹（图3-11）⑥，也见于越南东山文化青铜器。这些都说明越南中南部的早期青铜文化曾受到北方青铜文化的影响。因此，可

①李昆声、陈果：《中国云南与越南的青铜文明》，第346-358页。
②童恩正：《童恩正文集·学术系列·南方文明》，重庆出版社，1998，第512-513页。
③西村昌也：《越南古代考古学》，（日本）同成社，2011，第53页。
④范德孟：《龙交铜戈》，《越南考古学》1985年第1期。
⑤黎文兰等：《越南青铜时代的第一批遗迹》，第109页。
⑥何文晋主编《越南考古学Ⅱ——越南金属器时代》，第512页。

以说越南中南部青铜文化的起源仍然是悬而未决的学术疑难问题。

二、越南北部冯原文化的发现

（一）发现与分布

越南学者的一般观点认为，距今3800～2800年前的越南北部冯原文化已经进入了青铜时代，这一考古学文化主要分布在红河流域地区。冯原文化的典型遗址有富寿省的哥蓬、松仁，永福省的仑黄等处，在冯原文化的一些遗址中据说都发现过零星的青铜片、针、锥、铅片等遗物，如北宁省的春来、河内的东翁诸遗址，但都缺乏详细的报告和研究。

（二）青铜器类型

冯原文化晚期遗存包含的青铜器极少，如越南北部永福省义立遗址的先后发掘，仅见有个别铜矛（图3-10：3）、铜斧残石铸范（图3-4）和疑似陶范的遗物。在丰洲县的夜丘、河内东英的同枫等遗址也只出土了零星的铜片、铜锈物①。

（三）青铜工艺与青铜器的比较

一方面，从冯原文化的有銎铜矛、铜斧石铸范和疑似陶范来看，可确定其青铜冶铸工艺与广西骆越地区的早期青铜冶铸技术十分相似。例如，冯原文化的有銎铜矛形制近似广西武鸣马头文化遗存的2式、3式铜矛（图3-10：4、5）。两地都出土有石铸范，与武鸣马头越式青铜器伴出的还有典型的殷周式铜礼器（卣、盘），可证明中越骆越先民青铜文化的起源，都与东亚大陆商周青铜文明的传播有着不可分割的关系。

---

①李昆声、陈果：《中国云南与越南的青铜文明》，第262-272页。

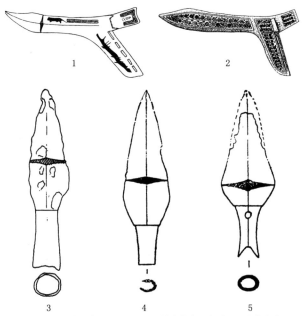

1—越南东山文化的铜戈（海防象山出土）；2—越南东南沿海地区出土的铜戈；3—越南冯原文化
的铜矛（永福省义立出土）；4、5—广西武鸣马头元龙坡越人墓出土的铜矛。

图3-10　骆越地区出土的铜戈、铜矛

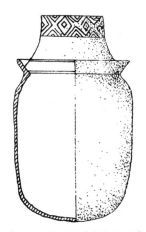

图3-11　越南沙黄文化的陶瓮

另一方面，针对东亚大陆中原地区青铜文化传播论的观点，美国学者怀特等人又提出了不同观点。他们认为，从年代和工艺技术两个方面看，东南亚地区的早期青铜冶炼技术，应当是来源于公元前3000年晚期的"先安德罗诺沃文化"的"欧亚森林—草原冶金区",而不是中国夏商周青铜文明的冶金技术传统。如泰国班清文化的青铜矛、薄銎斧,与北方阿尔泰山地区青铜文化的同类器相似,两者都存在失蜡法铸造工艺。阿尔泰山地区的青铜文化最先经新疆传入,随后传入了甘肃地区的齐家文化,泰国班清文化可能是其南传的末端。此外,越南北部的早期青铜工艺,也与泰国班清文化青铜工艺有一定的共性,如两者都使用涂有绝热材料(一种富含石英的泥浆涂层)的陶质带流碗形坩埚冶铸铜器,采用铜锡合金等。泰国班清文化是在距今4000年前才进入青铜时代,因此,怀特等人推测它应当是受到来自阿尔泰山地区青铜文化影响而产生的东南亚早期青铜文明[①]。

笔者认为,怀特等人的推论缺乏文化传播的时间和空间的链接,只能有待今后用考古地层学和器物类型学的证据来加以证明。反过来说,否定大陆夏商文化对东亚南部文化的影响,也不符合考古发现的事实。例如,东亚南部的冯原文化诸遗址,都出土有不少的夏商式牙璋、石戈,其铸铜石范与长江流域及其以南地区的同类石铸范都有明显的相似性。因此,我们目前只能推断:东亚南部青铜文化在起源的过程中,都有可能受到周边早期青铜文明的影响。同样,这一推断也要拿出更有说服力的考古新证据。

(四)冯原文化的年代与文化性质

冯原文化可分三个时期:以典型遗址命名,早期为"哥蓬期"(富寿省);中期为"松仁期"(富寿省);晚期为"仓黄期"(永福省)。针对冯原文化一些遗址中发现过青铜片、针、锥、铅片等遗物,以及出土有石铸范和铜矛的情况,西村昌也指出,冯原文化是否属于青铜文化,这是尚待进一步深入研究的问题,因为迄今为止,上述所谓出土青铜器的遗址其详细的发掘报告从未披露,所以无法验证其真实可靠性。不过西村昌也又指出,冯原文化遗址出土的陶器和中国夏商式牙璋及石戈,对于判断冯原文化的年代和性质,是十分有力的证据。如出土牙璋的富寿省松仁遗存

---

①乔伊斯·怀特、伊丽莎白·汉密尔顿:《东南亚青铜技术起源新论》。

的年代属于冯原文化中期，其牙璋形式接近中国华北二里头文化（夏文化）的牙璋①。冯原文化陶器在绳纹上加刻画纹和在打磨的器表施以填充戳印纹及彩绘等装饰风格，也与广西那坡感驮岩陶器的装饰风格相似，两者都存在殷商式牙璋。因此，蒋廷瑜认为，中原地区夏商文明有多条传播路线，其中一条是从四川盆地到越南北部，那坡感驮岩的发现表明，桂西南地区自古以来应当不失为一条骆越先民与内地中原各族交通的重要孔道②。

　　笔者认为，根据2006年中越联合考古队的发掘，越南红河流域的永福省义立冯原文化遗址已经出土有铜斧的石铸范③，加上越南北部和岭南等地出土的夏商式牙璋、玉石戈，都与四川广汉三星堆文化诸遗存的牙璋极为相似④，考虑到中原地区的牙璋流传到岭南和越南北部，或者在当地进行仿制，应当是有一段空间和时间的距离，因此可以推测，冯原文化晚期与广西那坡感驮岩晚期阶段应当已经进入青铜时代，其时代当在商代中晚期至西周早中期，即距今3500～2800年。

三、越南北部铜豆文化的发现

（一）发现与分布

　　越南学者认为，在冯原文化之后，越南北部已经明显进入青铜时代的早期发展阶段，在红河流域先后形成了铜豆文化、扪丘文化。

　　铜豆文化是冯原文化的继续和发展，它主要分布在越南北部的平原北部和红河中游地区，两者的渊源关系体现在很多方面。如铜豆文化的陶器在形状和样式上，仍然保持着冯原文化时期的一些特点，并在此基础上形

①西村昌也：《越南古代考古学》，第53页。

②蒋廷瑜、彭书琳：《文明的曙光——广西史前考古发掘手记》，第119页。

③中越联合考古队发掘越南永福省义立遗址的文字、照片资料，由四川省文物考古研究院高大伦院长提供，2007年11月。

④三星堆研究院、三星堆博物馆：《三星堆研究》（第一辑），天地出版社，2006，第198页。

成了自身的风格。经系统发掘的有永福省仁拉县的铜豆、美林县的太真、北宁省的傣查等遗址。

（二）青铜器类型

如前所述，越南北部的冶铜工艺在冯原文化末期已经萌芽，到铜豆文化时期，铜豆人已经完全掌握了冶铜技术，已能制造出许多完整的器型，如有双肩铜斧、矛、镖、箭镞、鱼钩、锤、锉等（图3-12）。此阶段，一些青铜制品具有仿制冯原文化时期石器工具的样式。

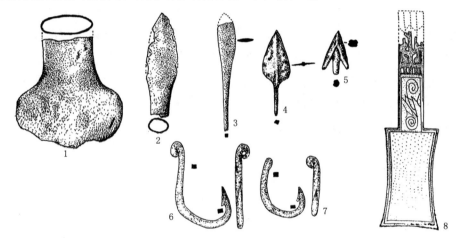

1—斧；2—矛；3—削；4、5—镞；6、7—鱼钩；8—刷。
图3-12　越南北部铜豆文化的铜器

（三）青铜工艺与青铜器的比较

铜豆文化的青铜工艺已经较为成熟，如工艺程序有制模范铸造、锻打、细加工、抛光等，一些青铜器具有仿制冯原文化时期石器工具的特点，但器类不多，这表明当时仍然处于青铜文化起源初创的阶段。铜豆青铜器与广西的越族青铜器相比较，两者既有共性也有地方的差异，相似之处如有铜斧、矛、鱼钩、箭镞等，铜锉则是铜豆文化特有的器物。

（四）铜豆文化的年代与文化性质

　　铜豆文化诸遗址有多个标本的碳-14年代测定数据，其年代为距今3860～2830年。西村昌也认为，其中一些数据明显偏老。因多处地层关系表明，铜豆文化层叠压在冯原文化层之上，其年代上限当晚于冯原文化末期。据笔者观察，铜豆文化的石戈，在广西武鸣岜马山岩洞葬、百色、大新县丽江等地也有出土，彼此的年代应当相近。后者的年代，广西考古学者将其定在商代中晚期至西周早期[1]，断代也过于宽泛。事实上，中国桂南地区与越南北部的青铜戈、石戈都是仿制商周式铜戈的变异形式（图3-13），其年代可定在西周早中期。此外，铜豆文化的陶器[2]，与广西忻城矮山岩洞葬的陶器装饰手法也十分相似，两者都是在绳纹陶器的器表上加施重复的曲线划纹[3]。广西龙州更洒岩洞葬的侈口束领深腹圈底罐也与铜豆文化的侈口深腹圈底罐相似，表明两地文化有接触交流。

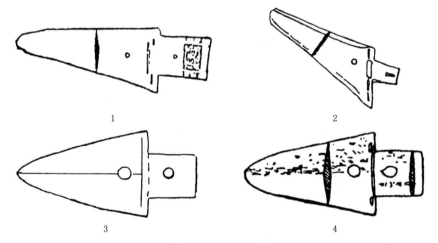

1　　　　　　　　　　　　　　　　2

3　　　　　　　　　　　　　　　　4

1、3—河南安阳殷墟晚商的铜戈[4]；2、4—越南出土的铜戈（越南河东、越南北部）[5]。

图3-13　中越铜戈的比较

①广西文物考古研究所、南宁市博物馆：《广西先秦岩洞葬》，第165页。
②何文晋主编《越南考古学Ⅱ——越南金属器时代》，第495页。
③广西文物考古研究所、南宁市博物馆：《广西先秦岩洞葬》，第61页。
④朱凤瀚：《古代中国青铜器》，南开大学出版社，1995，第727页。
⑤松井千鹤子：《越南北部出土的青铜戈》。

四、越南北部扪丘文化的发现

（一）发现与分布

扪丘文化由铜豆文化发展而来，已经得到了考古地层学与类型学资料的证明，它主要分布在红河流域，遗址分布也大体上与铜豆文化遗址相重合。

例如，在铜豆（永福省仁拉县）遗址，就包含有从冯原文化、铜豆文化到扪丘文化三个不同时期的文化层。在铜豆文化期与扪丘文化期之间交界的文化层里，有多种遗物，特别是混合性的陶器，皆反映了从铜豆文化到扪丘文化的转变。在铜豆、东林、亭僮等遗址各接续文化层中的许多陶器上，都可看到扪丘陶器装饰上有铜豆式花纹或间夹有扪丘式螺旋花纹。

（二）青铜器类型

扪丘文化的冶铜技术比铜豆时期有了新的发展，当时的铜制工具在生产生活中已占据了绝对优势。不过，许多铜制品仍然带有铜豆时期的风格。如刃部锐利的方角斧、斜刃铜钺和有肩斧、有銎矛、带翼箭等（图3-14）。这时也出现了一些新器型，如铜镰刀、大型铜斧等，还产生了一些富于装饰性的铜塑像，如人塑像、鸡塑像等。这些新技术新器型，为后来典型的东山文化步入青铜时代的发展繁荣期奠定了重要的基础。

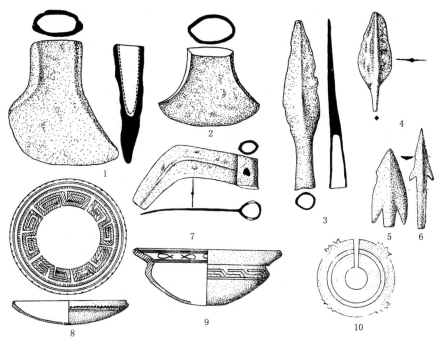

1—钺；2—斧；3—矛；4、5、6—镞；7—镰；8、9—陶钵；10—玉玦。

图3-14　越南扪丘文化的器物

（三）青铜工艺与青铜器的比较

　　扪丘文化的铜器工艺是对铜豆文化的继承和发展，器类比前期有所增加，工艺也趋于成熟。与广西的青铜器比较，它的铜镰具有地方特点，它的"风"字形铜斧、铜钺则多见于桂南地区。如它的不对称斜弧刃铜钺，就分别见于广西武鸣马头元龙坡墓葬、南宁邕江、田东右江、百色萝卜洲（图3-15）等地。这种斜弧刃铜钺也散见于越南北部的老街铺卢、安沛的安合、海防的越溪等地[①]，表明中越上古骆越地区的族群文化交流是十分密切的。武鸣马头元龙坡有清楚的层位证据，有铸范伴出，与不对称斜弧刃铜钺伴出的铜器，还有西周早期风格的牛首夔纹提梁铜卣（M147：1），相关碳-14年代测定数据表明其年代不晚于西周中期。斜弧刃铜钺明显是

---

①蒋廷瑜：《西瓯骆越青铜文化比较研究》。

仿制当地的斜弧刃石钺，这种石钺在广西地区的早期岩洞葬中已多有出现（图3-16：1）。据目前的考古发现，可以确定斜弧刃铜钺先是出现在右江流域的武鸣马头元龙坡诸文化遗存，然后才向南传播到越南北部。

1—广西武鸣马头元龙坡（M147：3）；2—南宁邕江；3—田东右江；4—百色萝卜洲；5—越南富寿省富厚。

图3-15　各地出土的不对称斜弧刃铜钺

再如，扪丘文化的陶器虽然地方特点突出，但其装饰纹样中的勾连回纹、曲折纹（图3-14：8、9），却与云南和两广地区青铜器常见的纹饰较相似，这些纹饰有的是对殷周式青铜器主要装饰纹样——勾连雷纹的模仿与变异的形式。扪丘文化陶盆的曲折纹二方连续纹样，也与昆明羊甫头19号墓的铜啄装饰带（图3-17：1）相似，只是两者的连续方向相反。昆明羊甫头19号墓的年代属于战国中期①，两者的年代应当大致相近。

从商周时期开始，岭南地区的越人在商周青铜器纹饰的影响下，也在制作地方印纹陶器时，融入了仿商周青铜器纹饰的云雷纹、方格回纹、圆折或方折的F形纹等样式，俗称"夔纹陶"或"雷纹陶"，在春秋时期最为盛行。不难看出，越南扪丘文化陶器的勾连回纹也有仿岭南两广地区印纹陶器的特点。

扪丘文化带牙边饰的玉石玦，也见于广西灵川富足村岩洞葬（图3-17：2）诸遗址。富足村岩洞葬的年代，报告者断为春秋战国时期②，与扪丘文化的碳-14年代测定数据的年代相近，表明越南扪丘文化与岭南地区的瓯骆文化有明显的交流。

---

①云南省文物考古研究所、昆明市博物馆、官渡区博物馆：《昆明羊甫头墓地》（1～4卷），科学出版社，2005，第133、715页。

②广西文物考古研究所、南宁市博物馆：《广西先秦岩洞葬》，第134-135页。

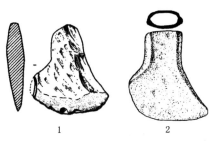

1—广西宜山六桥岩洞葬的石钺（西周中晚期）[①]；
2—越南北部扪丘文化的铜钺[②]。

图3-16　广西和越南出土的石钺和铜钺

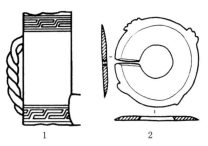

1—昆明羊甫头19号墓的铜啄（局部）；
2—广西灵川富足村岩洞葬玉玦（春秋战国）。

图3-17　云南和广西出土的铜啄和玉玦

（四）扪丘文化的年代与文化性质

考古发现表明，在越南北部平原和红河中游地区，许多遗址都包含有扪丘文化和典型东山文化的遗迹，晚期扪丘文化遗迹常叠压在东山文化层之下，如黄悟、鹅渐中诸遗址，均可为扪丘—东山两种文化的递变提供清晰有力的地层证据。

扪丘文化诸遗址的碳–14年代测定数据，处在距今2665～2385年之间，扪丘文化的器物也和中国云南、两广地区的相关青铜文化遗存有可比性，这可说明扪丘文化在越南北部延续的时间相当于岭南地区的春秋晚期至战国早中期。扪丘文化遗址中不见象征骆越方国王权礼制的铜鼓和礼兵器，说明当时桂南与越南北部的骆越集团各分支的社会发展也存在不平衡的现象。

①何文晋主编《越南考古学Ⅱ——越南金属器时代》，第496页。
②广西文物考古研究所、南宁市博物馆：《广西先秦岩洞葬》，第101页。

本章小结

综上所述，考古发现表明，东亚南部的骆越历史民族区，在东亚大陆夏商周王朝青铜文明的不断传播影响下，在距今3500～2800年之间的商代中晚期至西周中晚期，已经进入了青铜时代的起源初创阶段。在广西，主要分布有那坡感驮岩晚期遗存，武鸣马头元龙坡、马头敢猪岩诸青铜器遗存；在越南北部，主要有红河流域的冯原文化晚期遗存、铜豆文化遗存、扪丘文化遗存。由于这些青铜文化的起源过程较为缓慢，而且体现为以模仿中原殷周王朝的青铜礼制文明为其主要特点，在这些地区或早或晚都出土有殷周式铜器或是仿制品。大约在西周中晚期，骆越地区才形成颇具地方特色的青铜文明，其代表是广西武鸣马头元龙坡青铜文化遗存，在越南北部是铜豆文化和扪丘文化。相对应的，骆越历史民族区的主要部族当时也应当迈入了酋邦古国形成的阶段，但尚未形成以铜鼓、铜礼钺组合为主要特征的骆越方国礼制文明。

从骆越早期青铜文化的主要特征来说，其青铜铸造工艺有石范合铸和泥范合铸两种，这些冶铜工艺早见于华北的二里头文化，南方的江西清江吴城文化、湖南石门皂市商代中期遗存和宁乡炭河里文化等夏商周青铜文化遗存，说明江南的百越先民是中原三代青铜文明传播的中介，岭南与越南北部的南越、西瓯、骆越等先民的青铜文化，就是在中原华夏族和长江中下游的荆楚、吴越青铜文明的影响下起源和发展起来的。

中越的骆越历史民族区，其早期青铜器大体可分为两类。一类是由中原地区传入的典型殷周式青铜器，或是在当地仿制的殷周式青铜器，器型有铜卣、盘、罍、三角援戈、曲内戈、直内长援折胡戈等，伴出的遗物有夏商式玉石牙璋、骨质牙璋、仿铜玉石戈。另一类是本地起源的早期青铜器，器类有斜弧刃铜钺、"风"字形钺、戈、短剑、斧、宽叶形镞、铃、灯炬、针、长柄弧刃刀、刮刀等（图3-18），占大多数的是用双合范冶铸的简单青铜器类。

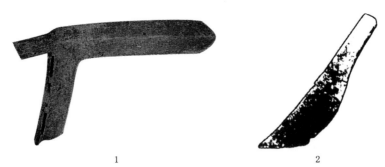

1—百色萝卜洲出土的铜戈；2—武鸣马头元龙坡出土的铜刀。
图3-18　广西出土的铜戈和铜刀

从青铜文化的比较研究和碳–14年代测定数据来看，中越青铜文化起源的年代上限大致相近，但桂南地区的骆越文化接受中原地区文化的影响要更直接，故发展也稍快一些，大约在春秋中晚期已经进入青铜时代的发展繁荣阶段；越南北部扪丘文化遗址的碳–14年代测定数据表明，越南北部骆越青铜文化直到战国早中期才进入发展繁荣阶段——东山文化期。从中国桂南地区与越南红河流域早期青铜文化的地方特征观察，大约在春秋中晚期，骆越历史民族区已经形成了青铜文化的地方类型，这些地方类型既有联系，也有明显的地域差别。

第四章 · 骆越青铜文化的区系类型与年代分期

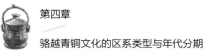
　　根据目前的考古发现和研究，上古骆越历史民族区的青铜文化遗存可以初步划分为两大区系和若干地方类型。蒋廷瑜曾认为，广西先秦两汉时期的越系瓯、骆族青铜文化可以区分为不同的地方类型，以广西平乐银山岭战国墓为主体的遗存当属古代的西瓯族文化[1]，它主要分布在广西东半部。韦仁义等人则认为，以武鸣马头元龙坡等地发现的青铜文化遗存为代表，当属骆越族文化[2]，它主要分布在广西西半部。

　　笔者前述曾指出，西瓯、骆越文化实际上不易截然划分，尤其是在秦汉时期瓯骆文化已经基本融合成汉越文化，因此，以地理区域结合考古学文化的特征分析比较容易处理。这里，笔者是将广西红水河沿线以南的桂南地区划分为一个骆越青铜文化区系（简称"桂南区系"），将越南北部划分为另一个骆越青铜文化区系（简称"越北区系"）。若从骆越历史民族区的界定来划分，本应也包括广东西南部及雷州半岛、海南省，但后者属于骆越、西瓯、南越族的交会杂居地带，目前先秦青铜文化的发现不多，故其青铜文化的归属暂可搁置。

第一节　桂南区系青铜文化的地方类型与年代分期

一、桂南区系青铜文化的地方类型

　　桂南区系可以划分为桂东南和桂西南两个地方类型。

---

①蒋廷瑜：《从银山岭战国墓看西瓯》。
②韦仁义：《武鸣马头墓葬与古代骆越》。

（一）桂东南类型

这一骆越青铜文化类型，是以广西忻城矮山、来宾古旺山、宾阳韦坡村、象州下那曹村、岑溪花果山、贵港罗泊湾和合浦汉墓群诸遗存为代表。

1. 桂东南地区的青铜文化早期遗存（商周时期—春秋晚期）

桂东南地区在商周之际应当已进入青铜时代。如平南石脚山遗存通常被学者们视为新石器晚期遗址，但其中出土有铜器石铸范，这与广西那坡感驮岩、灵川新岩和广东、香港及越南北部冯原文化出土石铸范的情形相似，皆表明岭南地区古越人在相当于中原地区的商周之际已学会了冶铜术。

应当说，从平南石脚山诸遗存的青铜冶炼术萌芽之后，又如何发展到岭南早期青铜文化阶段，其中还存在很多考古发现的缺环。目前，我们只是在广西东南部地区发现了一批商周式青铜器，如忻城大塘西周中期乳钉纹铜钟[1]，以及陆川、宾阳所出的周代铜罍，北流出土的西周中晚期甬钟等[2]。这些殷周式铜器由于缺乏相关的共存遗物资料，故很难判断其文化源流及性质。

体现地方早期青铜文化特点的还有广西忻城矮山岩洞葬遗存。这里出土了各式铜铃（图4-1：1～3），根据共存陶器判断，报告者认为矮山青铜器遗存的年代为西周中晚期[3]。

广西考古学者认为，桂东南发现的早期青铜器，大多具有中原商周青铜器风格，可见当时桂东南骆越人的青铜文化还不发达，尚未形成地方风格，因此，该区域青铜文化的起源要到春秋战国时期才达到发展成熟的阶段。我们认为其说可从。例如，来宾古旺山、白面山岩洞葬诸春秋战国遗存出现了较多的青铜器，而且典型的越式青铜兵器，如靴形钺、偏刃钺、铜匕首（图4-2：5～10）才较集中出现[4]。

桂东南早期青铜器的发现表明，这里的青铜文化应当是在殷周青铜文

①梁景津：《广西出土的青铜器》。
②广西壮族自治区博物馆：《近年来广西出土的先秦青铜器》。
③广西文物考古研究所、南宁市博物馆：《广西先秦岩洞葬》，第67、166页。
④广西文物考古研究所、南宁市博物馆：《广西先秦岩洞葬》，第127页。

化的影响下发展起来的，远在西周中晚期，就有岭北地区掌握殷周文化的
移民渗透到岭南地区，他们不仅带来了先进的冶铜术，也导致了越式青铜
器的产生。桂东北贺州马东村墓葬出土的人面纹短剑、"凤"字形铜钺、
锯齿纹铜锛等越式青铜器，是与商周式青铜器伴出的，它们应当就是这一
文化影响的产物（第三章，表3-1）[①]。

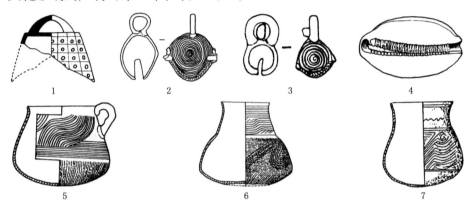

1~3—矮山岩洞葬出土的铜铃；4—矮山岩洞葬出土的海贝；5、6—矮山岩洞葬出土的划纹陶器；
7—越南红河地区铜豆文化的划纹陶器。

图4-1　广西忻城矮山铜铃、海贝、划纹陶器及越南划纹陶器

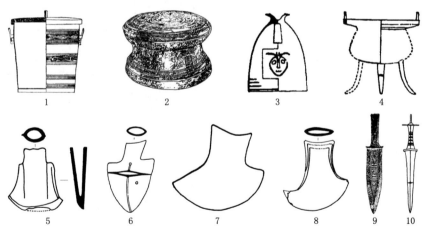

1—提桶（贵港）；2—铜鼓（贵港）；3—羊角钮钟（贵港）；4—越式鼎（宾阳）；5~8—铜
钺（武宣、来宾、来宾、来宾）；9—短剑（贵港）；10—带托剑（灵山）。

图4-2　桂东南类型的青铜器

①贺州市博物馆：《广西贺州市马东村周代墓葬》。

2. 桂东南地区的青铜文化中期遗存（战国时期）

本期骆越青铜文化以广西宾阳韦坡村、象州下那曹村、岑溪花果山战国墓遗存为代表。

宾阳韦坡村残存墓2座，收集到铜器21件，其年代最初断为战国时期①。我们结合墓中不见铁器等情况分析，将其断为战国中晚期。如墓中的越式鼎、柳叶形无格剑、刮刀等器物与平乐银山岭等地所出同类器相似，唯其3件铜甬钟年代显得较早，为春秋晚期至战国时期的流行物。

象州下那曹村残存墓1座，收集到一些铜器和陶器，年代断为战国时期②。其中铜器有矛、钺、人首柱形器；陶器有罍、罐。陶器的器型、纹饰都与广东清远东周墓出土的几何印纹陶器相似。此外，偏刃铜钺、人首柱形器也是岭南战国越人墓的常见物，其年代当与宾阳韦坡村战国中晚期墓相当。

岑溪花果山战国墓，出土有东周式铜剑、扁茎无格剑、铜矛、镦、镞、削刀、刮刀、越式铜鼎、铜箍、钏等③，这批青铜器与一件铁斧伴出，表明当时铁器是罕见物，青铜器还是当时的主要用器。其年代被断为战国晚期。

3. 桂东南地区的青铜文化晚期遗存（秦汉时期）

岭南在秦汉时期虽已进入了铁器时代，但骆越历史民族区有丰富的铜、锡矿藏，有悠久的青铜业和精湛的制造工艺，因此，骆越青铜文化仍在发展，而且达到了登峰造极的地步，迄今为止在秦汉遗址和墓葬中出土了大批精美的青铜器，其代表性遗存有贵港罗泊湾汉墓群④、合浦汉墓群⑤等。

以贵港罗泊湾汉墓为例，这里大型木椁墓出土的器物中有"布山"铭

---

①广西壮族自治区文物工作队：《广西宾阳县发现战国墓葬》，《考古》1983年第2期。

②广西壮族自治区文物工作队等：《广西象州县发现一批战国文物》，《文物》1989年第6期。

③广西壮族自治区文物工作队等：《岑溪花果山战国墓清理简报》，载《广西考古文集》，文物出版社，2004。

④广西壮族自治区博物馆：《广西贵县罗泊湾汉墓》，第35页。

⑤广西壮族自治区文物工作队、合浦县博物馆：《合浦风门岭汉墓——2003～2005年发掘报告》，科学出版社，2006。

文，可证明贵港一带就是秦设之桂林、汉之郁林郡治——布山县的所在地。出土铜器中有铜鼎、壶、钫、盆、秦式蒜头铜扁壶、铜九枝灯、筒形钟、人面纹羊角钮钟、越式双耳提桶、精美的石寨山型晚期铜鼓等。报告者将最具代表性的1号、2号大墓的时代定为西汉初期，即南越王国时期的墓葬。1号墓主可能是源自中原地区的汉族人，为南越王国派驻布山的郡守（尉）。墓中随葬品既有大量的岭北汉式器和汉字材料，也有为数不少的精美的岭南越式器。2号墓出土有"秦后"印戳、"家啬夫印"封泥、"夫人"玉印及玉龙杖头和金饼等器物，表明女墓主是相当于南越国王侯一级官员的配偶。

经发掘的合浦汉墓群，主要是西汉中期以后至东汉时期的遗存，也出土了大批精美的青铜器，代表了本区域青铜文化发展的尾声。其精品中有凤凰灯、提梁壶、长颈壶、龙柄魁、三足承盘、三兽镇等，特点是多为錾刻花纹铜器，器表饰以纤细匀称的线刻花纹图案，在造型、装饰方面都体现了高超的工艺水平和突出的地方特色。因此，蒋廷瑜通过广泛的综合研究，认为从西汉中期开始到东汉前期，桂东南（广西合浦一带）已成为錾刻花纹铜器生产的中心，其产品已远销到华南及越南等地区[1]。

事实上，錾刻花纹铜器最早起源于春秋晚期的东南越人地区（如江苏六合程桥春秋晚期墓），此后流传到中原各地，战国晚期以后趋于衰落[2]。与此相对，在西汉中期至东汉前期，桂东南能成为錾刻花纹铜器生产的中心，这无疑是东南越族制铜工匠迁入岭南后促进当地经济社会发展的一个结果。

在广西合浦堂排1号西汉墓中还出土有"劳邑执刲"官印，蒋廷瑜等人认为"劳"古音近"骆"，"执刲"原为楚国爵名，"劳邑执刲"是为南越国封赐给劳（骆）邑部族首领的官印，其封地在今广西玉林市，是相当于郡守一级的地方官。

①蒋廷瑜：《汉代錾刻花纹铜器研究》，《考古学报》2002年第3期。
②叶小燕：《东周刻纹铜器》，《考古》1983年第2期。

笔者认为，既然"劳"古音近"骆"①，解为"骆邑"首领亦可。此即合《史记·南越列传·索隐》引《广州记》所云："交趾有骆田，仰潮水上下，人食其田，名为'骆人'。有骆王、骆侯。诸县自名为'骆将'，铜印青绶，即今之令长也。"1984年海南岛出土有汉代"朱庐执刲"银印章，汉之朱庐县在今广西博白至玉林一带②，此也可为上述作一补注。这些地方土酋官印的出土，一可说明当地汉化进程的加速，二可说明这些青铜文化的族属当包括了一部分原住越人。过去有部分学者认为桂东南岑溪、合浦一带，为古代西瓯族群与骆越族群的杂居区，这从"劳邑执刲"官印的发现也得到了一定程度的证实。

（二）桂西南类型

该类型以广西那坡感驮岩，武鸣岜马山、敢猪岩、马头安等秧山，田东锅盖岭，西林普驮铜鼓墓诸遗存为代表（图4-3）。

1.桂西南地区的青铜文化早期遗存（商周时期—春秋晚期）

那坡感驮岩晚期文化。感驮岩晚期地层出土遗物包括陶器、石铸范、玉器和骨器等。石器、玉器磨制精美，加工细致，器型主要有斧、锛、凿、杵、镞、矛、戈、石拍、玦、镯、铜器石铸范等。骨器有角质的殷商式牙璋、铲、锥、匕等。出土石铸范的地层碳-14年代测定数据为距今3131年左右。出土有大量的炭化稻、炭化粟等谷物③。其中粟是广西史前考古的首次发现，粟是北方常见的种植谷物，南方罕见。感驮岩晚期文化的发现意味着，至迟在距今3131年左右的商末周初之际，桂西南古骆越人已学会了铸造铜器。从粟米和殷商式牙璋的存在来看，它与中原文化也有一定的交流。

武鸣岜马山、敢猪岩崖洞葬遗存。这两处崖洞葬分别出土有仿殷周式铜戈和玉石戈④，联系到同地区出土有殷周式兽面纹天卤的现象，这意味着商末周初，桂西南的骆越人已经进入了青铜时代。

---

①劳：上古音属来纽宵韵；骆：上古音属来纽铎韵。来来同纽，宵铎旁对转。
②蒋廷瑜、彭书琳：《历史的足迹——广西历史时期考古手记》，第101页。
③广西壮族自治区文物工作队等：《广西那坡县感驮岩遗址发掘简报》。
④广西文物考古研究所、南宁市博物馆：《广西先秦岩洞葬》，第76-77页。

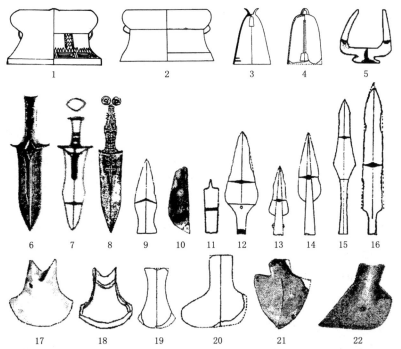

1、2—铜鼓（田东南哈坡、西林普驮）；3—羊角钮钟（西林普驮）；4—铃（武鸣马头安等秧）；5—叉形器（田东锅盖岭）；6～8—短剑（南宁邕江、田东锅盖岭、田阳隆平）；9—刮刀（武鸣马头安等秧）；10—半月形刀（武鸣马头元龙坡）；11—铜锥（武鸣马头元龙坡）；12～15—矛（武鸣马头元龙坡、田东锅盖岭）；16—柳叶形剑（武鸣马头安等秧）；17～22—钺（百色萝卜洲、武鸣独山岩洞、武鸣马头安等秧、武鸣马头元龙坡、右江河谷）

图4-3　桂西南类型的青铜器

　　武鸣马头元龙坡墓葬群。马头元龙坡墓葬已出现了较多的青铜器及铜器沙石铸范，还存在少量殷周式铜器。出土遗物还包括陶器、石器、玉器和骨器等。铜器种类有矛、钺、斧、匕首、镦、镞、卣、盘、刀、钟、铃、针、凿、灯炬等。玉器主要有环、钏、玦、管饰、坠子、凿等。其中墓葬的木炭标本的碳－14年代测定数据分别是距今3110年、距今2580年（经树轮校正）。发掘者根据元龙坡墓葬出土殷周式铜卣、铜盘和碳－14年代测定数据，认为墓葬群的年代上限为西周时期，下限在春秋时期[①]。

①广西壮族自治区文物工作队等：《广西武鸣马头元龙坡墓葬发掘简报》。

20世纪70年代中后期，广西武鸣马头勉岭曾出土晚商的带"天"字铭文的兽面纹提梁铜卣，异常精美，它当与桂东北兴安县西瓯族地区出土的晚商兽面纹天父乙卣的时代相近，与发现于湖南宁乡的炭河里文化的铜卣（如戈卣）也很相似。伴出的还有一件铜戈及残片，铜戈器身有栉纹和云雷纹装饰，直内长援折胡三穿，形制粗糙特殊，为当地骆越人铸造的仿殷周式铜戈。此外，武鸣马头敢猪岩崖洞葬发现的铜戈，为三角援直内戈，这种铜戈与河南安阳殷墟、灵宝等地所出的商代铜戈相似，也接近四川出土的早期蜀式戈①。结合武鸣马头元龙坡等地数百座青铜文化墓葬的发现分析，我们坚持认为，武鸣马头元龙坡墓葬群的碳-14年代测定数据难以否定，当地进入青铜时代至迟不会晚于西周中晚期，更不会如有的学者所云是晚至战国后期。

2. 桂西南地区的青铜文化中期遗存（战国时期）

它们以田东锅盖岭土坑墓、武鸣马头安等秧诸墓葬遗存为代表。

田东锅盖岭土坑墓2座，发现铜器14件、玉饰5件。铜器包括鼓1件、剑2件、矛2件、戈1件、镦1件、斧4件、叉形器3件。玉器均出自M2，包括玦2件，环、管、半圆残玉片各1件。发掘者将这两座墓的年代断在战国晚期②。

黄展岳曾认为，田东锅盖岭2座墓的出土器物分属中原文化和滇文化系统。戈、矛属中原文化。铜鼓属石寨山型，鼓面纹饰与石寨山M14：1号鼓几乎完全一样，胴部纹饰已趋简化。短剑与石寨山M13：172号短剑近似，与贵州清镇18号西汉晚期墓所出者也相似。周缘带花牙的玉玦，在广西平乐银山岭墓中曾有大量发现，其渊源似可追溯到广东曲江石峡文化。斧、钺类工具并见于滇、越文化。从田东所处的地理位置看，属滇文化的可能性似乎更大些。锅盖岭2座墓的时代应改定为西汉时期，墓主有可能属于百濮族系。

我们认为，桂西田东地区现今已发现了多面年代上限较早的万家坝型铜鼓（春秋晚期），因早期铜器也可能流传到晚期，若以西汉滇墓一些器

---

①蒋廷瑜、彭书琳：《历史的足迹——广西历史时期考古手记》，第2–6页。
②广西壮族自治区文物工作队：《广西田东发现战国墓葬》，《考古》1979年第6期。

物与田东墓的铜器相似，就断其为西汉墓，这一观点还难以成立，如滇池地区的西汉早期滇墓就出土有铁器，田东锅盖岭两墓均不见铁器、带钩一类较晚时期的器物。此外，田东锅盖岭的铜器组合也不同于桂东与桂西地区的西汉早期遗存（如贵港罗泊湾汉墓、西林普驮铜鼓墓）。因此，田东锅盖岭两墓的时代仍可断为战国晚期，其族属也当为骆越人。

武鸣马头安等秧土坑墓葬群。1985年发掘，86座墓共出土器物205件，采集器物11件，其中青铜器86件，包括剑、矛、钺、镞、斧、刮刀、镯、钏、带钩、铃等，铁器仅有铁锸1件。玉石器57件，仅玦、璜2种。发掘者将这批墓葬断代为战国时期①。综观其出土物，当有早晚的时代差别，其中存在铁器的墓葬，其下限或已至西汉时期。

武鸣独山岩洞葬。1986年发掘，出土有铜、陶、玉、石器15件。铜器有剑、钺、斧、矛、戈、镞、刮刀。玉钏、砺石各1件。发掘者认为其年代与安等秧战国墓相当或稍早②。

3. 桂西南地区的青铜文化晚期遗存（秦汉时期）

桂西西林普驮铜鼓墓。1972年发掘，是一座用4件铜鼓互相套合作葬具的特殊墓葬。出土器物包括葬具400余件，主要是铜器和玉石玛瑙，还有铁器和金丝。铜器270余件，种类有鼓、俑、马腿、六博棋盘、羊角钮钟、洗、耳杯、弹丸、弓帽、盖弓帽、车饰、辖、衔、当卢、镳、带扣、铃、兽面牌饰、山羊纹牌饰、绵羊头牌饰、环等。铁器有剑和铁铤铜镞。玉石玛瑙器有玉环、玛瑙环、玉管、玛瑙扣、玛瑙穿饰、玛瑙串珠、水晶珠、绿松石珠等。发掘者根据此墓的器物与云南晋宁石寨山、江川李家山古墓群中的早、中期墓所出的器物有许多共同之处，因而断其年代在西汉早期③。

桂西南的汉墓发现要远比桂东南少，零星的发现仅有崇左古坡村汉墓、都安九渡乡汉墓几处，出土器物也不及桂东南汉墓的丰富。这可能与考古发现不足有关，但与两汉经济重心转移到环北部湾地区有更直接的

①广西壮族自治区文物工作队等：《广西武鸣马头安等秧山战国墓群发掘简报》。

②武鸣县文物管理所：《武鸣独山岩洞葬调查简报》，《文物》1988年第12期。

③广西壮族自治区文物工作队：《广西西林县普驮铜鼓墓葬》。

关系。

依文献记载和蒋廷瑜、韦仁义等人的研究，先秦和秦汉时期居住于今广西地区的居民主要是西瓯和骆越两个百越支族。西瓯族主要分布在桂东北，骆越族群的主要活动地区在中国广西西部的左右江流域和越南北部的红河三角洲一带。广西东南的郁江、浔江沿岸及广东东南的茂名等地，则是西瓯和骆越的杂居地区。

古代西瓯、骆越族群的文化特征既有区别也有联系。蒋廷瑜指出，两者的葬俗就有区别，桂东战国墓葬的特点之一，是墓底中部设有腰坑，坑内埋有一件陶器，如平乐银山岭战国墓、岑溪花果山战国墓皆如此[1]。与此相对，桂西武鸣马头安等秧等地战国时期的骆越墓葬却缺乏这种特征。这表明中原文化的影响，是从广西东部向西南扩散。

桂西青铜遗存中常见钏、镯、环、玦等玉器的现象，又为同期的桂东骆越墓所少见。尤其是湖南、广东及桂东地区常见的釜形越式铜鼎也鲜见于桂西。前人研究曾指出，右江中下游的武鸣马头元龙坡、田东锅盖岭等墓葬，其文化面貌既有类似云南滇族青铜文化的因素，又有两广越族青铜文化的因素，这与桂西地处滇越之间的通道有关，故骆越族群深受滇族与南越、西瓯文化的影响也在情理之中[2]。

我们认为，骆越集团与云南滇族一样，其酋邦方国文明形成的主要特征，就是以铜鼓、羊角钮钟、铜钺为组合标志的青铜礼制文明。从桂西南的考古发现来看，其时当在春秋末期至战国早期，证据就是在桂西南的田东、西林等地区，都先后发现了万家坝型铜鼓、羊角钮钟和石寨山型铜鼓。桂西南的考古发现表明，这里的青铜文化一直受到来自中原东周文化和滇文化的双重影响。

上述即是我们对桂南骆越青铜文化区系的初步看法。然而，如果说要对广西考古发现的上古青铜文化能够进行明确细致的地方类型划分，应当说还为时尚早，因为目前仍然缺乏较丰富而系统的考古地层关系资料。

---

[1] 广西壮族自治区文物工作队等：《岑溪花果山战国墓清理简报》。
[2] 李龙章：《广西右江流域战国秦汉墓研究》。

二、桂南区系青铜文化的年代分期

从那坡感驮岩晚期文化和武鸣马头勉岭、敢猪岩、元龙坡等地的考古
发现已可观察到，桂南地区的古骆越人远在商末周初之际已进入了青铜时
代，也产生了本地的青铜冶铸业，出现了一些沙石铸范。骆越先民大约在
西周至春秋时期一直在仿制殷周式青铜器，与此同时，这里也产生了一部
分地方特点突出的越式青铜器，到了春秋战国时期，桂南区系的骆越青铜
文化发展达到了成熟阶段，这些青铜器的种类有礼乐器、兵器、生产工
具、生活用具，其中代表性的器物有铜鼓、羊角钮钟、不对称靴形铜钺、
无格人首纹剑、各式扁茎短剑、弓形格短剑等。这些最具有骆越青铜文化
特点的器类，直到西汉时期汉化进程的加速才趋于衰落。

根据各地的考古发现、碳-14年代测定数据和类型学考察，以及与邻
近地区相关文化遗存的比较分析，下面我们试将广西地区瓯骆先民青铜文
化的年代进行分期（表4-1至表4-4）。

"表4-1：1"所示的武鸣马头勉岭兽面纹天卣，是典型的商末周初青铜
器，与广西兴安发现的殷周式兽面纹天父乙卣年代相近。"表4-1：2、3"
所示的武鸣马头青铜戈，一件为殷周式三角援直内戈；一件为殷周式直内
长援折胡戈，阑侧饰云雷纹一道、饰栉纹二道。这些铜戈形式已分别见于
巴蜀和中原安阳殷墟各地，年代上限早至商代中期。类似铜戈也零星见于
中国云南和桂东北及越南北部等地。这些考古发现表明，商代晚期或商周
之际已有内地中原青铜器输入岭南或在当地被仿制的迹象。

长江中下游地区本为荆楚、吴越故地，商周时期当地已产生了成熟精
湛的青铜器，两广地区的殷周式青铜礼器当是经由这些地区输入的。例
如，我们将广西武鸣马头勉岭、恭城所出的兽面纹铜卣与著名的湖南"宁
乡铜器群"相比较，就发现两者的同类器很相似。湖南宁乡炭河里文化的
发现[1]，不仅确立了殷周式青铜文化分布区的新的南界线，也为探索岭南

---

[1]湖南省文物考古研究所等：《湖南宁乡炭河里西周城址与墓葬发掘简报》，《文物》2006
年第6期。

地区瓯骆先民青铜文化的起源提供了新的线索。广西那坡感驮岩遗址出土有铜器的沙石铸范、殷商式牙璋，此情况也见于江南地区的江西清江吴城、湖南石门皂市[①]，以及广西灵川新岩、广东珠海、香港及越南北方的冯原文化诸遗址。结合这些遗存也往往伴出有一些小件青铜器、冶铜渣屑的情况分析，我们认为这应当是在中原青铜文化的传播影响下，岭南各地在相当于中原的商末周初时期，也进入了青铜时代。

又如，广西武鸣岜马山岩洞葬、大新丽江等地出土的仿铜玉石戈（图4-4：1、2），都应当是本地的产品，它们都与中原的青铜文化遗存，如四川广汉三星堆文化、江西清江吴城文化、闽粤地区浮滨文化的玉石戈十分相似[②]，可见在岭南的商周至春秋时期，一方面不断有中原地区的产品输入，同时骆越人也在不断仿制中原地区的产品。再如，桂西田东祥周南哈坡、林逢大坡岭墓葬出土了2件早期的万家坝型铜鼓，伴出的1件殷周式铜罍（表4-1：14），器身饰涡纹、三角垂纹等，形近中原巴蜀等地的商周罍，但形制显得粗糙，单层花纹，显然是当地骆越人的仿制品。这件与南哈坡万家坝型铜鼓伴出的铜罍，形制、纹饰属于早期风格，应当是早期器物流传到春秋晚期才入葬当地豪酋的铜鼓墓中。此外，与林逢大坡岭万家坝型铜鼓伴出的1件东周式铜甬钟，纹饰也具有地方风格，也应当是中原器的仿制品。

1—武鸣敢猪岩出土的铜戈；2—武鸣岜马山出土的石戈；3—大新丽江出土的玉戈。

图4-4　广西出土的铜戈和玉石戈

①高至喜：《商周青铜器与楚文化研究》，第11页。
②中国社会科学院考古研究所：《中国考古学·夏商卷》，第657页。

"表4-1：二期"所示的青铜器组合，时代属西周中晚期至春秋早中期，体现出复合文化的特点，其中有殷周式铜器、越式铜器，还有融合汉越特点的铜器。

广西地区零星出土的先秦铜编钟，由于缺乏共存陶器等地层关系，故对其准确断代较为困难，意见分歧较多。笔者认为，桂东北贺州周墓出土的先秦甬钟，形制、纹饰都接近中原地区西周晚期编钟的风格，而且与殷周式铜罍、夔纹陶器伴出，通常学者都认为岭南夔纹陶流行的时代是西周至春秋时期，因此，这类编钟的年代不宜定得过晚，笔者将桂南横县南乡出土的铜编钟断为春秋早中期（表4-1：9）。

前述表明，岭南骆越历史民族区在中原青铜文明的影响下，最迟在西周中晚期至春秋早中期已进入了青铜时代的发展阶段，当地越人已开始仿造大型的殷周式青铜器。广西武鸣马头元龙坡出土的具有西周中晚期风格特征的青铜盘、卣（表4-1：4、5），伴出的石范和碳-14年代测定数据，以及桂东贺州、桂中武宣等地出土的具有殷周云雷纹装饰的越式铜矛、铜牛角（表4-1：10）等器物，均可为此断代分期做出有力的证明。有的学者将右江流域青铜文化的年代上限定在战国晚期，这事实上与整个岭南地区的考古发现明显不符。

李伯谦曾针对岭南青铜文化产生的年代上限不早于战国晚期的观点，指出粤东饶平浮滨文化已经出现了商式铜戈，属浮滨文化的闽南漳州虎林山墓葬也出土了相似的铜戈、铜矛、铜铃，确凿证明浮滨文化是受到商文明影响的青铜时代文化。此外，浮滨文化的系列遗址还出土有直内无胡的铜戈和大量的直内无胡石戈，而这种兵器本地史前文化从未出现，表明它们来自中原商文化。这种直内无胡铜戈是商代早中期的流行物，其向南传播的中介是江西清江吴城文化，吴城文化除了有直内无胡铜戈和石戈，还出土有既与浮滨文化类似又与商文化相似的大口樽、折肩凹底罐等陶器，说明江西清江吴城文化是中原商文明向岭南传播的中介。多种遗址、墓葬的地层资料也证明，岭南先民铸造青铜器的时间不会晚于商末周初，也早于岭南青铜时代的夔纹陶文化[1]。

①李伯谦：《关于岭南地区何时开始铸造青铜器的再讨论》。

　　李伯谦的岭南青铜器断代对笔者深有启发。我们不难发现，在广西和越南北部发现的直内无胡铜戈、直内无胡石戈（武鸣敢猪岩、岜马山等地）、牙璋（那坡感驮岩、松仁冯原文化遗址），归根到底也是中原夏商文化影响的产物。

　　到了春秋晚期，桂西南类型更明显地受到了云南滇文化的影响，广西田东祥周东周墓出土了滇文化的万家坝型铜鼓（表4-1：22）；广西东兰县桥龙山出土了滇式铜釜（表4-1：23），伴出的1件铜甬钟，属于东周式甬钟的改进型，器身饰云纹图案，鼓部饰卷蛇纹，卷蛇纹及枚的四周遍饰网纹。这种类型的甬钟是广西首次出土[1]，应当是桂西的骆越人对中原东周式甬钟的仿制和改进。广西宾阳新宾下河出土的栉齿纹铜钟（表4-1：21），器型属于东周式礼乐器，它的栉齿纹装饰则具有地方特点，与湖南湘江流域的越式栉齿纹铜器有共性，表明它是东周式礼乐器的仿制品。春秋晚期以后，桂南地区的东周式编钟罕见，这可能与越式铜鼓、羊角钮钟开始兴盛有关。

表4-1　广西瓯骆系青铜文化年代分期表（一）

年代	卣	盘/罍	钟/鼓/角/釜/戈/钺/矛/剑		
一期（商代晚期至西周早期）	1	—	2	3	
二期（西周中晚期至春秋早中期）	4	5 6	7　8	9	10 11　12　13

―――――――――
①蒋廷瑜：《广西考古通论》，广西科学技术出版社，2012，第156—157页。

续表

年代	卣	盘/罍	钟/鼓/角/釜/戈/钺/矛/剑					
三期（春秋晚期）	—	14	15　16　17　18　19　20　21　22　23					

注：1. 武鸣马头勉岭；2. 武鸣马头敢猪岩；3. 武鸣马头勉岭；4、5. 武鸣马头元龙坡；6. 宾阳；7、8. 武鸣马头元龙坡；9. 横县南乡；10. 武宣；11～13. 武鸣马头元龙坡；14. 田东南哈坡；15. 来宾古旺山；16～19. 武鸣马头元龙坡；20. 西林；21. 宾阳新宾下河；22. 田东南哈坡；23. 东兰桥龙山。

战国时期是岭南越人进入青铜时代的繁荣鼎盛期。这时出现了大量的青铜兵器和礼乐器（表4-2至表4-4），一方面是越式青铜器在发展，另一方面是中原东周式铜器更为常见。这可说明两个问题：一是岭南越人与中原诸侯国的交流进一步加强；二是越人众多的部族方国的兼并融合也在加速推进。

表4-2 广西瓯骆系青铜文化年代分期表（二）

年代	矛	剑/匕首/刮刀	
四期（战国早期）	 1	 2 3 4	 5 6
五期（战国中期）	 7 8 9	 10 11 12	 13 14 15
六期（战国晚期至秦汉之际）	 16 17 18	 19 20 21	 22 23 24

续表

年代	矛	剑/匕首/刮刀
七期（西汉早中期）	25　26	27

注：1. 灵川岩洞；2. 武鸣独山；3. 宾阳韦坡村；4. 武鸣马头安等秧；5. 武鸣独山；6. 西林土黄；7～12. 武鸣马头安等秧；13. 灵山；14. 柳州；15. 贵港；16. 平乐银山岭（M155：16）；17、18. 田东锅盖岭（M1：2、M2：1）；19～21. 平乐银山岭（M46：5、M78：9、M74：10）；22. 田东锅盖岭（M1：6）；23. 田阳隆平；24. 南宁邕江；25、26. 平乐银山岭（M54：7、M8：21）；27. 田阳隆平。

表4-3　广西瓯骆系青铜文化年代分期表（三）

年代	戈	斧/钺				
四期（战国早期）	1	2	3	4	5	6
五期（战国中期）	7	8	9	10	11	

续表

年代	戈	斧/钺		
六期（战国晚期至秦汉之际）	12 13	14　15　16	17　18	
七期（西汉早中期）	—	19　20	—	

注：1～3. 灵川岩洞（LW263、265、264）；4. 象州下曹村；5、6. 恭城秧家；7、8. 武鸣独山；9～11. 武鸣马头安等秧（M45：4、M80：1、M61：4）；12. 田东锅盖岭（M1：3）；13、14. 平乐银山岭（M4：4、采：12）；15. 田东锅盖岭（M2：3）；16. 宾阳韦坡村；17. 贺州铺门；18. 平乐银山岭（采：14）；19、20. 平乐银山岭（M8：7、M82：1）。

表4-4　广西瓯骆系青铜文化年代分期表（四）

年代	樽/鼎	鼓/提桶	铃/钟
四期（战国早期）	1　2 3	4	—

续表

年代	樽/鼎	鼓/提桶	铃/钟
五期（战国中期）	5　6　7　8	9	10
六期（战国晚期至秦汉之际）	11　12　13	14　15	—
七期（西汉早中期）	16　17	18　19	20　21

注：1. 贺州龙中；2、3. 恭城秧家；4. 田东南哈坡；5. 宾阳；6～8. 贺州龙中（Ⅱ、Ⅲ、Ⅰ式）；9. 田东大坡岭；10. 武鸣马头安等秧（M14）；11. 宾阳韦坡村（M1）；12、13. 平乐银山岭（M71、M110）；14. 贺州龙中；15. 田东锅盖岭（M1）；16、17. 平乐银山岭（M119、M22）；18. 西林普驮；19. 贵港罗泊湾；20. 西林普驮；21. 贵港罗泊湾（M1）。

　　傅聚良曾指出，两广地区多见"王"字纹铜兵器，应当是由两湖地区传来，如它们分别见于湖南长沙浏城桥1号楚墓、湖北当阳金家山楚墓，以及湖北江陵天星观1号墓、湖南益阳等地，时代属战国早期至战国中期，两广地区所出当稍晚，其上限也应在战国中晚期。同时，一些学者还认为，"王"字纹铜兵器是古越人王权标志或族属徽号①。高至喜也曾指出，两广越人典型的青铜器刮刀，也是从楚地输入的，因为它最早见于湖南宁乡黄材三亩地遗存，从共存遗物看，当属商代晚期，此后铜刮刀才多见于湘南资兴旧市等地的春秋战国越人墓。高至喜认为刮刀应当先是起源于湘水中下游一带，其后才演变成各地越人的典型器物②，以至于越南东山文化遗址也有不少越式铜刮刀出土。

　　考古发现表明，湖广地区的越人应当是紧密相联的族群，因此，我们认为广西出土的"王"字纹青铜器的年代上限应当不会晚于战国早中期③。事实上，王权符号，在广西武鸣马头勉岭兽面纹天卣纹饰中已有反映（图4-5），它是在铜卣器身占据显著位置的4条对称夔龙纹中，重叠阳刻一"王"字纹。因此，这种王权的意识，应当说是商周青铜文明传播的产物。"王"字纹铜兵器多出现于岭南的战国时期，表明骆越地区当时也进入了酋邦方国战争频繁的阶段。《淮南子·人间训》说秦军征服岭南，经数年血战，杀死越人的君王吁译宋，这就是一个例证。

1　　　　　　　　　　　　　　　　　2

1—"王"字纹饰；2—卣盖的"天"字铭文。

图4-5　广西武鸣马头勉岭天卣的夔龙纹饰及铭文

---

①傅聚良：《湖广地区出土的"王"字铜器》，《文物》2004年第2期。

②高至喜：《刮刀起源小议》，载《商周青铜器与楚文化研究》，岳麓书社，2000，第94-95页。

③灵川县文物管理所：《灵川岩洞出土的青铜器》，《文物》2003年第4期。

从表4-1至表4-4可看出，广西地区瓯骆系统的越族青铜文化，与滇、黔、湘等地区的濮越系民族的青铜文化存在不少共性，如都有万家坝型、石寨山型铜鼓，羊角钮钟、铜铃、一字格曲刃铜短剑、不对称铜钺、亚腰形铜斧等。尤其是进入战国秦汉时期，瓯骆系文化与滇文化的关系更为密切。另一方面，我们也看出这些青铜文化之间存在的地区差异。例如，广西青铜文化中存在着较多的殷周式礼兵器，有卣、盘、鼎、编钟、东周式青铜剑等，又较早产生了仿制品，这均表明它受到中原青铜文化更为强烈的影响。它的典型器中有骆越式铜提桶、各式人面纹短剑，这又是它区别于滇黔各地青铜文化的主要特征之一。

　　过去，日本学者新田荣治在研究中国两广地区和越南北部的青铜提桶时指出，这些地区的青铜提桶如同当地发现的铜鼓一样，彼此之间的关系是很深的，不仅装饰纹样相似，甚至连铸造技艺也是相似的。两者都是大型青铜容器，必有共通的特性。但新田荣治说云南有铜鼓被密集发现，却没有发现青铜提桶[1]，这又是其认识的局限了。事实上，迄今为止在云南昆明羊甫头、呈贡天子庙[2]等地已出土了滇文化的青铜提桶，其造型精美，纹饰风格与同时代的铜鼓相似[3]。昆明羊甫头19号墓青铜提桶的年代为战国中期[4]，这是目前考古发现有地层关系、年代最早的青铜提桶。但云南出土的铜提桶数量极为有限，不及中国两广地区和越南北部发现的多也是事实，两者的文化源流关系仍然有待澄清。

　　①新田荣治：《ベトナム・两广地区の青铜提筒とその变迁》。
　　②云南省博物馆文物工作队：《云南呈贡天子庙古墓群的清理》，载《考古学集刊》（3），中国社会科学出版社，1983。
　　③昆明市文物管理委员会：《呈贡天子庙滇墓》，《考古学报》1985年第4期。
　　④云南省文物考古研究所等：《昆明羊甫头墓地》（1～4卷），第714-715页。

第二节　越北区系青铜文化的地方类型与年代分期

一、越北区系青铜文化的地方类型

根据目前的考古发现，越南北部的早期青铜文化遗存主要是发现于红河中游地区，越南学者一般称之为"前东山文化"，本书是将"前东山文化"遗存划为红河类型青铜文化的早期阶段。"东山文化"是越北区系分布最广泛的青铜时代中晚期文化，越南学者一般把它区分为三个地方类型：红河（塘瞿）类型、马江（东山）类型、嘎江（鼎乡）类型[①]。可见东山文化是以越南北部东南向的主要大河流域呈梯次分布的。

（一）红河（塘瞿）类型

1. 红河类型的青铜文化早期遗存——"前东山文化"类型

目前，国外学者一般是将越南北部红河中游地区发现的早期青铜文化——"前东山文化"区分为三个文化发展阶段：冯原文化期、铜豆文化期、扪丘文化期。

（1）冯原文化遗存。

冯原文化现已发现了数十个遗迹，也出土了一些零星的青铜器、冶铜渣屑。国外学者多认为其属于铜石并用时代文化。根据目前永福省义立冯原文化遗址出土的石铸范、陶器等情况判断，笔者认为它与广西那坡感驮岩晚期文化有相似之处，应当划入青铜时代初期。

---

①何文晋主编《越南考古学Ⅱ——越南金属器时代》，第495~496页。

（2）铜豆—扪丘文化遗存（图4-6）。

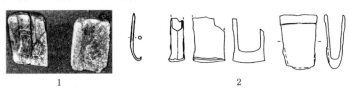

1—铜斧铸范[①]；2—铜器（鱼钩、斧）。

图4-6　越南铜豆文化的铸范和铜器

这两个青铜文化期，共发现了50多个遗迹，出土了青铜斧、凿、矛、箭镞、鱼钩等铜器（图4-7）和沙石铸范、陶铸范等遗物[②]。这一批青铜文化遗存与广西武鸣马头元龙坡诸青铜文化遗存有一定的共性，如两地都有偏刃铜钺、铜矛、有肩斧、鱼钩等器物。

红河类型"前东山文化"三个阶段的遗迹，主要分布在红河流域中游及其各支流两岸地区，而且有分布重合的现象。

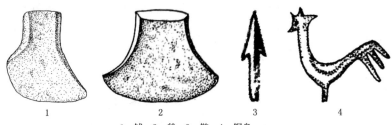

1—钺；2—斧；3—镞；4—铜鸟。

图4-7　越南扪丘文化的铜器

从"前东山文化"的年代测定数据、地层关系和遗物资料可见，其年代延续大约是在商代中晚期（公元前13世纪—公元前11世纪）。过去在永福省的林黄墓地（冯原期后段或铜豆文化期）曾出土仿殷商式铜戈的石戈。这种石戈在永福省的铜豆遗址下层的冯原文化晚期堆积也有出现。在两广地区和越南北部的青铜文化初期阶段，都发现了不少仿制中原夏商文化的铜戈和玉石牙璋，尤其是冯原文化松仁遗址出土的牙璋[③]，与四川广

[①]郑新：《"前东山—东山文化"社会组织与初期国家》，《越南考古学》2014年第4期。

[②]何文晋主编《越南考古学Ⅱ——越南金属器时代》，第495-496页。

[③]韩文宽：《松仁—蒙德遗址考古：冯原文化研究的重要途径》，《越南考古学》2007年第3期。

汉三星堆文化的牙璋极为相似①，这表明两地文化有交流关系。汪宁生认为，四川广汉三星堆文化遗址出土的海贝、象牙，很可能就来自北部湾沿海地区。牙璋属于中原夏商文化的典型器物，考虑到时空关系，从中原传入广西那坡感驮岩、冯原文化的牙璋，年代也应当在商代晚期。

越南北部红河类型早期青铜文化——"前东山文化"，与后继的越南北部红河类型中晚期的典型东山文化的分布区有相当一部分是重合的。因目前考古发现的不足，与广西地区的情况相似，越南北部"前东山文化"的起源和演变的线索还不太清楚。

2. 红河类型青铜文化中晚期遗存——东山文化红河（塘瞿）类型

继"前东山文化"之后是典型的东山文化，该文化体现了越南北部青铜文化发展、繁荣和走向衰变的历程。红河类型的东山文化遗迹除了红河流域中游，在其上下游地区也有发现，特别是红河流域中下游西部的平原最多。红河三角洲地区的东山文化，有较多的船棺墓葬分布。海防越溪船棺墓的随葬品，有从中国输入的青铜器，如东周式铜剑、漆器、汉代五珠钱等；还有黑格尔Ⅰ型铜鼓、船纹铜提桶等②。这类墓葬在越南北部各地很常见。

红河类型是东山青铜文化最先发达的地方类型，是东山文化最典型的器物，如黑格尔Ⅰ型铜鼓（石寨山型）、提桶、不对称铜钺、卷格短剑，在越南北部地区的分布最为密集，也最先受到内陆各方文化的影响，然后才传播马江类型和嘎江类型。

永福省的浪卡遗址，有300个左右的东山文化期墓葬，是迄今为止越南最大的古代公共墓地。更上游的永福省、黄林松省等地，还出土有放置人牙和骨灰的黑格尔Ⅰ型铜鼓和铜提桶。越南学者黎文兰等人认为，这是行火葬的习俗。

东山文化红河类型的分布范围，比"前东山文化"分布范围更大，尤其集中分布在河内、河西、河北、永福等省市。这一类型的北方边界与东山文化的北方边界重叠，包括山区的老街、安沛、山罗、北泰等地。其南

---

①三星堆文化研究院等：《三星堆研究》（第一辑），第198页。
②黎文兰等：《越南青铜时代的第一批遗迹》，第55–57页。

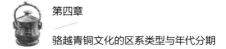
方界限是河西南方各县和南河北部各个县，其东方边界有海防、广宁的各个遗址。红河（塘瞿）类型是扪丘文化的继续和发展，其主要分布范围也与扪丘文化的地理分布相重合。红河流域类型的扪丘文化因素对东山文化初期阶段的影响已反映在一些不同的器物上。

东山文化红河类型的主要特征（图4-8）。武器方面，以有銎铜矛为主，有銎铜矛分布很狭窄，还没有延伸到东山文化马江类型地区。这类铜矛在红河类型的一些遗址中是新出现的因素，这些遗址有安渡[①]、进维、越溪[②]、古螺，不见于其他类型。这种有銎安柄铜矛，呈三角形刃，横截面为菱形（图4-8：4）。它在红河流域的各个遗址中占很大数量。在亭僮和富良遗址还出土有带铤翼的铜矛，后者不属于红河类型的典型特征。

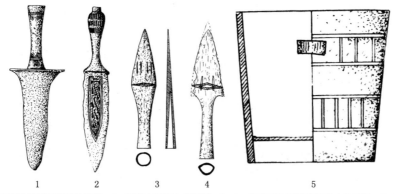

1—越南海防越溪船棺葬的铜剑；2—越南山西出土的铜剑；3、4—越南YEN TU船棺墓出土的铜矛；5—提桶。

图4-8　东山文化红河类型青铜器

红河类型有卷格短剑（图4-8：2），这是越南东山文化特有的典型器物。红河类型也多见剑首做成洋葱形的短剑。此外，还见有一些一字格剑和曲刃短剑。这些器物在很多地方被发现，如古螺、荣光、鹅野、朗沓，特别是在各个山区省份都有。在朗沓还找到了这类短剑的全套铸模。在更南部的嘎江（鼎乡）类型的义安鼎乡遗址也出土过数件此类短剑，可见它是从红河地区流入嘎江（大江）地区的器物。

---

①《安渡古墓》，《越南历史博物馆科学通报》，河内，1992。

②《越溪古墓》，《越南历史博物馆馆藏文物》，河内，1965。

　　此外，红河类型的各式不对称铜钺也具有突出的地方特征。这一地区还出土有一些青铜生产工具和有短銎的斜刃铜钺。

　　红河（塘豪）类型存在很多箭镞，特征是有翼箭镞和三角形箭镞。

　　生产工具方面，斜刃斧类较多，对称刃斧类很少。"日"字形斧，这只在红河类型地区有出土。红河类型也多见四角形截面銎样式的铜斧和有六角形截面銎的铜斧。

　　不对称刃的铜钺，即斜刃脚掌型铜钺，这是红河（塘豪）类型的典型器具，可以肯定它起源于红河流域再流传到其他地区。偏刃靴形铜钺，形似月亮形的镰刀。两者不同的是銎的横截面。铜钺的銎截面为六角形，它几乎只见于红河地区。此外，在红河（塘豪）类型与马江（东山）类型交界的遗址，如周乾、富良也常有这类铜钺出土。

　　红河（塘豪）类型的铜锄，有单肩锄、双肩锄、U形锄。属于同样的实物，但质料为铁的锄头已经在马江流域出现，这表明此类铜锄是红河类型东山文化的特征，到了北方大陆冶铸铁器技术传入后，才出现仿铜的铁锄。

　　事实上，一直被越南学者称为东山文化红河类型的三角形犁和心形犁工具（图4-9：1），在云南石寨山等青铜文化遗址中多有发现，从昆明羊甫头安有木柄的器物出土情况可以看出，所谓的犁应当是锄。何文晋等人指出，在河内市北边的古螺遗址已发现心形锄的生产中心，那是传说中安阳王的故都。铜锄沿着红河流传到各地，从老街经永富流传到平原地区。这类工具与马江（东山）文化类型有所区别。由此可见，东山文化红河（塘豪）类型的铜锄受到了滇文化的强烈影响，此类铜锄应当是从红河上游地区流传到越南北部，年代较早的铜锄见于云南祥云大波那木椁铜棺墓，年代为战国早期[①]，此后，云南滇池的晋宁石寨山、昆明羊甫头及滇东的文山等地都有出土。

---

①杨帆等：《云南考古（1979~2009）》，第197-198页。

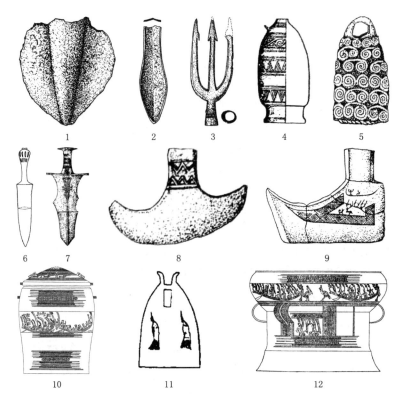

1—锄（山西）；2—刮刀（越溪）；3—三叉戟（越溪）；4—瓶（安沛陶盛）；5—铃（越溪）；
6—短剑（越溪）；7—短剑（太原）；8—钺（河东）；9—钺（越池）；10—提桶（安沛陶盛）；
11—羊角钮钟（兴安）；12—鼓（河南玉镂）。

图4-9　越南红河（塘瞿）类型的青铜器

　　越南红河（塘瞿）类型与云南石寨山（滇池）类型文化的关系十分密
切，如它的一字格短剑、曲刃短剑（图4-9：7）明显受到了滇文化短剑样
式的影响，这种一字格曲刃短剑在滇、黔、桂交界地区多有分布，表明它
是从红河上游地区经周边地区再流传到越南北部。又如剑柄塑像的短剑，
这也是东山文化受到滇文化影响的结果。此外，一些三足缸、带足小铜
盅、圆提耳瓶、圆提耳的铜盘、铜戈也是红河地区的东山人仿制滇式、越
式器物的证明。

（二）马江（东山）类型

马江（东山）类型的地理分布。其遗址主要是散布于越南北部马江流域、朱江流域地区。这一类型的北方界线与红河（塘瞿）类型的南方界线一样。马江（东山）类型实为与红河（塘瞿）类型融合的产物，其南界线也是靠近义安省的各县，目前当地也有一些零星的发现。

马江（东山）类型是东山文化的主要来源，越南学者认为它是从更早的葵渚文化发展而来。

马江（东山）类型的青铜器（图4-10），几乎能代表整个东山青铜文化的风貌，因此它是最典型的东山文化。

马江（东山）类型的代表性器物。其中的有柄铜矛（图4-10：7），虽然数量不多，但可清楚说明它是马江类型的典型器物，它处罕见。

马江（东山）类型铜鼓属于黑格尔Ⅰ型（中国学者称之为"石寨山型"），从清化广昌鼓（图4-10：14）的鼓面鼓身纹饰可以看出，马江（东山）类型晚期的一部分铜鼓已呈衰变迹象，如它的纹饰是仿自滇东文山开化鼓、越南北部红河类型的玉镂Ⅰ号鼓①的礼仪性写实纹样，但已经朝抽象写意方向演变，其羽人船纹也是如此。

铜盉是东山文化特有的器物，它应当是从红河类型的铜盉发展而来的（如海防越溪铜盉）。

卷格短剑、剑首呈洋葱形的短剑，在马江（东山）类型中数量最多，但它们也是来自红河类型。此外，马江（东山）类型的少量一字格人面纹短剑（图4-10：10），与广西贵港、香港石壁出土的人面纹短剑很相似，说明这种剑式是从两广地区传入的。

其他的不对称形铜钺，有偏刃形或船形，它们只发现于马江地区。刃部上的花纹主题与东山鼓上的主题相似，如有羽人纹、摇橹人、鹿、鱼尾纹等，与红河类型的铜钺形制风格有明显区别，但也有一些相似的纹饰主题。

---

①李昆声、黄德荣：《中国与东南亚的古代铜鼓》，第95、193页。

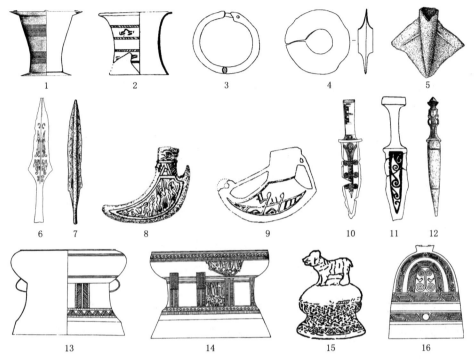

1—铜盅（绍阳）；2—铜环（绍阳）；3—铜环（东山）；4—铜环（绍阳）；5—锄（清化）；
6—矛（东山）；7—矛（绍阳）；8—钺（清化那山）；9—钺（绍阳）；10—剑（东山）；11—剑
（绍阳）；12—剑（清化那山）；13—铜鼓（东山）；14—铜鼓（广昌）；15—带钮铜鼓明器（清化
东山）；16—铜钟（清化密山）。

图4-10　马江（东山）类型的青铜器

马江（东山）类型的生产工具。这里多见长銎斜刃斧，偏刀形斜刃铜斧、镰刀刃弯月形铜斧也是马江（东山）类型的典型器物。

蝶翼形铜锄（图4-10：5），除1件发现于儒屯（义安省）墓葬外，几乎只见于马江（东山）类型的分布区。越南学者认为它的年代可能属于东山文化早期。笔者认为，从器物类型学的形制演变规律分析，马江（东山）类型的蝶翼形铜锄应当是由滇式铜锄演变而来。

无盖提桶和小铜盅，虽然在红河（塘瞿）类型中也有发现，但发现地点最多的还是在马江（东山）类型的分布区中，尤其是它的提桶装饰纹样，形式丰富多样。因此，可以确定，两汉时期马江（东山）类型分布区与红河（塘瞿）类型分布区一样，都应当是骆越式青铜提桶的制造中心。

马江（东山）类型的青铜明器（又称"冥器"）特别发达，几乎每一种青铜器都有相应的明器类型。这一地区传统的明器来自"前东山文化"阶段，在葵渚阶段已可见到陶制明器。在东山早期阶段和东山发展阶段里，青铜明器几乎没有，它只出现于东山文化晚期。在埋葬仪式中，传统明器的转变也许有很多原因，但最有可能的原因，就是晚期东山人受到了来自北方的汉文化的强烈影响。此外，还有一些墓中出土汉式器物。马江（东山）类型中存在丰富的随葬明器，是这一类型的突出特征。

马江（东山）类型的滇文化因素不多，主要是受到北方汉越文化的影响。这样的影响更多地发生在马江（东山）类型的晚期阶段，此阶段的遗存大体上已经被汉越化了①。

（三）嘎江（鼎乡）类型②

这一类型的分布范围，其北界有一部分与马江（东山）类型重合。其典型遗址至今尚难确定。从嘎江下游地区到滨海江北部，是马江类型东山文化分布的南方界线。

嘎江地区的前东山文化，考古学者已经找到可能与红河地区的扪丘文化、马江地区的葵渚文化相似的一些遗址，其时期有早晚的不同。典型的遗迹有儒屯遗址（义安南坛县南春社）。但是尚未找到一个能清楚地反映出从儒屯文化类型连续发展到东山文化的遗址。因此，嘎江（鼎乡）类型东山文化的起源还是没有澄清。

嘎江（鼎乡）类型的青铜器（图4-11）。它们多与马江（东山）类型相似。例如，这里出土的铜鼓、羊角钮钟、铜铃、提桶、短剑等，在红河（塘㟔）类型、马江（东山）类型中都可以找到。然而，各类型之间的短剑、铜矛所占的比例却有较大的区别。

嘎江流域的鼎乡人使用短剑的情况，要多于马江流域的绍阳人和红河流域的朗旮人。鼎乡出土有洋葱形剑首的短剑沙石铸范，这种剑式也分别

---

①何文晋主编《越南东山文化》，第七章。
②笔者注：嘎江，也译作"大江"；朗洼，也译作"鼎乡"。本著译作"鼎乡"。

见于红河（塘瞿）类型、马江（东山）类型，说明彼此之间有密切的交流。鼎乡短剑的突出特点是有圆雕塑像柄的短剑[1]，人塑像柄的短剑在鼎乡出土3件，其中一件的塑像为男性，另外两件妇女塑像柄的短剑能体现出当时人们的一些服装、发式的相互差异。鼎乡剑塑像的妇女着衣装饰华美，这与墓葬区内发现的一些奢华的装饰品是相对应的。值得注意的是，圆雕塑像柄短剑的人像作辫发、著尾饰（图4-11：10），这与习惯裸体的骆越人迥然有别，这种发式、服饰倒是与中国西南的氐羌系民族很相似。

还有一些东山短剑，其柄部上雕有一些塑像，如虎、豹、蛇、象等，这些短剑是鼎乡人独特的艺术作品。然而，在一些较大的短剑中，也可以看出鼎乡类型受到了云南滇文化动物塑像的影响。滇文化除习惯表现一些大型动物如虎、豹之外，蛇形纹饰也习见于青铜器之上，而且体现了凶猛的风格。鼎乡人喜爱使用短剑并善于表现动物形象的特点，说明其也受到了草原游牧文化（如斯基泰文化）的影响，它应当是通过云南滇文化传播到越南北部嘎江流域及其他的东山文化分布区。

嘎江（鼎乡）类型的铜钺不多，仅出土有少量的斜刃类铜钺或銎部有突棱的铜钺。这是它与红河（塘瞿）类型、马江（东山）类型的明显区别。

生产工具。鼎乡人很少使用斜刃斧。这对于各个东山遗址而言是个很特别的现象。鼎乡人有一些独特的斧类，即鱼尾形凹銎斧（图4-11：5）、锛形圆弧刃斧，还有一些锤，表明其已经受到汉文化的影响。这类工具首次发现于鼎乡遗址，尚未在其他区域内发现。这是一类区分东山文化地方类型的代表性工具，同时它们也丰富了整个东山文化工具的种类。嘎江（鼎乡）类型的铜锄是有折肩的锄头（图4-11：1），此前在一些遗址中也曾发现过，如桐蒙、春安、姜河等遗址；还有一种双翼形的有銎铜锄（图4-11：7），形制也比较特别。

生活用具。嘎江（鼎乡）类型习见铜提桶，这是它与红河（塘瞿）类型、马江（东山）类型的共性，但遗存中没有找到其他类型常见的铜盅。

　　①吴士宏：《1983年鼎乡（义安省）第二次发掘》，今村启尔译，（日本）《东南亚考古学会会报》第10号，1990年5月。

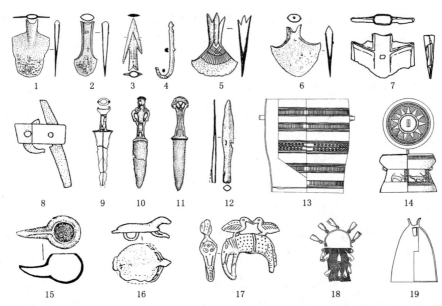

1、2—锄；3—镢；4—鱼钩；5、6—钺；7—双翼形锄；8—弩机；9~11—短剑；12—矛；13—提
桶；14—带钮铜鼓；15—铜勺；16—铜龟钮饰；17—鸟象饰物；18—响铃；19—羊角钮钟。

图4-11　越南嘎江（鼎乡）类型的青铜器（鼎乡出土）

　　在义安鼎乡遗址中还发现了半两铜钱，报告者认为这是西汉王朝早期发行的八铢半两钱和四铢半两钱（公元前186年—公元前120年）[1]。

　　在鼎乡发现的青铜器和水晶装饰品，目前在数量和种类上都要远胜于其他类型的遗存。所有的青铜装饰品都制作得相当精致，小巧玲珑，装饰品上的凸线纹、鸟线纹、凸圆点、三角形凿孔等都清晰可见。鼎乡人习惯将铜铃挂于不同的铜器之上作为装饰和响器（图4-11：18），如同东山人的腰带上也有铜铃，其手镯、足环、颈环、腰带锁等器物上都系挂铜铃，这很容易使人联想到民族志中习见的越系民族巫者的铜铃等响器。

　　如同东山文化其他类型，嘎江（鼎乡）类型的人与动物塑像艺术也较为发达。除一些人像和动物塑像外，还见有铜龟钮饰及大象背负着鸟的铜饰（图4-11：16、17）等。鼎乡人的塑像艺术刻画的都是一些本地的现实

①Graduate School of Humanities and Sociology The University of Tokyo, *The Lang Vac Sites*, *The Vietnam-Japan Joint Archaeological Research Team*, 2004, P110-111.

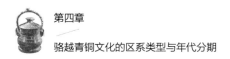

对象，这与红河地区东山人的塑像截然不同。后者具有图案化和形式化的倾向，不及鼎乡人的塑像生动写实。

红河（塘耀）类型、马江（东山）类型的葬俗可以说基本都是土葬，仅见一些用石头构筑墓基并以之划定墓穴的范围。在嘎江（鼎乡）类型中，已经有一些墓是用石头紧密地覆盖墓穴，如同给死者制造一间石屋。这种石室墓在中国云南、四川等地早有发现。在鼎乡墓区，锅、瓮互相扣合的瓮棺横葬墓也占了很大的比例。这种瓮棺葬应当是来源于此前邻近地区的沙黄文化葬俗。鼎乡人还有一种葬俗相当普遍，即把一些实物与死者一同下葬，以致很多铜提桶被压扁、穿洞，许多铜短剑也被折弯。此外，许多水晶耳环在埋葬前已被折断，这一现象可能与鼎乡人用碎陶片铺墓底的风俗有关。毁器然后做随葬品，这虽然说是东山文化嘎江（鼎乡）类型葬俗的一个特点，但此前也见于滇文化的石寨山类型。

其他一些嘎江流域的东山遗址也与鼎乡遗址有密切联系。桐蒙遗址中的锅瓮互扣的瓮棺葬墓数量占28%，这与鼎乡墓区所占的比例一样。除了一些带有马江（东山）类型特征的青铜器（如长叶形矛、菱形截面矛、对称刃斧），桐蒙遗址还有一些鼎乡特征的实物，如有肩铜锄、耳环、水晶手镯、陶蒸锅等。

与红河（塘耀）类型一样，嘎江（鼎乡）类型也受到了北方文化的影响，其特征也反映了云南滇文化的因素。如滇文化的凹銎器物做法，也多见于嘎江（鼎乡）类型的各种铜斧、半圆锹；还有鱼尾形对称长刃斧、圆弧刃锛、凹銎斧等。马江（东山）类型的动物塑像艺术与嘎江（鼎乡）类型的一样，虽然与云南滇文化有一定的区别，但是仍然属于相类似的工艺品，研究者们通常将它们概括为斯基泰风格。1990年在鼎乡的发掘中曾出土一件鸟饰铜锤，其形状完全是依据原产地鄂尔多斯草原地区的同类器型制作的，而其花纹则完全是东山式的花纹类型，其上有圆形、螺旋形、鸟形等纹饰，表明它是在鼎乡当地铸造的产品，是外来文化与当地文化融合的产物。

东山文化嘎江（鼎乡）类型的水晶装饰品，不能说它完全是来自南方的沙黄文化，但也有可能是受到沙黄文化影响的结果。这是嘎江（鼎乡）类型出现的新因素。

　　上述迹象表明，东山文化嘎江（鼎乡）类型的来源错综复杂，既有中国上古西南民族的文化因素，也受到北方汉、越文化的强烈影响，同时又融合了越南中南部沙黄文化的因素。

（四）东山文化的主要特征

　　考古发现表明，越南东山文化各地方类型之间的关系既有各自的鲜明特点，又是相互联系和相互影响的。如一些马江（东山）类型的东山青铜器因素也反映在红河（塘瞿）类型的古螺铜鼓上，同样，红河类型的东山青铜器也见于马江（东山）类型。这类青铜器向南方的传播，也可反映出公元前2世纪的红河地区瓯骆国首都的核心地位及其影响力。

　　如前所述，"前东山文化"尚处于青铜文化的起源阶段，只是出土了一批小件青铜器和简单的斧、钺及石、陶铸范。进入东山文化期，约在公元前6世纪，当地的青铜文化便呈现出蓬勃发展的态势，这与云南和两广地区的情况颇为相似。

　　综观目前的考古发现，东山文化的主要特征表现为青铜器类的铜鼓、短剑、铜弩、戈、矛、靴形钺、箭镞、提桶、斧、锄、锹、圈足盖盉等。其中，铜鼓的纹饰有翔鹭、羽人竞渡、鹿、牛等。在铜鼓分类中，其铜鼓属于早期形式（黑格尔Ⅰ型），过去中国学者认为它们晚于云南楚雄等地出土的万家坝型铜鼓（Ⅰ型a式），属于石寨山型。但后来越南北部也出土了一些万家坝型铜鼓（Ⅰ型a式，见于老街、河东省美良松林、永福陶舍等地）[1]，这就表明，越南东山文化与毗邻的中国滇桂青铜文化存在着许多可比性，三地文化交流密切。与此同时，中原文化也不断向南渗透，尤其是东山文化晚期的汉化进程明显，一些墓葬中曾出土战国铜器和秦汉时期的草叶纹铜镜、秦式蒜头扁壶、圆壶、铜剑、半两钱、五铢钱、王莽钱等汉式器物。

　　东山文化也有许多自身的特点，如清化省东山遗址出土的虎钮铜鼓

---

　　[1]范明玄：《关于老街1993年所发现之东山铜鼓的介绍》，载《铜鼓和青铜文化的再探索——中国南方及东南亚地区古代铜鼓和青铜文化第三次国际学术讨论会论文集》，民族艺术杂志社，1997。

（河内博物馆，编号：Ⅰ、19564）、带钮铜鼓（小明器鼓）就罕见于中国云南、广西[①]。它的卷格式短剑、浅格人形柄短剑、一些特殊形式的不对称靴形铜钺、铜戈、附雕饰的各种铜勺等[②]，都有别于中国云南、广西的青铜器类型。

从越南北部早期的沙石铸范技术及其小件青铜器出现的情况分析，东山文化与云南和两广地区等东亚南部的早期青铜文化都应当有共同的起源，它们过渡到青铜文化的繁荣期也应当是基本同步的。同样，在这些青铜文化发展的繁荣期，它们均受到了东周文化的影响。越南北部海防越溪独木船棺葬的出土物表明，其中除有滇、桂的越式器物外，还有东周式的一组随葬品，其同类船棺木的碳–14年代测定数据为公元前530±150年，可作为东山文化年代上限的断代参考。到了两汉时期，越南北部汉越文化的器物出土更多，当进入铁器时代的1世纪，也意味着东山文化的终结与越南北部汉化的完成。

二、越北区系青铜文化的年代分期

（一）"前东山文化"的年代分期

迄今为止，越南考古界构建的"前东山文化"的发展序列是冯原文化期、铜豆文化期、扪丘文化期。即便如此，事实上包括越南学者在内的国内外学术界，对此分期序列仍然存在很大的争论。

例如，英国学者戴维森曾综合各家观点认为，冯原文化期为公元前3000年—公元前1500年，铜豆文化期为公元前1500年—公元前1000年，扪丘文化期为公元前1000年—公元前500年，接续的东山文化期则兴起于公元前500年以后[③]。

①李昆声、黄德荣：《中国与东南亚的古代铜鼓》，第179页。

②黎文兰等：《越南青铜时代的第一批遗迹》，第5–10页。

③Davidson J：*Recent Archaeological Activity in Viet-Nam*，*Journal of the Hong Kong Archaeological Society*，1975，vol.6，Appendix.

　　日本学者横仓雅幸却认为，冯原文化期的年代上限不会早于春秋（公元前770年—公元前221年）后期[1]。大林太良等人则将冯原文化期、铜豆文化期、扪丘文化期的时代定在公元前2000年—公元前1000年，他们认为冯原文化与铜豆文化的分界是在公元前1300年左右。

　　再如，越南学者何文晋认为，冯原文化期是青铜时代早期，上限是公元前2000年左右。范文京等人则认为冯原文化前期（公元前18世纪—公元前15世纪）是新石器文化，后期（公元前15世纪—公元前13世纪）才进入青铜时代。澳洲国立大学的H.罗福斯则认为冯原文化是新石器晚期文化[2]。

　　我们认为，造成如此大的越南"前东山文化"的断代分歧，主要原因还是考古资料发现不足，尚未积累到能从类型学和地层学角度对其进行系统深入断代分期研究的缘故。这一缺陷如同滇桂地区的青铜文化考古研究一样。

　　另一方面，我们也应当看到，东亚南部青铜文化的出现并不是孤立的现象，至少在北方夏商周青铜文明和南亚印度河文明、泰东北早期青铜文明的多重作用影响之下，中国云南、两广地区与越南北部地区也应当在公元前1500年左右产生了冶铜术，越南北部冯原文化、广西那坡感驮岩晚期文化遗存，以及香港、广东珠海等地的冶铜石铸范遗迹的发现，加上相关碳-14年代测定数据已说明了这一问题。但东亚南部青铜制造业的起源过程是缓慢的，这一过程是从公元前1500年前后延续到公元前6世纪前后。越北区系与两广地区一样，到了东山文化期才进入青铜文化发展的繁荣阶段，各青铜文化类型的面貌才日渐清晰。

（二）东山文化的年代分期

　　关于越南东山文化的年代分期，有些越南学者是按各地方类型分别将其划分为不同的发展阶段。一般认为，红河（塘瞿）类型的东山文化是起

---

①横仓雅幸：《越南金属器的起源》，（日本）《考古学杂志》，1987年第3期。
②大林太良主编《东南亚的民族和历史》第二章第三节，（日本）山川出版社，1984。

源于扪丘文化，马江（东山）类型的东山文化是从"前东山文化"的葵渚阶段发展而来，目前只有嘎江（鼎乡）类型的来源尚未清楚。

1. 红河（塘瞿）类型

扪丘文化层之上叠压东山文化层的重要遗址有鹅占中、亭僮、杨舍（河内）和荣光、鹅占维、佐绕、黄梧、凤格（河西）等。鹅占维是其中较为典型的遗址，它位于河西省怀德县金黄社。根据遗址文化层的叠压关系、器物的演变，以及碳-14年代测定数据，基本上可以确定鹅占维东山文化三个阶段的年代。

A. 东山早期阶段（或过渡到东山早期阶段），绝对年代为公元前800年—公元前700年。

B. 东山发展阶段，绝对年代为公元前600年—公元前300年。

C. 东山晚期阶段，绝对年代为公元前200年—公元前100年。

2. 马江（东山）类型

马江（东山）类型遗址的发现较为丰富，其共同点是从葵渚阶段文化层发展到东山文化层的线索十分清楚。一些墓葬可以分为早期和晚期。在东山遗址还找到了"前东山文化"葵渚阶段的大墓区。这些遗址的东山文化遗存可以分成三个发展阶段。

A. 早期东山墓层：陶器中有许多美观的瓶瓮，为红色陶系，纹饰细致。陶器的质料、色彩和一些样式仍然带有葵渚文化阶段的色彩。这时的青铜器极稀少，代表了东山文化的初始特征。葵渚遗址早期墓文化层的绝对年代分别为公元前612年（Bln-2092）和公元前595年（Bln-2092A）。这应当是早期东山墓层的年代或是从葵渚到东山的接续年代。

B. 典型的东山墓层（或东山发展期）：陶器呈红色，出现很多锅、碗、瓶，没有陶明器。带有典型东山文化特征的铜器是斧、矛、短剑、锄。绝对年代为公元前5世纪—公元前2世纪。

C. 东山晚期墓层：陶器部分较粗糙，多为红色、灰红色陶，有圜底锅、圆腹瓶等。装饰品已出现石英耳环、水晶耳环、水晶串珠。也多见青铜明器和铁器。出现了一些外来物。根据一些汉式铜钱的特征，可判断这些墓葬的年代是公元前2世纪—公元2世纪。

3. 嘎江（鼎乡）类型

关于嘎江（鼎乡）类型东山文化的年代分期，前人对鼎乡遗址的发现曾做过探讨。该墓葬区存在的时间不长，从各类实物的样式上看不出太大的变化。根据地层关系和出土物，鼎乡墓葬暂可划分为四个演变阶段。

A. 第一阶段（公元前3世纪以前）。这些墓葬里只找到一些墓穴，有一些随葬的小陶器。

B. 第二阶段（公元前3世纪—公元前2世纪）。随葬品有铜斧、铜锹、管环手镯、青铜管形足环、石耳环、水晶耳环。这一阶段末期出现短剑和铜提桶。

C. 第三阶段（公元前2世纪—公元前1世纪）。这是鼎乡社会最发达的时期。许多墓主生前很富有，墓葬出土实物丰富，也体现了远距离的交通情况，短剑是常见的随葬品。

D. 第四阶段（公元前1世纪到公元纪年初期）。出土物很贫乏，短剑还存有，并多于铜斧。

鼎乡遗址墓葬区虽然还未能看出嘎江（鼎乡）类型东山文化的全貌，但可看出这一地区没有东山文化的早期遗存。

一些遗址的年代是处于公元前3世纪到1世纪和2世纪之间，它们应当是与红河和马江地区东山文化发展阶段和晚期阶段相当。通过对鼎乡遗址的分析，可见公元前2世纪—公元前1世纪是嘎江（鼎乡）类型东山文化最发达的阶段。这一时期，红河、马江地区的东山文化已开始步入晚期阶段。

在前人研究的基础上，何文晋最终是把整个东山文化归并为三个发展阶段[①]，而且其开始年代、极盛时期和结束时期在每个地方类型中的序列也不尽相同。首先，是"前东山文化"演变成为最早的红河（塘瞿）类型，其后才发展成为马江（东山）类型。其间，东山文化因素不断增强，而红河地区扪丘文化的因素在不断减少，此时马江地区则处于葵渚文化阶段。

---

①何文晋主编《越南东山文化》第七章。

　　东山早期青铜器出现不多，已经产生了一些斜刃斧、有銎矛，但是数量很少。此外，一些属于扪丘文化、葵渚文化的青铜器仍在使用。

　　东山文化发展阶段（或典型东山阶段）是东山文化各种基本因素得到定型和发展的时期。东山文化典型的青铜器产生，也带有一些地方色彩。这时青铜的冶炼技术得到完善，在各类实物中，铜、锡、铅合金得到有效使用。特别是铅的比例高，成为东山青铜器的一个特点。此阶段的末期，有一些铜器合金成分很多，如有铜、铁、铅合金，有铜、锡、铅、铁合金，还有铜、锡、铅、铁、锌合金等。产生这一现象的原因有很多，主要原因是铸造青铜器之时，使用一些二次原料的同时又加入一些矿石原料。在此阶段的末期，炼铁制铁的技术肯定已经产生。在一些居住遗址中，如荣光遗址、鹅占维遗址，一些铁器实物旁边还见有炼铁的痕迹。铁器应当更早产生于红河地区，因为北方汉越文化最先涉及这一地区。

　　东山发展阶段末期，瓮棺墓和挖空树干制成木棺的墓葬开始出现。贫富分化和行业分化已经在各个东山文化发展阶段末期的墓葬中有明确的反映。

　　红河平原和马江平原地区东山文化的发展演变阶段，相应的时间为公元前5世纪—公元前3世纪。而嘎江（鼎乡）类型东山文化的发展演变时期稍晚，延至公元前1世纪。东山文化发展阶段达到经济、技术等全面繁荣的时期，应该是公元前4世纪末—公元前3世纪初。

　　东山文化晚期阶段，陶器变成焦红色、灰黑色。在日益增多的青铜器中，有许多被用作明器。这个时期内的水晶装饰品有手镯、耳环、串珠、石英装饰品、多色宝石等，多数水晶装饰品是东山文化晚期阶段的地方产品。

　　在一些东山文化晚期遗址中发现的铁器不多，竹、木等质料的实物也只见于一些东山文化晚期的墓葬。东山文化晚期，北方传入的汉越文化实物在不断增多。

　　红河（塘瞿）类型墓葬的木棺是用挖空心的树干制成的，这在红河平原的一些低洼地区发现很多，它体现了东山人埋葬习俗的一个特点。在广西贵港罗泊湾汉墓中，贵族墓主的殉葬棺多为独木船棺，表明后者与越南北部的骆越人有关。在某些单个的墓穴里还见有很多死者叠埋的现象。行二次葬的墓只在东山文化晚期才发现。

从史载角度说，东汉交趾郡骆越族的征侧、征贰（"二征"）反抗失败后，即43年（见《后汉书·马援列传》等）开始，东山文化的发展已经结束。若从考古学角度观察，情形就不完全一样了，东山文化结束基本上是在1世纪，而且在不同的区域中，结束期的时间也不同，有些是在2世纪—3世纪之间。

总之，从东山文化晚期阶段的重叠汉墓，以及出土器物、墓葬的布局来看，皆多表现为典型的汉式文化特征。由此可见，1世纪的越南东山文化，已基本丧失了作为地方区域性青铜文化的主要特征。

这样，我们将越南北部青铜文化，同其关系紧密的滇、桂青铜文化做对比，并参考相关的碳-14年代测定数据，即可将它们的年代分期序列作一图示（表4-5至表4-8）。

从表4-5的各类铜器可见，越南北部的青铜器大多可与中国云南、两广地区的先秦两汉时期的铜器对比，如铜弩机、锯齿镰等当为北方中原输入品，它们先后见于长江中下游地区的荆楚文化、吴越文化[1]和滇、桂各地（如云南晋宁石寨山滇墓、广西贵港罗泊湾汉墓）。铜斧、铜钺也是两地共同的文化特征，如靴形铜钺尽管在东山文化中产生了许多变异形式，但它们与云南、两广地区的不对称靴形铜钺有同源关系，这也是毋庸置疑的。此外，彼此互见的器物还有半两铜钱（图4-12、图4-13）、铜叉、刮刀（图4-14：7～9）等。

从表4-6的铜器也可以看出，越南东山文化的铜戈是从北方中原输入的。其中表4-6：1是三角援直内戈，是中原内地殷周式铜戈的较早形式，可同南宁武鸣敢猪岩铜戈及滇文化的同类戈做对比。表4-6：9是典型的云南石寨山文化铜戈，也见于贵州夜郎文化。不过，铜戈在东山

---

①白云翔：《齿刃铜镰初论》，《考古》1985年第3期；荆州博物馆：《江陵雨台山楚墓发掘简报》，《考古》1980年第5期。

表4-5　越南北部青铜文化年代分期表（一）

年代	斧钺、矛		镞、鱼钩、镰、弩机	
一期（冯原文化期，公元前15世纪—公元前10世纪）	—	![矛] 1	—	—
二期（铜豆文化期，公元前10世纪—公元前8世纪）	![斧] 2	![矛] 3	![镞] 4　5	![鱼钩] 6
三期（扪丘文化期，公元前8世纪—公元前6世纪）	![斧] 7　8	![矛] 9	![镞] 10　11　12	![镰] 13
四期（东山文化期，公元前6世纪—公元前2世纪）	![斧] 14　15 16　17	![矛] 18　19	![镞] 20　21	![鱼钩] 22　23 24　25
五期（东山文化期，公元前2世纪—公元1世纪）	![斧] 26　27 28	![矛] 29　30	![镞] 31　32　33	![弩机] 34

注：1.永福义立；2～13.越南北部；14、15.辅卢；16.安兴；17.河东；18～21.绍阳；22.越进；23.绍阳；24、25.越南北部；26.河东；27.越池；28.纳山；29.东山；30、31.绍阳；32、33.清化；34.义安鼎乡。

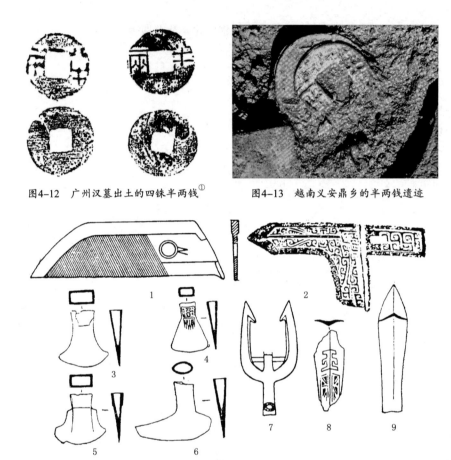

图4-12　广州汉墓出土的四铢半两钱[①]　　图4-13　越南义安鼎乡的半两钱遗迹

1—镰（广东罗定背夫山M1）；2—戈（广州暹岗）；3～6—钺（广东广宁铜鼓岗）；7—铜叉（广东罗定背夫山M1）；8、9—刮刀（广东广宁铜鼓岗）。

图4-14　岭南地区出土的青铜器

文化中后来已演变成具有地方特点的兵器（如表4-6：18～19），这又是滇、桂各地不见的因素。此外，表4-6：5、11、12此类铜短剑，也分别见于两广和云南各地。表4-6：6曾见于长沙树木岭战国晚期墓，可能是越式短剑北传的结果，因为它们在东山文化区有较多的发现。表4-6：2、3、4、13、14、15应当是地道的东山剑，特点是剑格作卷格和浅一字格形。这些较大的不同点，反映了越人各支族在文化上的地域差别。

---

①中国社会科学院考古研究所、广州市文物管理委员会、广州市博物馆：《广州汉墓》，文物出版社，1981，第159页。

表4-6 越南北部青铜文化年代分期表（二）

年代	剑	戈
一期至三期（公元前15世纪—公元前6世纪）	—	— 1
四期（东山文化，公元前6世纪—公元前2世纪）	2 3 4 5 6	7 8 9 10
五期（东山文化，公元前2世纪—公元1世纪）	11 12 13 14 15	16 18 17 19

注：1. 东山；2. 山西；3. 东山；4. 绍阳；5. 那山；6. 东山；7、8. 和平；9. 山西；10. 河东；11. 鼎乡；12. 太原；13～15. 鼎乡①；16. 象山；17. 东山；18. 山西；19. 东京。

从表4-7的越南东山文化的铜钟、铃等铜器可见，其羊角钮钟、环钮钟、铃，在滇、桂青铜文化中都可以看到（图4-15）。东山文化的心形铜锄也属于石寨山型，但东山各遗址所出的一部分铜锄已产生了变异并形成了自身的特点，如马江（东山）类型的蝶形锄（表4-7：2）应当是从滇式锄演变而来的。嘎江（鼎乡）类型的铜锄则多见双斜肩弧刃锄，还出现了双翼形锄，这都是它与红河（塘瞿）、马江（东山）类型的主要区别。

①Graduate School of Humanities and Sociology The University of Tokyo, *The Lang Vac Sites*, *The Vietnam-Japan Joint Archaeological Research Team*, 2004, P97.

　　越南东山文化的刮刀则是湖广地区最常见的工具，后者的时代早至商代。万家坝型、石寨山型铜鼓也见于越南北部，东山文化鼓面有蛙饰的铜鼓（如河阳右钟鼓[①]），也是在滇桂蛙饰铜鼓的影响下产生的新形式。越南东山文化较有特色的铜鼓是鼓面带钮的小铜鼓，其分布数量较多。蒋廷瑜认为，出土于浙江安吉县良朋乡上马山西汉中期墓的小铜鼓，它的形制最接近越南北部的浪吟鼓和嘉林鼓，这应当是从越南北部输入中国的产品[②]。

1、4—广西武鸣安等秧；2、5—云南晋宁石寨山；3—云南祥云大波那；6—云南楚雄万家坝。

图4-15　滇桂地区出土的钟、铃

表4-7　越南北部青铜文化年代分期表（三）

年代	锄/刮刀	鼓/提桶/钟/铃	
一期至三期（公元前15世纪—公元前6世纪）	—	—	—
四期（东山文化，公元前6世纪—公元前2世纪）	1　2　3	4	5
五期（东山文化，公元前2世纪—公元1世纪）	6　7	8　9　10	11　12

　　注：1. 山西；2. 清化；3. 越溪；4. 老街；5. 兴安；6、7. 鼎乡；8. 玉镂；9. 鼎乡；10. 东山；11. 密山；12. 越溪。

　　①黎文兰等：《越南青铜时代的第一批遗迹》，第132–134页。
　　②蒋廷瑜：《对浙江上马山小铜鼓的认识》，《广西博物馆文集》第三辑，广西人民出版社，2006。

据新田荣治的研究，东山文化铜提桶较早形式是见于粤西南与桂东南，越南北部出土的提桶属较晚形式，它们应当是由桂东南输入后才发展成为东山提桶的地方形式①。郑小炉认为骆越式青铜提桶的祖型，应当是来源于浙江德清三塔山西周越人土墩墓出土的原始瓷深腹附耳缸②。笔者认为，在云南昆明羊甫头19号墓、广东肇庆松山北岭、越南安沛陶盛都出土有战国中晚期的铜提桶③，因此，铜提桶的来源问题，尚有待今后的考古发现和研究才能进一步澄清。据目前的考古发现，骆越式铜提桶出土最集中的地区是在越南北部，这可表明，中晚期骆越式铜提桶的制作中心应当是在越南北部。

表4-8所见的铜器其年代较晚。如铜壶（表4-8：1、2）、罐的形式（表4-8：3）都应当是汉式陶器的变体。铜瓯（表4-8：5）也多见于华南，按吴小平的分期，应当为东汉晚期器物④。铜盆（表4-8：6）见于广西浦北那安村汉墓，器身有类似铜鼓的装饰花纹，梁旭达等人认为，其可断为东汉晚期⑤。表4-8中比较特殊的器物是铜瓶（表4-8：4）。

表4-8　越南北部青铜文化年代分期表（四）

年代	壶/瓯		罐/盆/瓶	
一期至四期（公元前1500年—公元前200年）	—		—	—
五期（东山文化；公元前200年—公元25年）	1	2	3	4
六期（东山文化；25年—100年）	5		6	—

注：1. 河内；2. 越溪；3. 越溪；4. 陶盛；5. 陶溪；6. 清化。

①新田荣治：《ベトナム・两广地区の青铜提筒とその变迁》。
②郑小炉：《吴越和百越地区周代青铜器研究》，第195-196页。
③谢崇安：《论几件越南东山文化青铜提桶的年代及相关问题》。
④吴小平：《汉代青铜容器的考古学研究》，岳麓书社，2005，第102页。
⑤梁旭达、覃圣敏：《广西浦北县出土的青铜器》。

上述青铜文化考古发现表明，中国滇桂地区与越南北部是文化与族群关系非常紧密的历史民族地区，这些青铜文化遗存所代表的族群，应当主要是与先秦两汉时期的濮、越、氐羌系先民有关。据历史文献的记载，在秦末至西汉初期，中央王朝鞭长莫及，岭南地区与滇国、夜郎国及越南北部的酋邦方国都一度臣属于南越赵氏政权（见《史记·南越列传·西南夷列传》），这一历史背景从上述各地区青铜文化遗存所反映的共性已得到了印证。在西汉中期以后，随着汉王朝在滇桂地区与越南北部建立郡县行政区，这些地区的青铜文化发展也进入了尾声，并加快了汉化的进程，多族群的社会也在向铁器时代转变。

本章小结

综上所述，广西红水河沿线以南到越南北部这一广大的骆越历史民族地区，其先秦两汉时期的青铜文化可初步区分为两大区系和五个地方类型，分别代表各地青铜文化起源和发展演变的时空序列。这些青铜文化类型既有区别也有交流关系，在青铜文化起源阶段，都明显受到来自东亚大陆商周青铜文明的影响。各个地方类型不仅出现了仿制商周青铜器的现象，而且中原地区的商周式礼器、兵器也通过不同的渠道传入了岭南地区和越南北部。首先是岭北的荆楚文化、吴越文化影响到桂南区系，然后才传播到越南北部。此外，来自中国西南的巴蜀文化和云南的滇文化也不断地向桂南和越南北部渗透。在这些文化的双重作用下，骆越先民通过缓慢地消化吸收和创新，大约在公元前6世纪，骆越地区开始步入青铜文化的发展繁荣阶段，形成了以铜鼓、羊角钮钟、铜钺为标志的骆越酋邦方国礼制文明，在公元前3世纪—公元前2世纪，骆越青铜文化达到鼎盛阶段。同时，随着秦汉王朝的先后征服和统一，在岭南地区走向铁器时代和汉化的过程中，骆越青铜文化也最终演变成为别具一格的汉越式青铜文化。

第五章 · 骆越青铜文化的发展和演变

　　骆越青铜文化虽然起源很早，且不断受到中原青铜文化的影响，但这一发展过程十分缓慢。这反映出骆越地区尚处于古国社会形成的阶段，岭南与中原的族际交流互动还不足以达到能够极大促地进骆越社会性质产生质变的程度。

　　大约在公元前6世纪，骆越青铜文化开始进入繁荣发展期，公元前3世纪—公元前2世纪达到鼎盛阶段。繁荣发展期和鼎盛期的骆越青铜文化已经形成自身独特的风貌，以铜鼓、羊角钮钟、铜钺为组合标志的骆越青铜文化，是骆越酋邦方国礼制文明形成的象征。这反映了骆越地区与中原的族际交流互动大为加强，在荆楚文化、吴越文化和滇文化的强烈影响下，骆越已经发展成为与西瓯、南越并立的岭南大酋邦方国。

　　进入秦汉时期，骆越青铜文化开始融入多民族统一国家社会文明的演进历程，但它并没有因铁器时代的来临而走向衰亡，而是体现了汉越文化的融合。骆越先民不断创造出许多别开生面的青铜艺术，作为岭南古代文明社会昌盛的标志之一，骆越铜鼓及錾刻花纹铜器的制造工艺登峰造极，对东南亚与周边地区产生了十分重要而深远的影响。

第一节　骆越青铜冶铸工艺技术的源流

　　广西地区上古西瓯、骆越青铜文化遗存的考古发现表明，这里最早的礼乐器、兵器来自中原内地，年代上限在商末周初。迄今为止，没有证据说明这些殷周式青铜器是在骆越地区制造的。目前岭南各地出土的早期青铜铸范多为双合范形式的沙石铸范，只能铸造简单的器型，如鱼钩、针、锥、斧等，还不能制造大型及装饰复杂的青铜礼乐器和容器。如前所述，沙石铸范早见于中原内地夏商时期的二里头文化（东下冯类型），江南商代的吴城文化（赣江、鄱阳湖地区），湖南石门皂市商代中期遗存（图5-1）[①]。尤其是吴城文化发现最多，而且吴城文化的青铜器使用了泥范冶铸技术，技术成熟，生产出的青铜器不仅种类多，而且年代要早于岭南各地发现的早期青铜文化遗迹。故有不少学者认为，岭南的青铜冶铸技术应当是从中原地区传来，江南吴城文化青铜冶铸技术不失为其一个重要的来源[②]。据越南的考古报告称，冯原文化晚期已经出现疑似的铸铜泥范，如果证据可靠，这也不出中原文化影响的范畴，因为从青铜冶铸业的起源到达到成熟阶段，华北的史前文化（如马家窑文化、齐家文化）及夏商王朝文化的青铜冶金术的起源发展的历程，都要早于岭南各地越族文化近1000年。此外，即使当时岭南越人掌握了多合范的铸造技术，因受到其本身社会发展滞后环境的制约，要达到青铜文化发展成熟的阶段还需要经历漫长的过程。

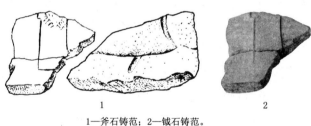

1—斧石铸范；2—钺石铸范。

图5-1　湖南石门皂市商代中期遗址的斧、钺石铸范

过去，有的考古专家研究认为，中原殷墟商代青铜器的矿料有来自云南的可能，但现代铅同位素考古研究的新进展已将这一观点否定。专家最近的研究认为，中原王朝青铜器的矿料更有可能来源于近邻的山西中条山矿区，此矿区在二里头（夏）文化时期就得到开发。根据青铜器的矿料成分、金相分析和文化因素的综合考察，云南青铜器的起源有可能与中国西北民族的南迁有关[③]。凡此种种迹象皆表明，在东亚大陆及其以南地区，青铜文明都有自北向南传播的趋势。

---

①高至喜：《商周青铜器与楚文化研究》，第11-12页。

②彭明瀚：《赣江鄱阳湖地区商代青铜工具和铸铜石范的发现与研究》，《农业考古》2006年第1期。

③崔剑峰、吴小红：《铅同位素考古研究：以中国云南和越南出土青铜器为例》，第51、64页。

　　美国学者怀特等人从文化传播的角度认为，越南北部青铜文化的起源，有可能是受到了泰国早期青铜文化的影响。在公元前2000年—公元前1500年之间，泰国地区已经形成了史前的"东南亚冶金区"，发现的证据有先民遗留的采矿、冶铸的遗迹和遗物（图5-2），有石范、陶合范、坩埚等，先民除了用合范法铸造铜器，还会采用失蜡法。失蜡法因具有制作出复杂造型的潜力而获得进一步的发展，史前先民已经能够制作出复杂形状和装饰纹样精致的铜镯子。此外，相似的坩埚在越南和柬埔寨中部也有发现①。

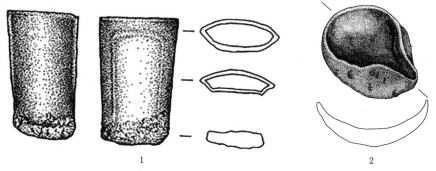

1—能诺他出土的有銎斧；2—班清文化的坩埚。

图5-2　泰国出土的有銎斧和坩埚

　　上述的问题在于，如果骆越青铜文化仅仅是受到来自泰国早期青铜文化的影响，那么就无法解释越南北部最早的青铜器及相关遗物（如冯原文化的牙璋）为何是夏商周王朝的样式风格。按目前的考古发现，只能说骆越青铜文化的起源，或可能是受到了来自北方青铜文明和泰国史前青铜文明的双重影响，而且是随时间的推移，北方的影响日益强烈。

　　大约到了西周中晚期，岭南骆越人已经开始仿制殷周式的大型青铜礼乐器，证据就是广西横县那桑出土的似螭纹甬钟。那桑钟器表的装饰窃曲纹上附有浮雕的似螭纹主题，这不见于中原地区，应当是具有越族地方装饰风格的产品。比之时代稍晚的广西武宣出土的越式铜牛角，其器表也是用典型的殷周云雷纹做装饰，两者实为西周中晚期至春秋早期岭南各地瓯

①乔伊斯·怀特、伊丽莎白·汉密尔顿：《东南亚青铜技术起源新论》。

骆族群青铜文化发展进入新阶段的标志性器物。编钟、铜牛角皆是大型青铜容器，必须采用泥质多合范（亦称"片模法"）制作。目前，只有在越南北部发现过上古时期的泥质合范。因此，学者对两广地区考古发现的缺失而感到困惑。笔者认为，从这些骆越青铜器的铸造痕迹来看，都留有多合范缝线，表明当时已经出现泥质多合范制作技术，这是毋庸置疑的。

　　青铜器合金成分的分析，也是判断古代青铜工艺是否达到成熟阶段的重要依据。这方面，目前广西的工作尚未能有效开展。据越南方面的研究，越南北部出土的青铜器，在"前东山文化"末叶的扪丘文化[①]中，铸造青铜器的铜、锡配方的比例已经十分稳定，骆越先民是以这种稳定的比例再混合各种金属铸造原料来制作青铜器，表明当时已经达到青铜铸造工艺的成熟阶段[②]。扪丘文化中新出现的铜锯齿镰、铜刮刀（越南学者称之为"镖"），实际上也是从北方的湖广地区传入，扪丘文化的斜刃斧与广西南部右江流域等地发现的斜刃斧如出一辙。这些迹象表明，中原青铜文化的制作工艺一直在不断地影响骆越青铜器的制作。

　　从骆越青铜文化典型遗址——广西武鸣马头元龙坡墓葬出土的沙石铸范来看，西周中晚期的骆越人已经开始较大规模地铸造越式青铜器，生产的主要器类有钺、斧、短剑、针、锥、纺轮等，其中较难铸造的是细长柄喇叭形内带长灯芯的铜灯炬，伴出的器物有两件殷周式铜卣、铜盘。这一情况说明，当时的岭南骆越人较熟悉中原地区的青铜冶铸技术，也能仿制大型的青铜容器，但尚未能形成规模性的青铜礼乐器的制造，此情况从西周中晚期一直延续到春秋中晚期。由此可见，中原礼乐文明虽然传播到岭南各地，但处于分散性的越人酋邦方国或部落联盟社会，还没有形成类似商周王朝那样等级严格的礼法制度和工官部门。

　　岭南青铜文化长期发展缓慢的原因值得探讨。笔者认为，西周中晚期至春秋中晚期，岭南越人社会尚处于一种相对稳定封闭的状态，岭南各越人酋邦虽然与中原列国有所交往，但并没有受到中原群雄崛起和兼并战争的冲

---

　　①作者注：越南北部的扪丘文化，其年代下限为公元前700年—公元前600年，时当中国春秋中晚期。
　　②李昆声、陈果：《中国云南与越南的青铜文明》，第304–305页。

击，岭南北方的楚、越诸国也没有向南拓土的大规模行动。这一格局到了春秋中晚期之后才发生明显的变化。首先是战国初期，楚国大破长江下游的越国，杀越王无疆，越族子孙四散，或逃至江南海上另立诸侯国（见《史记·越王勾践世家》），这给岭南越人社会带来了巨变，岭南各地春秋晚期至战国早期青铜文化墓葬逐渐增多，应当与中原的各种事变有关。与此同时，在岭南各地发现的青铜器中，楚、蜀文化的因素也不断增多。更为重要的是，在岭南的西部——云南的环滇池地区，已经形成以滇族为核心的滇王国，滇王国也是在中原青铜文化的长期影响下发展成为东亚南部一个独特的青铜文明中心，并对骆越地区产生了强烈的文化影响。可以说，骆越青铜礼乐文明的标志性器物——铜鼓、羊角钮钟，都是来自滇文化。

滇文化的青铜冶铸技术精湛，到春秋时期，滇人不仅掌握了石范、泥范铸造技术，还会用失蜡法制造铜鼓、铜扣饰等器物。滇文化青铜器丰富多彩，造型精美，对骆越青铜文化的直接影响是多方面的，如滇系铜鼓、钟、铜戈、短剑在骆越地区都有不少发现。

过去，王大道等人曾探讨过东亚南部民族先秦时期青铜器的铸造工艺，他们认为，当时主要是采用泥范法铸造铜鼓等青铜器，虽然迄今为止中国南疆未发现有泥范实物，但据民族志资料可推测，当时是用一种拌有牛、马粪的细泥制范（铜器模型），这与广西西林壮族史诗《布洛陀经诗》说造铜鼓是用泥做范是相吻合的。这种拌有畜粪草质纤维的泥范在高温熔铸炭化时，具有透气性好和耐高温的性能，能保持泥范的光洁度，这种泥范也便于雕刻或在泥范表面压印装饰花纹，铸造出来的铜器便于打磨精加工。今中国云南、广西和越南在春秋战国时期出现了许多精美绝伦的青铜艺术品，大多就是用这种工艺铸造的。

昆明盆地的滇族还采用失蜡法制造青铜器，云南江川李家山春秋晚期的24号滇墓出土的精美的剽牛祭祀铜扣饰，就是用失蜡法制造的[①]。失蜡法属于精密铸造工艺，在现代工业生产中仍然广泛使用。它特别适用于铸造形状复杂、精巧的青铜器。据日本学者今村启尔研究，东京出光美术馆收藏的滇

---

①王大道：《云南铜鼓》，第48—55页。

式万家坝型铜鼓也是用失蜡法铸造的。直到20世纪，缅甸、泰国、老挝和中国云南之间的山区民族仍然用此技术铸造铜鼓[1]。

失蜡法的工艺原理是用蜡合成其他材料制成铜器模范，然后用小火焙烧合范，熔化后的蜡液从撒蜡口流出范腔，余下的空腔就是铜器模型，然后浇入铜液，待冷却后，打掉外范，拆除内范，就可以得到完整的铜器。此法是蜡型熔化流失而形成浇铸型腔，故称"失蜡法"。

过去，部分研究者认为，到了春秋晚期，失蜡法已见于中原楚文化的青铜器铸造，到战国早期，中原地区的先民已熟练掌握了这一冶炼术。例如，年代属春秋战国之际的湖北随县曾侯乙墓，其中出土的一批精美青铜器就是用失蜡法铸造的[2]。然而，后来又有考古专家再次对随县曾侯乙墓的相关发现做了进一步的研究考证，他们对此前的结论又做出了否定的质疑[3]。

此外，我们也注意到泰国东北的班清文化的考古发现。泰国东北的早期冶铜术中已出现了石范法和失蜡法铸造技术，由于失蜡法在当时是一种极为先进的冶铜术，它出现在青铜业不甚发达的班清文化早期，这有点不可思议。学术界的一般认为，班清文化出现青铜术的年代上限不会晚于距今4000年前，因此，我们就不能不考虑它另有来源。

那么，我们是否可以认为，云南的失蜡法青铜冶铸技术最先是由泰国东北部的班清文化输入的呢？事实上，这一推论目前还是难以成立。因为东亚南部失蜡法青铜冶铸技术可能还另有来源，最值得注意的就是印度河文明的哈拉巴文化。考古发现表明，印度河城市远在距今4500年左右，当地的工匠就熟练地掌握了失蜡法青铜冶铸技术，出产过刀、矛、装饰品、人物塑像等精巧的青铜工艺品[4]。因此，不排除滇、缅、印古道是印度河文明青铜冶铸技术传播到东亚南部各地区的一个途径。

①今村启尔：《失蜡法铸造的先黑格尔Ⅰ型铜鼓的发现》，载《南方民族考古》第二辑，四川科学技术出版社，1990。

②汤文兴：《淅川下寺一号墓青铜器的铸造技术》，《考古》1981年第2期。

③周卫荣等：《失蜡工艺不是中国青铜时代的选择》，《中国文物报》，2006年7月21日第7版。

④J. M. 基诺耶：《走进古印度城》，张春旭译，浙江人民出版社，2000，第6、280页。

蒋廷瑜在考古专家研究的基础上，结合民族学调查，提出古代东亚南部民族铜鼓的铸造方法。除泥型合范法、蜡模合范法、失蜡法外，还应当有沙范法，即用细泥沙代替泥土制作铜器范腔模型，且沙范的透气性远优于泥范，即使内外范之间的缝隙很小，也不易出现浇铸碰到的气隔问题。今广西河池地区的仿古铜鼓就是用此法制作出来的，其产品的质量、音响与古代铜鼓相比均毫不逊色。此法成本低、方便快捷，从造型、浇铸到出品，可在很短时间内完成。因此，只有使用沙范法，才能解释为何古代越族地区出土大量本地制造的精美青铜礼乐器而不见泥范的现象，这是因为铸件成型冷却后，必须打破沙型才能取出铜铸件，这样原沙范就无法保留了，古代铜器表面留有细砂粒的痕迹，应当就是沙范铸造的明证①。笔者在"文化大革命"期间曾做过模具工人，也在铸工翻砂车间工作过，知道沙范法是现代工业中最普通最常用的铸造金属器具和零件的方法，其法成本低廉，而且用于制范的细沙和器物模型（通常是木质、金属模型）可以反复使用。因此，笔者认为蒋廷瑜的推论是完全可信的，岭南各地不缺细沙，沙范法应当是东亚南部上古民族青铜铸造工艺的独特创造。例如，广西武鸣马头元龙坡出土的西周中晚期铜盘（图5-3）、广州南越王墓出土的铜提桶（图5-4）、恭城秧家出土的春秋晚期蚕蛙纹铜樽（图5-5），器表就留有细沙粒的痕迹。

图5-3　武鸣马头元龙坡出土的西周中晚期铜盘　　图5-4　广州南越王墓出土的铜提桶②

总之，从云南青铜文化的诸多因素分析，其应当是在广泛吸收中原青铜文化和东南亚青铜文化的先进工艺技术的基础上推陈出新，才创造出绚丽多姿的青铜文明。

①蒋廷瑜：《试论岭南早期青铜器铸范》。
②广州象岗汉墓发掘队：《西汉南越王墓发掘初步报告》，《考古》1984年第3期。

从春秋晚期开始，云南青铜文化的传播，对骆越青铜文化的发展起到了十分明显的促进作用，而且影响极为深远。例如，滇式万家坝型铜鼓（黑格尔Ⅰ型铜鼓）起源于滇西楚雄万家坝地区，它很快就沿江河传播到东部广大的骆越地区，迄今为止，广西田东、越南老街乃至雷州半岛，都有古老的滇式万家坝型铜鼓（图5-6）出土。万家坝型铜鼓传入骆越地区之后，就在骆越各地派生出许多新的铜鼓家族。

图5-5　恭城出土的春秋晚期蚕蛙纹铜樽　　图5-6　雷州市博物馆藏万家坝型铜鼓[1]

铜鼓的传播既是工艺技术的更新，也是观念与文化的更新，更重要的是它意味着东亚南部民族的社会形态已经发生了重大的变化。从此，骆越地区青铜文化的典型特征，就是形成了以铜鼓、钟、钺为组合的标志性礼器，如同中原周文化以鼎、簋组合为特征的"列鼎制"，这种礼器组合形式成为代表骆越社会的神权、王权、等级和礼制文明的象征物。

第二节　广西地区骆越青铜文化地方特征的形成和发展

据考古发现，笔者试将广西地区骆越青铜文化划分为以下几个起源发展演变阶段[2]。

---

①徐闻县历史文化研究领导小组办公室：《大汉徐闻两千年》第三章插图，商务印书馆，2014。

②谢崇安：《滇桂地区与越南北部上古青铜文化及其族群研究》，第183页。

一、第一阶段——萌芽成长期（商周至春秋早中期）

　　在这一阶段，广西地区的古越人最先是仿制殷周式青铜器，大约到了西周中晚期，开始出现具有越族风格特点的青铜器。目前在贺州马东村、武鸣马头元龙坡、武宣等地已出土了一批越式铜鼎、无格人首纹剑、铜角、不对称斜刃铜钺、有肩偏刃钺、扁茎无格三角刃短剑（图5-7：1～5）等器物。

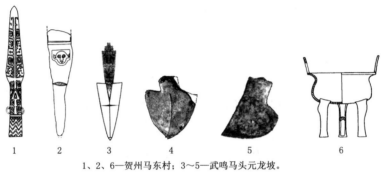

1、2、6—贺州马东村；3～5—武鸣马头元龙坡。

图5-7　广西地区上古瓯骆族的早期青铜器

　　贺州马东村墓葬出土的殷周式铜罍具有西周前期的时代特征，但和它共存的铜鼎、人面纹铜短剑的形制却很接近湖南湘江、耒水流域出土的越人春秋青铜器①。有学者将这种越式人面纹铜短剑流行的年代定在西周后期至春秋前期②，其说可从。这也说明岭南越墓往往有早期铜器流传到晚期的现象。马东村铜矛的纹饰也是殷周式铜器纹饰与越式几何纹饰结合的变体。马东村墓葬伴出有夔纹、云雷纹等越式几何印纹陶，经综合分析，认为马东村墓葬的年代当不会晚于春秋前期。马头元龙坡的不对称斜刃铜钺、有肩偏刃钺、扁茎无格三角刃短剑应当是岭南地区特有的骆越兵器。青铜兵器的不断出现，意味着战争的频繁和广西地区瓯骆社会制度已产生了明显的变化。

　　中原商周文化的传入与岭南酋邦方国文明起源发展的同时，越人社会的礼制文明也在兴起，体现在青铜文化上就是礼乐器的增多。目前，岭南

---

①朱凤瀚：《古代中国青铜器》，第1140页。

②郑小炉：《吴越和百越地区周代青铜器研究》，第104页。

地区已发现了较多的铜编钟。编钟在古礼俗中是用于宗庙祭祀、宗族宴饮时演奏的乐器，其在礼乐制度中，数量与悬挂方式也往往用以标志贵族的身份等级制。

骆越地区出土殷周式青铜编钟的地点有忻城大塘中学、宾阳、北流、武宣、横县那桑村等处，这些编钟装饰有兽面纹、雷纹、勾连纹、圆圈纹等纹饰，为西周中晚期铜器。

横县南乡甬钟饰有云雷纹、窃曲纹、三角夔纹等纹饰，形制与恭城秧家等地所出土的铜钟基本相似，属春秋时期遗物。这可能是殷周式编钟流入本区域的尾声。

二、第二阶段——成熟期（春秋晚期至战国早期）

这一时期，一方面是中原地区的东周式青铜器仍在输入岭南地区，另一方面是本地越式青铜器在增多，这可从广西贺州龙中岩洞墓等地所出土的青铜器得到反映。

贺州龙中岩洞墓出土的青铜器分属于不同的时期，这是早期青铜器流传到晚期遗存的又一典型例子。龙中铜器可分为两类：一类为中原地区东周式青铜器，另一类为具有地方特点的战国青铜器[①]。其中的东周式青铜器中见有兽形牺樽（图5-8：3），与之共出的蟠虺纹铜罍，形制接近湖北随州擂鼓墩M2等地所出土的战国早期蟠虺纹铜罍；共出的铜盉接近江苏镇江谏壁王家山所出土的春秋铜盉。贺州龙中兽形牺樽的造型风格较接近安徽舒城凤凰嘴、怀宁东北金拱乡等地所出土的春秋兽形鼎，其祖型应当是来自江苏丹徒烟墩山1号西周墓出土的牺樽[②]。这表明，春秋战国之际，岭南青铜文化受到了来自江南吴越青铜文化的强烈影响，这可能是越国被楚国攻破后东南越人南迁带来的产物。不过，笔者细审龙中岩洞兽形牺樽的器盖部分，其作蛇首钮，盖面上满饰麟身蟠曲纹（图5-8：2），此形制不

---

① 贺县博物馆：《广西贺县龙中岩洞墓清理简报》。
② 朱凤瀚：《古代中国青铜器》，第851页。

见于它处，故其当为中原地区东周式青铜礼器的仿制品，且融入了古越族的蛇图腾主题装饰纹样。此外，贺州龙中岩洞墓还伴出有早期石寨山型铜鼓（图5-8：4、5），其纹饰风格接近云南江川李家山M17：30号铜鼓和滇东的广南铜鼓。综合分析，贺州龙中岩洞墓出土的青铜器应当分属于不同的时代，处于春秋晚期至战国中晚期。

1—甬钟（武宣）；2—牺樽器盖（局部放大）；3—兽形牺樽；4、5—铜鼓纹饰（贺州龙中）。

图5-8　广西出土的东周铜器

　　岭南古越族的仿制衍生产品不断增多，意味着当地的青铜业已经发展成熟。

　　广西地区出现的栉齿纹青铜编钟，被认为是殷周式编钟的仿制品。此钟出土于宾阳新宾下河残墓，伴出的器物有残铜剑和铜片。此钟两面纹饰不一，正面上部饰栉齿纹一道，下面饰圆圈纹一道，间饰栉齿、齿纹，枚间饰叶脉纹，鼓部素面；背部上下饰二道栉齿纹，间饰雷纹、叶脉纹、栉齿纹。这些纹饰具有浓厚的地方特点，如叶脉纹与广西常见的几何印纹陶的纹饰相似，为后来的铜鼓栉齿纹饰的祖型。前人将栉齿纹青铜编钟的年代定为春秋时期，似断为春秋晚期至战国早期为宜，因为湖南湘江流域等地出土的古越族铜器上已见有类似的栉齿纹装饰。其同类器也见于宾阳芦圩等地。

　　从青铜编钟的演变情况可看出，殷周式编钟传入两广地区，其制作与相关的礼俗也在深刻地影响本区域青铜文化的发展，本地先民在吸收中原文化因素的同时，在青铜器与装饰纹样的制作上也逐渐形成了自己的风格。

　　从东周青铜器不断传入瓯骆地区的情况可以看出，湘桂走廊一直是岭南越人与中原交流的重要渠道，最先接受中原文化影响的是桂东北的西瓯人，此后东周文化又通过红水河以南的骆越人传播到今越南北部。

三、第三阶段——繁荣发展期（战国中晚期）

　　本阶段广西地区进入了青铜文化的繁荣发展期。这时，北方的青铜器仍然在输入岭南，与此同时，具有地方民族特点的器物也日趋增多。如这时多出现铜鼓、靴形钺、各种越式短剑等器物。广西地区的铜编钟一开始是受到殷周式编钟的影响，后来又从滇文化中吸收了其地方性的铜鼓、羊角钮钟等礼乐器的精华。

　　此外，我们也看到，中原东周式铜器纹饰主题，如蟠虺纹、勾连雷纹、"王"字纹等，这时在岭南青铜器上也被简化并改造成为具有几何风格的越式铜器装饰纹样。

战国时期，中原已进入了铁器时代的蓬勃发展期，青铜器制作退出了主流地位，青铜礼乐器制作更是走向衰落。与此相反，中国西南地区由于受中原先进文化的影响较迟缓，冶铁技术一时未能得到快速传播，因而青铜文化的发展却由此步入了鼎盛阶段。

四、第四阶段——嬗变期（秦汉时期）

广西地区在秦汉时期，因铁器的逐渐普及，青铜业也步入了嬗变期。其特点是一些传统的器物消失，一些有地方特点的器物仍然在演变发展。前者如东周式剑、巴蜀式剑、越式剑已被汉式铁剑所取代。前期的东周式器物、越式铜钺趋于绝迹，铁器增多，汉式铜器如壶、鐎壶、鋻、蒜头细颈壶、扁壶等日益多见，越式鼎也变成了铁鼎，汉化的进程明显加速。广西贵港罗泊湾汉墓、合浦汉墓、广州汉墓等地的出土文物对此均可作有力的证明。

同时，有地方特点的铜鼓及各种錾刻花纹铜器仍然在发展。例如，在贵港罗泊湾汉墓和西林县普驮汉墓等遗存中，仍然发现不少铜鼓，时代较早的有石寨山型铜鼓的晚期形式。

西林县普驮汉墓出土的4面铜鼓，内有人体遗骨及随葬品，铜鼓互相套合，这种用铜鼓作葬具的例子也见于越南东山文化遗存。贵港罗泊湾1号墓出土的2面铜鼓为随葬品。这几面铜鼓的共同特点是鼓胸大于鼓面，不仅造型纹饰美观典雅，而且铸造工艺精良。

广西宜州冲英村山脚下出土的2面石寨山型晚期铜鼓，出土时大鼓罩着小鼓，两鼓面皆朝上，可能为"雌雄鼓"，铸造年代为东汉晚期。有学者认为，其铸造与使用者可能是周边地区的滇人、夜郎人或句町人[①]。笔者认为，宜州冲英村铜鼓出土地邻近红水河流域，应当属于骆越先民的文化遗存。

[①]李楚荣：《广西宜州发现的铜鼓、画马崖画与古代马市、驿铺关系初探》，《广西民族研究》2001年第2期。

　　两汉时期，桂南地区的古骆越人及其后裔仍在继续大量铸造铜鼓，并将铜鼓艺术的创制推向了高峰。其所制铜鼓不仅高大厚重（如广西北流发现的一面典型的北流型铜鼓，重达300多千克，面径165厘米），而且数量甚多。

　　两汉时期，岭南人还时兴使用錾刻花纹铜器。它本是起源于东周吴越地区的青铜工艺，此工艺后来在当地日趋衰落，但它传入岭南后，在秦汉时期却得到了很大的发展。蒋廷瑜认为，西汉中期以来至东汉时期的岭南地区，尤其是广西的东南部，甚至成为汉代錾刻花纹铜器的制作中心，广西合浦汉墓、兴安汉墓出土的錾刻花纹铜扁壶、凤灯、承盘、铜方案等青铜工艺品就是其中的杰作。这些产品当时不仅输出到中原地区，还远销到越南北部等东南亚地区[1]。笔者认为，从考古发现的錾刻花纹铜器的分布来看，今越南北部，也不失为一个錾刻花纹铜器的制作中心。骆越地区出产的錾刻花纹铜器，应当有一条经红河流域传播到云南地区的通道，因为在云南个旧黑玛井等地汉墓发现的錾刻花纹铜器，与中国广西、越南出土的器物都十分相似，器类有三羊盖钮刻纹铜盒、四叶龙凤纹三足盘、刻纹博山炉、菱形纹边框博局棋盘、越式提桶[2]等。云南、广西和越南都盛产铜、锡等制作青铜器的原料，而且青铜器适用于各种场合，当地青铜器生产又有着悠久的历史和精湛的工艺传统，因此在制作民族传统的青铜礼器和日用工艺品方面，当地人不会轻易放弃，这是两汉时期青铜制造业仍然在骆越地区得到传承和发展的根本原因。

　　总之，随着铁器时代的来临、汉化程度的提高，广西地区的越人青铜文化已经发生了根本性的变化，主要表现为汉越文化的融合，这说明骆越文化已经融入了秦汉王朝多民族统一国家的发展进程。

①蒋廷瑜：《汉代錾刻花纹铜器研究》。
②杨帆等：《云南考古（1979～2009）》，第244–245页。

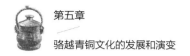

第三节　广西地区骆越青铜器的主要类型及其演变

骆越青铜文化虽然起源很早，但发展历程缓慢，直到战国时期才达到十分精湛的工艺水平，其主要的青铜器有如下类型。

一、礼乐器

广西地区的西瓯、骆越青铜文化，首先是受到中原文化的影响才发展起来的，当地越人最早仿制的殷周式礼乐器，有鼎、编钟、罍、盘、樽、角杯等。

（一）铜鼎

铜鼎是商周贵族在仪礼大典中使用的第一重器，在殷周礼制中为国家与权威等级的象征。岭南古越人青铜文化遗存中也多见铜鼎，以广西恭城秧家、宾阳等地出土的铜鼎为例，它们大体上可分为三大类型。

A型铜鼎（图5-9：6）。圆口，附耳，深腹圜底，兽蹄足，耳及腹部饰蟠虺纹，腹下饰三角垂纹，蹄足上部饰兽面纹。A型铜鼎具有中原地区东周式鼎的风范，学者们一般将其称为"楚式鼎"，年代定为春秋晚期或战国早期。西瓯、骆越、南越地区都出土有这种典型的东周式铜鼎，如散见于广西梧州、粤西罗定南门垌（M1）等遗址。其造型庄重，纹饰富丽，有殷周重器的遗风。到秦汉时期，A型铜鼎已经演变成为半圆形的带盖兽蹄足鼎，常见于中国两广地区和越南北部的汉墓（图5-9：7）。这也是骆越青铜文化加速汉化的一个标志。

B型铜鼎（图5-9：2、3）。器身似釜锅，圆侈口，双耳，有的带提梁，浅腹圜底，三足直立或细长外撇。B型铜鼎的造型已显得轻薄简约，可以说失去了殷周礼制重器的典型特征。因此学者多认为此类铜器是越人的地方产品，当叫"越式鼎"。

事实上，越式鼎也是对殷周式铜鼎的模仿改造型，如它的器身形近广西贺州马东村出土的春秋鼎（图5-9：1）、湖南资兴旧市春秋早期墓的越式鼎（M276：6）[1]，彼此的鼎身皆作敞口束颈、鼓腹圜底形。

广西地区的 B 型铜鼎，据出土物的共存关系判断，其年代上限可能在春秋晚期至战国早期，下限在西汉时期。B 型铜鼎在湖南湘江流域也多有发现，年代处于春秋战国时期，故有学者认为岭南 B 型越式鼎的源头是在湖南地区[2]。其后，B 型铜鼎在流传演变的过程中也产生了一些形式差异，如有的器腹稍浅，三足直立，上大下小；有的器腹和双附耳稍内敛；有的器身呈釜形。它们均同为对殷周式铜鼎的改造而演变成为具有地方风格的南越式铜鼎。先秦南越式鼎的分布集中在广西东部和广东珠江下游地区，桂西南罕见，这说明它分布的西界仅限于西瓯、骆越人的杂居地，这意味着鼎形器不是先秦骆越人的典型文化特征，骆越人自春秋战国以来用铜鼓代替了铜鼎作为礼制重器。

南越式铜鼎在汉代仍被沿用，多见于广州汉墓及广西梧州、贵港[3]、合浦等地汉墓，仍是用于祭祀、炊煮和随葬的礼器，器形多作提环盖，扁腹，细高足，方槽形折长耳。

C 型铜鼎（图5-9：4、5）。它与釜形南越式鼎共存，可称为"锅形鼎"，出土于桂东北恭城秧家，年代属于春秋晚期，也是由岭北越人地区传来，它在瓯骆地区的汉墓中仍然是常见的随葬品，如广西合浦县风门岭西汉墓就多有出土（M23B：5、M26：104）[4]。

---

① 李龙章：《岭南地区出土青铜器研究》，第38页。
② 李龙章：《湖南两广青铜时代越墓研究》。
③ 广西壮族自治区博物馆：《广西贵县罗泊湾汉墓》，图版一二。
④ 广西壮族自治区文物工作队等：《合浦风门岭汉墓——2003～2005年发掘报告》，第12、25、61页。

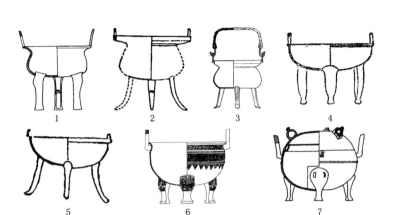

1—贺州马东村春秋鼎；2—宾阳韦坡村战国鼎；3—贵港罗泊湾汉鼎；4、5—恭城秧家春秋晚期鼎；
6—恭城秧家楚式鼎；7—贵港罗泊湾汉式鼎。

图5-9　广西各地出土的铜鼎形式

　　从铜鼎的发现和分布来看，鼎在骆越地区出现的时间较晚，也不是骆越青铜文化的主要器物，它分布在西瓯、南越国与骆越相邻的地区，表明骆越受到中原文化的影响要小于前两者。这也意味着骆越是更为松散的酋邦，它更接近于西南夷民族的社会组织形态，因此才会有铜鼓代替铜鼎的地位。到了汉代，中国桂南与越南北部的汉墓多见汉式鼎的随葬品组合，这也是汉越文化融合带来的结果。

（二）编钟

　　先秦两汉时期，铜编钟仍然是岭南越人青铜礼乐器的重要组合，它深受楚文化的影响，是汉越文化融合的象征。在西周中晚期，越人地区开始出现仿制殷周式的铜编钟，但数量很有限，这意味着瓯骆社会在春秋以前，并没有形成中原诸侯国那种“钟鸣鼎食”的礼乐社会。直到秦汉王朝先后统一岭南，当地的汉越贵族才完全将中原的礼乐制度移植到越人社会。例如，在广州西汉前期的南越王墓出土了铜编钟3套共27件，清晰地再现了汉式礼乐制度。广西贵港罗泊湾汉墓也出土了成组的铜编钟，其音律经专家测试，与楚地乐器的音律十分相似，表明当地越人的礼乐制度受到了楚文化的深刻影响[1]。

-----

①广西壮族自治区博物馆：《广西贵县罗泊湾汉墓》，第138页。

（三）铜罍

铜罍是礼仪活动中使用的盛酒器或盛水器在广西主要出自贺州、荔浦、宾阳和陆川等地的墓葬和窖藏。岭南铜罍的形制一般作大敞口，束颈折肩，腹斜内收，高圈足，折肩部焊接对称的大兽耳。此类型铜罍与中原殷周式典型的圆肩铜罍略有差别，却与四川彭州、湖南湘阴等地出土的西周铜罍相似。其器身上的花纹，如兽面纹、三角垂纹皆为典型的殷周式铜器纹饰，但其中的云雷纹、环带纹与典型的西周青铜器纹饰比较，已呈变异形态而融入了地方风格。蒋廷瑜等人曾将此类型铜罍的年代断为春秋早期[①]，其说可从。它们很可能是由巴蜀地区或湖南等地传入的仿殷周式铜礼器。

广西恭城秧家出土的青铜罍，其形制花纹与安徽、湖南等地所出的东周式青铜器颇为相似，作圆口直颈，圆鼓腹，圈足，肩作兽形耳，器身主要饰蟠虺纹，造型与纹饰的制作都较为精美，具有春秋晚期至战国早期的时代特征[②]。从其共存遗物的情况综合分析，战国中晚期是其在本地区流行的年代下限。

（四）铜盘

铜盘是在祭祀、宴饮、演礼时常用的盛水器。武鸣马头元龙坡所出者（M33：3）[③]，器身作平唇，折沿，浅腹，双耳，高圈足，器外腹饰窃曲纹，圈足饰勾曲纹，具有西周中晚期铜盘的特征。根据铜盘共存关系判断，可能春秋早中期是它在本区域存在的年代下限。这件西周风格的铜盘，器身留有许多细沙铸痕，与中原出土的西周铜盘仔细对比，光洁度相差较远，因此，笔者认为武鸣马头元龙坡铜盘很可能是用中原的西周铜盘做模型，然后制作沙范浇铸出来的产品，但此类铜盘在岭南并不多见。

直到汉代，在中原文化的影响下，岭南地区开始流行杯、案、盘，但此时的铜盘各式各样，已经失去礼器的性质而演变成日用品。如合浦县望

---

①广西壮族自治区博物馆：《近年来广西出土的先秦青铜器》。

②广西壮族自治区博物馆：《广西恭城县出土的青铜器》。

③广西壮族自治区文物工作队等：《广西武鸣马头元龙坡墓葬发掘简报》。

牛岭西汉木椁墓出土的铜盘（图5-10：1），三足作人形蹲踞承盘状，此作风与中原西周中期的铜盘类似；但其装饰纹样则完全是越式风格了，盘内细刻四出四叶纹间夹二鹿二凤纹，从盘沿到盘心缀以菱形纹、三角纹、回纹、锦纹图案，风格富丽华美而纤巧。有学者认为承盘三足人形为奴隶之写照[①]。西周中期铜盘的造型，实为象征演礼复杂过程的片段，即裸身侍者向"尸"（活人所扮演的祖神）跪承盥洗用具的情景[②]。合浦汉墓出土的錾刻花纹铜盘，与之似有异曲同工之妙，也是中原礼制影响的孑遗。广西贵港罗泊湾汉墓出土的一件铜盘（图5-10：2），是截取石寨山型铜鼓的鼓面焊铸而成的。此外，骆越地区的汉墓还出土有各种纹饰图案美观精致的方形铜案，是岭南汉代錾刻花纹铜器的杰作。

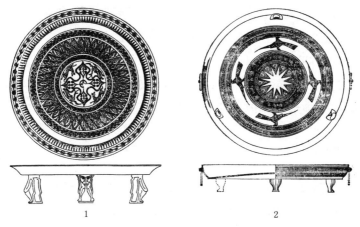

1—合浦望牛岭1号汉墓承盘；2—贵港罗泊湾汉墓铜盘。

图5-10　广西出土的铜盘

（五）铜樽

铜樽是在祭祀、宴饮、演礼时常用的盛酒器。广西瓯骆地区的铜樽，最早是见于桂东北的恭城秧家。首先从器身造型来说，它们都属殷

[①]广西壮族自治区文物考古写作小组：《广西合浦西汉木椁墓》图五，《考古》1972年第5期。

[②]谢崇安：《商周艺术》，巴蜀书社，1997，第185页。

周式铜樽，体圆，口作喇叭形，圆腹，高圈足，只有其纹饰具有两种地方的风格。其中一件饰兽面纹，纹饰粗细相间，继承了殷周式纹饰的若干遗风，但整个器身图案纹饰已属于越式的几何装饰风格。另一件铜樽的口下和腹部饰雷纹、地纹、蛇纹和蚕纹主题纹饰，具有浓厚的地方民族艺术风格①。两件铜樽与湘南的越人铜樽风格相似，也是受到湖南地区越人文化影响的产物。不过，这类铜樽在桂南的骆越地区迄今为止没有发现。

　　广西贺州龙中岩洞墓出土的早期青铜器也见有兽形牺樽②，与之共出的蟠虺纹铜罍，形制接近湖北随州擂鼓墩M2等地出土的战国早期蟠虺纹铜罍；共出的铜盉接近江苏镇江谏壁王家山出土的春秋铜盉；贺州龙中兽形牺樽的造型风格较接近安徽舒城凤凰嘴、怀宁东北金拱乡等地出土的春秋兽形鼎③，但它的蛇纹主题装饰和蛇头盖钮则是地方特点，体现了古越人的蛇图腾崇拜信仰。

　　从上述5种青铜器可见，在春秋晚期至战国时期，中原的东周式青铜礼器仍在输入岭南地区，但对桂西南骆越地区的影响在逐渐减弱。

（六）铜角杯

　　铜角杯目前在广西红水河流域的武宣地区仅发现1件。过去，在中原地区曾发现一些商周时期的仿牛角形的青铜杯（如殷墟侯家庄西北冈M1022、江苏丹徒烟墩山）④，结合民族志资料考察，牛角形铜杯也应当是古民族仪礼中的法器。武宣铜角杯以典型的殷周云雷纹作器表装饰，制作工艺精美，此类云雷纹装饰在中原曾盛行于商末周初，在春秋铜器中已经基本绝迹，考虑到时空间隔，故武宣铜角杯的年代可能不晚于西周晚期至春秋早期。

---

①广西壮族自治区博物馆：《广西恭城县出土的青铜器》。
②贺县博物馆：《广西贺县龙中岩洞墓清理简报》。
③朱凤瀚：《古代中国青铜器》，第970、966、1071页。
④同上书，第188页。

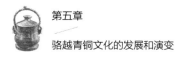
（七）铜鼓

铜鼓起源于云南滇池西部的楚雄万家坝地区，年代在春秋中晚期。铜鼓传入岭南地区的时间应当是在春秋战国之际。如前所述，云南万家坝型、石寨山型铜鼓传入骆越地区后就派生出众多的铜鼓新家族。

铜鼓是西南民族最具有独创性和地方特色的青铜器，也是艺术制作成就最高的礼乐器，它在岭南与西南民族的礼仪庆典和种种社会生活中无处不见。骆越地区出土年代最早的铜鼓，是广西田东县祥周乡联福村和田东林逢乡大坡岭发现的2面春秋战国时的铜鼓。这2面铜鼓的形态属于早期铜鼓的万家坝型（图5-11：1）。万家坝型铜鼓因云南楚雄万家坝发现的典型铜鼓而得名。万家坝型铜鼓是迄今为止发现的最原始的铜鼓，它流行的年代，一般被学者定在春秋中晚期至战国早期（公元前7世纪—公元前5世纪）[1]。

此外，田东锅盖岭战国墓也出土有1面小铜鼓，面径只有23厘米，但它的铸造工艺要比联福村出土的万家坝型铜鼓精致，属铜鼓分类中的石寨山型。石寨山型铜鼓因云南晋宁石寨山古墓出土的典型铜鼓而得名，其流行的年代一般被学者定在春秋晚期至东汉早期（公元前6世纪—公元1世纪）。

石寨山型铜鼓一般认为是万家坝型铜鼓的演变发展，它与万家坝型铜鼓相比，造型美观，纹饰丰富多彩，而且在战国秦汉时期的骆越地区一直得到广泛的传承和发展。

例如，桂东北贺州龙中岩洞墓也出土有石寨山型铜鼓（图5-11：2），这说明滇系铜鼓流经骆越地区又进一步传播到西瓯越人地区。这面铜鼓属于滇系石寨山型铜鼓的早期形式，但也呈现了一定的地方特点，可视为石寨山型铜鼓的早期仿制品，其年代可能处于战国中晚期。其造型端庄，纹饰较简单，艺术风格古朴。其主题纹饰有竞渡船纹、公牛纹，衬以细密的几何纹边框装饰，刻画得十分精致华丽。与充满神话元素的殷周式礼器风格迥异的是，越人艺术家在表现本民族的节庆仪典活动时，更注重再现生活的画面。其中的公牛纹、竞渡船纹，与云南石寨山型铜鼓纹饰有颇多相似之处。其纹饰最接近滇桂边区的云南广南铜鼓（图5-12），两者

---

①王大道：《云南铜鼓》，第5-9页。

的划桨人形均为项髻、裸体、文身（一些人戴羽冠）的古越人形象；两者的船形、边框饰锯齿纹、弦纹间点纹等也相似，但两者也不完全相同。由此可见，滇地的石寨山型铜鼓在战国中晚期已被岭南各地区的越人普遍仿造，贺州龙中鼓与滇东的广南鼓纹饰反映的族属，都应当是习尚裸体的骆越人。

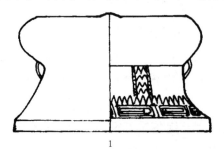

1—广西田东；2—贺州龙中。

图5-11　广西出土的早期铜鼓

图5-12　滇东广南铜鼓竞渡船纹

　　东至广西田东、粤西南雷州半岛，南至越南北部，骆越地区都有一定数量的万家坝型铜鼓出土。越南陶舍的万家坝型铜鼓与秦半两钱伴出，说明晚至秦汉时期，骆越地区仍然有越人部族在传承使用或是制作这种早期铜鼓[1]。比之年代稍晚的石寨山型铜鼓在岭南地区也有很大的发展，从战国晚期至秦汉时期，石寨山型铜鼓发展成最为精美的越式铜鼓。云南广南鼓、广西贺州龙中鼓、贵港罗泊湾鼓、西林普驮鼓、越南玉镂鼓及黄下鼓等，都是瓯骆地区出产的石寨山型铜鼓的代表作。

　　石寨山型铜鼓的特点是鼓胸大于鼓面，造型纹饰图案优美而丰富多彩，铸造工艺精湛，如贵港罗泊湾鼓器身錾刻有竞渡羽人船纹、翔鹭飞鸟、舞蹈人等，纹饰偏重于写实抽象的图案装饰风格。

---

　　[1]阮文好：《越南出土的万家坝类型铜鼓》，载广西壮族自治区博物馆等编《广西与东盟青铜文化学术研讨会论文集》，科学出版社，2012。

西汉中晚期至东汉时期，桂南地区的骆越人及其后裔乌浒、俚人又先后创制出北流型（图5-13：1）、灵山型、冷水冲型铜鼓（图5-13：2）。其所制铜鼓大多高大厚重，数量众多（如广西北流市发现的"铜鼓王"面径165厘米，为迄今发现的世界最大的铜鼓）。其形制和花纹图像也较独特，与前期发现的铜鼓形制明显不同，显著特点是鼓面大于鼓胸而伸出鼓颈外，鼓胸、腰及足部曲线较平缓，鼓面中心多铸有八芒太阳纹，边缘则环立4～6只朝向一致、间隔有序的单立或叠立青蛙塑像，晕圈内多铸以云雷纹、钱纹或水波纹等，纹饰偏重于几何图案装饰风格。因这类铜鼓主要发现于我国两广地区，故过去的铜鼓研究者曾称之为"粤系铜鼓"，后在学者统一的铜鼓分类中则称为"北流型铜鼓""灵山型铜鼓""冷水冲型铜鼓"[①]。

北流型铜鼓、灵山型铜鼓、冷水冲型铜鼓都是在滇系石寨山型铜鼓的影响下发展起来的，并形成了自身独特的艺术风格，其中冷水冲型铜鼓除鼓面铸蛙饰与北流型铜鼓相似外，其器身造型仍然接近石寨山型铜鼓，它从东汉初期一直流行到北宋时期[②]。北流型铜鼓、灵山型铜鼓、冷水冲型铜鼓"惟高大为贵"，这在考古发现的实物中得到了鲜明的体现。

事实上，北流型铜鼓、灵山型铜鼓、冷水冲型铜鼓的形制与纹饰都较相似，彼此之间的差异较少，这应是时空演化所造成的形制区别。

1　　　　　　　　　　　　2

1—北流型铜鼓王；2—冷水冲型铜鼓。

图5-13　粤系铜鼓

① 蒋廷瑜：《铜鼓艺术研究》，第78页。
② 同上书，第9页。

（八）羊角钮钟

羊角钮钟（图5-14）在广西浦北、容县、柳州、贵港、西林、恭城及与广西相邻的广东、云南、贵州和越南都有发现。这类羊角钮钟，形制都基本相同，有的铸有弦纹、云雷纹、翔鹭或人首图像，有的纹饰与铜鼓纹饰有共通之处。在广西左江岸边的高山及花山岩壁画上，也绘有这类羊角钮钟的图形。学者们多认为羊角钮钟流行的年代为战国至西汉时期[①]，这时正是骆越青铜文化的鼎盛时期。羊角钮钟最早见于云南楚雄万家坝1号墓，与之共出的遗物有铜鼓、铜釜等青铜器，不见铁器，发掘报告者将其年代定为春秋晚期至战国早期[②]。由是观之，骆越地区的羊角钮钟应当是从云南地区传入的。

1—贵港罗泊湾1号墓出土的人面纹羊角钮钟；2—西林普驮铜鼓墓出土的羊角钮钟。

图5-14　广西出土的羊角钮钟

青铜羊角钮钟的起源可能与铜铃有关，铜铃在中国云南、贵州、广西及越南北部的上古青铜文化遗存中都有发现。各式铜铃略小于羊角钮钟，顶部有一个半环状钮，内中多有一舌，素面，作为响器的功能很明显。铜铃在骆越地区应当出现于西周至春秋时期，这类铜铃后来也多见于战国至汉代的墓葬中，考古学者在左江骆越人的岩画上也发现有这类铜铃的图形。

羊角钮钟与铜铃的功能用途可能有二：一是在宗教礼仪活动中用作打击乐器，壮族先民的史诗《布洛陀经诗》说，当造铜起源之时，造出的铜铃就用作巫师的法器；二是用作礼乐歌舞的器具，功能就是响器。

---

①覃义生：《战国秦汉时期瓯骆宗教性青铜器探微》。

②云南省文物工作队：《楚雄万家坝古墓群发掘报告》，《考古学报》1983年第3期。

羊角钮钟与铜铃的形制及其功能说明，西南地区的原住民族在受到中原礼俗文化影响的同时，在发展自身文化礼俗的过程中也形成了特有的民族形式。从羊角钮钟与铜铃在东亚南部地区频繁出土的情况看，历史上，中国云南、广西与越南北部等地的民族的确有着千丝万缕的联系。

考古发现表明，羊角钮钟也是与铜鼓共存的先秦两汉时期越族礼乐器，在广西骆越人创作的左江花山岩画上，骆越人举行盛大的礼仪活动时，两者都是必须使用的礼乐器，在舞蹈的场面中都绘有敲奏铜鼓和羊角钮钟的画面①。

二、青铜兵器

广西瓯骆地区的青铜兵器也是受到中原文化的影响之后发展起来的，先秦两汉时期的骆越兵器，主要有戈、钺、剑、矛、箭镞、弩机等。

（一）铜戈

最早的骆越铜戈目前见于广西武鸣马头敢猪岩、勉岭遗址。一件是直内三角援铜戈，另一件是直内直援折胡铜戈，年代可能早至商末周初，属于殷周式铜戈的仿制品。广西骆越地区成熟的铜戈形式，仍然是殷周式的，如百色右江出土的一件铜戈，为曲内直援折胡带穿戈，是仿制品，年代可能晚至春秋时期。到了春秋晚期至战国时期，岭南铜戈才较为常见。例如，在西周中晚期至春秋时期的武鸣马头元龙坡墓葬曾出土了一批骆越铜兵器，有钺、剑、矛等，却不见铜戈。广西恭城秧家出土的长胡三穿戈，年代可能早至春秋晚期。直到战国时期，广西瓯骆地区才多见铜戈，如灵川富足村及水头村、武鸣独山岩洞葬等遗址都出现铜戈随葬品。东周式铜戈在岭南地区沿用的时间从战国一直延续到秦汉时期，如田东县祥周锅盖岭、宾阳、岑溪等地的战国墓、西汉前期的广州南越王墓都有出土。两广地区的铜戈在西汉中晚期才趋于绝迹。

---

① 王克荣、邱钟仑、陈远璋：《广西左江岩画》，文物出版社，1988，第82页。

（二）铜钺

　　铜钺也是古越人典型的器物，有的学者认为越人的得名，是因越人习用钺形器著称的缘故。前人多有指出，铜钺是由新石器晚期的石斧、偏刃石钺演变而来，它由实用性兵器演变成了礼兵器，专用于庄严神圣的仪式场合，也成为王权威势的象征。本区域出土的青铜钺可谓形式多样①。例如，有器身匀称呈"风"字形的铜钺，有的器身饰勾连纹、曲折纹、直线纹组成的几何图案。这种"风"字形铜钺还可细分为多种形式，如武鸣独山岩洞葬出土的"风"字形铜钺，有的作凹口空銎，钺身两侧外撇又作折肩弧形刃；有的作方銎长身圆弧刃；有的作凹口空銎圆弧刃②。

　　岭南越人最具有地方特点的礼兵器就是不对称铜钺，这与云南滇人礼兵器的特点相似。不对称铜钺各地出土者也有所区别，是代表地方文化的典型器物（图5-15：1、2）。

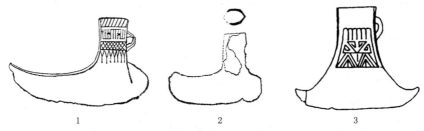

1、2—不对称铜钺；3—对称铜钺。

图5-15　平乐银山岭出土的战国铜钺

　　越式不对称铜钺，可能迄今最早见于武鸣马头元龙坡墓地。在此墓葬已出土有几种形式的铜钺，147号墓出土的斜刃铜钺，在桂南和越南北部出土较多，其伴出遗物有西周中晚期提梁铜卣（M147：1），该地数百座古墓经碳-14年代测定数据为距今3100～2600年，因此，不对称铜钺在本区域出现的年代至少可追溯到西周中晚期至春秋早期，它是岭南古越人最早铸造的青铜器之一。

---

　　①覃彩銮：《两广青铜钺初论》，《文物》1992年第6期。
　　②广西文物考古研究所、南宁市博物馆：《广西先秦岩洞葬》，第130页。

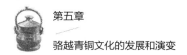

　　武鸣战国墓出土的不对称铜钺形状似靴形[①]，来宾古旺山岩洞葬出土的不对称铜钺则作圆銎折肩斜弧刃。此外，在广西上古西瓯越人的分布地也出土有各式不对称铜钺。将中国云南、广西和越南北部的考古发现做比较，不对称铜钺又以中国云南、越南北部最为发达。

　　虽然中原商周兵器中早有钺形器，但岭南越人制作的铜钺却有明显的地方特点。例如，武鸣马头元龙坡出土的偏刃有肩铜钺为其他地区罕见；来宾古旺山岩洞葬也出土有偏刃有肩铜钺，说明这种铜钺是骆越特有的兵器，年代可能在西周晚期至春秋早中期。此外，还有武鸣马头元龙坡出土的斜刃铜钺，也多见于桂南右江流域。

　　战国至秦汉时期，是瓯骆铜钺的大发展时期，形式丰富多样，有的演变成礼兵器。例如，有长方銎曲折肩直刃钺，见于广西贺州高屋背（M123：20）、平乐银山岭、粤西德庆落雁山（M1：4）等地；还有长方銎扇形钺（图5-16：1、2），见于武鸣安等秧（M17：3）、宾阳韦坡村（M1：8）、贺州贺江边、粤西罗定背夫山（M1：48）等地。这说明扇形铜钺是骆越与西瓯族共有的兵器。

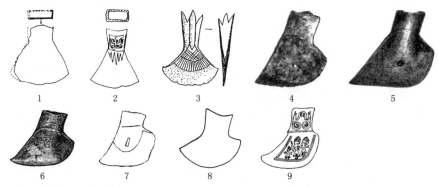

1—宾阳韦坡村；2—粤西罗定；3—越南义安鼎乡；4—武鸣元龙坡；5—百色右江；6—南宁邕江；7—越南富厚；8—来宾古旺山；9—越南清化东山。

图5-16　各地出土的铜钺

　　瓯骆地区最常见的是不对称形铜钺，有的形似靴形，故也称"靴形钺"。它们见于广西恭城秧家、平乐银山岭（采：14）、贺州贺江边、粤

――――――
　　[①]广西壮族自治区文物工作队：《广西文物考古报告集（1950—1990）》，广西人民出版社，1993，第254页。

西德庆落雁山（M1：5）、广西来宾古旺山、武鸣安等秧（M17：3、M80：1）及马头元龙坡（M147：3）等地。不过，这些不对称铜钺仔细区分，还是存在不少的地域差别。

例如，偏斜刃铜钺，多见于桂南地区的右江、邕江流域，越南北部也有分布（图5-16：5、6、7）。

长靴形铜钺也分见于平乐银山岭、武鸣安等秧、粤西德庆落雁山等地。越南东山文化的长靴形铜钺有较多变异的形式，更具有礼兵器的色彩。

骆越不对称铜钺在湘桂边区的道县等地也有发现（图5-17：7、8）[1]，《后汉书·马援列传》记载，东汉初期，伏波将军马援平定交趾骆越征侧、征贰（即"二征"）反抗后，曾将当地一部分骆越豪强部族迁至湘桂交界的零陵郡，这种靴形钺可能就是交趾骆越人留下的遗物。

（三）铜剑

岭南最早的越式剑，与中原东周剑式明显不同。广西武鸣马头元龙坡出土3件，为匕首形的无格三角刃短剑。来宾古旺山也出土1件，三角刃短剑已经残损。这种剑式的年代上限可能早至西周中晚期。中原最早的剑也为短剑，但与骆越短剑并无关联。进入春秋战国时期，岭南的铜剑不断增多，而且形式多样，主要有两大类，一类是越式剑，另一类是东周式剑。此外，还有一些异形剑和滇式剑。

迄今为止，考古学者在长沙金井乡[2]、广西贺州马东村（表5-1：3）、柳江木罗（表5-1：11）、百色田阳（表5-1：20）、灵山石塘（表5-1：15）[3]、贵港（表5-1：22）、广州暹岗苏元山、香港石壁[4]和越南北部清化东山[5]等地，都发现了古越族的人面纹短剑，其中最具地方特色的

①高至喜：《湖南发现的几件越族风格的文物》，《文物》1980年第12期。
②朱凤瀚：《古代中国青铜器》，第1140页。
③黄启善：《广西灵山出土青铜短剑》，《考古》1993年第9期。
④杨耀林：《寻找古越人的足迹》，《文物天地》1994年第2期。
⑤黎文兰等：《越南青铜时代的第一批遗迹》，第103页。

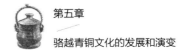

就是广西南部及其邻近地区的骆越人面纹短剑[①]。

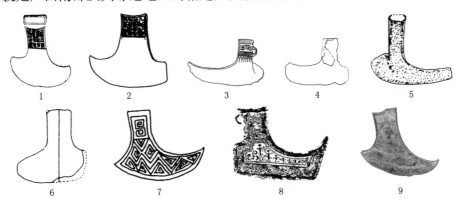

1、2—广西恭城秧家；3、4—平乐银山岭；5—粤西德庆落雁山；6—广西武鸣安等秧；7—湖南道县；8—湖南衡山；9—越南清化东山。

图5-17　各地出土的不对称铜钺

例如，广西西林县出土的人面纹短剑，是在剑首上作抽象的人面纹（表5-1：9），其剑身作三角形。这种剑式应当最早是见于武鸣马头元龙坡遗存（表5-1：1），其共存遗物经碳-14年代测定最迟不晚于春秋早中期。

广西百色出土的一号人面纹弓形格短剑（表5-1：10），时代要比武鸣马头元龙坡短剑的时代稍晚，但百色的1号人面纹弓形格短剑明显是由武鸣马头元龙坡短剑演变而来，两者的剑柄样式十分相似，只是百色的1号人面纹弓形格短剑在剑首上加饰双环触角。

最具象的越式人面纹短剑，是出土于广西百色新码头、灵山石塘乡、广州暹岗苏元山的越式短剑。例如，灵山石塘剑装饰图案主题作重列式，弓形剑格下似为一简化的阴线"天"字纹，其下正中的阳刻人面纹戴冠，人首之下刻画双铜鼓纹，剑首双触角也可视为简化的双铜鼓纹。战国时期两广各地出现了大量的"王"字纹铜兵器（如武鸣马头安等秧战国墓），灵山石塘剑双铜鼓纹之下阴刻一道尖锐竖纹下穿两道横纹，实也为"王"字纹的艺术化，这种装饰奇特的人面纹图案，应当就是骆越人崇拜的神灵，其含义也应当与骆越铜鼓、羊角钮钟的图案装饰主题中的"天"字纹和人面纹相似，即

---

①蒋廷瑜：《右江流域青铜文化族属试探》，载《广西考古文集》第三辑，文物出版社，2007。

骆越人崇拜的造物神、始祖王、先知祭师的偶像。

　　广西骆越地区也出土有一些滇式短剑（表5-1：24、25），系圆首或椭圆首一字格曲刃剑。这种曲刃剑（或曲援铜戈）在云南西部和滇池地区出土较多，此后在贵州南部、广西西南部和越南北部都有发现，应当是从红河上游的云南地区传来。田东锅盖岭战国晚期墓的一字格曲刃剑与石寨山型铜鼓伴出，表明它在战国晚期已经流入岭南。

　　岭南地区出土的越式短剑，由于是零星出土，缺乏更多可供断代的共存关系，故对其做出准确的断代是困难的。从湘桂地区人面纹短剑出现的时间来看，以长沙金井乡人面纹短剑为例，其年代上限可能在春秋晚期[①]。笔者认为，武鸣马头元龙坡三角刃短剑还没有出现人面纹，共存关系和碳-14年代测定数据可证明其年代下限不晚于春秋早中期。因此，骆越式短剑有两个来源，最终演变成越式弓形格人面纹短剑，其演变序列见表5-1。

表5-1　广西地区青铜剑年代分期表

年代	东周式剑	越式剑	其他剑式
春秋早中期	—	 1　　2　　3	—
春秋晚期至战国时期	 4　5　6　7　8	 9　10　11　12	 13　14　15

---

①朱凤瀚：《古代中国青铜器》，第1099页。

续表

年代	东周式剑				越式剑			其他剑式		
战国晚期至秦汉时期	16	17	18	19	20	21	22	23	24	25

注：1. 武鸣元龙坡；2. 来宾古旺山；3. 贺州马东村；4. 武鸣独山；5. 宾阳韦坡村；6～8. 武鸣安等秧；9. 西林；10. 百色右江；11. 柳江木罗；12. 南宁邕江；13、14. 武鸣安等秧；15. 灵山石塘；16、17. 平乐银山岭；18、19. 岑溪花果山；20. 百色田阳；21. 灵山石塘；22. 贵港；23. 平乐银山岭；24. 田东锅盖岭；25. 田阳隆平。

东周式青铜剑（表5-1：4～8，16～19）在岭南地区大致出现于春秋晚期，战国时期广泛流行，在中国岭南与越南北部各地都有发现。东周式青铜剑主要有两大类：一类是扁茎无格柳叶形剑；一类是圆首圆茎带格剑，剑身较长。

恭城秧家出土的数十件春秋晚期青铜器，其中就有一件近似柳叶形的青铜剑。先秦扁茎无格柳叶式青铜剑在巴蜀地区最流行，湖广地区的柳叶式青铜剑，剑柄之下作斜折肩，也有作圆折肩或直角双肩形。这种剑式应当是从湖南越人地区传入岭南，此后散见于灵川富足村、平乐银山岭、武鸣安等秧及独山、宾阳韦坡村、岑溪花果山等地，有的剑身多铸有"王"字纹。

圆首圆茎带格剑在春秋战国之际由内地传入岭南各地。目前在罗定背夫山及南门垌、广宁龙嘴岗及铜鼓岗、肇庆松山、平乐银山岭、岑溪花果山、武鸣安等秧遗址和越南海防越溪都有发现，表明东周式铜剑是经湘桂走廊向岭南各地传播并得到大量仿制。东周式铜剑在汉代基本上被长铁剑取代，但在广州汉墓等处仍然有少量遗留。总之，比较岭南与两湖地区的各类东周式青铜剑，两者都十分相似，表明楚国是岭南东周式青铜剑最主要的来源地。

　　骆越地区还存在一些异形剑（表5-1：13～15，23），如桂南的钦州青塘椭圆首无格剑、灵山一字格剑、武鸣安等秧圆茎一字格剑（M41：3）、岑溪花果山战国墓的圆首圆茎一字格剑（M5：2），都应当是东周式剑的改造型。

（四）铜矛

　　带銎铜矛在岭南地区出现较早，桂南武鸣马头元龙坡墓葬出土有各式铜矛。与元龙坡3式矛（表5-2：1）相似的铜矛，也见于广东博罗横山岭（M034：1）、深圳大梅沙（M6：3）等处。元龙坡3式矛作燕尾式骹口，圆銎，长矛叶，断面呈细菱形，其共存遗物的碳-14年代测定数据为西周中晚期。春秋战国时期，广西骆越地区流行铜矛较多，形式各异，制作精良（表5-2：1～5，10～13，15～17，19～20）。

（五）箭镞与弩机

　　岭南与越南北部发现的先秦两汉时期的箭镞很多，形式多样，在武鸣马头元龙坡墓葬已经见有铜箭镞（表5-2：6），为较简单的宽叶形箭镞，时代不晚于春秋早中期。双翼箭镞出现的时间稍晚（表5-2：14）。箭镞发展到战国时期，出现了带血槽的双翼箭镞、带铤的三翼箭镞、三棱形箭镞，后者射程远，最具杀伤力。广西地区出现三棱形箭镞应当在战国晚期，如平乐银山岭出土有数枚，此后也见于贵港罗泊湾汉墓（表5-2：23）。战国时期箭镞的发达，与中原的影响密切相关，当时战争激烈，规模巨大，箭弩可以说是冷兵器时代最具杀伤力的武器，它传入岭南的时间大约是在战国晚期，极大地改变了当地越人社会的进程。据古史传说，战国时的蜀王子泮亲率大军南下征服交趾骆越诸部，占据骆越地称安阳王国，可能是后继的安阳王一度击败过南越王赵佗军队的进攻，原因就是安阳王掌握有威力强大的神弩（见《水经注·叶榆河》引《交州外域记》）。迄今为止，在广西贵港罗泊湾、广州南越王墓、云南晋宁石寨山和越南义安鼎乡都发现过铜弩机，这都是中原汉式弩机传入岭南各地的确证。滇桂地区与越南东山文化的铜弩机如出一辙，都是起源于中原的东周式铜弩机。到了秦汉之际，它成了东亚南部越人最具威力的兵器，相应的，各地遗址也出土了大量的各式铜箭镞。

表5-2　广西地区青铜兵器年代分期表

年代	矛	镞	弩机
西周中晚期至春秋时期	1　2　3　4　5	6　7　8　9	—
战国早中期	10　11　12　13	14	—
战国晚期至秦汉之际	15　16　17	18	—
西汉早中期	19　20	21　22　23	24

注：1～4. 武鸣马头元龙坡；5. 贺州马东村；6～8. 武鸣马头元龙坡；9. 贺州马东村；10. 灵川岩洞；11～13. 武鸣马头安等秧；14. 武鸣独山；15. 平乐银山岭；16、17. 田东锅盖岭；18～20. 平乐银山岭；21～24. 贵港罗泊湾。

三、生产工具

青铜时代的农业生产工具主要是石器，因为青铜器的硬度低，不能完全取代石器。先秦两汉时期岭南出现的青铜工具不多，但越人还是尽可能制造出一些适用的青铜工具，其种类主要有斧、锛、凿、刮刀、铜刀、削、刻刀、镰刀、锯、锄、锸等。

（一）斧、锛

从广西武鸣马头元龙坡墓葬（M233∶1）、武鸣独山、田东锅盖岭、宾阳韦坡村、岑溪花果山战国墓出土的铜工具来看，都有斧、锛，表明春秋战国以来，铜斧、锛是骆越地区的常用工具。

（二）刮刀

刮刀是骆越地区最流行的工具，在各地都有发现，这应当是与越人常加工制造竹木器有关。铜刮刀最先起源于两湖地区，年代早至商代[①]，其后经湖广古道流传到中国两广地区和越南北部。目前考古发现的各地铜刮刀大同小异，但却是岭南越人最有地方特点的越式工具。广东罗定背夫山等地出土的刮刀还有"王"字纹装饰。越南学者往往将刮刀称为"镖"[②]，或许刮刀也可作武器使用。

（三）铜刀、削、刻刀

广西武鸣马头元龙坡墓葬出有长柄铜刀，年代不晚于春秋早中期。广州暹岗出土有云雷纹长刀，越南东山文化遗迹中也曾见有少量的铜鋬刀。但总的来说，岭南越人墓葬中很少发现刀具。进入秦汉时期，岭南汉式铜削发达，通常认为这是制作竹木简的书刀，与之相应的是出现了铜刻刀[③]，

---

①高至喜：《论中国南方出土的商代青铜器》。
②何文晋主编《越南考古学Ⅱ——越南金属器时代》，第501页。
③李龙章：《岭南地区出土青铜器研究》，第202页。

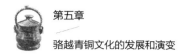
这是中原秦汉文化影响的结果。

（四）镰刀

镰刀是重要的农业收割工具，在岭南地区的战国秦汉遗存中有发现，如广东罗定背夫山、广西平乐银山岭和越南东山文化中都见有刃部带斜线平行纹的镰刀，越南富寿越进还发现过长弯刃铜镰，这都反映了骆越地区稻作农业的发达。

（五）其他生产工具

骆越地区发现的青铜工具还有铜锯、铜锄、铜锸、铜叉等，但数量较少。只有越南北部的骆越人，由于受到云南滇文化的影响，加上在大河冲积平原上易于耕种的缘故，因此产生了较多类型的铜锄，这种现象迄今为止在两广地区未见有。

四、日用铜器

广西骆越地区先秦两汉时期的日用铜器也有大量出土，器物品种繁多。早期的器物较简单，装饰简朴。进入秦汉时期，岭南的青铜日用品制造进入了新的繁荣时期，除了有一些地方特点突出的器物，更多的日用青铜器体现了汉越文化的融合，而且造型奇巧，装饰异彩纷呈，特别是铁工具的使用，使得骆越地区的青铜器制造达到了工艺方面的极致水平，其代表作就是产生了大量的錾刻花纹铜器。铜器工艺品的制造，一方面是要有高超的制范冶铸的技术、器物造型的巧妙构思，善于在器表镂刻各种精美华丽的装饰图案纹样，同时还要采用焊接分铸等方法，给铜器附加上具有辅助功能的各种雕饰，如提链、兽形铺首衔环、鸟形钮盖等，这些工艺做法在骆越各类錾刻花纹铜器上都得到了充分的体现。

（一）铜盘、案、棋盘

骆越地区出土此类铜器大多为秦汉时期，应当是受到汉文化的影响。广西贵港罗泊湾汉墓、合浦望牛岭汉墓等地都出土有造型美观、花纹装饰绚丽的铜承盘（图5-10：1、2）。望牛岭承盘铸有三力士足，盘内圆形规矩，图案中饰四蒂纹间夹鹿凤纹主题，周边饰五圈二方连续的几何纹，画面犹如织锦。罗泊湾承盘则是截取铜鼓的鼓面加铸三足而成。合浦汉墓所出的铜案，装饰手法与铜盘异曲同工，同样体现了高超的图案制作技艺。广西西林普驮铜鼓墓出有一方桌式的刻纹六博棋盘，这是中原汉文化在骆越地区得到广泛传播的明证。

（二）酒器

骆越地区先秦时期罕见中原式的青铜酒器，这应当是当地盛行使用竹木酒器、陶酒器的缘故。到秦汉时期情形大为改观，骆越地区的汉墓普遍出土汉式铜酒器，如扁壶、酒樽、鐎壶、酒卮、酒杯等，其中也有錾刻花纹铜器。合浦文昌塔汉墓出土的带盖提梁扁壶是对中原秦式扁壶的改进，镂刻的花纹极具装饰性。

（三）灯具、熏炉

岭南各地汉墓出土的灯具，可以说是秦汉时期极富装饰性的工艺品。广西合浦望牛岭1号汉墓出土的铜凤灯，作回首顾盼的立凤口衔灯罩，凤身匀称美观，器身满饰雕镂的羽状花纹，细部刻画有写实的动物纹，是实用与观赏相结合的工艺典范。贵港罗泊湾汉墓出土的九枝灯[1]，有学者认为这是以《山海经》神话中的神树——扶桑树为原型塑造的照明灯具。

熏炉是汉代盛行使用熏香的反映，在中国岭南地区和越南北部的汉墓中都有出土。这些铜熏炉中不乏精品，造型与装饰手法都是圆雕、浮雕与錾刻花纹的结合。

---

①广西壮族自治区博物馆：《广西贵县罗泊湾汉墓》，图版二二。

　　蒋廷瑜根据錾刻花纹铜器的出土分布情况和时代特点，推测其制作中心可能是在广西东南部，也就是骆越人的分布区[①]。笔者认为，錾刻花纹铜器包括铜鼓、铜盆及许多实用铜器，在越南北部也有不少出土，而且在河内及其邻近地区也发现过铸造铜器的作坊遗迹，因此，不排除汉代交趾郡与合浦郡一样，也是錾刻花纹铜器的主要产地。

（四）带钩与铜镜

　　带钩与铜镜都是中原汉式器物，为服饰及梳妆用品，战国晚期至秦汉时期传入岭南。如广西贵港罗泊湾汉墓出土有"山"字纹镜、蟠螭纹镜，还出土有7件带钩，其中的象鼻形、蛇首形带钩（图5-18：1、2）具有地方特点，应当是骆越人的仿制品。贵港震塘乡11号西汉墓出土有龙凤象猴纹铜镜（图5-18：3），具有汉越文化融合的装饰风格，表明当地骆越人已经在广泛制作融入越文化因素的汉式铜器。与此同时，中原汉式镜也通过商贸等渠道不断流入岭南各地。例如，贵港铁路新村10号东汉墓出土的八子九孙博局纹镜，与湖南等地汉墓出土的铜镜，无论是形制还是铭文风格都十分相似[②]。

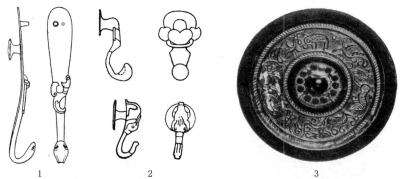

　　　　　1　　　　　　　　　　2　　　　　　　　　　　3
1—罗泊湾汉墓蛇首琵琶形带钩；2—罗泊湾汉墓象鼻形带钩；3—震塘乡11号西汉墓出土的龙凤象猴纹铜镜。

图5-18　广西贵港汉墓出土的带钩和铜镜

①蒋廷瑜：《汉代錾刻花纹铜器研究》。
②黄启善主编《广西铜镜》，文物出版社，2004，第66页。

五、工艺品

　　骆越青铜文化在不断发展繁荣的演变过程中，还产生了一部分较为单纯而可供观赏的青铜工艺品，这些作品造型写实生动，再现生活的意趣，在东亚南部民族艺术史上占有光彩夺目的一页。

　　例如，合浦风门岭西汉晚期汉墓出土的圆雕铜牛①，就具有多重价值，其整个牛形圆雕造型准确、沉稳有力，体现了高度的写实再现技巧。中国上古青铜雕塑写实作品不多见，合浦汉墓出土的两件圆雕铜牛，堪称难得的艺术精品。圆雕铜牛有一件刻画的是颈背有驼峰的封牛（图5-19：1），俗称"印度牛"，古文献记载封牛是分别由南、北丝绸之路输入中国（见《后汉书·南蛮西南夷列传》"焦侥夷"条等），云南石寨山滇墓、越南东山文化的铜器雕像都见有不少封牛的形象。合浦汉墓出土的圆雕封牛，可证明封牛经西南丝绸之路输入骆越地区应当不晚于西汉时期。

　　此外，铜鸽、铜鸠杖、铜鸡、铜鸭、铜狗等作品也体现了骆越艺人娴熟的写实造型技巧。人物铜像则见于广西贵港罗泊湾汉墓、合浦汉墓出土的踞坐人俑、磨锄铜俑，越南汉墓的托灯俑等，其中最具有代表性的是广西西林普驮铜鼓墓出土的踞坐人俑群雕（图5-19：2）和骑马俑。

1　　　　　　　　　　2

1—合浦风门岭汉墓的圆雕封牛；2—西林普驮铜鼓墓的人俑。

图5-19　广西出土的圆雕封牛和人俑

---

　　①广西壮族自治区文物工作队等：《合浦风门岭汉墓——2003—2005年发掘报告》，彩版二八。

第四节　越南北部骆越青铜文化地方特征的形成和发展

越南北部骆越青铜文化的起源较早，但长期处于缓慢发展的状态，这一情况与中国广西的较为相似，而且在吸收内陆文化方面也较中国两广地区迟缓。在铜豆—扪丘文化期（相当于西周中晚期至春秋中晚期），越南北部的骆越人也只能生产较为简单的青铜器类，如铜斧、斜刃钺、鱼钩、针、锥等器物，尚未见大型的青铜礼乐器和容器。到了公元前6世纪之后的东山文化时期，越南北部的骆越人开始步入青铜文化的发达繁荣期。

越南东山文化的内涵丰富多样，时代从春秋战国之际延续到东汉早期。考古发现表明，东山文化应当是来源于各个不同的区域文化。越南学者认为，在融合成统一的东山文化之前，越南北部三个不同地区的三种文化已经形成了"前东山文化"的地方类型，在红河流域是扪丘文化、在马江流域是葵渚文化、在嘎江流域是儒屯文化，三者是形成典型东山文化的基础，它们都属于越南北部的早期青铜时期遗存。

笔者认为，越南学者的研究，事实上还存在很多疑点。首先，"前东山文化"的少数遗址中出现青铜器，这还不能完全证明它是一种文化连续发展的内在转变。为何这一"前东山文化"青铜器的发展极其缓慢，但到公元前6世纪左右突然加快了发展步伐？如果把越南北部青铜文化的起源发展看成是地区孤立的现象，这显然不符合东亚南部考古发现的事实。我们只要综合比较中国云南、广西与越南北部在整个青铜时代的考古发现，就不难发现它们之间始终保持着一种互动交流融合的文化关系，其间也不断受到北方商周和秦汉王朝文明的影响。例如，越南学者认为东山文化红河类型来源于红河地区的扪丘文化，东山文化马江类型来源于当地更早的葵渚文化（葵渚遗址位于马江左岸边，与东山遗址相对），这时的青铜遗物已经较为丰富，如有斜刃钺、长对称刃部的鱼尾形有銎斧、多种圆锥形矛、三角形箭镞、单翼箭镞、各种圆径的鱼钩、凹凿、铜锥、铜箍等[①]。事实

———————
[①]何文晋主编《越南东山文化》，第六章。

上这些斜刃钺、箭镞、鱼钩在中国云南、广西都可以找到其同类器。总之，关于骆越地区青铜文化的起源发展问题，要得到较完整的廓清并取得学术界公认的结论，今后还要取决于更多的考古新发现，同时还必须继续开展跨境跨文化的比较研究。

根据目前的考古发现，笔者认为，越南北部骆越青铜文化的发展可划分为以下几个阶段[①]。

一、第一阶段——萌芽成长期（冯原—铜豆—扪丘文化期[②]）

本阶段相当于商周至春秋早中期。这一阶段越南北部青铜文化年代与广西那坡感驮岩晚期文化——武鸣马头元龙坡青铜文化遗存的年代大致相当。因此，两个地区出土的牙璋、石戈、石铸范、铜斧、不对称铜钺、铜矛、箭镞都颇为相似，都是在本阶段晚期才出现一批越式青铜器类型，不见典型的青铜礼乐器，但已经掌握了冶铜术，并为青铜文化成熟繁荣期的到来奠定了基础。

二、第二阶段——成熟繁荣期（东山文化前期）

本阶段大约相当于中国的春秋晚期至战国时期。与中国云南、广西一样，到了公元前6世纪左右，越南北部青铜文化才加快了发展的步伐。

东山青铜文化成熟繁荣期的主要青铜器类有戈、短剑、钺、矛、三叉戟、锄、镰刀、刮刀、鼓、钟、铃[③]等，其中许多器型都可以在中国云南、两广地区的青铜文化遗存中找到其同类器，而且这些青铜器类后来大多被东山文化居民改造成具有地方特点的器物。我们若将越南北部与中国云南、两广地区出土的主要同类器做比较，就可以清晰地看到越南东山文化发展的轨迹。

---

①谢崇安：《滇桂地区与越南北部上古青铜文化及其族群研究》，第207页。
②何文晋主编《越南考古学Ⅱ——越南金属器时代》，图版部分。
③黎文兰等：《越南青铜时代的第一批遗迹》，第二章。

越南河内博物馆所藏的东山文化青铜器，纹饰装饰极为富丽，可与中国滇桂地区青铜艺术品相媲美。如有一大铜刀，其柄部和刃部皆刻画有生动的人形；铜剑上还刻画有鳄鱼追逐野猪的形象；铜斧上刻画鹰逐鹿形象。青铜器充满装饰意趣，这都是中国云南、广西与越南北部古代先民的文化时尚和传统，它们又因地区与族群的差异而形成不同的地方形式和风格。

尽管越南东山文化的发展日趋地方化，但从当地出土的铜鼓、羊角钮钟、三叉戟、镰刀、刮刀等青铜器可看出，它们在中国两广和云南地区都有相似的发现。凡此种种迹象皆说明，中国云南、广西与越南北部的青铜时代文化发展大体上是同步的。

三、第三阶段——嬗变期（东山文化后期）

本阶段相当于中国的秦代至两汉时期。其特点是青铜文化仍然在嬗变，新出现一批具有地方特点的青铜器，同时北方青铜器也在不断输入。在本阶段末期，随着铁器时代的来临，东山人加快了汉化的进程，青铜文化最终也走向汉越融合的发展历程。

应当说，在公元前2世纪左右，作为地区性的东山青铜文化，它仍然呈现出多姿多彩的面貌。其青铜器也体现了多元性，可见三类器物：第一类是北方中原地区的汉式器，如汉式剑、人俑灯、带钩、半两钱、秦式扁壶、五铢钱等，它们是在不同时期，通过各种渠道流入了越南北部；第二类是由云南和岭南地区输入越南北部的器物，如青铜提桶、曲刃一字格短剑、鐎壶[①]、长柄半球形铜勺等；第三类是本地的东山式铜器，其最大的特点就是对中国滇桂地区青铜器的改进。

这一阶段流行的青铜器仍然是前期的种类。以铜鼓为例，在东山出土的小铜鼓多有钮环，类似铜镜的系钮。其中一些极小的铜鼓，制作粗糙，甚至有的仅仅是一块实心铜，显然是代替真铜鼓的随葬明器。与上述铜器出土的同时，还伴出有少许的铁剑、铁矛和铜柄铁剑，这表明其年代已处

①黎文兰等：《越南青铜时代的第一批遗迹》，第二章。

于西汉中期以后。由此可见，铜鼓制作的发达是东山文化繁荣期的重要特点，但到了铁器时代，可能是受到汉文化的影响，一部分东山文化铜鼓也演变成了象征性的随葬明器。

中国云南、广西与越南北部的铜鼓在发展演变上是错综复杂的。如有学者认为，有蛙饰的广西北流型铜鼓是在西汉中期出现的，后来对东山铜鼓产生了影响。然而，考古发现又表明，一度有越南东山铜鼓流入中国的迹象，如在广西灵山和浙江等地也出土有东山系铜鼓，其年代也在两汉之间[①]。此外，中国云南、广西与越南北部的铜鼓在纹饰上也形成了一些显著的地方性差异。不过，从器物类型学的观点看，东亚南部的早期铜鼓都应当有共同的起源，此后随铜鼓的发展和传播，它们才演变成具有地方特点的各种形式。

又如铜戈，法籍学者O.阳士曾指出，曾有一件铜戈出土于越南北部清化省东山县的汉墓中，它类似在东作地点出土的另一件戈，这种铜戈与朝鲜乐浪发现的铜戈近似，其上刻有文字，因此能识别出为秦代的遗物。如果此说不误，它们就与越南北部出土的东周式剑、半两铜钱一样，均为秦朝曾在越南北部设置过象郡提供有力的证明。

这一时期新出现的汉式器物，还有铜弩机、带钩、铜洗、瓿等。过去，O.阳士、高本汉等西方学者都曾经把在越南清化各地所采集到的东山铜器与中国"淮式青铜器"（笔者注：所谓中国"淮式青铜器"是一个不准确的、现已废弃的术语）进行过比较，以此来推定中国文化对越南东山文化的影响。如带钩，东山文化中的带钩见有典型的汉式琵琶形带钩（河内博物馆·编号Ⅰ，24019；24020）；如铜灯，有一件器形作一裸体人形，跪坐姿势，该灯出土于厚禄县沥场的一座汉墓。O.阳士认为，此类器物多见于中国的洛阳和湖南，均属于"淮式青铜器"[②]。事实上，东山文化由北方输入的铜器为数不少，如东山铜壶（河内博物馆·编号Ⅰ，19246）也与广州汉墓（M1180）、广西贺州河东高寨（M1）所出土的带

---

①蒋廷瑜：《对浙江上马山小铜鼓的认识》。

②V.戈鹭波：《东京和安南北部的青铜时代》，刘雪红、杨保筠译，载云南省博物馆等编《民族考古译文集》（1），1985。

双耳鼓腹大圈足铜壶属同一类型，只是彼此之间已有了一定的区别，如纹饰、圈足都体现了地区差异。中国两广地区所出者年代为西汉中晚期[1]，三地铜壶的时代大体相当，皆属越式铜壶的地区分化形式。再如秦式铜扁壶，越南清化东山所出者，与广州汉墓、广西贵港罗泊湾1号汉墓所出者相似，年代为西汉早期[2]。

中国云南、广西与越南北部的青铜器，在纹饰和艺术手法上也存在很多共性。如彼此都互见双螺旋纹，皆为最主要的装饰纹样；又互见人首纹主题。最能说明问题的是铜鼓、提桶的纹饰，三地纹饰主题都有共同的渊源，如皆习见竞渡羽人船纹、翔鹭纹、封牛主题等。又如，东山文化的正方形甲胄片装饰图案，其中的对称卷云纹、四周的二方连续方格雷纹，都习见于云南石寨山诸文化遗存。

再如，越南北部东山提桶装饰华丽而新颖。著名的安沛合明提桶（图5-20：1），器盖铸有几个鸟形钮，器盖和桶身满饰重列式的二方连续几何纹，间夹鹭鸶、歌舞羽人、干栏建筑、击铜鼓、竞渡船纹、鱼、鹿等图案，画面绚丽，异彩纷呈，体现了高超的工艺水平，从中也可看出其纹饰与铜鼓纹饰如出一辙。显然，拥有大提桶的贵族其地位非比寻常。它与铜鼓一样，都是古代越人的一种权力和等级地位的象征[3]。过去有学者就认为，广州南越王墓出土的数件纹饰精美的越式提桶，有可能就是骆越首领进贡给南越国王的礼物[4]。

越南东山铜鼓也堪与云南、两广地区的铜鼓相媲美，其纹饰典丽堂皇，如玉镂鼓的阴线刻纹图案[5]，就以主题内容表现社会生活习俗的丰富多彩而著称于世。越南玉镂鼓的鼓面纹饰图案与滇东南（文山）开化鼓的纹饰（图5-20：2）[6]最相似，两者都有由干栏式建筑、杵舂形象、编锣乐阵、歌舞羽

---

①吴小平：《汉代青铜容器的考古学研究》，第233页。

②谢崇安：《试论秦式扁壶及其相关问题》，《考古》2007年第10期。

③新田荣治：《ベトナム・两广地区の青铜提筒とその变迁》。

④麦英豪、王文建：《岭南之光——南越王墓考古大发现》，浙江文艺出版社，2002，第67页。

⑤王振镛：《越南玉镂鼓考略》，载《铜鼓和青铜文化的新探索》，广西民族出版社，1993，第41页。

⑥李昆声、黄德荣：《中国与东南亚的古代铜鼓》，第95页。

人、翔鹭等主题组成的礼仪活动图像。这表明，中国云南、广西和越南北部都是古骆越人的分布活动区域①。

东山文化的带钮铜鼓小巧而精美，有的铜鼓也曾一度作为商品流入中国内地。起源于广西地区的北流型铜鼓（西汉中晚期开始出现），其主要特点是鼓面有圆雕蛙饰，它传入越南后，当地也开始生产仿制的蛙饰铜鼓。

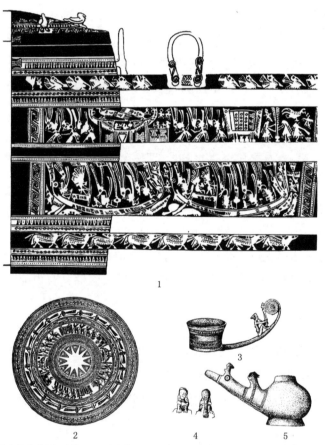

1—越南安沛合明提桶纹饰；2—滇东南开化（文山）鼓纹饰；3—勺；4—人雕像；5—壶。

图5-20　骆越铜器与纹饰

①《汉书·地理志》："仆水出徼外，东南至来唯入劳"，"劳水出徼外，东至麋泠入南海"。"仆水"即红河上游云南段，"劳"通"骆（雒）"，古"劳水"即今沱江，在越南越池附近注入红河。

东山文化的一些青铜器类也为其独有，如有一些带銎斜肩的圆弧刃铜锄、偏刃铜斧、铜锉、小口深腹高圈足铜壶、小口折肩腹假圈足铜壶、浅格剑、卷格剑、器身雕饰较多的铜勺（图5-20：3）、带长注的敛口鼓腹圈足壶（图5-20：5），圆雕的人物、鸟形和蛙形铜饰、鸟象合体铜饰等。

越南北部的青铜文化遗址出土的铜剑、戈、矛、镞、斧钺、铜鼓、提桶、钟、铃等，其中既有权力等级的标志物，也有贵族和武士阶层出现的象征物。它们意味着，只有在社会层级分化明显和社会分工高度专业化的前提下，才会产生如此成熟发达的青铜文明。因此，在其北方内陆及周边酋邦方国文明的影响下，越南北部地区最迟在春秋战国之际也应当进入酋邦方国文明社会阶段。

第五节　越南北部骆越青铜器的主要类型及其演变

从青铜文化的考古发现来看，越南北部明显产生过自成体系的骆越地方青铜文化类型。当地的骆越集团在岭南越文化和中原商周文化及云南滇文化的多重影响下，通过吸收改造外来文化，创造出了自身独特的青铜文化。笔者下面简要进行叙述和分析。

一、礼乐器

在"前东山文化"时期，越南北部尚未出现真正意义上的青铜礼乐器。到了春秋战国之际的公元前5世纪左右，滇系万家坝型铜鼓传入骆越地区，铜鼓就发展成为骆越礼乐文化的典型器物。不仅铜鼓文化在越南北部的上古族群社会中得到很大的发展，并形成许多新样式，而且其铜鼓与中国滇桂地区的铜鼓还存在着密切的交流关系。

（一）铜鼓

越南东山文化铜鼓种类较多，其中的所谓"先黑格尔Ⅰ型铜鼓"、黑格尔Ⅰ型铜鼓、蛙饰鼓等（图5-21：1、2），与中国滇桂地区出土的万家坝型、石寨山型、北流型、冷水冲型铜鼓都很相似。除彼此存在较多的共性外，早期东山铜鼓事实上也派生出与中国滇桂地区不同的地方铜鼓类型，有大虎钮铜鼓、带钮铜鼓（图5-22：4、5）等。此外，东山文化还出现许多用作随葬品的明器小铜鼓。

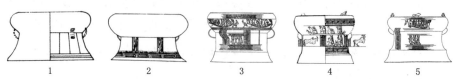

1—老街Ⅺ号鼓；2—松林Ⅰ号鼓；3—玉镂鼓；4—老街Ⅴ号鼓；5—右钟鼓。

图5-21　越南东山文化铜鼓

1—维仙鼓纹饰；2—东山Ⅳ号鼓；3—河内Ⅳ号鼓；4—浪吟鼓；5—东山虎钮明器鼓。

图5-22　早期越南东山铜鼓

事实上，中国滇桂地区和越南北部先秦两汉时期的铜鼓演变趋势都是大致相仿的，也经历了万家坝型（老街Ⅺ号鼓）—石寨山型（玉镂鼓）—北流型—冷水冲型（右钟鼓）铜鼓的演变历程。越南北部骆越早期铜鼓的装饰纹样，如竞渡船、歌舞羽人、杵舂形象、封牛主题、翔鹭等（图5-21：3、4），与中国滇桂地区早期铜鼓还保持有较多的相似性，晚期由写实性的纹样逐渐向抽象化、写意化方向转变（图5-21：5）。例如，越南河南省维仙鼓的翔鹭纹仍然是具象的，演变到清化东山Ⅳ号鼓时，除了保持鸟形，原型的鸟眼和鸟羽都概括省略了（图5-22：1、2）。明显的例子还有清化省出土的广昌鼓，它是仿制精美的玉镂鼓的装饰图案花纹而来，但写实性的装饰主题，如羽人船纹、歌舞羽人等主题已经变得依稀可辨了。与之相对，中国桂南地区的粤系北流型、灵山型蛙饰铜鼓纹饰则主

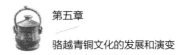
要是向几何图案风格演变。

　　与此同时，越南北部骆越铜鼓还产生了一些变异型，如出现了带钮铜鼓、明器小铜鼓等。东山文化的虎钮铜鼓、浪吟带钮明器铜鼓、河内Ⅳ号长身栉纹小铜鼓（图5-22：3），都属于异形铜鼓，应当是用作随葬品的明器小铜鼓，不具备实用功能。有的明器小铜鼓还流传到中国广西灵山、浙江安吉上马村等地[①]。

（二）羊角钮钟与铜钟

　　如前所述，羊角钮钟是和铜鼓共时共存的骆越礼乐器，它在越南北部地区也有较广泛的分布，其形制花纹与中国滇桂地区的羊角钮钟大同小异。例如，越南北部兴安钟（图5-23：1）的器身装饰有翔鹭纹、清化东山钟（图5-23：2）是在羊角钮之间加铸一圆雕象钮、越南义安鼎乡钟（图5-23：3）则作素面。比较中国滇桂地区和越南北部的考古发现，可认为这些羊角钮钟都是起源于云南滇池西部的楚雄地区，时代上限在春秋晚期，流行于两汉时期。羊角钮钟在春秋战国之际流传到骆越地区就发展成为骆越集团典型的文化特征，并演变成一些地方形式。如人面纹羊角钮钟就见于云南文山麻栗坡[②]和广西贵港罗泊湾1号汉墓。越南东山文化的象形羊角钮钟则不见于中国滇桂地区。

　　越南清化密山出土的铜钟（图5-23：5），是仿汉式编钟的地方变体形式，它也见于滇文化。密山钟上铸有下小上大的圆钮，可以系挂。东山铜钟的纹饰有对称卷云纹、勾连雷纹等，这都是从中国滇桂地区原有的器物纹饰演变而来。

　　越南东山文化中还存在一些异形钟。如海防越溪船棺墓出土的2件钮钟，一件作方銎，可以安柄，器身仿东周式铜钲，銎部饰曲折回纹。这种铜钲，有学者称之为"铜铎"。黄展岳指出，铜铎与铜钲不可混为一谈，铜铎较小，内腔带舌，可摇奏；铜钲形状较大，可执持或悬挂

---

　　①蒋廷瑜：《对浙江上马山小铜鼓的认识》。

　　②杨帆等：《云南考古（1979~2009）》，第235页。

锤击[①]，铜钲与钟的功能相似。海防越溪铜钲与中国湖北宜城雷家坡楚墓、广东罗定背夫山战国墓、广州淘金坑汉墓（M9∶2）等处出土的铜钲很相似，应当是由北方内陆传入越南北部或是在当地被仿制[②]。越溪船棺墓出土的另一件钮钟（钮部已经破损），器身中空断面呈梭形（图5-23∶4），器身上部饰点线带纹和螺旋纹[③]，是具有地方特点的越式铜钟。

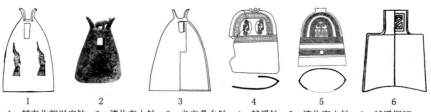

1—越南北部兴安钟；2—清化东山钟；3—义安鼎乡钟；4—越溪钟；5—清化密山钟；6—越溪铜钲。

图5-23　越南出土的钟

二、兵器

越南北部骆越集团的青铜兵器，也是在中原文化和云南青铜文化的双重影响下逐步发展起来的，这些青铜兵器主要有戈、钺、剑、矛、箭镞、弩机等器类。

（一）铜戈

越南北部最早的铜戈形式，是殷周式直内三角援带穿铜戈（图5-24∶1），发现极少，应当是由内陆输入。此后又见有殷周式的直内折胡带穿戈和长胡带穿戈（图5-24∶2、3），流传时代跨度很大，可能在商末周初至春秋战国时期。大约在秦汉时期，滇式戈（图5-24∶5）也传入了越南北部。在中原铜戈传入的同时，骆越人也在不断仿制殷周式铜戈（图

　　[①]黄展岳：《论南越国出土的青铜器》，载中国古代铜鼓研究会编《铜鼓和青铜文化的新探索》，广西民族出版社，1993。

　　[②]李龙章：《岭南地区出土青铜器研究》，第111页。

　　[③]《越溪古墓》，载《越南历史博物馆馆藏文物》，第57页。

5-24：4），并产生了一些异形戈（图5-24：6、7）。越南中南部沙黄文化诸遗存出土了一些异形戈，如有的曲援戈长似大弯刀（图5-24：8）[①]，这应当是越南中南部青铜文化特有的兵器。

比较中国滇桂地区和越南北部的考古发现，可看出在整个先秦两汉时期，三地之间的交流是十分频繁的。例如，广西百色右江出土的一件铜戈，为曲内直援折胡带穿戈，是殷周式铜戈的仿制品，时代可能晚至春秋，此式铜戈也见于越南北部（图5-24：2），只是曲内变成了直内。中国广西和越南都出土有相似的东周式长胡多穿戈（图5-24：3），在越南北部后来就演变成为长胡曲援多穿戈（图5-24：4）。秦汉时期流入越南北部的滇式戈（图5-24：5）还保持着原有的形式。

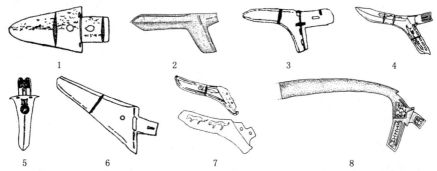

1—越南中部；2、3—越南北部；4—建安；5—山西；6—河东；7—山西—河内；8—越南中南部沙黄文化。

图5-24　越南北部、中部出土的铜戈

东周式铜戈在岭南地区沿用的时间从战国时期一直到秦汉时期，如两广地区的铜戈在西汉中晚期才趋于绝迹。越南北部的情况也大致相仿。与之不同的是，越南北部的骆越人是将东周式铜戈改造成许多颇具地方特点的越式戈，为其他地区所罕见。笔者在广西崇左市广西壮族博物馆的陈列中曾见有一件所谓的"骆越铜戈"，此戈形似越南中南部沙黄文化的弯刀形长戈（图5-24：8）。此外，在广西防城港博物馆也保存有一种曲援长胡戈，这两者都应当是从越南南方流入的产品或仿制品。

①何文晋主编《越南考古学Ⅱ——越南金属器时代》，第512页。

（二）铜钺

越南东山文化铜钺，有一部分是有肩宽弧刃铜钺，它们也是由岭南各地的有肩石斧演变而来。此类铜钺也见于中国滇桂地区，一部分有銎斧更是与中国滇桂地区所出者毫无二致。东山文化的靴形铜钺，也被称为"不对称形铜钺"。不对称形铜钺在青铜时代散见于中国湖广、云南和越南北部，被学者们认定为古代百越族群最典型的文化特征之一。如同铜鼓的情形一样，由于不对称形铜钺分布范围广，流传时间长，也可以分为多种类型，代表了不同的时空演化关系。尤其在东山文化晚期，有的已演变成了装饰华丽的礼兵器。

越南北部出土的上古铜钺，一部分与中国广西和云南的出土物有相似之处，大部分则别具特色。与滇国人一样，越南东山文化期的骆越人极盛行制作使用铜礼钺，装饰优美华丽，已经失去实用的功能。

在"前东山文化"的铜豆—扪丘文化期，越南北部已经出现了少量的铜钺，进入东山文化期，当地的铜钺生产应用日益发达，这说明当时的社会背景已经发生了巨大的变化。早期东山文化见有偏斜刃铜钺（图5-25：1），与广西南宁武鸣马头元龙坡、邕江发现的铜钺相似。东山文化的对称弯月形弧刃钺（图5-25：8）与滇文化的同类器也较相似。中国滇桂地区和越南北部都有很多不对称靴形铜钺出土，两广地区发现的弯刀形靴形钺，在东山文化中也有相似的同类器。与滇国人一样，越南北部的骆越人也创造出许多别出心裁的铜礼钺。

例如，长方銎扇形钺，分见于广西南宁武鸣安等秧（M17：3）、宾阳韦坡村（M1：8），广东罗定背夫山（M1：48）等地的战国墓。但它流传到越南东山文化分布区，就演变成为鱼尾銎扇形钺（图5-25：6）。

又如，偏斜刃铜钺，多见于桂南的右江和邕江流域，越南北部也有分布（图5-25：1～4）。东山文化有的偏斜刃铜钺装饰有变形羽人船纹和对称鳄鱼纹，其纹饰和出土于浙江宁波鄞州区的春秋"风"字形铜钺很相似，表明自春秋战国以来，中国东南沿海地区的越人与越南北部的骆越集团也有密切的交流。

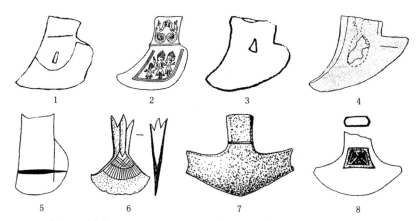

1—富厚；2—清化东山；3、4—海防越溪；5—铺卢；6—义安鼎乡；7—陶盛；8—安兴。

图5-25　越南出土的铜钺

　　长靴形铜钺也见于广西平乐银山岭、武鸣安等秧和广东德庆落雁山等地。越南东山文化的长靴形铜钺有较多变异的形式，它们与滇文化铜钺相似，具有浓厚的礼兵器色彩。其中的不对称弯月形铜钺（图5-26：5）与广西春秋晚期的恭城钺、滇文化的弯月形钺较近似。东山铜钺最具特色的是近长方的不对称靴形钺（图5-26：6、7），器身装饰有美观的人形船纹、鹿纹、方格回纹装饰带、牛纹、狗纹及勾连雷纹装饰带等，其写实抽象的人物纹饰主题很接近广西左江流域古骆越人的岩画风格。有的造型夸张，是典型的礼钺风格。

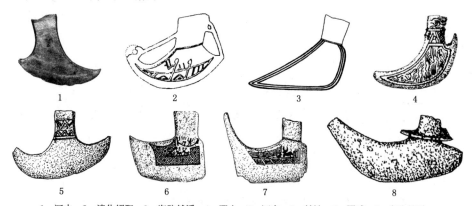

1—河内；2—清化绍阳；3—海防越溪；4—那山；5—河东；6—越池；7—国威；8—海防越溪。

图5-26　越南出土的长靴形铜钺

越南东山式不对称铜钺在中国湖南南部衡山、道县（图5-17：7、8）等地也有部分发现。据《后汉书·马援列传》记载，东汉初期，伏波将军马援平定交趾骆越"二征"姐妹的反抗后，曾将交趾郡的一部分骆越豪强部族迁至湘桂交界的零陵郡，这种越式铜钺可能就是交趾骆越人留下的遗物。

（三）铜剑

东山文化的典型东周式剑、柳叶形剑、曲刃短剑、人面纹弓形格剑（图5-27：1～4）、一字格剑等，都分别见于滇文化和两广越族青铜文化遗存，它们显然是北方文化南传的结果，其时代应当是在战国秦汉之间。

中国滇桂地区和越南北部都习用人首纹或人形装饰铜剑。所不同的是，这些人形有共性也有差异。如东山剑柄的辫发著尾饰之人像就不见于滇文化，而越南北部与中国两广地区的人物雕像见有髡头之人形，这也不见于滇文化，表明各地族群之间存在一定的差异。

卷格剑是东山文化最典型的剑式，有多种形式，其中的人像柄卷格剑（图5-27：6），都不见于中国滇桂地区，但在剑柄上雕塑人像却是滇式剑的惯用手法。此外，有的东山式卷格剑是扁茎卷格剑柄与柳叶形剑身的组合，与巴蜀文化、夜郎文化、滇文化的柳叶形剑有共性。东山文化有一种人像柄卷格剑（图5-27：5）不见于中国滇桂地区，但同类短剑却在湖南长沙树木岭战国晚期墓出土[①]，这意味着越南东山文化居民与北方楚国有交流接触。

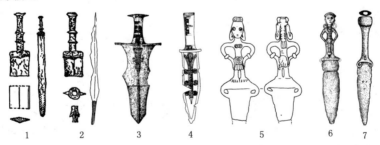

1—典型东周式剑；2—柳叶形剑；3—曲刃短剑；4—人面纹弓形格剑；5～7—人像柄卷格剑。

图5-27　越南北部出土的铜剑

---

①湖南省博物馆：《长沙树木岭战国墓阿弥岭西汉墓》，《考古》1984年第9期。

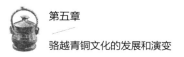

　　中国两广地区与越南北部相同的剑式还有人面纹弓形格剑。此式剑多见于桂南骆越地区，越南东山文化遗址出土较少。邓聪认为它是中国两广地区的人面纹弓形格剑传入越南北部后的退化形式[①]。

　　在越南北部海防越溪、清化东山等地的东山文化遗存中，也出土有一些东周式圆首圆茎带格剑[②]，这种剑式与广西武鸣安等秧、岑溪花果山和广东罗定背夫山战国墓出土的东周式铜剑相似，应当从中原传来。根据出土器物的共存关系判断（如越式船纹铜提桶），越溪船棺墓的年代在公元前4世纪—公元前2世纪，这应当是东周式铜剑在越南北部流传的年代。此外，岭南的扁茎弓形格人面纹短剑，在清化东山等地也有部分出土，后者的形制花纹最接近贵港剑、广州暹岗剑、香港石壁剑[③]。广州暹岗剑的剑柄样式最接近广西百色右江、灵山石塘等地出土的短剑，说明这种短剑最初应当是起源于桂南的骆越地区，然后才传播到广州、香港和越南北部各地。

　　在东山文化中也发现过一些滇式一字格曲刃剑。东山文化中有的圆首浅格剑和蒜头首卷格短剑的剑刃装饰纹样（如长蛇纹）也见于滇文化器物，这都表明越南东山文化与云南、桂南等地的青铜文化一直有着密切的互动关系。再如，夜郎（今贵州西部）地区特有的镂空牌形首剑，在越南东山文化分布区也有发现[④]。与此同时，东山文化居民创制出的各式东山剑，与中国桂滇地区的青铜短剑也有明显的区别。根据考古发现，笔者曾将越南北部主要的先秦两汉时期的铜剑区分为以下形式（表5-3）[⑤]。

　　1. A型剑

　　为东周式剑，可分2式。

　　A1式，圆首圆茎，带格，剑身长脊，断面呈长菱形。A型东周剑是由北方中原传入。

　　①邓聪：《再论人面弓形格剑》，载《东南亚考古论文集》，英文版，香港大学美术博物馆，1995。

　　②《越溪古墓》，载《越南历史博物馆馆藏文物》，第44页。

　　③何文晋主编《越南东山文化》，第426页。

　　④杨勇：《可乐文化因素在中南半岛的发现及初步认识》，《考古》2013年第9期。

　　⑤谢崇安：《滇桂地区与越南北部的青铜剑及其相关问题》。

A2式，形近A1式，主要区别在于圆首圆茎中有二箍，是由北方中原传入。O.阳士曾指出，在越南清化东山发现的3件A2式铜剑，应当是西汉以前的中国汉式铜剑[1]。笔者认为，西汉初期的南越国墓已经用铁长剑作随葬兵器，罕见东周式铜剑，很可能A1、A2式铜剑就是秦军南下时遗留的兵器。

2. B型短剑

可分3式。

B1式，为扁茎一字格短剑，与滇系同类剑相似。

B2式，为长一字格曲刃短剑，空心柱形茎，有的作扁椭圆剑首，双曲刃不甚明显，有的剑身中脊饰花叶纹。

B3式，剑身较宽，双曲刃明显，剑身中脊饰卷叶纹图案。它与云南晋宁石寨山滇墓发现的曲刃剑最为相似。

表5-3　越南北部青铜剑分期表

年代	A型剑	B型剑	C型剑	D型剑		
战国晚期至西汉时期	A1	B1	C	DⅠ1		DⅡ1
	A2	B2	—	DⅠ2		DⅡ2

①O.阳士：《印度支那的考古调查》，转引自陶维英《越南古代史》，第182页。

续表

年代	A型剑	B型剑	C型剑	D型剑	
战国晚期至西汉时期	—	 B3	—	 DⅠ3	 DⅡ3
战国晚期至西汉时期	—	—	—	 DⅠ4	 DⅡ4

注：A1. 海防越溪；A2. 清化东山；B1. 安沛；B2. 河江、义安鼎乡、陶盛；B3. 太原；C. 清化东山；DⅠ1、DⅠ2. 义安鼎乡；DⅠ3. 海防越溪；DⅠ4. 清化绍阳、海防越溪；DⅡ1. 清化东山；DⅡ2. 那山、义安；DⅡ3. 山西；DⅡ4. 义安鼎乡、清化绍阳。

3. C型短剑

为近人面纹弓形格短剑，近似广西贵港剑和香港石壁剑；其剑身人面纹几近三角几何纹，羽状花枝纹更为粗大，此纹饰最接近广州遄岗剑，应当为岭南越式剑的仿制品。

4. D型短剑

可分二亚型。

①DⅠ亚型。

可分4式。

DⅠ1式[①]，剑茎部做成双手叉立的人形，人像辫发，双耳环垂吊于肩部，腰部系裙带。剑格凸起稍内凹。DⅠ1式剑与中国湖南长沙树木岭

---

①吴士宏：《1983年鼎乡（义安省）第二次发掘》，今村启尔译。

战国晚期墓所出短剑相似①。与树木岭短剑共存的遗物有南越式鼎、楚式"山"字纹铜镜等，皆为战国晚期墓的常见物，这就为越南北部DⅠ1式剑的断代提供了依据。

DⅠ2式，有的剑茎部做成双人背立发际相连的形象；有的剑茎部做成扭绳状，剑首为动物形。短一字格凸起，造型奇特典雅。

DⅠ3式，作空心圆茎，有镂孔，茎首为外凸圆盘状，剑格不明显，茎与剑身之间有一分界线。有学者称之为"蒜头形剑首短剑"。

DⅠ4式②，剑格不明显，茎与剑身之间有一分界线，扁椭圆茎，空心茎首，剑身饰简化螺旋纹图案装饰。其纹饰与云南石寨山文化的铁剑金鞘（M4：51）的纹饰相似，故两者的时代应相距不远，应当属西汉中晚期。

②DⅡ亚型。

可分4式。

DⅡ1式，卷格短剑，剑叶残破，剑茎所作人像接近DⅠ1式剑人像，两者的主要区别是剑格不同，时代都应属战国晚期。

DⅡ2式，卷格，剑身较长，茎部做成盛装妇女像，头戴笠顶状冠，耳环垂肩，着紧袖窄衣桶裙，桶裙前后有饰带。

DⅡ3式，其纹饰图案较接近云南石寨山文化金剑鞘的蛇纹装饰（M6：33），时代也应为西汉中期左右。

DⅡ4式，它形近DⅠ4式，只是做成卷格短剑。

如表5-3所示，越南北部青铜剑中独具地方特点的就是D型短剑，而A、B、C三种剑式则为舶来品，都分别见于中国两广和云南地区。越北系青铜剑的时代应当属战国晚期至西汉时期。值得指出的是，湖南长沙树木岭战国晚期墓也出土有1件东山式人像柄浅格短剑，说明越南北部的骆越人与楚人也有交流。

---

①湖南省博物馆：《长沙树木岭战国墓阿弥岭西汉墓》。
②《越溪古墓》，载《越南历史博物馆馆藏文物》。

（四）铜矛

带骹铜矛在越南北部红河地区的冯原文化末叶已经出现，其形制与广西南宁武鸣马头元龙坡墓地出土的铜矛较相似，后者共存遗物的碳-14年代测定数据为西周中晚期。

在冯原文化之后的铜豆—扪丘文化期，也不断出现一些铜矛，其形制与岭南各地出土的先秦铜矛仍较相似。直到东山文化期，越南北部的铜矛才形成较明显的地方特点，如东山文化的叶形带穿矛、圆脊圆柄长矛、曲刃双翼管骹矛、三角叶形管骹矛[①]都是较独特的形制。越南北部骆越青铜文化的主要铜矛可分为以下形式（表5–4）。

1. A型矛

为管骹矛，可分4式。

A1式，矛身呈叶形，刃部断面呈菱形，矛刃部与管骹部有一分界线。出土于冯原文化晚期与铜豆文化早期文化层之间，其时代应当为西周中晚期。

A2式，矛身呈叶形，刃部断面呈菱形。A2式矛属于铜豆文化，时代为西周晚期至春秋早期。

A3式，矛身呈叶形，刃部断面呈菱形。A3式矛属于扪丘文化，时代为春秋时期。

A4式，矛身呈叶形，刃部折角内收，断面呈菱形，有的矛身带穿。A4式矛属于东山文化，时代为春秋晚期至战国时期。

2. B型矛

为管骹矛，可分2式。

B1式，矛身曲刃。B1式矛属于东山文化，时代为战国时期。

B2式，矛身曲刃，双翼，带穿。B2式矛属于东山文化，时代为战国时期。

3. C型矛

为圆柄长脊叶形矛，形似柳叶形剑。C型矛属于东山文化，时代为战国晚期。

---

①何文晋主编《越南东山文化》，第455–456页。

4. D型矛

为管銎矛，可分2式。

D1式，矛身略呈三角宽叶形，带穿，刃部断面呈菱形。D1式矛属于东山文化，时代为战国时期。

D2式，矛身略呈三角长叶形，带穿，刃部断面呈菱形。D2式矛属于东山文化，时代为战国时期。

（五）箭镞与弩机

越南北部在铜豆文化期已经出现了一些铜箭镞，其后箭镞演变的趋势也和中国桂南地区的情况基本一致，表明两地族群有着相似的社会背景和密切的互动关系。例如，越南北部铜豆—扪丘文化期所见的铜箭镞为较简单的叶形、双翼带铤的箭镞，时代不晚于春秋早中期。箭镞发展到战国时期，越南东山文化遗存都出现了带血槽的双翼箭镞、带铤的三翼箭镞、三棱形箭镞。战国至秦汉时期越南北部箭镞的制作十分发达，在今河内附近的古螺城遗址的壕沟中就曾出土过上万枚箭镞，各地遗址也出土过不少铸造箭镞的模范。根据考古发现，越南北部出土的铜箭镞可区分为以下形式（表5–4）。

1. A型镞

叶形，脊与铤相连。时代属于铜豆—扪丘文化期。

2. B型镞

可分2式。

B1式，器身呈三角尖锐双翼形，带铤。时代属于铜豆—扪丘文化期。

B2式，器身呈三角尖锐双翼形，脊与铤相连。时代属于铜豆—扪丘文化期。

3. C型镞

器身呈矛形，带脊，带长铤。年代属于东山文化，相当于战国至秦汉时期。

4. D型镞

可分2式。

D1式，器身呈尖锐三棱形，带铤。属于东山文化，时代为战国秦汉时期。

D2式，器身呈尖锐三棱形，带血槽，带长铤。属于东山文化，时代为战国秦汉时期。

表5-4　越南北部青铜文化分期表

年代	矛		箭镞	鱼钩/镰/刮刀/弩机
一期（冯原文化期，公元前13世纪—公元前10世纪）	A1		—	—
二期（铜豆文化期，公元前10世纪—公元前8世纪）	A2	—	A　B1	1
三期（扪丘文化期，公元前8世纪—公元前6世纪）	A3	—	A　B1　B2	2
四期（东山文化前期，公元前6世纪—公元前3世纪）	A4	B1　B2	B1　B1　B2	3　4　5　6　7

续表

年代	矛	箭镞	鱼钩/镰/刮刀/弩机
五期（东山文化后期，公元前3世纪—公元1世纪）	C	D1　D2　　C　D1　D2	8

注：1. 鱼钩；2. 镰刀；3、4. 鱼钩；5. 刮刀；6、7. 镰刀；8. 弩机。

据古史传说，战国时期征服交趾地区骆越诸部的蜀王子泮，即在当地建国号称"安阳王"，其后继的安阳王以拥有神弩著称，曾一度击败过南越王赵佗大军的进攻（见《水经注·叶榆河》引《交州外域记》）。其实神弩的原型就是铜弩机，迄今为止，在广西贵港罗泊湾、越南义安鼎乡等地都发现过铜弩机，但越南北部发现较少，岭南遗址中出土铜弩机最集中的地区是广州汉墓，这表明，汉式弩机是由秦军带入岭南各地，随后才传入越南北部。

三、生产工具

青铜时代的农业生产工具主要是石器，因为青铜器的硬度低，不能完全取代石器。不过，越南北部还是出现了一批先秦两汉时期的青铜农具和工具，其种类主要有斧、锛、凿、刮刀、削、刻刀、镰刀、锯、锄、锸等。现简要介绍如下。

（一）铜锄

越南东山文化的铜锄（图5-28：1、2）与云南石寨山（滇）文化的铜锄属于同一类型，过去皆误释为"铜犁"。从1990年以来的云南地下考古发现来看，它本为带銎安柄的复合工具，多做成装饰华丽的漆器农具，

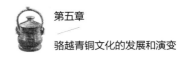
用作滇贵族墓的随葬品（见于昆明羊甫头等地）。此类铜锄目前尚未见于同时期的两广越人地区，这种现象应当与两广地区广布的坚硬砖红色土壤有关，因为铜器在这些地区不宜作深耕的农具。越南东山文化有长方形、心形铜锄，皆见于滇文化，它似乎反映了在青铜时代的繁荣期，中国云南与越南北部的族群在生产方式、文化习俗、社会形态诸方面有着更为紧密的联系。另一方面，越南北部东山人也将滇式铜锄改造成了蝶翼形（图5-28：3、4）等新样式。

东山文化期是越南北部青铜文化的发展繁荣期，各地多见铜锄，主要可区分为以下类型（图5-28）。

1. A型锄

可分2式。

A1式，为心形铜锄。其形制与云南祥云大波那、晋宁石寨山、红河县等地出土的心形铜锄相似，应当是由红河上游地区传来的滇式锄。

A2式，为心形铜锄的变异，器身略近三角形。A2式锄也见于昆明羊甫头。

2. B型锄

为心形铜锄的变异，心形器身变成束腰突刃状。

3. C型锄

为心形铜锄的变异，銎部稍长，器身呈蝶翼形。

4. D型锄

为心形铜锄的变异，銎部加长，器身呈溜肩突刃状。

5. E型锄

器身呈长方銎有肩长方弧刃状。

6. F型锄

器身呈有肩犁刃状。

7. G型锄

器身呈半月弧刃形。

8. H型锄

器身呈V口銎有肩突刃形。

9. I 型锄

器身呈凹口銎有肩长身弧刃形。

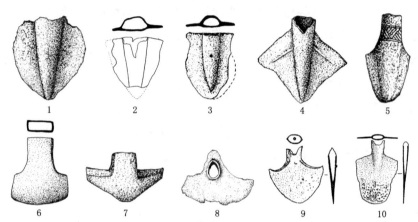

1—A1式；2—A2式；3—B型锄；4—C型锄；5—D型锄；6—E型锄；7—F型锄；8—G型锄；9—H型锄；
10—I型锄。

图5-28　越南北部出土的铜锄

东山文化为数不少的各式铜锄的存在表明，越南北部在战国秦汉时期
已经有较为发达的农业，这是当地骆越酋邦方国社会得以发展的最为重要
的物质基础。此外，东山文化的A型锄与滇文化的同类器相似，意味着两
地的农业民族有着密切的交流。

（二）铜锸

铜锸功能如同铲子，在岭南两广地区和越南北部都出土有战国秦汉时
期的铜锸，其形制与内地中原的锸相似，凹口銎，器身呈斧形（图5-29：
1）。铜锸应当是由中原传来。

（三）镰刀

铜镰在越南北部青铜文化遗址中有一定数量的发现，表明当地是青铜
时代发达的农业生产地区。这里出土的铜镰有地方特点，如扪丘文化、东

山文化都出现有长弯刃铜镰[①]。越南北部铜镰有的形制与中国两广地区出土的镰刀也有共性，如广东罗定背夫山、广西平乐银山岭、越南东山文化中都见有刃部带斜线平行纹的锯齿镰刀，反映这些地区越人存在着交流。越南北部出土的铜镰可区分为以下类型。

1. A型镰刀

为管銎弯刀形，刃部有脊（图5-29：2）。属于扪丘文化。东山文化后期的弯刀形镰刀已经演变成铁制。

2. B型镰刀

为带穿孔锯齿手镰（铚）（图5-29：3、4）。属于东山文化。

3. C型镰刀

为弯钩带穿孔锯齿镰刀（图5-29：5）。属于东山文化。

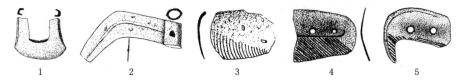

1—锸（东山文化）；2—A型镰刀（扪丘文化）；3、4—B型镰刀（东山文化）；5—C型镰刀（东山文化）。

图5-29　越南北部出土的铜锸和铜镰

（四）铜斧、铜锛

越南北部的考古发现，与广西武鸣马头元龙坡墓葬（M233：1）、田东锅盖岭、宾阳韦坡村等地的发现相似，在先秦两汉时期的遗址都出土有斧、锛工具，表明自春秋战国以来，铜斧、铜锛是骆越地区流行的常用工具。这些铜斧、铜锛可分为以下形式（图5-30）。

1. A型斧

为双肩形，可分4式。

A1式，器身呈有肩圆弧刃，仿有肩石器而来。属于铜豆文化。

A2式，器身呈有肩圆弧刃，銎部开口呈V形，銎部开口下有一V形纹。属于东山文化。这种带V形纹的铜斧也见于贵州西南部的普安及兴

---

①何文晋主编《越南考古学Ⅱ——越南金属器时代》，第496页。

义①、广西西南部的百色等地，其原型应当是从中国西南的夜郎、骆越地区传入越南北部。

A3式，器身呈长銎有肩圆弧刃。属于东山文化。

A4式，器身呈有肩长方宽弧刃。属于东山文化。

2. B型斧

器身呈"风"字形，可分2式。

B1式，器身呈"风"字形，銎部较宽短，宽弧刃。属于扪丘文化。

B2式，器身呈"风"字形，銎部较深长，宽弧刃。属于东山文化。

3. C型斧

器身呈长方形，宽弧刃。有的銎部饰变形抽象的羽人竞渡纹。

4. D型斧

器身呈长身束腰折肩弧刃状。属于东山文化。

与桂南地区的铜斧相比，越南东山时期的铜斧形式显得更为多样化。

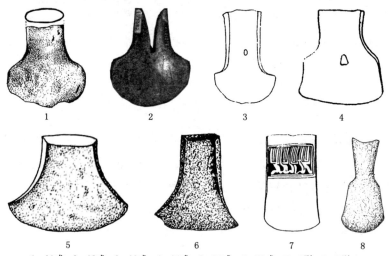

1—A1式；2—A2式；3—A3式；4—A4式；5—B1式；6—B2式；7—C型；8—D型。

图5-30　越南出土的铜斧、铜锛

---

①梁太鹤、曾令一：《贵州夜郎考古观察》，载何力编《考古学民族学的探索与实践》，四川大学出版社，2005，第61、68页。

（五）刮刀

刮刀是岭南越人地区最常用的工具之一，在两广地区都有大量发现。铜刮刀最先起源于两湖地区，年代早至商代[1]，越南北部的铜刮刀应当是从内陆输入，见于海防越溪、东山、绍阳等地的东山文化遗存。过去越南学者黎文兰等人称之为"镖"[2]，这是不能比较中国考古相关发现的缘故。越南北部出土的铜刮刀[3]实与中国岭南地区发现的同类器无异（表5-4：5），其器身似矛形，尖锋带脊，断面呈折页状。

（六）铜刀、削

广西南宁武鸣马头元龙坡墓葬出土有长柄铜刀（图5-31：1），时代不晚于春秋早中期。类似铜刀也见于越南北部的东山文化遗址（图5-31：2）。但总的来说，骆越人的刀具发现不多。进入秦汉时期，随着汉化进程的加剧，中国岭南地区与越南北部也多见汉式铜削（图5-31：3）。铜削通常认为是制作竹木简的书刀，与之相应的也出现了铜刻刀[4]，这是中原秦汉文化影响骆越青铜文化的结果。

1—广西南宁武鸣马头元龙坡铜刀；2—越南东山文化铜刀；3—越南海防越溪汉式铜削。

图5-31　铜刀和铜削

（七）其他生产工具

越南北部发现的青铜工具还有较多的铜凿。此外，铜锯、铜叉、铜锉等地方性的器物也有一定数量。越南北部的骆越人，由于受到云南滇文化的强烈影响，加上在大河冲积平原上较多从事土地耕种的缘故，因此产生

①高至喜：《论中国南方出土的商代青铜器》。

②黎文兰等：《越南青铜时代的第一批遗迹》，第97页。

③何文晋主编《越南考古学Ⅱ——越南金属器时代》，第501页。

④李龙章：《岭南地区出土青铜器研究》，第202页。

了较多类型的青铜农具，这是越南东山文化与中国桂西南骆越青铜文化在生产方式上的差别之一，如后者就不见滇式铜锄。

四、日用铜器

越南北部先秦两汉时期的日用铜器也有大量出土，早期的器类较简单，进入秦汉时期，与中国两广地区一样，当地青铜日用品的制造也进入了新的繁荣时期。

该时期的青铜日用品，仍然出现了具有浓厚地方色彩的器物，也充分体现了汉越文化的融合，其造型异彩纷呈，可与桂南骆越地区的青铜日用品比肩。这里也产生了大量的錾刻花纹铜器。过去，蒋廷瑜认为，汉代錾刻花纹铜器的制作中心是在桂东南（汉代合浦郡）。笔者认为，汉代的交趾郡（今越南北部）也应当是另一个制作中心，因为今考古学者在越南古螺城、龙编城遗址都发现有制作铜鼓等青铜器的作坊。我们也观察到，相邻的汉代合浦郡和交趾郡地区出土的一些同类器（如铜盆），在形制和装饰纹样方面都极为相似。

要使铜器日用品的制作实现工艺化，达到审美与实用的结合，这就对器物的造型和装饰构思提出了很高的要求，同时还要采用焊接分铸、镶嵌、錾刻等加工方法，给铜器附加各种雕饰和装饰纹样，越南北部与中国两广地区的铜器相比，可谓有异曲同工之妙。

（一）铜提桶

铜提桶是越南东山文化的典型器之一，也被称为"铜缸"。黄展岳[1]、李龙章都认为，铜提桶流行的时代都不会早于战国末期至秦汉时期[2]。郑小炉则认为，岭南地区的提桶，可能起源于东南沿海区先秦越人的原始瓷提桶（浙江德清三合塔山西周遗存），此后铜提桶才始见于广东

---

①黄展岳：《铜提筒考略》，《考古》1989年第9期。
②李龙章：《湖南两广青铜时代越墓研究》。

肇庆松山北岭1号战国墓①。事实上，广西南宁武鸣马头元龙坡出土的三角刃短剑，中国岭南地区与越南北部各地出土的所谓南越式鼎、双肩铜斧、平行斜纹锯齿镰、铜鉴（盆）等，都与中国东南地区的先秦吴越青铜文化的同类器有相似性，都可证明东南吴越文化是岭南骆越文化的一个重要来源。

日本学者新田荣治认为，越式青铜提桶主要分布在中国两广地区和越南北部地区，其早期形式可能起源于两广地区，越南北部发现的中晚期的提桶形式，纹饰也更为复杂精美，东山提桶应当是两广提桶的演进型②。

相对而言，滇文化分布区则少见青铜提桶，我们只是在云南昆明羊甫头（M19：21、M115采：6）③、呈贡天子庙41号滇国墓中，见到数件铜提桶，均作贮贝器使用。其时代都不晚于战国中晚期。云南铜提桶的发现虽然数量少，但其断代对前人的研究提出了挑战，因此，东亚南部青铜提桶的源流问题还有待做进一步的考古研究。

此外，在滇东南个旧黑玛井汉墓也出土有汉代几何纹铜提桶，伴出有典型的骆越式錾刻花纹铜器④，笔者认为它应当是由骆越地区输入的产品。

越南北部出土的铜提桶，与中国两广地区出土的铜提桶大同小异，年代大都为秦汉时期，应当有共同的起源。新田荣治曾将中国两广地区与越南北部的铜提桶区分为4大类型，每型下又细分为若干式，基本符合考古发现的现状⑤。为避免烦琐，笔者下面简要加以介绍。

1. A型提桶

器身呈大圆桶状，直口平沿，上部器表附提耳，桶身较直，略向下内收，平底，附有大器盖，器身饰三周几何形主题二方连续纹样，其器表的栉纹、几何形纽索纹及同心圆连线纹装饰带，也多见于滇文化的各类青铜器（图5–32：1）。其形制、花纹与广西贵港罗泊湾1号汉墓所出者（M1：2）较相似。属于东山文化遗存。

①郑小炉：《吴越和百越地区周代青铜器研究》，第195页。
②新田荣治：《ベトナム・両广地区の青铜提筒とその变迁》。
③云南省文物考古研究所等：《昆明羊甫头墓地》（1～4卷），第71页。
④杨帆等：《云南考古（1979～2009）》，第245页。
⑤新田荣治：《ベトナム・両广地区の青铜提筒とその变迁》。

2.B型提桶

器身呈大圆桶状，口微敛平沿，有的带子母口便于附盖，器壁微鼓向下内收，平底，上部器表附提耳（图5-32：2）。有的器身纹饰与A型提桶相似；有的则较为丰富多彩，除饰羽人船纹间夹几何纹样装饰带外，有的器盖还加铸人物、动物雕像。属于东山文化遗存。越南北部的A、B型提桶也见于西汉前期的广州南越王墓和其他汉墓，可能是来自骆越地区的进贡品。许多骆越铜提桶的纹饰（如船纹、羽人纹）与黑格尔Ⅰ型（石寨山型）铜鼓多有共性（图5-32：3）[①]，表明两者有共存关系，都是骆越青铜文化（东山文化）发展繁荣期的典型器。

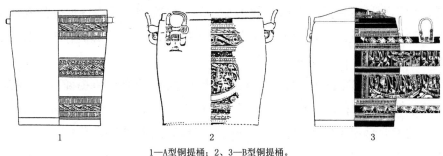

1—A型铜提桶；2、3—B型铜提桶。

图5-32　越南北部出土的铜提桶

（二）铜盆

在学者的研究中，铜盆或被称为"鉴""洗""盂"，功能无外乎就是盛水容器。越南北部与中国广西浦北等地一样，也出土有相似的錾刻花纹铜盆（图5-33：6），日本学者吉开将人对其也做过比较研究，认为越南东山文化的铜盆是在汉式铸铜工艺的影响下，结合越系的传统工艺创作出来的产物。这种器物体现了汉越文化的融合，主要表现为铜盆的形制来源于内陆的汉式器，其中的装饰花纹又融入了越人铜鼓的装饰纹样[②]。

---

①何文逢：《东山铜缸》，（越南）社会科学出版社，2008，第38页。
②吉开将人：《再论东山系铜盂》。

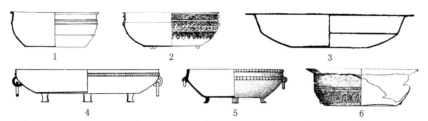

1—浙江绍兴战国早期墓铜鉴；2—广东罗定南门垌战国墓铜鉴；3—广西平乐银山岭战国晚期墓铜盆；4—广东广州南越王墓铜鉴；5—越南东山文化铜鉴；6—越南东山文化铜盆。

图5-33　各地出土的铜盆

事实上，铜盆应当是起源于内地中原的东周式铜鉴，如浙江绍兴战国早期墓的铜鉴（图5-33：1）、广东罗定南门垌战国墓的铜鉴（图5-33：2）、广西平乐银山岭战国晚期墓的铜盆（图5-33：3），虽名称各异，但实出一源，都是形状功能相似的铜容器。平乐银山岭所出者，素面无纹，与东山系铜盆比较，就是后者的腹部加深了，但侈口、折腹平底的基本形制不变。在越南北部东汉墓中仍然出有铜盆随葬品，形状接近中原地区的汉式铜盆。

（三）铜壶

越南骆越青铜文化的汉式铜器中也见有秦式扁壶（图5-34：1）、圈足附提耳壶（图5-34：3），后者接近中国两广地区出土的铜壶，但形制和纹饰已产生了变异。再如广东广州华侨新村汉墓的镂空圈足提耳铜壶（图5-34：4），造型仍然有汉式壶的特征，但器身的纽索纹带、镂空圈足则是骆越式的，体现了汉越风格的融合，故有学者认为这是由骆越地区流入的产品。有的是对后者的改造变异型（图5-34：5）。越南东山文化比较独特的是有一种小平口深腹圈足壶（也称"瓶"，图5-34：6），在两广地区未见。

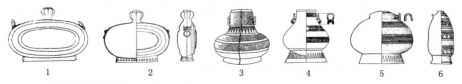

1—越南东山文化扁壶；2—广西贵港罗泊湾汉墓扁壶；3—越南东山文化提耳铜壶；4—广东广州华侨新村汉墓提耳铜壶；5—越南东山文化提耳铜壶；6—越南东山文化铜壶（瓶）。

图5-34　各地出土的铜盆

（四）铜勺

越南东山文化中也有一些长柄铜勺，功能与中国云南滇文化、两广地区出土的铜勺相似，但造型有自己独特的风格，即喜好在柄部加铸人物吹笙、动物等雕饰（图5-35）。

1—铜勺；2—勺柄。

图5-35　越南东山文化的铜勺

（五）铜盎、铜瓿、铜碗

铜盎是越南东山文化特有的一种铜器（图5-36：1、2）。据越南学者的研究复原，它应当是神灯性质的法器[1]，故用作豪酋祭师的随葬品（如海防越溪船棺墓）。越南北部的铜瓿与广州汉墓发现的铜瓿[2]很相似，区别在于越南陶盛出土的铜瓿（图5-36：3）纹饰很接近东山系铜鼓的鹭鸶纹主题，表明越南铜瓿是汉式瓿的仿制品，并体现了汉越装饰风格的融合。铜碗（图5-36：4）也是越南东山文化特有的器物，在他处罕见，只是它的圈足的三角形二方连续纹样的装饰形式与广州汉墓出土的铜壶装饰纹样（图5-34：4）相似。

1、2—铜盎；3—铜瓿；4—铜碗。

图5-36　越南东山文化的铜盎、铜瓿、铜碗

---

①Pham Quoc Quan：《东山文化"铜盎"研究》，《越南考古学》2009年第2期。
②李龙章：《岭南地区出土青铜器研究》，第88页。

五、越南北部骆越地区的汉式铜器

西汉中期至东汉时期，越南北部被两汉王朝先后统一，汉朝是在秦朝—南越国郡县制的基础上，在越南北部重新设置了交趾、九真、日南三郡，大大加速了当地的汉化进程。从越南北部清化省绍阳等地汉墓的出土物来看，这些随葬品与中国两广地区汉墓的出土物及其演变趋势基本一致[①]，这是越南北部纳入汉王朝国家多元一体格局演进历程的鲜明体现。如图5-37、图5-38所示，绍阳汉墓中的铺首衔环圈足壶（M7）、鐎壶、樽、熏炉（M7）、印章（M7）、带钩（M13）、鼎（M15）、鍪、双耳釜、盆、鉴（M18）等随葬品都是典型的汉式铜器。

这些越南汉墓随葬品中的铜镜、铜钱等，也与中国两广地区汉墓的出土物相似，如西汉后期墓出土有星云纹镜、日光镜、昭明镜、五铢钱等；东汉墓出土有王莽铜钱、鸟纹镜、夔凤镜等。

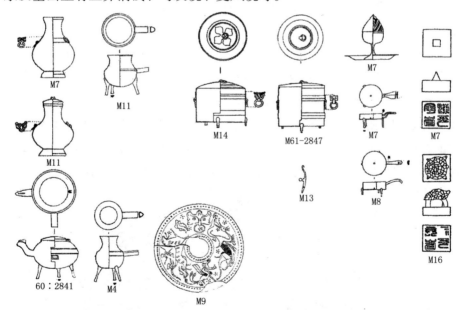

图5-37　越南清化省绍阳西汉后期汉墓出土的随葬品

①俵宽司：《越南汉墓的分期——以越南北部清化省出土考古资料为中心》，谢崇安译，载《广西博物馆文集》（第六辑），广西人民出版社，2009。

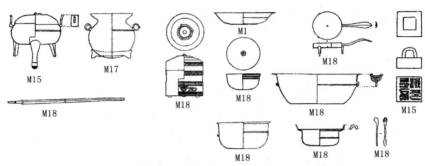

图5-38　越南清化省绍阳东汉前期汉墓出土的随葬品

六、工艺品

　　越南北部骆越青铜文化在发展繁荣的鼎盛时期，也生产了一些颇具观赏性的青铜工艺品，这些工艺品与同时期中国滇桂地区出土的青铜工艺品有明显的区别，它们作为青铜器的附属雕饰，造型十分写实生动，具有艺术和历史的双重价值。

　　例如，东山文化的一件器柄人物雕像，为一尊蹲坐吹奏芦笙的乐人形象（图5-39：1），可证明在2000多年前，多管芦笙就是越人乐队中的主奏乐器；东山文化中的鸠鸟雕像（图5-39：2），形象准确而简约，并做了图案化装饰处理；蛙负蜥蜴雕像（图5-39：3），体现了越人的自然崇拜观念；有的兽形雕像抽象而灵动（图5-39：4）；越南义安鼎乡遗址出土的大象负鸟雕像（图5-39：5），既简约生动，又不失图案化装饰的意趣。

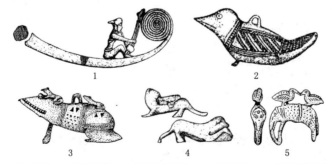

1—乐人雕像；2—鸠鸟雕像；3—蛙负蜥蜴雕像；4—兽形雕像；5—大象负鸟雕像。

图5-39　越南东山文化的青铜工艺品

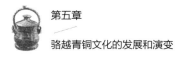

第六节　青铜冶铸手工业部门

　　青铜冶铸业在史前时代就出现了。泰国史前青铜文化的考古发现表明，早期冶铜业不是国家社会组织的产业，而是远距离的有联系的区域村社之间的手工业生产和交易活动①。应当说这一解释也适用于东亚南部早期青铜文化的发现，与民族志的历史追忆也较吻合。如壮族史诗《麼经布洛陀·铜源歌》说："铜从哪里来？铜在山坡三峰，铜在山坡九重天。雨下铜才露，水冲铜才出……驮脊梁后背它回来，要来放在里院井……挖中间山坡做炉……去砍树做空洞，去剁木做风箱……风箱拉去拉回来……水铜沸腾花花花，铸做铜铃口花纹……铸做铜铃问神吃祭品……"②云南富宁彝族的传说认为，冶铜术和铜器、铜兵器、铜鼓是远古头人（帕比）黄定发明的，因当地盛产黄铜，居民就以黄为姓③。民族志记载，青铜术的发明是由原始村社的自发生产交换走向部落和酋邦社会组织生产交易的过程。

　　在阶级社会，如在中原的夏商周王朝时期，青铜冶铸手工业部门已经属于"百工"之一，中央王朝设有专门的行政管理机构和官员，对生产部门的各个环节进行管理运作。青铜礼器在这三代王朝的社会生活中处于中心地位，是通天和施礼行政的道具，是社会等级和权威的象征（"无田禄者不设祭器"）④。《左传》又云："国之大事，在祀与戎。"这说明频繁的战争是早期国家社会的基本常态。因此，青铜礼兵器的生产和使用受到了时人的高度重视，青铜冶铸业也成为贵族统治者垄断控制的行业。

　　受到中原三代王朝礼制文明的影响，骆越社会也不例外。当时在东亚南部民族地区，进入春秋战国之际，也形成了若干个青铜文明的中心。据《史记·西南夷列传》记载，滇王国就是先秦两汉时期昆明盆地的一个政

　　①乔伊斯·怀特、伊丽莎白·汉密尔顿：《东南亚青铜技术起源新论》。
　　②张声震：《壮族麼经布洛陀影印译注》第八卷，广西民族出版社，2004，第2796-2800页。
　　③王大道：《云南铜鼓》，第125页。
　　④张光直：《考古学专题六讲》，文物出版社，1986，126页。

治、经济、文化中心，其载云："西南夷君长以什数，滇最大。"表明滇国邻近地区还分布有许多大小不等的酋邦方国。《汉书·西南夷两粤朝鲜传》载南越王赵佗自称"蛮夷大长"，可见岭南也分布有不少酋邦方国。北魏郦道元《水经注·叶榆河》引《交州外域记》曰："交趾昔未有郡县之时，土地有雒田，其田从潮水上下。民垦食其田，因民为雒民。设雒王、雒侯，主诸郡县。县多为雒将，雒将铜印青绶。后蜀王子将兵三万，来讨雒王、雒侯，服诸雒将，蜀王子因称为'安阳王'。后南越王尉佗举众攻安阳王……安阳王发弩，弩折遂败。……（南）越遂服诸雒将。"①可见古史传说的战国蜀王子征服过的骆（雒）越各部族，直至西汉初期仍然保持着分散的酋邦状态。

据目前的考古发现，广西南宁武鸣大明山麓的马头元龙坡应当是先秦时期的一个骆越大邑聚，在当地数百座越人墓葬中，出土了数十套沙石铸范，这意味着当地就是青铜冶铸的中心。因找不到聚落遗址和青铜作坊，我们也无法进一步复原骆越人青铜冶铸业的具体情况。

越南北部永福省的成苋遗址，被认为是"前东山文化"铜豆文化期的一个青铜冶铸的中心，在此发现了4座铜熔炉及大量的铜渣、铜片、铜块等遗迹，出土数十件石铸范，还伴有浇铸成型的铜斧、箭镞、锥、勺子、鱼钩等器物②。将之与中国广西南宁武鸣马头元龙坡的发现比较，我们认为两者在时代、出土物等方面都颇有相似之处，可以明确，当时在中国桂南和越南北部各地已经分别形成了骆越酋邦的邑聚中心，而且在当时的社会层级组织中，也形成了专门化的青铜冶铸手工业部门，有采矿、制范、冶铸、细加工等生产流程。在铁器时代来临之前，当时生产出的青铜产品，主要是为越人贵族、部族武士提供礼乐器、兵器，其次也为社会民众提供一定的生产生活用具。

虽然文献缺乏对先秦骆越酋邦社会历史的记载，但青铜冶铸业却折射出当时东亚南部民族社会形态的缩影。青铜冶铸业是一种复杂的系统工

---

① 郦道元著、陈桥驿校证：《水经注校证》，第861页。
② 何文逢：《成苋遗址的资料和认识》，《越南考古学》，1998年第1期。

程，它首先要涉及探矿。从西周金文和《周礼·考工记》等文献记载来看，中原商周王朝制作青铜器的一部分铜、锡原料就来自南方，而云南、广西两地就是盛产铜、锡的地区①。这反映岭南越人与中原人民的交流，已经不是简单意义上的原始部族之间的交往，而是中原内地大邦与远距离的小邦之间的"外服"邦交关系。《史记·孙子吴起列传》说楚国在战国时期，大将吴起曾"南平百越"，这也可以反证，当时的岭南进入青铜文化发展的繁荣期不是一种偶然的现象，而是与中原的诸侯国保持着密切的互动关系。《史记·越王勾践世家》又说，战国初期的越国被强楚攻破后，其子孙便南向逃散，后来在江南海上建立了一些诸侯国，并"服朝于楚"。《史记·樗里子甘茂列传》中楚怀王大臣范蜎还说道，岭南越人各部相攻，楚国才能安稳占有江南之地。凡此种种都暗示，战国时期的岭南越人酋邦方国已经发展到中原强楚都不能小觑的程度。

由于历史文献记载的缺乏，仅以考古资料来证明青铜时代东亚南部民族地区的酋邦政体的职官层级制度是不大可能的，但其社会中的贵族与民众的区别还是有迹可循的。例如，在滇文化的青铜人物群雕场景图像中，见有表现纺织手工业的人物群雕场面，其中有一鎏金的年长贵妇形象，似在监督一群女工进行劳作。中心人物刻意鎏金以突出贵妇在画面人群中的地位，这是滇国青铜雕像常见的手法。在某些放牧图像中，可看出有放牧的奴仆，其表现的人像，服饰是着衣后拖一长幅；其中还有狩猎者，骑马带犬、披甲戴盔，似为监督放牧者的领主。再如，青铜人物图像中的贵族，往往是以马代步；有的倚坐在由下等人肩负的乘舆之上。这都形象地反映出当时西南民族酋邦社会的阶级分层和实行专业化生产的实况。

到了秦汉时期，被纳入中央王朝统一国家体制下的骆越地方青铜冶铸业，也属于工官制度下重要的手工部门，西汉前期的广州南越王墓出土的器物可充分说明这一问题。该墓出土有铜编钟3套共27件，其中的铜铙上有小篆铭文"文帝九年，乐府工造"（图5-40）。麦英豪等人认为此铜铙应当称"勾鑃"，为古吴越乐器，在今安徽、江苏、浙江、湖北等越人分

①杨升南：《商代经济史》，贵州人民出版社，1992，第389页。

布地区都有出土，个别器物上自铭"勾鑃"①。

图5-40　广州南越王墓出土的铜铙及其篆书铭文

"乐府"官制一名已见于秦代，如秦代乐官有"奉常""少府"二署。奉常有属官"大乐"，少府有属官"乐府"②。汉承秦制，西汉初之南越国乐府是继承秦代乐府而来。广州南越王墓铜铙小篆铭文证明，当时南越国少府的一项职能就是监制青铜礼乐器的生产制造。

两汉时期岭南地区的骆越人尤其时兴使用铜鼓，而且早期铜鼓也演变成各种不同的地方类型，中国桂南地区与越南北部发现两汉时期的铜鼓，主要有石寨山型、北流型、冷水冲型和灵山型几种类型。因骆越人以制造和使用铜鼓著称，铜鼓也成了骆越人的代名词，如《水经注》卷三十六"温水"引《林邑记》曰：交趾郡南都官塞浦"通铜鼓外越安定黄冈心口。盖籍度铜鼓，即'越骆'也。有铜鼓，因得其名"。闻宥指出："越骆"即"骆越"的倒装③。《后汉书·马援列传》载，东汉初期，马援汉军缴获骆越人的铜鼓，将之"铸为马式"，注引晋人裴渊《广州记》曰："俚僚铸铜为鼓，鼓唯高大为贵，面阔丈余。"《隋书·地理志》曰：自岭以南二十余郡……诸僚"并铸铜为大鼓"。这都反映了秦汉至隋唐以来岭南骆越土民及其后裔广泛铸造和使用铜鼓的盛况。我们也注意到，两汉时期各类型铜鼓主要分布在汉代的郁林郡、合浦郡、交趾郡和九真郡地

①麦英豪、王文建：《岭南之光——南越王墓考古大发现》，第93页。
②冯建志等：《汉代音乐文化研究》，河南大学出版社，2009，第106页。
③闻宥：《族名小考》。

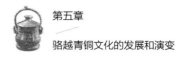
区，这里正是上古骆越人的聚居地。

目前在越南北部汉代的古螺城（汉之封溪，今河内北部）和龙编城（今越南北宁省），都发现过青铜器、铜鼓的冶铸工场，表明铜鼓作为特殊的具有政治意义的神器，尽管在东汉初期被伏波将军马援将一部分"铸为马式"，但铜鼓仍然一直得到汉朝官方的认可，这样才能在汉晋时期岭南的非汉民族地区继续得到崇拜和传承。

尽管秦汉时期已经进入铁器时代，但岭南先民仍然在制造和使用铜兵器。其中，最常见的是铜弩机和铜箭镞，广西贵港罗泊湾1号汉墓出土的随葬品清单（遣册）中就见有"越箙"，即越人生产的弓箭袋。该墓也出土有铜弩机。铜弩机在广州诸地、越南北部的义安鼎乡的汉代遗址和墓葬中都有出土。在越南北部古螺城遗址的壕沟等地，不仅发现了上万枚的铜箭镞，还发现了铸造箭镞的石范。《交州外域记》记载有西汉初期骆越之"安阳王"使用"神弩"而所向无敌的传说，以此对照考古发现，可见中原先进的汉式铜弩机传入岭南地区，应当对当地的战争进程产生了极为重要的影响。

此外，岭南各地还出土有为数不少的越式短剑、斧钺、戈、矛等器类。从越南东山文化人物图像可知越人好用佩剑，《汉书·地理志》说："吴、粤之君皆好勇，故其民至今好用剑，轻死易发。"因此，越式铜短剑形式多样，制作精良，装饰优美。

据考古发现推测，秦汉之岭南，金属冶铸业应当主要由工官控制，但由于地域辽阔，官府鞭长莫及，民间也有不少私铸。如《后汉书·循吏列传·卫飒》记载：东汉初期的建武二年（26年），卫飒出任桂阳太守，"先是含洭、浈阳、曲江三县，越之故地，武帝平之，内属桂阳……耒阳县（山）（出）铁石，（赵）佗郡民庶常依因聚会，私为冶铸，遂招来亡命，多致奸盗。（卫）飒乃上起铁官，罢斥私铸，岁所增入五百余万……"铁器存在私铸，作为各地边区豪酋统治权威象征的铜鼓更免不了私铸，尤其是在盛产铜、锡等矿藏的越人地区。东汉初期，马援汉军在平定交趾郡"二征"姐妹的起义时，曾缴获了各地骆越人的大量铜鼓，也可以说明岭南各地冶铸青铜器的情况是较为普遍的。

第七节　骆越青铜文化的艺术成就

青铜时代是人类社会文明发展史上光辉灿烂的一段历程，其中也有先秦两汉时期岭南骆越先民书写的浓墨重彩的画面。

目前，骆越历史民族区的青铜文化考古发现是丰富多彩的，它是在中原商周秦汉文明的不断滋润下推陈出新，并广泛吸收周边民族优秀文化而结出的硕果。它能形成独特而优美的艺术风格，堪称上古区域民族艺术的典范，具体表现在以下方面。

一、骆越青铜艺术具有追求至善至美的特征

骆越青铜艺术品风格多样，形式千姿百态，力求将实用功能与审美功能完美结合。例如，骆越精美的铜鼓艺术，它本是起源于云南滇池西部民族的炊具铜釜，演变成礼乐器传入骆越地区之后，经骆越先民吸收改造，成为宗教神器、权威等级的象征，它能号令部众，成为祀典和节庆礼仪不可或缺的道具，这是铜鼓实用功能的一面。与此同时，骆越人的铜鼓造型和纹饰也精益求精，其形制不断创新且符合黄金分割律的视觉美要求，其器表装饰也异彩纷呈，如竞渡羽人船纹再现了骆越人特有的宗教礼俗和节令活动；干栏式建筑、杵舂形象、歌舞羽人、编锣乐阵等纹饰主题形象，都是罕见而珍贵的族群历史记忆。再如，骆越的青铜短剑，造型独特优雅，纹饰富丽，其中的人面纹弓形格短剑，更是体现了骆越人神秘的宗教观和审美意趣。

二、骆越青铜艺术是对越族传统工艺的继承和发展

骆越青铜艺术的创作也是来源于传统。新石器晚期的中国两广地区和越南北部的越族先民，已经能够创造出许多精湛的质地不同的工艺美术

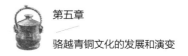

品，并形成了越族创作工艺品系统的基本构图原理和形式法则。进入青铜时代之后，骆越人的青铜工艺品制作仍然继承了这些复杂多变、对立统一的构图原理和形式法则。例如，越人十分擅长几何印纹陶的制作，我们在骆越青铜器纹饰中也屡屡见到这种精湛的几何装饰风格，尤其是桂南地区的北流型、灵山型、冷水冲型铜鼓，都以繁复的几何装饰风格著称。

又如，铁器的发明和使用带来的效应，就是骆越錾刻花纹铜器的大发展，其优美而异彩纷呈的各种造型及装饰纹样证明，骆越青铜工艺在古代工艺美术发展史上有其不可替代的艺术价值。

从各种骆越青铜工艺品中，我们都能感受到构图原理和形式法则的娴熟运用。如铜钺、斧锛、铜矛、铜剑、箭镞等，它们不仅反映骆越先民能够深刻体会到垂直、水平、弧形、三角及均衡、比例、谐调等种种形式美的特性，而且还反映骆越先民早已察觉和掌握了各种符合视觉美的体积样式，以及得心应手的形式创造能力，并实现了功能与审美观的巧妙结合。

三、骆越青铜文化具有开放兼容的创造性特征

中国广西和越南北部的骆越先民生活在东亚大陆文明圈的边缘，所处的地理环境因受高山、河流等地形的限制，民族之间及其与外界的联系交流相对较少，在种族、文化、科技、经济结构、社会制度和意识形态等方面，都与中原地区社会存在着较大差别。也正因如此，骆越先民历来都倾慕并渴望吸收中原及周边地区先进发达的文化，故其文化心态始终都具有开放兼容性，始终在保持传统的基础上，不断吸收融合外来先进文化进行文化艺术的创新，这使得骆越历史民族区很快就融入了秦汉王朝多元一体的发展格局，最终演变成为国家对外开放的前沿门户。因此，骆越青铜文化艺术在起源、形成和发展的过程中，一直都呈现出多元性。例如，桂南地区最早出现的青铜礼乐器，是殷周式礼器和编钟的仿制品，它们只是在器表装饰中融入了越族的蛇形、栉纹、蛙纹等纹样。在早期的骆越青铜器，如铜牛角、铜斧、铜剑上也可以看到殷周式的云雷纹、方格回纹等装

饰纹样。直到战国秦汉时期，骆越先民吸收了滇系铜鼓与铜钟的特点并进行再创造之后，骆越青铜器才形成自身的礼乐器特点，并派生出北流型、灵山型、冷水冲型等铜鼓新样式。再如铜带钩，它本为汉式器物，但我们在广西贵港罗泊湾汉墓中已经见到骆越式的象鼻形带钩与汉式琵琶形带钩共存的现象。

　　从工艺品造型来说，骆越先民有自身的传统，如中国桂南地区和越南北部早期的有肩铜斧、不对称铜钺、矛、箭镞等青铜器，其祖型无不源自本地区的传统石器工艺。尤其是几何印纹硬陶工艺的产生，其模印纹饰工艺、烧窑温度的提高，都为青铜冶炼术的产生奠定了至关重要的技术基础。骆越青铜器装饰一直偏重几何装饰风格，有其遵循传统的必然性，后来融入的写实风格、典雅精美的铜鼓及各种工艺品，又是精湛的传统工艺和吸收外来艺术形式的完美结合。凡此种种，都表明融合创新是骆越青铜艺术的基本特质。

四、骆越青铜艺术是早期国家礼制文明的象征

　　作为商周礼制文明的次生形态，骆越青铜艺术也是早期国家礼制文明的象征。著名学者张光直曾指出，"政治、宗教和艺术是结合在一起的"。艺术品作为神权政治首领的通天工具之一，它在政治权力的获得与巩固上所起的作用，是可以同战车、戈戟、刑法等统治工具相比的[1]。简言之，青铜艺术品是当时人们心目中的一种最为重要的神权政治资源和财富资源。在这种时尚的驱使下，青铜器制作就力求尽善尽美。骆越文化遗存中大量精美的青铜艺术品就是在这种背景下产生的。

　　除了政治权威与财富占有欲的需要，如同世界上许多古文明社会的先民一样，骆越先民事死如生的观念，也造就了骆越青铜艺术中许多象征性的写实作品，那些在地下墓室中再现墓主生前荣华富贵及生活排场的雕塑品和工艺品，留给我们可观察到的上古民族社会的人们种种日常生活的细

---

[1] 张光直：《中国青铜时代》，生活·读书·新知三联书店，1999，第455页。

节，要远胜于文献的简略记载。青铜艺术品本身不仅具有高度的艺术价值，而且具有不可替代的历史价值。骆越匠师因为担负着传播宗教崇拜信仰、强化王权和法制礼仪的任务，他们通过世代相传的工艺不断改进和完善艺术的形式，最终使青铜艺术的创造形成了极为独特优雅的古典风格，达到了精美绝伦的程度。

丰饶的物产，高度专业化的手工业发展，建立在阶级压迫基础上的酋邦方国等级制度，最终造就了骆越地区青铜文化艺术的繁荣。当地民族在保持原有宗教信仰及礼俗的同时，也在不断地吸收中原王朝的观念信仰及礼法习俗制度，这种意识形态的复合性，造就了青铜文化艺术的多元性。骆越青铜艺术所反映的精神信仰，是万物有灵观、自然崇拜观和祖先崇拜观及神秘主义的多元崇拜信仰，骆越匠师一直热衷于表现自然诸神，一件铜鼓、一件塑像或线刻图案，皆充满神性。在巫术观念的驱使下，青铜艺术品也能产生出以科学理性的形式所表达出的种种时人的审美体验。与此同时，骆越匠师还往往能挣脱世俗端严礼制的束缚，倾心于再现自然的事物。因此，与殷周艺术比较，骆越青铜艺术虽不及前者庄严雄浑，但自由活泼、奇巧灵动的造型风格却有过之而无不及。

骆越青铜器可能是最先由巫师首领监制创作的。例如，壮族、布依族的《麽经布洛陀》都说，创造发明铜鼓神器者是始祖神布洛陀[①]。进入文明时代，青铜冶铸业成为由酋邦首领掌控的政治资源，成为"百工"之首。显然，青铜文化艺术的创作是一种与众不同的技艺，从事这种世代相传技艺的艺人，与各种手工艺的家族，在中国先秦文献记载中被称为"百工"。百工制度实际上是当时不可或缺的一种政治制度，如《周礼·考工记》载："国有六职，百工与居一焉。"百工的一些技艺或艺术门类的创作始祖，也往往被先民视为圣祖英雄，如《周礼·考工记》说："百工之事，皆圣人之作也。"《史记·五帝本纪》说：舜帝"耕历山，渔雷泽，陶河滨；作什器于寿丘"。《世本》云："蚩尤作兵。"

---

①谢崇安：《从布洛陀经诗看骆越青铜文化的起源发展》，广西田阳"布洛陀文化学术研讨会"与会论文，2015年4月。

在《周礼·考工记》的记载中，青铜礼器的制作是由"凫氏"专司其职，青铜艺术品的制作是为礼制服务的，它是礼制的附庸。商代索氏器铭文的发现，也可证明百工在商代是由手工氏族贵族领导的工艺家族[①]。

过去，在讨论先秦时期岭南百越的社会性质时，有相当部分的学者认为当地的百越先民尚未能产生国家文明社会。在这一点上，先秦汉籍的记载也是自相矛盾的，如《吕氏春秋·恃君》说："扬汉之南，百越之际，敝凯诸夫风余靡之地，缚娄、阳禺、骓兜之国，多无君。""有国无君"，只能理解为当时长江以南各分散的越人政体，尚未达到中原列国那种专制集权的程度。笔者认为，"国之大事，在祀与戎"，从骆越青铜文化艺术的早期社会功能来看，它们都兼具这两大特征，可见，包括骆越人在内的岭南百越先民在先秦时期已经进入酋邦方国文明社会当是毫无疑义的，这一点也可以从《史记·越王勾践世家》的记载中找到旁证[②]。《史记·南越列传》中，南越王赵佗说得更清楚：南越国"其东闽越千人众号称王，其西瓯骆裸国亦称王。"因此，我们应当判定，骆越青铜文化是一种酋邦方国文明的象征，是东亚大陆商周文明的次生形态。

五、精美绝伦而独特的古典艺术范式

战国晚期至秦汉时期，骆越历史民族区的青铜文化发展进入鼎盛期及尾声。这一阶段青铜文化艺术的代表作，是造型典雅的石寨山型铜鼓及多种纹饰富丽的錾刻花纹铜器，以及最具有骆越先民文化特点的北流型、冷水冲型、灵山型铜鼓。

以贵港罗泊湾汉墓出土的石寨山型晚期铜鼓（M1：10）为例，其制作精美，花纹清晰，装饰图案异常工致（图5-41：1）。在其同心圆形、带形重列式图案中，满饰各种衔鱼翔鹭纹、龙舟竞渡纹、羽人舞蹈纹等主题

---

①谢崇安：《商周艺术》，第220-223页。

②《史记·越王勾践世家》："楚威王兴兵……大败越，杀（越）王无彊，尽取故吴地至浙江……而越（国）以此散，诸族子争立，或为王，或为君，滨于江南海上，服朝于楚。"

和多种几何纹组成的图案，它充分体现了满、平、匀的华丽风格，以寓动
于静的手法实现了动态的图式平衡，可谓绚丽多彩，美不胜收。它集中表
现的是古骆越人节庆典仪活动的主要场面及其追求吉祥丰产和顺的观念。
这种艺术审美特征与中原神秘威严的殷周青铜礼乐器的装饰风格相比，两
者大相异趣。云南与广西交界的开化（文山）鼓、越南北部的骆越玉镂鼓
（图5-41：2），也皆为与之同类型的古典艺术珍品。后两者的纹饰图案
表现的内容更加丰富多彩，如以太阳芒纹为中心，依次围绕分布的装饰带
有：骆越人崇拜的神鸟——飞旋的翔鹭与静立的鸬鹚形成观照，飞鸟与踯
躅而行的野鹿相伴。人物礼仪活动装饰带依次排列——执笙歌舞羽人、编
锣乐阵、吹笙与杵舂歌舞人、鸟饰干栏建筑的人物活动、人物击鼓列阵，
表现的是场面热烈的典仪活动的重要片段，是一幅幅罕见的上古民族史诗
般的壮丽画卷。

1

2

1—广西贵港罗泊湾汉墓铜鼓纹饰（M1：10）；2—越南玉镂Ⅰ号铜鼓鼓面纹饰。

图5-41　广西贵港罗泊湾汉墓铜鼓与越南玉镂Ⅰ号铜鼓纹饰对比

　　中国古代南疆各民族珍视铜鼓，这与他们的社会生活息息相关，如《西事珥》说："夷俗最尚铜鼓，时时击之以为乐。"《广东新语》说："粤之俗，凡遇佳礼，必用铜鼓以节乐。"更为重要的是，上古越人崇拜铜鼓，与其原始宗教信仰密不可分，对此蒋廷瑜等人多有论述[①]。正因为铜鼓与越人的生活息息相关，到西汉早中期至东汉时期，越人创造铜鼓艺术的活动达到了高峰，其标志就是北流型、灵山型、冷水冲型等新型铜鼓的出现。

　　对北流型、灵山型铜鼓的创制者，姚舜安等人认为他们是原居于桂东南一带的古代百越族支系乌浒人及其后裔俚人。北流型铜鼓出现于西汉中晚期，灵山型铜鼓出现于东汉时期。

　　北流型铜鼓（图5-42：1）以宏大华美而著称于世，它与灵山型铜鼓都是在滇系石寨山型铜鼓形式的影响下发展起来的，并形成了自身独特的艺术风格。俚人铜鼓"惟高大为贵"，北流型铜鼓中号称为"铜鼓王"者，其重量达300多千克，面径165厘米[②]。

1—广西北流型铜鼓；2—越南北部出土的灵山型铜鼓；3—有骑马人塑像的冷水冲型铜鼓[③]。

图5-42　北流型、灵山型、冷水冲型铜鼓

　　事实上，北流型、灵山型与冷水冲型铜鼓（图5-42：3）都应为粤系铜鼓的各种亚形式，它们的形制与纹饰都较相似，彼此之间的差异较小，这应是时空演化所造成的形式区别。

　　灵山型铜鼓（图5-42：2）在承袭北流型铜鼓装饰形式的同时，更是扩大吸收了不同的装饰主题，因而在富丽堂皇的造型外观上，其纹饰比北

　　①蒋廷瑜：《铜鼓艺术研究》，第78页。

　　②姚舜安等：《北流型铜鼓探秘》，第32—49页。

　　③蒋廷瑜、廖明君：《铜鼓文化》，浙江人民出版社，2007，第109页。

流型铜鼓更为丰富多彩。例如，其鼓面边沿多立六只蹲蛙，蛙背饰旋涡纹，部分大蛙背负小蛙，个别蛙背负田螺；部分鼓的腰部、足部或内壁有马、乘骑、牛、鸟等立体装饰；同心圆鼓面图式与器身，都满饰太阳纹、变形羽人纹、鸟纹、兽纹等以构成主题纹饰；其他空间则饰以"四出"钱纹、连线纹、花瓣纹、席纹、虫纹、蝉纹、云雷纹等作为衬托地纹[①]。

　　粤系铜鼓造型艺术的创新，也可以说是对前期青铜礼乐器装饰形式的继承和发展，除外形脱胎于石寨山型铜鼓外，其装饰主题的来源大多有迹可循。例如，其鼓面蛙饰主题，早已见于广西恭城秧家所出土的春秋晚期蛇纹、蚕纹铜樽。北流型铜鼓的鼓面也见有抽象简括的人形纹，它实际上是源自"天"字图徽，此图徽铭文也早见于广西南宁武鸣马头勉岭出土的商末周初兽面纹铜卣（天卣，图4-5∶1）。其最常见的衬地云雷纹也是起源于殷周青铜礼乐器的装饰地纹。

　　北流型、灵山型铜鼓的装饰纹样，就像一幅幅织锦图案，其多样性的匠心处理表现在骆越人能娴熟灵活地运用各种曲线、直线去勾勒复杂多变的几何图形，并衬托出代表时人信仰的神圣主题，它促使观众的视觉会细审和追逐这些线条的各种奇妙变化，这个过程能给予观众审美意识的充分满足，其艺术形式堪称完美。可以说，粤系铜鼓的造型和装饰纹样，其精益求精的审美意趣也渗透到两汉时期岭南地区的其他青铜器的制作，如广西贵港、合浦等地汉墓所出土的铜盘、铜凤灯等錾刻花纹图案的铜器，皆可谓异曲同工。

　　代表骆越历史民族区另一类风格的青铜艺术作品，是具有写实风格的青铜雕塑及各种装饰纹样。笔者认为它们主要是受到了滇文化青铜艺术的影响，如铜鼓纹饰图案中的封牛或封牛负鸟的主题，先是见于滇文化，其后在广西西江流域、越南老街等红河中下游地区的石寨山型铜鼓纹饰中也多见。滇文化的封牛雕像不仅多见，而且造型极为生动传神，广西合浦风门岭26号西汉晚期墓出土的封牛圆雕像，在当地前所未见，造型也应当是受到了滇人对封牛的喜好和崇拜的影响。喜好在青铜兵器上装饰各种人物

[①]广西壮族自治区博物馆编：《广西铜鼓图录》，文物出版社，1991，第1-19页。

与动物的形象或图案，这是滇式青铜器的典型特征，骆越人的部分青铜兵器也装饰有人物的雕像和鹿纹等动物图案，反映两地族群在文化习俗方面存在着交流和共性。可以说，东亚南部民族的青铜艺术比中原的殷周礼制艺术更贴近于现实的民俗生活。

第八节　骆越青铜文化的影响

骆越青铜文化在商周青铜文明的影响下，起源并发展形成独树一帜的区域青铜文化，它最终融入了秦汉王朝多民族统一国家的文明发展进程，而且骆越所处的地理区位，也成为秦汉王朝对外开放交流的门户前沿，因而骆越青铜文化对东南亚及其周边地区的影响也是十分深远的。

在两汉时期，由东亚南部向各地输出的商品中，青铜器占有相当的比重。首先是骆越铜鼓，当时在岭南的广西和越南北部已经分别形成了若干个铜鼓制造中心。铜鼓作为一种特殊的商品，不仅造型优美庄重，而且具有权力、财富、娱乐等诸多社会功能，因此，从秦汉时期到近代，铜鼓的制造和使用一直都绵延不绝，受到了中国南疆乃至东南亚众多民族的珍视。作为东西方交通的重要中转站，广西和越南出产的骆越铜鼓，从两汉时期就一直输送到东南亚各地甚至是中原内陆。

例如，起源于广西南部的北流型、灵山型、冷水冲型铜鼓，特点是鼓面均布蛙形雕饰，其对越南北部骆越蛙饰铜鼓的制作也产生了影响。与此同时，越南北部属汉朝交趾地区的后期的东山铜鼓，也不断向南扩散。考古发现表明，老挝[①]、柬埔寨、泰国、马来西亚和印度尼西亚的铜鼓（图5-43：1~5），都不同程度地受到骆越铜鼓的影响。从古至今，华南与东南亚使用铜鼓的民族数不胜数。如在中国有壮族、苗族、

①玛莱湾·考本玛：《老挝铜鼓的发现与研究》，载广西博物馆等编《广西与东盟青铜文化学术研讨会论文集》，科学出版社，2012。

瑶族、彝族、侗族、水族、布依族、佤族等民族；在越南有芒族及倮倮人；在老挝有克木人、拉麻人、高人、富奈人；在柬埔寨有东部的山民；在缅甸有克伦人、掸人等；在印度尼西亚有塞拉人；在帝汶岛有土瓦人，不一而足。其民族成分及文化现象错综复杂，呈现出各国各民族间经济、文化相互交融的多彩图景①。

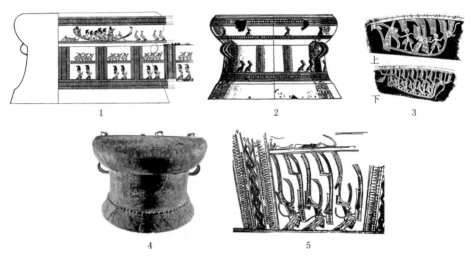

1—广西西林普驮石寨山型铜鼓；2—印度尼西亚西爪哇塞拉铜鼓；3—越南东山铜鼓与印度尼西亚铜鼓的船纹；4、5—老挝沙湾拿吉省东帮出土的蛙饰铜鼓及其羽人纹饰。

图5-43 各地铜鼓纹饰

例如，缅甸流传的铜鼓，学者一般认为它是由掸人带去的。在《后汉书·南蛮西南夷列传》中记载有掸国遣使团到东汉京城访问的情景，使团演员还表演了音乐演奏、歌舞及杂技等。

泰国的干乍那武里府的墩达碧村墓葬群遗址（公元前400年—公元纪年初期），上古时期是地处泰国湾的一个沿海港口城市酋邦，为南海丝绸之路的一个重要贸易中转站。该遗址出土了东西方人民在此交会的大量文物，其中就有越南东山式青铜器，反映了该地与汉代北属时期的越南有密切的交往。黎道纲认为墩达碧村遗址应属古"谌离"国的一部分，谌离国存在于公元前2世纪。据《汉书·地理志》记载，古泰国湾地区与湄公

①蒋廷瑜：《铜鼓是东盟古代文化的共同载体》，《广西民族学院学报》2005年第1期。

河三角洲的沃澳等地一样，已经和印度、中国有交通往来①。

如果说在青铜时代的前期，中国滇桂地区、越南北部与东南亚地区的文化交流还不太明显的话，那么到了青铜时代的后期和早期铁器时代，从泰国中部地区到泰国南部地区，越南东山文化的影响就已很清楚地反映在当地出土的东山铜鼓（黑格尔Ⅰ型铜鼓）之上。

例如，在泰国的翁巴洞穴遗址，出土编号为OB86的铜鼓，形制及花纹都可见受东山系铜鼓的影响。发掘者认为，翁巴洞穴的铜鼓可能是在原地仿造或是从外地流入的产品②。鉴于翁巴铜鼓是与该洞穴遗址中的大量越人船棺葬伴出，笔者认为，这应当是骆越移民带去的东山系铜鼓。

再如，泰国东北部地区及湄公河流域早期铁器时代的能诺它、班清、诺乌洛、能芒考诸文化遗存，以及北碧府的班东它非墓地，也出土有较多数量的青铜器，其中有周汉式剑、铜鼓、桶形器、镯、牌形饰等，表明当地青铜文化仍然受到北方骆越文化的强烈影响③。

学者们还认为，在印度尼西亚发现的古代铜鼓，有一类应当是从越南东山文化地区输入的。这类铜鼓属于东山Ⅰ型晚期鼓，如北加浪岸（Pekalongan）鼓，近似于越南北部的沱江鼓。还有各类B型鼓，特别是塞马朗（Semarang）鼓已经添加了一些蛙像。如前所述，广西南部的北流型和灵山型铜鼓、越南的右钟鼓都是鼓面有蛙饰的铜鼓，应当是印度尼西亚蛙饰鼓的来源。此外，还有一类是在印度尼西亚本地模仿铸造的铜鼓。这类铜鼓添加了一些越南东山铜鼓所没有的花纹，如大象纹、椰子及沙拉格（Salager）鼓上面的孔雀；在克尔（Kur）鼓上面有打猎人形和虎纹；塞马朗Ⅰ型鼓上面有马形纹和披甲的战士。

从上述印度尼西亚等地发现的东山系晚期铜鼓可见，当时属汉王朝的越南北部在汉化的过程中，其民族文化并没有消失，骆越铜鼓仍然作为南方丝绸之路交流的重要物品输出到东南亚其他地区。与此同时，骆越青铜

---

① 黎道纲：《泰境古国的演变与室利佛逝之兴起》，中华书局，2007，第8–11页。

② 佩尔·索伦森：《泰国翁巴洞穴及其出土的第五面铜鼓》，蔡葵译，载《民族考古译文集》（1），1985，内部资料。

③ 吴春明：《从百越土著到南岛海洋文化》，文物出版社，2012，第164页。

文明向南传播，也促进了东南亚印度尼西亚等地区的青铜文化的形成和发展。例如，印度尼西亚存在的华丽的仪式铜斧，明显是起源于越南东山文化的弯月形铜钺。

第二次世界大战期间，法国远东学院在越南南部的西海岸，即迪石之北，发掘了著名的沃澳遗址，学者们推测它可能就是古代扶南国（今柬埔寨）的外邑。沃澳出土文物十分丰富，皆具体形象地反映了当时东西方经济文化交流的盛况。如该城区有许多干栏式建筑遗迹，遗址中出土有中国东汉的铜镜，也出土有110年—180年间的古罗马钱币[①]。表明这里是东西方贸易的重要交会处。上古时期的柬埔寨、泰国都不产铜，当地的青铜器有一部分明显是从汉朝交趾地区输入的。

例如，近年德国和柬埔寨联合考古队在湄公河下游的柬埔寨波萝勉省的波赫，发现了数十座古墓葬，晚期墓的年代处于公元前150年—公元100年，出土有铜鼓、铜盘、铜铃、铁器和玻璃器等随葬品，值得注意的是，其中有铜鼓套头葬和镂空牌饰首铜柄铁剑[②]。如前所述，后两者原是中国黔西的夜郎文化因素，大约是在西汉晚期融入了越南北部的骆越文化。波赫的发现表明，柬埔寨地区的青铜文化应当是受到了来自骆越地区的强烈影响。

此外，骆越铜鼓也有向中原地区输出的现象。例如，出土于浙江安吉上马山等地汉墓的小铜鼓，鼓面饰几何纹，与越南北部出产的浪吟鼓、嘉林鼓十分相似，时代属西汉中期至东汉时期，属于作随葬品用的明器铜鼓，其原产地就在越南北部的东山文化分布区[③]。追溯铜鼓文化的传播，都应当追寻到两汉时期"海上丝绸之路"的交通大发展。

事实上，青铜文化的传播，也是观念意识形态和社会制度的传播，越南北部早期酋邦方国文明的起源先于东南亚各地，这与东亚大陆商周青铜文明的影响传播紧密相关。同样，在"海上丝绸之路"东西方交通大发展时代崛起的林邑国（越南中部）和扶南国（柬埔寨），也与汉王朝交趾地

---

①林梅村：《丝绸之路考古十五讲》，北京大学出版社，2006，第151页。

②杨勇：《可乐文化因素在中南半岛的发现及初步认识》。

③蒋廷瑜：《对浙江上马山小铜鼓的认识》。

区的移民潮及其文化的传播有不可分割的关系。

秦汉以来，除了骆越地区的青铜器向外输出，还有其他的品种。如在广东德庆发现的汉式铜盆（铜洗），器表纹饰与骆越铜鼓的花纹相似，其中还见有"元初五年"（118年）、"汉安二年"（143年）在汉朝交趾郡西于县（今越南河内北部）制作的题记，表明它们都应当是在越南北部骆越地区出产的铜器，这可视为汉越文化融合的一个象征[①]。

蒋廷瑜也曾指出，来自中原的汉文化影响，使得秦汉时期岭南地区的传统青铜文化也逐渐演变成汉越文化融合的地方变体，这时的青铜器制造中心就在中国桂东南及越南北部一带。秦汉以来，尤其是汉武帝平定南越国之后，岭南的徐闻、合浦、交趾地区诸港，已成为东西方交通的重要中转站，手工业、商业都很繁荣，贵族、官吏、富豪竞尚奢华，因而也促进了岭南各种手工业的发展，其中新兴的工艺品——錾刻花纹铜器的生产，就是在此时发展起来的。据考古发现，当时岭南地区出产的精美的錾刻花纹铜器，一方面是输入中国内地，另一方面是在本地区流行（图5-44），间或也输出到国外。今美国弗利尔美术馆、日本泉屋博物馆、瑞典斯德哥尔摩远东古物博物馆，乃至格拉斯哥、巴黎等地的著名博物馆，都收藏有这种来自世界各地的骆越錾刻花纹铜器[②]。事实上，汉代的一部分岭南铜鼓也属于錾刻花纹铜器的一种。东亚南部盛产铜、锡，先秦两汉时期，制造青铜器一直是当地的传统手工业，骆越錾刻花纹铜器自然成为"海上丝绸之路"流通的一种重要商品。因此，在世界青铜文明发展史上，骆越青铜文化无疑占有其光辉夺目的一页。

---

①吉开将人：《再论东山系铜盂》。
②蒋廷瑜：《汉代錾刻花纹铜器研究》。

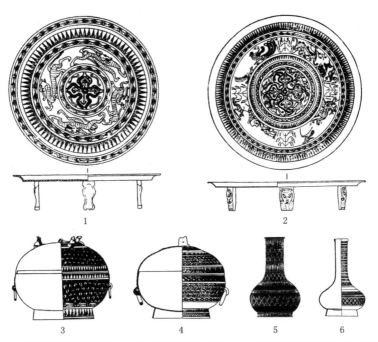

1—广西合浦母猪岭汉墓承盘；2—江西南昌京家山承盘；3—广州横枝岗汉墓铜盒；4—汉长安城
铜盒；5—广西合浦望牛岭汉墓长颈壶；6—汉长安城长颈壶。

图5-44　中国各地出土的錾刻花纹铜器

本章小结

　　综上所述，骆越青铜文化虽然起源很早，且不断受到中原地区商周王朝青铜文化的影响，但这一发展过程十分缓慢，这可以反映骆越地区尚处于古国社会形成的阶段。岭南地区与中原地区的族际交通互动，还不足以达到能够极大地促进骆越社会性质产生质变的程度。

　　大约在公元前6世纪，骆越青铜文化开始进入繁荣发展期，到公元前3世纪—公元前2世纪达到鼎盛阶段。繁荣鼎盛期的骆越青铜文化已经形成自身独特的风貌，以铜鼓、羊角钮钟、铜钺为组合标志的骆越青铜文化，是骆越酋邦方国礼制文明形成的象征。这反映骆越地区与中原地区的族际交通互动大为加强，在荆楚文化、吴越文化和滇文化的强烈影响下，骆越已经发展成为与西瓯、南越并立的岭南大酋邦方国。

　　进入秦汉时期，骆越青铜文化开始融入多民族统一国家社会文明的演进历程，但它并没有因铁器时代的来临而走向衰亡，而是体现了汉越文化的融合。骆越先民不断创造出许多别开生面的青铜艺术，作为岭南古代文明社会昌盛的重要标志，骆越铜鼓及錾刻花纹铜器的制造工艺登峰造极，对东南亚及其周边地区产生了十分重要而深远的影响。

第六章 · 骆越青铜文化反映的族属与族群关系

骆越究竟是一个酋邦方国的名称，还是一个特定族群的名称，或是多种族群的泛称，其来源如何？事实上，中外学者都有不同的理解。根据《汉书·贾捐之传》《后汉书·马援列传》《水经注·叶榆河》引《交州外域记》等历史文献的说法，上古骆越人的分布范围，大体是在今广西红水河以南至越南北部及广东西南至海南岛一带。在如此广大的地域，如果原住民仅仅是一个单一的族群，这与分布在这一广大地区的考古学文化及考古学者的相关分析研究并不吻合。早在20世纪60年代，就有学者指出，根据越南北部东山文化呈现出的文化多元性和复杂性，东山文化应当是多个族群共同创造的文化。不少学者也提出，骆越先民源自古越人，是后世壮侗语族的重要来源之一。也有学者根据晋代《华阳国志·南中志》的记载，认为骆越人不是百越系民族，而是源自上古的濮人。针对诸如此类的学术观点，笔者在前人研究的基础上，以文献记载印证考古发现，试对骆越历史民族区发现的青铜文化遗存所反映的族属和族群关系再作探讨。

第一节　骆越青铜文化的族属

笔者在前述中已经强调，在先秦两汉时期，"骆越"是被中原人视为其南疆的一个庞大的方国族群集团，至少包括了分布于环北部湾广大地区的百越系民族。从考古发现来说，"骆越"应当是以操原始壮侗语的越人为主体的多种族集团，这种情况直到东汉王朝越南北部达到汉化程度较高的阶段仍然如此[①]。以考古资料结合历史文献及民族志材料分析，笔者拟对骆越青铜文化所见的族群再做进一步的论证。

---

① 《后汉书·南蛮西南夷列传》载："凡交阯所统，虽置郡县，而言语各异，重译乃通。人如禽兽，长幼无别。项髻徒跣，以布贯头而著之。后颇徙中国罪人，使杂居其间，乃稍知言语，渐见礼化。"

一、广西南部骆越地区上古青铜文化类型的族属

（一）骆越人

经数十年来的考古发现与研究，许多学者都认为，桂南地区先秦两汉时期青铜文化遗存的主体族群应当是百越民族中的"骆越"。最明显的证据，就是从广西左江流域的上古岩画中可以观察到骆越先民使用各种青铜器的形象（图6-1）[①]。例如，岩画中的人物发式有椎髻、牛角髻、髡头、带羽冠者，人像都作裸体状，其中的牛角髻人像还可以同云南与广西交界的广南铜鼓（图6-2）裸体剽牛人像纹饰相印证。左江岩画中进行礼仪活动的人物多作蛙姿舞状，这与粤系铜鼓体现出的蛙崇拜观念也是相吻合的。岩画中可辨的青铜器有短剑、环首长剑、铜鼓、悬挂羊角钮钟等。《史记·南越列传》载，南越国"其西：瓯、骆裸国，亦称王"，这得到了骆越岩画的印证，其中所见的青铜器，也得到了考古发现的系列印证。

图6-1　广西左江流域上古岩画中的骆越人（局部）

图6-2　滇东广南铜鼓的祭礼剽牛纹饰

关于骆越，若从古文献的有关记载来看，也有部分学者认为西瓯与骆越应当是同族异名，如《汉书·西南夷两粤朝鲜传》有"粤桂林监居翁谕告瓯骆四十余万口降，为湘城侯"[②]的记载。笔者认为，《汉书·西南夷两粤朝鲜传》所记载为西汉中期汉武帝平定岭南时的现状，当时可能从属于南越国政权之下的西瓯与骆越已经融为一体。但根据《史记·南越列传》中"（遭汉初定）……瓯、骆相攻，南越动摇"的记载判断，在先秦

至汉初，西瓯与骆越应当是两个相对独立的不同族群酋邦方国，正如汉扬雄《方言》卷一晋郭璞注云："西瓯，骆越之别种也。"

西瓯应当是越人的支系，学术界基本认同，但"骆越"是否为百越的支系，事实上至今仍然有很大的争议①。如李龙章曾阐发道：广西右江流域战国秦汉墓的文化属性，因其地理位置关系，当属云南青铜文化和两广越族文化的过渡类型。李龙章认为，广西武鸣安等秧山等墓葬所出土的夹砂圜底器与两广青铜越墓所出土的陶器判然有别，但与滇池地区、云南元江流域青铜文化墓葬所出土的陶器很相似，其他一些文化因素亦然。因此，右江流域青铜文化遗存的族属虽然可判断为骆越，但骆越并不属于百越族群，应与滇族一样同属于百濮族群②。李龙章特别引述了前人关于广西西林普驮铜鼓墓的发现及其相关族属的考证，该文强调，西林普驮铜鼓墓的出土物，扣除其中的汉文化因素，基本上与两广青铜越墓无共同之处，而与滇文化有较密切的关系。今广西西林普驮地望古属西汉时期的"句町"，如《华阳国志·南中志》记载："句町县，故句町王国名也，其置自濮，王姓毋，汉时受封。"故李龙章从张世铨等学者之前说，认为西林普驮铜鼓墓的族属当为濮族③。

针对上述观点，细审广西西林普驮铜鼓墓发掘报告④，笔者认为其中若干重要文化因素，仍可在中国桂东地区及越南北部的青铜文化遗存中找到它们彼此间的相似之处。

首先是铜鼓，它属石寨山型，国外学者称之为黑格尔Ⅰ型铜鼓，此类型铜鼓在中国广西与越南北部都有着广泛的分布，它们分别见于百色田东锅盖岭⑤、宜州冲英村⑥、贺州龙中岩洞⑦、贵港罗泊湾⑧等战国秦汉时期

---

①范勇：《骆越考》。

②李龙章：《广西右江流域战国秦汉墓研究》。

③张世铨：《铜鼓人像的族属试析》。

④广西壮族自治区文物工作队：《广西西林县普驮铜鼓墓葬》。

⑤广西壮族自治区文物工作队：《广西田东发现战国墓葬》。

⑥李楚荣：《广西宜州发现的铜鼓、画马崖画与古代马市、驿铺关系初探》。

⑦贺县博物馆：《广西贺县龙中岩洞墓清理简报》。

⑧广西壮族自治区博物馆：《广西贵县罗泊湾汉墓》，第26–27页。

遗存中。此外，在越南东山文化诸遗址中也有众多关于铜鼓的发现。这类起源于云南滇池西部地区的早期铜鼓在西江中上游地区与越南北部被发现，再次证明了古越人与西南夷中的农耕民族有着密切的文化和族源上的联系。

其次是羊角钮钟。这种具有地方民族特色的青铜乐器，在广西浦北、容县、柳州、贵港、西林、恭城和广东及越南北部的兴安、义安鼎乡等地都有发现。广西左江宁明县花山等地的岩画上，也见绘有这类青铜羊角钮钟的图形。学者多认为本区域的羊角钮钟流行的年代为战国至秦汉时期。

又如，浙江宁波鄞州区出土的属春秋晚期的越式"风"字形铜钺，其器身对鳄鱼纹、羽人竞渡船纹与越南北部清化东山所出土的偏刃铜钺的纹饰也极为相似（图6-3：1、2）。1990年，浙江安吉上马山西汉中期墓也出土有产自越南北部的小铜鼓[1]，这表明两地早有文化交流，其中的文化传播者应属东南沿海的越人。此外，有肩斧钺更是岭南地区越人的典型石器文化特征，其后才演变成青铜有肩斧钺。对此，覃彩銮曾做过专门的论述[2]。

当然，鉴别考古学文化的性质和族群的归属还有一个最重要的标准，那就是观察文化遗存的陶器特征。笔者细审中国岭南地区及越南发现的几何印纹陶器，认为两者存在诸多共性也是毋庸置疑的。例如，发现于广西武鸣马头安等秧山战国晚期墓的陶器，其几何印纹陶的纹样为方格纹、米字纹[3]，它们同样见于粤西、桂东北的平乐银山岭等战国秦汉墓，而且两者的器形也很相似（如瓿、钵、罐等）[4]。也就是说，多数学者公认的越人的主要文化特征——几何印纹陶，在骆越分布区同样存在，甚至到了1世纪左右，越南中部茶邱遗址出土的陶器中，仍见有汉代的越式几何印纹陶（图6-4）[5]。

---

[1] 蒋廷瑜：《对浙江上马山小铜鼓的认识》。

[2] 覃彩銮：《两广青铜钺初论》。

[3] 广西壮族自治区文物工作队等：《广西武鸣马头安等秧山战国墓群发掘简报》，图一四。

[4] 广西壮族自治区文物工作队：《平乐银山岭战国墓》。

[5] Ian C.Glover，Mariko Yamagata：《占族文化的起源：从1990年与1993年茶邱遗址的发掘探究中、印及本土文化对越南中部的影响》，载《东南亚考古论文集》，香港大学美术馆，1995。

1—浙江宁波鄞州区出土的越族铜钺；2—越南东山文化铜钺。

图6-3　浙江宁波鄞州区铜钺与越南东山铜钺

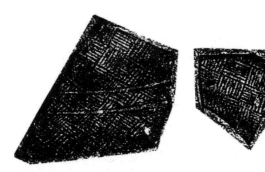

图6-4　越南中部茶邱遗址出土的汉代越式几何印纹陶片

　　有的学者在强调骆越人应当是濮人的时候，往往是片面强调骆越文化与滇文化时期的共性，并没有尽可能全面地分析两者的异同，如强调滇桂地区先秦两汉时期陶器的共性，却忽略了中国广西与越南地区骆越文化的陶器与滇文化陶器的巨大差异，而笔者比较了大范围的滇、越陶器组合（参见本书第八章第四节）之后，却得出了骆越人与滇人（濮越人）是明显不同族群的结论。

　　事实上，铜鼓与羊角钮钟与其说是濮族的文化因素，不如说它们是濮越系民族最主要的文化特征。相较而言，此前我们在学者公认的濮族故地——楚国的西部地区却找不到这样的文化因素组合。我们认为，桂、滇、黔及越南北部上古青铜文化呈现出的共性，也是一种多族群融合过程的反映。《史记·西南夷列传》载：楚大将庄蹻王滇，变服从其俗，所认同归属之当地土著民族应为滇族，其所率之楚人部众应当包括原楚国西部之濮人。就此问题，徐松石早已指出，从民族史志看，桂北、滇东、黔南地区的一支壮族，其称"木佬"或"毋佬"，多见黎、王、莫、金、文等姓，"毋佬"出处，当与汉代"毋敛县"（今黔东、桂西一带）、"毋掇县"（云南华宁区域内）、"毋单县"（云南华宁东境）有关，这如同覃姓和谭姓的壮人得姓于汉代潭中等县名一样①。由此可见，《华阳国志·南中志》有关句町王国"其置自濮，王姓毋"的记载，恰好是反映了濮越融合并构成后世壮侗语族一个重要来源的史实。

另一方面，笔者也意识到，要将桂、滇、黔及越南相邻地区上古的濮族与越族区别开来也是困难的。一是因文献记载有限，二是它们彼此文化相近、交错杂居的情况很常见。

例如，《汉书·地理志》载：汉武帝元鼎六年（公元前111年）在今川、滇边界设置越嶲郡，下辖有青蛉县，出土汉代官印则有"越归义蜻蛉长"印②，汉之"青蛉"即今之滇西北的大姚县。西汉王朝在川、滇边区所设之"越嶲郡"，也当是因有越人、嶲人杂居而得名。《史记·南越列传》又载：汉武帝征伐南越国，于元鼎五年（公元前112年）秋，"使驰义侯（《集解》："故越人"）因巴蜀罪人，发夜郎兵，下牂柯江"。可见上古的川、滇、黔边区多有越人。

晋代常璩撰写的《华阳国志·南中志》称汉晋之益州郡（今云南等地）为古"夷、越之地"。大概言之，"夷"主要指氐羌系族群，"越"主要指濮越系族群。凡此种种皆说明，滇、濮与越人都是关系紧密的族群，滇、濮、骆越当属濮越系民族大集团中的亚群体。

云南江川李家山M17：30号鼓、晋宁石寨山M15：7号鼓的纹饰，都分别见有项髻裸体操船的水手，与云南广南铜鼓、广西贵港罗泊湾汉墓的铜鼓（M1：11），以及越南北部出土的铜鼓的水手形象相似，这也应当是环滇池地区有越人存在的反映。换言之，滇南地区的濮人也不少，如《汉书·地理志》就称今之红河上游为"僕（同濮）水"，前人多已指出，"僕水"是因濮人而得名。可见在上古滇、黔、桂地区，濮与越杂居的现

---

①徐松石：《粤江流域人民史》，第十二章。
②陈直：《汉书新证》，中华书局，2008，第205页。

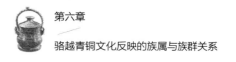

象是普遍存在的。这从石寨山型铜鼓的水手船纹人像也可以进一步得到证明，这种水手船纹人像主要可分两类，一类是项髻裸体的水手，这是越人习俗的反映；另一类是椎髻插羽、着对襟绗衣束腰带的濮人水手。两者都为同地区出土铜鼓纹饰所见。

从汉、晋以后文献看，"骆越"与"滇"人及"靡莫之属"等族群的确也有所不同。如《后汉书·马援列传》称交趾地区（广西西南部与越南北部）的当地人为"骆（雒）越"，唐代李贤注："骆者，越别名"。但是，《水经注》卷三十六"郁水"引《林邑记》却说："盖藉度铜鼓，即越骆也。有铜鼓，因得其名。马援取其（越骆）鼓以铸铜马。"（亦见《后汉书·马援列传》）①

上述表明，骆越本为百越之方国名。而且，"铜鼓即越骆也"一语也意味：铜鼓成了骆越人的主要文化特征及其代名词。事实上，"越骆"这种与汉语定语前置相反的定语后置的语法结构也正合壮侗语的形态②。

又，《水经注》卷三十七"叶榆河"记载：东汉"建武十九年，伏波将军马援上言：从麊泠（今越南河内西北）出贲古（今云南蒙自西南），击益州（今云南滇池地区），臣所将越骆万余人，便习战斗者二千兵以上……盖承籍水利，用为神捷也。"此记载说明，伏波将军马援企图乘平定交趾骆越"二征"姐妹反汉起义之余威，率降服的骆越部众从越南北部循红河而上，去攻打益州地方反叛的西南夷。这条史料记载可以确证，骆越与东汉益州地区的濮越（滇人）、氐羌人（昆明等）在地域分布和族群上还是有明显的区别。

（二）汉人

先秦两汉时期以来，中原商周式青铜器不断传入岭南越人地区并在当地得到仿制，这一过程也应当有中原人迁入骆越地区。例如，战国时期的楚国，湖广及其以南的地区多被楚人泛称为"交趾"。《楚辞·大招》

①闻宥：《族名小考》。
②黄迪健、黄庆印：《浅谈壮语定语后置的历史成因》，《广西民族学院学报：哲学社会科学版》1990年第1期。

载："魂乎归来，赏罚当只。……北至幽陵，南交趾只。"楚人招魂所至之地，即为楚人活动区域所及。史籍中又有楚悼王之大将吴起"南平百越"，楚国"遂有洞庭、苍梧"①之说。

尤其是秦汉王朝在骆越地区建立郡县制度实施对当地的行政管辖之后，汉移民成了骆越地区社会发展的主导力量。《史记·秦始皇本纪》载：秦始皇"三十三年，发诸尝逋亡人、赘婿、贾人，略取陆梁地，为桂林、象郡、南海，以适遣戍"；"三十四年，适治狱吏不直者，筑长城及南越地"；《史记·南越列传》又云："秦时已并天下，略定杨越，置桂林、南海、象郡，以谪徙民，与越杂处。"

文献史料虽然没有完全交代清楚秦朝所征发南迁的"罪人、赘婿、贾人、不直官吏、徙民"各为何方人氏，但其主体是来自内地中原的汉族则可无疑。《汉书·高帝纪》又载："粤人之俗，好相攻击，前时秦徙中县之民南方三郡，使与百粤杂处。会天下诛秦，南海尉它（佗）居南方长治之，甚有文理，中县人以故不耗减，粤人相攻击之俗益止，俱赖其力。今立它（佗）为南粤王。使陆贾即授玺、绶。它稽首称臣。"

上述记载都表明，秦汉王朝先后征服统一岭南越人诸部之后，汉族主导的政府都能有效管控岭南各地，这从考古发现也可得到有力的证明。例如，在广西贵港罗泊湾发现的1号、2号西汉早期墓，就是南越国贵族大墓，可能是赵氏苍梧秦王夫妇的墓葬②。1号墓主是汉族统治者，但该墓随葬的数具独木船棺殉人却具有明显的当地越人特征，随葬铜器的彩绘画像的人物衣着则表现为汉人（图6-5），其表现手法接近楚文化的绘画艺术风格。墓中还出土有越式铜鼓和铜提桶、汉式铁剑、铜镜、带钩等器物，显示了汉越文化融合的特征。由此可见，骆越青铜器的制作，在秦汉时期之后，仍然不断受到中原青铜器制作的影响。如前所述，赵氏南越国的政治与工官、乐府制度都是模仿中原汉制，其中的汉移民也应当有不少中原匠师。

---

①参见《后汉书·南蛮西南夷列传》。
②谢崇安：《西汉南越国墓出土铭刻补释三题》，《考古与文物》2013年第1期。

图6-5　广西贵港罗泊湾汉墓出土的铜器彩绘图案（局部展开）

（三）巴蜀人与夜郎人

如前所述，《水经注·叶榆河》引《交州外域记》载：战国时蜀王子泮曾率大军东南下，征服了交趾地区的骆王、骆侯、骆将诸部，在骆越地建立了安阳王国，后来安阳王国又被赵氏南越国攻破，安阳王即逃亡逐出于海。《汉书·西南夷两粤朝鲜传》载："建元六年，大行王恢击东粤，东粤杀王郢以报。恢因兵威使番阳令唐蒙风晓南粤。南粤食蒙蜀枸酱，蒙问所从来，曰：'道西北牂柯江，江广数里，出番禺城下。'蒙归至长安，问蜀贾人，独蜀出枸酱，多持窃出市夜郎。夜郎者，临牂柯江，江广百余步，足以行船。南粤以财物役属夜郎，西至桐师，然亦不能臣使也。"这些记载说明，在秦汉时期，巴蜀人、夜郎人与岭南越人的交流融合从未中断，这在发现的青铜文化中也得到了印证。

《史记·南越列传》又载：汉武帝征伐南越国，于元鼎五年（公元前112年）秋，"使驰义侯（《集解》：故越人）因巴蜀罪人，发夜郎兵，下牂柯江"。可见，越人驰义侯所率领的是巴蜀罪人、夜郎兵，进军是从牂柯江，即从所谓的"骆越水"①上游东南下，这些南下的从军者后来自然也就成为与越人杂处融合的徙民了。

《后汉书·南蛮西南夷列传》又载："（东汉）安帝永初元年，九真徼外夜郎蛮夷举土内属，开境千八百四十里。"此东汉交趾南部九真郡徼外之夜郎人，其先民是原居西南内陆之桂黔边区的濮越系族群当可无疑。蒙文通曾指出，在西汉成帝河平年间，夜郎人遭到汉牂柯郡守陈立镇压之

---

①《旧唐书·地理志·四》："汉岭方县地，属郁林郡。秦为桂林郡地。雒水在县北，本牂柯河，俗呼郁林江，即骆越水也，亦名温水。古骆越地也。"

后①，有一部分夜郎人便东南下逃亡到越南北部的汉交趾地区。因此，到了东汉伏波将军马援征交趾后，又复见"九真徼外夜郎蛮夷举土内属"的史迹②。

　　事实上，上述有关骆越地区有巴蜀人和夜郎人迁入的记载和推断，今天也得到了考古发现的部分证实。首先，巴蜀人与夜郎人从东南下至越南北部，桂西南都是必经之地。广西田东出土的春秋铜罍、武鸣出土的柳叶形铜剑，都可见巴蜀文化的因素。再如，黔西地区夜郎时期有一种最典型的青铜器，为带銎、銎部开岔中空、有浮雕V形符号的铜钺（图6-6：1），它不见于云南的滇文化，也不见于桂东北的西瓯文化，而是沿着贵州普安铜鼓山、兴义③，广西田东祥周、田阳平塘④，以至越南北部（图6-6：2、3）一线分布。

1—贵州兴义；2—广西百色；3—越南东山文化。

图6-6　中国西南部与越南北部出土的V形符铜钺

　　此外，贵州夜郎地区特有的镂空牌形首剑，在滇东南地区文山广南⑤、越南东山文化分布区也多有发现。此外，考古学者还在湄公河尽头附近的柬埔寨波萝勉省的波赫古墓中，发现了公元前1世纪左右的铜釜或

①《汉书·西南夷传》："至成帝河平中，夜郎王兴与句町王禹、漏卧侯俞更举兵相攻……陈立为牂柯太守……谕告夜郎王兴，兴不从命，立请诛之……"

②蒙文通：《蒙文通文集第二卷·古族甄微》，第347页。

③梁太鹤、曾令一：《贵州夜郎考古观察》。

④蒋廷瑜：《夜郎句町比较研究》，载《广西博物馆文集》（四），广西人民出版社，2007。

⑤杨帆等：《云南考古（1979～2009）》，第233页。

铜鼓套头葬俗及伴出的镂空牌形首剑、直内无胡铜戈等，与中国贵州西南赫章可乐的夜郎葬俗有明显的共性[①]，这均可视为两汉时期夜郎人在南迁交趾地区的过程中遗留在当地的文物。

（四）句町人

句町国是汉晋文献中记载的一个著名的西南夷酋邦方国（见《汉书·西南夷两粤朝鲜传》），学者认为其地望大致处于今天的桂、滇、黔边区。20世纪70年代，广西考古学者在桂西西林普驮等地发现了大型精美的铜棺遗迹、西汉早期的铜鼓墓，后者伴出土有较丰富的青铜器随葬品，这些青铜器显示了高超的工艺制造水平，故其被推断为上古句町国豪酋的墓葬[②]。

西林普驮铜鼓墓葬是将人骨装入套合的铜鼓葬具下葬，属于二次葬，这种葬俗与后世壮侗语族的葬俗很相似。将人骨装入铜鼓葬具下葬，也见于越南清化省峨山县的东山文化遗存[③]。表明普驮铜鼓墓的葬俗属于骆越先民的葬俗。西林普驮铜鼓纹饰精美（图5-43：1），与滇东的广南铜鼓相似，都属于典型的石寨山型晚期铜鼓，这说明当地青铜文化受到了滇文化的强烈影响。另一方面，西林普驮铜鼓墓除越式随葬器外，还出土有一组汉式随葬品，如铜质的大型六博棋桌、汉式骑马俑、踞坐官吏人俑和铁剑等，显示其汉化程度较高[④]。晋代《华阳国志·南中志》说：句町王国"其置自濮，王姓毋"。如前所述，句町王国应当是骆越历史民族区中的一个酋邦方国，其主体民族当为濮越融合的族群。我们还可举一个有力的证据，那就是云南与广西交界的广南铜鼓纹饰的戴羽冠的人像（图6-2），与越南北部清化省的东山偏刃铜钺纹饰（图6-3：2）的人像非常相似。

①杨勇：《可乐文化因素在中南半岛的发现及初步认识》。
②蒋廷瑜：《西林铜鼓墓与汉代句町国》。
③广西壮族自治区博物馆、广西文物考古研究所、越南国家历史博物馆：《越南铜鼓》，科学出版社，2011，第283页。
④广西壮族自治区文物工作队：《广西西林县普驮铜鼓墓葬》。

二、越南北部骆越地区上古青铜文化类型的族属

（一）骆越人

从《后汉书·马援列传》等史料记载来看，越南北部红河中下游的汉代麊泠县（今越南河内西北越池一带）及其邻近地区，无疑是古骆越人的分布地区，东汉初期的骆将之女——"二征"姐妹反叛汉朝的暴动最先就发生于此地。从考古发现来说，越南北部的先秦两汉时期青铜文化的发展顺序就是"前东山文化"—东山文化。事实上，地域分布广大的东山文化遗存中同样可见不同的族群。

笔者认为，越南东山文化的主体族群也是操原始壮侗语的骆越人，越南北部的骆越人与中国桂南的骆越人有明显的共性。例如，出土于越南富寿省越池、清化省绍阳的东山文化铜钺纹饰的人像（图6-7：2、3），都作髡头裸体，这与中国广西左江岩画、湖南衡山出土的东山式铜钺的人像（图6-7：4）很相似，符合越人"断发文身"的特征。"断发"可作二解：一是髡头；二是剪短发。越南北部安沛省陶盛出土的带盖铜提桶，盖钮人像作短发齐肩、缠遮羞布、佩短剑、裸体（图6-7：1），也是骆越人的特征。此外，东山文化铜器纹饰的人像，作戴羽冠、穿草裙的形象（图6-3：2），也与云南与广西交界的广南铜鼓人像相似。富寿越池铜钺的装饰纹样有方格凸点雷纹，早见于两广先秦时期的雷纹陶器[①]，后者也是仿自中原的商周铜器纹饰。

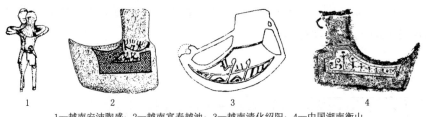

1—越南安沛陶盛；2—越南富寿越池；3—越南清化绍阳；4—中国湖南衡山。

图6-7　东山文化铜器的人像

[①]深圳博物馆：《广东深圳大梅沙遗址发掘简报》，载广东省文物局等编《广东文物考古三十年》，暨南大学出版社，2009，第194页。

（二）汉人

汉人不断迁入越南北部骆越地区是在秦汉时期。《史记·秦始皇本纪》载：秦始皇"三十三年，发诸尝逋亡人、赘婿、贾人，略取陆梁地，为桂林、象郡、南海，以适遣戍"。其中秦朝设立的象郡，许多学者都认为它就在越南北部①，但也有部分中外学者认为，秦之象郡不在越南北部②。

综合各家观点和考古发现，笔者坚持认为，秦朝统一岭南所设立之象郡已包括越南北部，且为南越国所兼并继承，到汉武帝征服南越国后，西汉朝又在越南北部秦朝象郡的基础上设立了交趾、九真、日南三郡。目前在越南北部发现的东周式铜剑和铜戈、秦式扁壶及为数不少的秦半两铜钱（图6-8）等遗物，就应当是秦朝在越南北部设立过郡县的反映③。

秦汉以来，中央王朝委任的汉族官吏，以强大的政治、军事实力为后盾，在岭南两广地区和越南北部推行中原先进的文教和科学技术，使当地的社会生产力和文明建设获得了飞跃性的发展，表现在青铜文化上，中国岭南各地出土的汉越融合的器物日渐增多。到东汉时期，越南北部的汉化已经达到很高的程度，汉墓分布很广，铁器普及，当地东山青铜文化趋于绝迹。在这种时代背景下，才出现了许多少数民族请求内附汉朝和前往中原朝贡的现象④。《后汉书·南蛮西南夷列传》载："逮王莽辅政，元始二年，日南之南黄支国来献犀牛。凡交趾所统，虽置郡县，而言语各异，重译乃通。人如禽兽，长幼无别。项髻徒跣，以布贯头而著之。后颇徙中国罪人，使杂居其间，乃稍知言语，渐见礼化。"可见，由于汉移民不断

---

① 郭沫若主编《中国史稿地图集》（上册），地图出版社，1979，第24页。
② 蒙文通：《蒙文通文集第二卷·古族甄微》，第354-358页。
③ 谢崇安：《泛北部湾地区秦汉时代的古族社会文明》，科学出版社，2014，第39-43页。
④ 《后汉书·南蛮西南夷列传》："元始二年，日南之南黄支国来献犀牛……建武十二年，九真徼外蛮里游，率种人慕化内属，封为归汉里君。明年，南越徼外蛮夷献白雉、白菟……安帝永初元年，九真徼外夜郎蛮夷举土内属，开境千八百四十里……延光元年，九真徼外蛮贡献内属。三年，日南徼外蛮复来内属。顺帝永建六年，日南徼外叶调王便遣使贡献，帝赐便金印紫绶。"

入居越南北部三郡，加上当地官府长期推行汉式教化，最迟到东汉时期，所谓的"汉越语"已经成为能够通行越南北部各地的语言①，汉字也成为通行的官方文字（图6-9）②。

图6-8　秦朝半两铜钱③

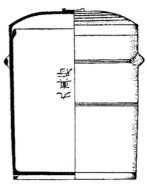

图6-9　"九真府"墨书陶提桶
（广西合浦望牛岭汉墓出土）

（三）巴蜀人与夜郎人

前辈学者指出，巴蜀人与骆越人的交往最迟不晚于商代，越南北部冯原文化遗址出土的玉石牙璋，就可以同中原夏商时期的牙璋对比，前者更是与四川广汉三星堆文化的牙璋最为相似。虽然冯原文化牙璋是在越南当地制作的，但它受到巴蜀文化传播的影响也是中越学者公认的事实④。汪宁生也认为，广汉三星堆文化存在的大量海贝、象牙也有可能是来源于北部湾沿海的骆越地区。

据古史传说的记载，战国时期的蜀王子泮率大军东南下攻占了骆越王、诸骆将的领地，在此建立了安阳王国，学者多认为这是越南有信史的开始，也将发现于今越南河内东英县的战国晚期至秦汉时期的遗址——古螺城，推定为安阳王国故城。李学勤认为，越南东山文化遗址出土的"棘

①范宏贵、刘志强：《越南语言文化探究》，民族出版社，2008，第42页。
②蒋廷瑜、彭书琳：《历史的足迹——广西历史时期考古手记》，第88页。
③杜文宁：《秦朝半两钱币》，《越南考古学》，2008年第2期。
④李学勤：《四海寻珍——流散文物的鉴定和研究》，清华大学出版社，1998，第119页。

戈"，分别见于中国的湖南、四川等地，其形制及铭文都比较特殊，戈援上扬，起脊，锋呈舌状，中胡三穿，器身有多种符号铭文，最接近巴蜀文化青铜器的符号铭文，应当是战国晚期从内地传播到越南北部的巴蜀文化遗物[①]。笔者在前述中已经阐明了古巴蜀人与越南北部骆越人的关系可追溯到商周时期，如两地的牙璋、玉戈都十分相似。笔者还认为，越南海防越溪等地发现的东周式剑、船棺葬等文化因素，也与巴蜀文化有相似之处，尤其是两地都发现有大量的船棺葬，不排除直到秦汉时期仍然有中国西南的巴蜀人移入交趾地区的可能。

至于夜郎人，不仅文献有确切的记载，越南北部考古发现的V形符铜钺、牙边饰玉玦、仿玉铜玦、镂空牌形首剑等文物，都与黔西南地区夜郎时期的出土物相似，这都可视作中国西南的夜郎人迁入越南北部的物证。

（四）滇人

越南东山文化存在大量的滇文化因素，如石寨山型铜鼓、心形铜锄、一字格曲刃短剑、直内曲援无胡戈等，两地的同类器物都极为相似，这很难用物资交流来解释，故有国外学者将越南东山文化区分为云南石寨山文化的地方类型。例如，越南东山文化铜鼓中可见两种滇人形象的纹饰：一种是戴耳环、发式作螺椎髻（或加长羽饰）下垂于身后，着竖条纹束腰短衣划船的水手（图6-10：1、2）；一种是发式作项髻（或加一长羽饰），赤身划船的水手（图6-10：3、4）[②]。这两种人像纹饰与云南晋宁石寨山、江川李家山等地所出土的滇系铜鼓的人像纹饰（图6-11）都很相似。尤其是着竖条纹束腰短衣者，明显与"断发文身"的裸体骆越人不同，滇国的主体族群应当是濮越系的民族。从考古发现来说，属于濮越系的滇人，在先秦两汉时期，都与红河中下游地区的骆越人一直保持着密切的交流与融合关系。

---

① 李学勤：《四海寻珍——流散文物的鉴定和研究》，第164页。
② 广西壮族自治区博物馆等：《越南铜鼓》，第108、84、94页。

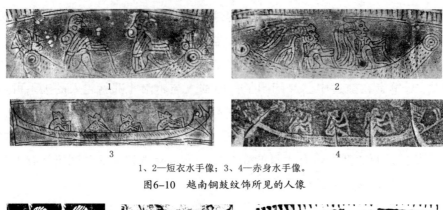

1、2—短衣水手像；3、4—赤身水手像。

图6-10　越南铜鼓纹饰所见的人像

1、2—云南晋宁石寨山M20：1号鼓；3—四川会理3号鼓。

图6-11　石寨山型铜鼓的滇人形象

（五）氐羌人

《史记·西南夷列传》载："西南夷君长以什数，夜郎最大；其西靡莫之属以什数，滇最大……此皆魋（椎）结（髻），耕田，有邑聚。其外西自同师以东，北至叶榆，名为嶲、昆明，皆编（辫）发，随畜迁徙，毋常处，毋君长，地方可数千里……皆氐类也。"此载把西南夷中的农业民族和游牧民族的发式和文化特征区别得很清楚。事实上，我们从越南北部的考古发现，也可见氐羌人像出现在东山文化的青铜器图像纹饰中。例如，出土于越南义安省鼎乡遗址的青铜短剑，剑柄人像就作辫发著尾饰（图6-12：1）[1]。此类辫发人像柄短剑还分别见于越南清化东山和中国湖南长沙树木岭战国晚期墓葬[2]。

氐羌系民族还有披发者。张世铨曾指出，中国云南开化（文山）铜

①吴士宏：《1983年鼎乡（义安省）第二次发掘》，今村启尔译。

②湖南省博物馆：《长沙树木岭战国墓阿弥岭西汉墓》。

鼓、越南和平省的沱江铜鼓，其上的纹饰人物图像也见有执杵舂捣的披发者（图6-12），《后汉书·西羌传》说："羌人被（披）发，左衽。"人物图像发式与此载相合，当为西南夷中的"昆明"种人。从开化铜鼓、沱江铜鼓的分布情况看，西汉时期原来散居于滇池西部的氐羌系族群，在东汉时期不仅发展到滇东南的南盘江流域（贵州南部），而且有的还沿着元江发展到了越南的黑河流域。他们可能就是今中国贵州南部和越南北部的彝族或哈尼族的祖先①。

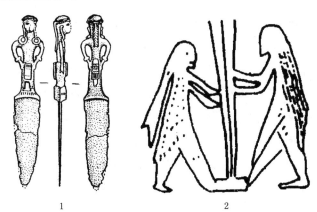

1—义安鼎乡铜剑；2—和平沱江铜鼓。
图6-12　越南铜器纹饰所见的辫发、披发人像

值得注意的是，越南义安省鼎乡遗址，还存有许多大石墓，也有火葬现象，这些都是先秦两汉时期中国西南氐羌系族群的习俗②。在越南的永福省、黄林松省等地，也出土过放置人牙和骨灰的黑格尔Ⅰ型（石寨山型、东山型）铜鼓和铜瓮。越南学者黎文兰等人认为这也是行火葬的习俗，鉴于葬俗与青铜器纹饰人像服饰的复杂性，他们认为骆越人并不是越南东山文化唯一的主人，实际上有许多族人集团参加了这个文化的创造③。

从上述的青铜器纹饰图像和相关文化习俗可见，越南北部的"前东山文化"—东山文化时期，已反映出当地存在着较多来源复杂的族群。

---

①张世铨：《铜鼓人像的族属试析》。
②谢崇安：《兰威克文化艺术遗存之早期中越民族文化交流管窥》。
③黎文兰等：《越南青铜时代的第一批遗迹》，第103、187页。

第二节　骆越青铜文化所见之族群关系

在上古时代的骆越地区，这里的族群关系复杂，从岭南两广地区到越南北部，称得上是多民族迁移与融合的漩涡漏斗，但民族关系的演变发展，都离不开各族群之间的互动交流、斗争与融合的主线，这在骆越历史民族区发现的青铜文化遗存中也得到了明显的反映。

远在商周早期，骆越先民最初只是能够用石范铸造生产一些简单的青铜器，如针、锥、鱼钩、斧之类的生产工具，还不能大规模生产门类齐全、各种用途的青铜器。随着商周青铜礼乐器、兵器的不断传入，加上当地生产力的不断发展，接受了中原商周礼制文明影响的骆越青铜文化，在公元前6世纪左右开始进入繁荣发展的阶段。事实证明，对先进文化的吸收融合最终促使岭南各民族及其文化的融合与社会的进步。

从骆越青铜文化的演变来看，在公元前6世纪之前，骆越地区还不会形成较大的酋邦方国政体。古史传说与正史记载中，有若干次较明显的中原王国向岭南移民或对其进行征服的战争。

第一次是战国初年楚威王大破其东方的越国，吴越故地的越国子孙沿东南沿海地区逃亡，陆续在当地建立了一些诸侯国，或彼此争斗，这些诸侯国后来皆"服朝于楚"①。浙江宁波鄞州区出土的越族铜钺与越南东山文化铜钺的纹饰如此相似，应当就是这一历史事件的反映。再如，浙江长兴等地出土的西周前期的越式三角刃短剑②，与广西武鸣马头元龙坡墓葬出土的三角刃短剑也较为相似，为他处罕见，后者也可能是受到了东南沿海地区越式短剑的影响。

21世纪初期，考古学者在广州发掘出1座南越国高级别的墓葬，出土不少珍贵文物。其墓室为"人"字顶木椁大墓，与浙江绍兴印山越王陵、福建武夷山城村闽越王室墓结构相似，表明这种墓葬与中原贵族棺椁葬制

---

①参见《史记·越世家》。
②郑小炉：《吴越和百越地区周代青铜器研究》，第104页。

不同，是百越地区最高等级的越人墓葬，故发掘报告者推论墓主应当为南越王室成员一级①。这一发现表明，中国东南地区先秦越族文化一直在向南传播，直到西汉初期在岭南各地仍有孑遗。

第二次是蜀王子泮率大军征服了交趾地区的骆王、诸骆将，建立了安阳王国，这时骆越地区才形成了较大规模的方国②。

第三次是秦朝对岭南的征服统一。《史记·秦始皇本纪》说："（秦）南取百越之地，以为桂林、象郡；百越之君，挽首系颈，委命下吏。"这是秦军的武力征服与中央集权制下的地方郡县制确立所带来的必然结果。这种强制性的征服，自然使中原地区的人民为此付出了沉重的代价。但其更直接的后果是，数十万中原移民入居岭南，从此成为推动泛北部湾地区多民族社会发展与文明进步的主导力量。

面对北方王朝的征服，岭南越人政权也做出过激烈的反抗，最初是西瓯人给予秦军惨重的打击，其后又有南越国相吕嘉、交趾郡骆越"二征"姐妹的大规模反汉。尽管如此，民族融合、共同进步始终是岭南社会发展的主流。

秦汉王朝的统治者在武力开疆拓土的同时，可以说积累了丰富的统治多民族地区的经验，其中又以秦南海尉赵佗的治边最为典型，可谓影响深远。

秦末中原地区大乱，当此之际，秦军将士及担任后勤的男女人员，也都屯留在岭南。赵佗经过长期征战、戍守治边，他断然主动采取与当地越人融合的政策，变服从其俗③。尤其是秦遗贵族多与当地以吕氏越人为首的豪族通婚④，通过政治和亲争取其在政治上的支持，从此便开创了南越国历史的新篇章。

---

①广州市文物考古研究所：《广州市农林东路南越国"人"字顶木椁墓》，载广东省文物局等编《广东文物考古三十年》，暨南大学出版社，2009。

②《水经注·叶榆河》引《交州外域记》。

③参见《史记·郦生陆贾列传》。

④《史记·南越列传》："其相吕嘉年长矣，相三王，宗族官仕为长吏者七十余人，男尽尚王女、女尽嫁王子兄弟宗室，及苍梧秦王有连。其居国中甚重，越人信之，多为耳目者，得众心愈于王。"

《汉书·高帝纪》载："粤人之俗，好相攻击，前时秦徙中县之民南方三郡，使与百粤杂处。会天下诛秦，南海尉赵（佗）居南方长治之，甚有文理，中县人以故不耗减，粤人相攻击之俗益止，俱赖其力。今立它（佗）为南粤王。"这从一个侧面反映，赵佗之南越国能够异军突起，首先是他立足于民族和解的政策。其次是秦汉王朝在政治上对岭南各地都实行羁縻制管辖，给予地方自治权力。《汉书·西南夷两粤朝鲜传》载：南越王赵佗对汉文帝自称"蛮夷大长"，这是汉承秦制。因岭南地域辽阔，交通险阻，南越国只能是让其越人藩属实行监国下的地方自治。

汉武帝重新统一岭南后，情况仍然如此。《汉书·食货志·下》又载："汉连出兵三岁，诛羌，灭两粤，番禺以西至蜀南者置初郡十七，且以其故俗治，无赋税。"

在这种民族和解政策的引导下，中原先进的生产技术（如铁器的应用）传入岭南各地，使越人经济社会获得了飞跃性的发展，南越国得到长期的休养生息，国力大增，如《史记·南越列传》说："（赵）佗因此以兵威财物赂遗闽粤、西瓯、骆，役属焉。东西万余里。乃乘黄屋左纛，称制，与中国侔。"骆越之安阳王国被南越国兼并即此时。

《史记·西南夷列传》又载："夜郎侯始倚南越。南越已灭，会还诛反者，夜郎遂入朝。上以为夜郎王。"这说明南越国时期，西南夷各族大多臣属于南越赵氏政权，这在考古发现中也得到了明显的反映。

例如，在岭南骆越地区，出土了较多的滇系青铜器，有一字格曲刃短剑、石寨山型铜鼓、直内曲援无胡戈等。这表明，骆越地区是充当了滇国与南越国交流的中介。又如，广州第二代南越王墓出土的几件青铜提桶，与在桂南、越南北部发现的提桶在形制和纹饰上都十分相似，故黄展岳等人认为这是来自其藩属骆越人的贡品。由于交流频繁，考古学者也在滇文化青铜器中发现了仿制南越国波斯银盒的铜盒（分见于晋宁石寨山、江川李家山滇族墓）。如前所述，云南个旧黑玛井等地，也发现了骆越式的铜提桶、承盘、铜盒等錾刻花纹铜器①。

---

①杨帆等：《云南考古（1979～2009）》，第244~245页。

　　可见，正因为实行融合政策并给予地方高度自治，南越国对岭南各地的管辖才是行之有效的。《汉书·景武昭宣元成功臣表》载：汉武帝大军攻下南越国都城番禺，苍梧秦王赵光等闻风而降，"湘成侯监居翁，以南越桂林监闻汉兵破番禺，谕瓯骆民四十余万降，侯，八百三十户"。又载："下鄜侯左将黄同，以故瓯骆左将斩西于王功侯，七百户。"

　　上述记载表明，汉武帝南征大军能够迅速平定岭南，与南越国各地方官能够有效管控各地及其迅速归顺有不可分割的关系。事实上，南越国近100年的多民族社会的融合发展，为西汉王朝多元一体格局的重新形成奠定了至关重要的基础。

　　两汉王朝先后统一岭南，仍然继续实行南越国的民族和解与恩威并重的治边策略[1]，其间虽然有反复，但结果是获得了数百年的和平繁荣，而且使得岭南发展成为汉王朝国家对外开放的门户前沿及海上丝绸之路的港口重镇，有力地推动了东西方交流的大发展。

　　东汉初期，中央王朝还采纳伏波将军马援的建议，对骆越地方豪酋及其领地实行分而治之。《后汉书·马援列传》载："（马）援将楼船大小二千余艘，战士二万余人，进击九真贼征侧余党都羊等，自无功至居风，斩获五千余人，峤南悉平。援奏言西于县户有三万二千，远界去庭千余里，请分为封溪、望海二县，许之。"马援又"徙其（骆越）渠帅三百余口于零陵"。现代考古学者在今湖南衡山、道县发现的骆越东山式铜钺（图5-18：7、8），可能是北迁零陵郡的骆越人留下的文物。

　　马援对骆越故地的核心地区西于县分而治之，削弱了地方越族豪强的势力，这有助于汉王朝的地方管理和政令的推行。

　　更为重要的是，两汉以来的岭南地方政府都致力发展社会经济建设。《汉书·循吏传》载："汉兴之初，反秦之敝，与民休息……天下晏然，民务嫁穑，衣食滋殖……至始元、元凤之间，匈奴乡化，百姓益富，举贤良文学，问民所疾苦，于是罢酒榷而议盐铁矣。及至孝宣……厉精为治……是故汉世良吏，于是为盛，称中兴焉。"《后汉书·循吏列

----

①《史记·南越列传》载：西汉王朝"除其（南越）故黥、劓刑，用汉法，比内诸侯"。

传》又载："初，光武长于民间，颇达情伪，见稼穑艰难，百姓病害，至天下已定，务用安静，解王莽之繁密，还汉世之轻法……勤约之风，行于上下……故能内外匪懈，百姓宽息。自临宰邦邑者，竞能其官……任延、锡光移变边俗，斯其绩用之最章章者也。"

上述记载基本反映了两汉时期以来的政治主流，也表明吏治的澄清，是实现民族融合与社会进步发展的根本保障。如汉零陵太守召信臣、汉合浦太守孟尝、汉九真太守任延就是岭南地区良吏的代表，正如同传记所云：良吏"所居民富，所去见思，生有荣号，死见奉祀，此凛凛庶几德让君子之遗风矣"。

两汉王朝治边的主要成绩反映在青铜文化方面，就是地方越族青铜文化的特点逐渐消失，汉越融合的青铜器日益增多，汉文化逐渐取代当地的越文化，成为多民族统一国家认同的标志和象征。如越南北部的土著东山青铜文化到了公元前后已经趋于绝迹，取而代之的是各地大量汉墓的出现。

《后汉书·马援列传》载：汉马援大军自合浦西南下平定交趾地区后，"所过辄为郡县治城郭，穿渠灌溉，以利其民……自后骆越奉行马将军故事"。马援治边是将加强边防与改善社会民生并举，这增强了边疆地区民族的向心力，为国家的发展和长治久安树立了典范。"自后骆越奉行马将军故事"，表明岭南后世所见之马援列传说及"伏波"神化信仰已在晋代范晔之前盛传，也可知环北部湾地区各民族的融合与国家的认同感得到了很大的加强。

《后汉书·南蛮西南夷列传》载："建武十二年，九真徼外蛮里张游，率种人慕化内属，封为归汉里君。明年，南越徼外蛮夷献白雉、白菟。"这些记载都是汉朝骆越地区民族关系得到良好改善的明证。此后，岭南边疆地区少数民族归顺汉朝的事例可谓史不绝书。

《后汉书·南蛮西南夷列传》又载："光武中兴，锡光为交趾，任延守九真，于是教其耕稼，制为冠履，初设媒娉，始知姻娶，建立学校，导之礼义。"可见，岭南地区与越南北部的汉式文教大兴是在东汉时期。

在越南后世古籍中，也见有对汉代治边良吏的追怀。例如，李善，

"南阳人，汉太子舍人。显宗时，守日南。以惠爱为政，怀来异俗，迁九江太守"。祝良，"临湘人。永和间，为九真太守。初，蛮区怜叛，良至，单车入贼中，招以威信，降者数万，岭外复平"。虞歆，"（虞）翻父也。后汉日南太守，惠泽及民。身死归乡，有雁随棺至会稽，栖冢乃去"①。

两汉时期环北部湾骆越历史民族区得到大治，且民族融合关系得到加强、社会得到发展进步，最明显的就是体现在人口户数的大幅增长上。

例如，从"两汉书"的统计数据可知，东汉之合浦郡有5个管辖县，总人口户数已由西汉时期的15398户增至23121户，人口86617人；东汉之交趾郡辖县最多（12个管辖县），虽然其人口户数缺乏记载，但其人口应当是岭南各郡县之最；此外，九真郡有5个管辖县，总人口209894人；日南郡有5个管辖县，总人口100676人②。

东汉时期，地方郡县政府对边区的实际管辖控制范围也大为拓展。例证就是汉墓遗址被发现普遍。如在上古属于偏僻渔村的香港九龙李郑屋村，也曾发现了汉墓遗存，其中的铭文墓砖标记有"大吉番禺""大吉年""番禺大治历"等字样③。在广西防城港的沥尾岛也发现了汉墓遗存，出土有汉式铜镜和五铢铜钱④。再如，岭南汉墓出土的许多铜器的吉祥语铭文，广西贵港东汉墓铜镜铭文："李氏作竟（镜）四夷服，多贺国家人民息，胡虏殄灭天下服，风雨时节五谷熟，长保二亲得天力。"⑤广东番禺东汉墓龙虎纹镜铭："李氏作镜四夷服，多贺国家人民息，宜子孙。"⑥（图6-13），也从一定程度上反映了当时的天下大治及对国家的认同与社会的民心所向。

---

①黎崱等：《安南志略·海外纪事》，中华书局，2008，第160、162、166页。

②分见《汉书·地理志·下》《后汉书·郡国志·五》"南海郡""合浦郡"条。

③饶宗颐：《李郑屋村古墓砖文考释》，载《选堂集林史林》（下册），中华书局香港分局，1982。饶宗颐谓，"番禺大治历"之"历"为"治"之意。余按："历"当解为"年（代）"之意。《玉篇·日部》："历，数也。"《汉书·诸侯王表》："周过其历，秦不及期。"师古注引应劭曰："武王克商，卜世三十，卜年七百，今乃三十六世，八百六十七岁，此谓过其历者也。""番禺大治历"即谓"番禺大治年"。

④覃义生：《沥尾岛考古调查》，《文物》1984年第5期。

⑤黄启善：《广西铜镜》，第91页。

⑥广州市文物考古研究所等：《番禺汉墓》，科学出版社，2006，第331页。

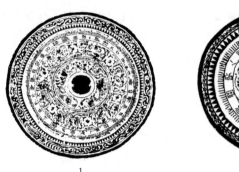

1—广西贵港东汉墓出土的铜镜；2—广东番禺东汉墓出土的龙虎纹镜。

图6-13　两广地区汉墓出土的铜镜上的铭文

本章小结

综上所述，从骆越青铜器的形式和人物雕像中观察，可知先秦两汉时期的骆越地区先后分布有断发（或髡头）文身裸体的骆越人、辫发（或披发）的氐羌人、巴蜀人、夜郎人、滇人、汉人等族群，表明骆越并不是一个单一的族群，而是包括有多种族群的集团方国。进入秦汉时期，来自内地中原的汉移民虽然在岭南众多的族群中不占多数，但汉民族依靠中央王朝的强大后盾，处于政治上的强势地位，从此便成为中国南疆多元一体格局形成和社会发展的主导力量。中央集权下的郡县地方政府，在实行羁縻制的民族地方自治的同时，也在不同程度地推进了本区域的经济建设、兴修文教和移风易俗，并扩大地方与外界的经贸文化交流，其最终结果是加快了环北部湾地区社会的文明进程，并形成了以地方多民族融合共同发展为主线的地方民族关系。

第七章·骆越青铜文化与中原文化的关系

　　东亚大陆青铜文明最早起源的地区，就在中原的晋、豫一带，即二里头文化的分布区，也是学界公认的夏代文化分布区。在二里头文化的影响下，中原地区相继涌现出灿烂的商周青铜文明，三代青铜文明形成发展的时代，大约处于公元前23世纪—公元前3世纪。此外，中国早期青铜文明的起源中心，还有四川盆地的三星堆文化，这也是学界公认的蜀人创造的青铜文明，时代上限大约处于公元前16世纪。在夏商文明的影响下，长江中下游及其以南地区，大约在商代中期（公元前16世纪）也先后进入了青铜时代。长江以南地区具有代表性的地方青铜文化，有江西清江吴城文化、湖南石门皂市下层文化、闽粤边界的浮滨文化等①。

　　李学勤指出，中原安阳殷墟商代甲骨文记载的地理范围，要比过去学者想象的辽远得多，卜辞记载的事不等于是发生在中原地带，如殷墟卜甲有的龟种已经鉴定产生于马来半岛，中原王朝的大象长期都是南方贡品，湖南一带屡出青铜象樽、象纹主题铜铙等青铜礼器，这都反映我国南方或更南地区的族群与中原人民的早期交流②。

第一节　骆越青铜文化与商周文化的关系

　　《逸周书·商书·伊尹朝献》云："伊尹受（汤）命，于是为四方令曰：臣请……正南瓯邓、桂国、损子、产里、百濮、九菌，请令以珠玑、玳瑁、象齿、文犀、翠羽、菌、鹤、短狗为献。"《逸周书·王会解》卷七记载，西周初期的"成周（洛阳）之会"，说到南方来朝贡者有云："路（越）人大竹，长沙鳖……蛮杨之翟，仓吾翡翠……"《淮南子·人

①中国社会科学院考古研究所：《中国考古学·夏商卷》，第655–658页。
②李学勤：《四海寻珍——流散文物的鉴定和研究》，第58页。

间训》说秦始皇征服统一岭南地区的目的是"利越（人）之犀角象齿、翡翠珠玑"。

谈到古骆越人与中原王朝的交往，还涉及一个"越裳国"的问题。

"越裳氏"早见于史籍。如先秦《竹书纪年》卷上载："周成王十年，越裳氏来朝。"

西汉《尚书大传》卷五载："交趾之南，有越裳国。"

西汉《韩诗外传》卷五载："果有越裳氏重九译而至，献白雉于周公。道路悠远，山川幽深，恐使人之未达也，故重译而来。"[①]

《汉书·王莽传》载："风益州令塞外蛮夷献白雉。"此事又同见于《汉书》卷十二《平帝纪》载："元始元年春正月，越裳氏重译献白雉一，黑雉二，诏使三公以荐宗庙。"

《后汉书·南蛮西南夷列传》亦载："日南（郡）徼外蛮夷究不事人邑豪献生犀、白雉。"

蒙文通曾考证指出，"越裳"在交趾地区，中越史家自来无异辞，但越南学者如黎志涉、陶维英却认为"越裳"即"越章"，乃一音之转，"越裳"即在先秦楚国的越章之地，亦即汉之豫章郡，实无确证[②]。

张星烺考证则认为，古越裳不在今越南境内，应当在其更遥远的海外之地[③]。

综上所述，笔者认为，"越裳"并不能等同于交趾骆越地区，只能认为先秦之"越裳"是处在交趾越人地区的徼外某地，故其远距离与中原王朝交往需重九译乃通，而且骆越地区是其必经之地。事实表明，"两汉书"所载之"越裳"也不确指，一说在汉益州郡南境塞外之地；一说在汉日南郡徼外之地。那么，"越裳"两地皆在今天的东南亚地区当可无疑，但也包括内陆和滨海地区。如"究不事人"，有学者就考证为古代柬埔寨人[④]。可见"越裳氏"实为先秦时期的中原人对南方远夷的泛称，其地

---

①李昉等：《太平御览》卷九一七引。

②蒙文通：《蒙文通文集第二卷·古族甄微》，第323–325页。

③张星烺：《中西交通史料汇编》第一册，中华书局，2003，第56页。

④汪大渊著：《岛夷志略校释》，苏继庼校释，中华书局，1981，第75页。

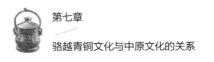

也不能确指。到了两汉时期，中原人所指的"越裳氏"已在其南部边境之外，"越裳氏"也不确指是交趾的骆越人。

　　总之，汉文史籍记载先秦时期岭南越人诸多部族与中原商周王朝的交往，也只能是依靠考古发现来加以证实。再如，西周中期铜礼器师汤父鼎铭文载："唯十又二月初吉丙午。王在周新宫。在射庐。王呼宰雁赐□弓象弭矢……师汤父拜稽首……"（《殷周金文集成》5.2780）何谓"象弭"?《诗·小雅·采薇》云："象弭鱼服。"朱熹注："象弭，以象骨饰弓弭也。"《吕氏春秋·古乐篇》载："商人服象，为虐于东夷，周公遂以师逐之，至于江南。"这意味周代以来中原的大象已经趋于绝迹，制作象牙工艺品的原料只能是来源于地域广大的南方，故《说文解字》云："象……南越大兽。"

　　经济与文化的交流往往是双向的，因此，我们在南方骆越地区发现的商周式青铜器，也可以视为骆越先民与中原人民交流的确切物证。

　　中原内陆的三代青铜文明的影响是巨大而深远的。从考古发现来说，随着时间的推移，中原内陆的青铜文明渐次向南扩散的趋势十分明显，可以说，岭南骆越历史民族区的青铜文化就是在中原内陆青铜文明的不断影响下起源、形成和发展的，即使是进入铁器时代的秦汉王朝，中原文化对骆越文化的影响也是持续不断的。

　　考古发现表明，骆越地区发现的最早的青铜器，可分为两种类型，一类是商周式青铜器，另一类是越式青铜器。

　　例如，从商周时期的发现来说，在广西兴安、武鸣等地发现的青铜卣、戈、盘、编钟、铜鬲等，都属于殷周式青铜器。在越南北部也发现过商周式铜戈（表7-1）、玉石戈和牙璋。几乎与此同时，骆越地区也产生了一些用石范铸作的铜斧、矛、箭镞、刀、锥一类简单的越式青铜器。由此可以说明，代表青铜时代礼制文明与国家权威、等级象征的青铜礼乐器，以及相关的政治礼法制度，是骆越诸原始部族从中原王朝引进的。这种文化的引进及中原王朝与岭南越人的早期交往，不仅有文献记载，也得到了考古发现的印证。

　　过去，有一些国内外学者认为，骆越历史民族区直到春秋战国时期才开始制造青铜器，这已经被当代许多考古发现的事实所否定①。然而，反过来也说明，骆越地区青铜文化起源和发展的过程也是较为缓慢的，直到春秋晚期及战国时期才进入繁荣发展阶段，其原因就在于当时已经有不少中原内陆的蜀、楚移民和东南地区的吴、越先民迁徙到岭南各地，他们在当地越人的部落或酋邦的基础上又先后建立了一些方国，并"服朝于楚"②。从历史记载来看，这些移民在东南沿海和岭南地区建立的百越方国，事实上还是实力不小的地方势力。如《史记·樗里子甘茂列传》记载，战国后期楚之大臣范蜎对楚怀王曰："越国乱，故楚南塞厉门而郡江东。计王之功所以能如此者，越国乱而楚治也。今王知用诸越而忘用诸秦，臣以王为巨过矣！"

何谓"厉门"？《集解》引晋代徐广曰："一作'濑湖'。"《正义》刘伯庄云："厉门，度岭南之要路。"由此可知，岭南越人社会在战国中晚期已形成楚国南方的若干个酋邦方国，而"越国乱而楚治也"，言外之意就是岭南诸越方国的强大对楚国不利，诸越方国相攻内乱，楚国才能安稳占有岭北的江南之地。

与此相对，有部分越南学者又强调，越南北部骆越青铜文化是本土独立起源发展而来的，如"前东山文化"就具有鲜明的地方特点③。笔者认为，从"前东山文化"遗存中出现的殷式牙璋、直内三角援铜戈等器物（表7-1）分析，越南北部青铜文化与岭南越人青铜文化一样，一开始就受到了中原青铜文明的影响，越南青铜文化也是经过了漫长的起源阶段，直到进入东山文化期的公元前6世纪左右，才开始呈现蓬勃发展的趋势。这同样证明，桂南与越南红河流域等地区的青铜文化大体上是同步发展的，也是在中原青铜文明的持续影响下才达到青铜文化发展的高峰阶段。

比较内地中原商周青铜器与岭南瓯骆地区出土的先秦青铜器，两者的源流关系可谓一目了然（表7-1），这里笔者摘要分述如下。

---

① 李伯谦：《关于岭南地区何时开始铸造青铜器的再讨论》。
② 参见《史记·越世家》。
③ 何文晋主编《越南东山文化》，第六章。

例如，广西武鸣勉岭坡出土的带提梁的兽面纹天卣、武鸣马头元龙坡墓葬、兴安出土的夔纹提梁卣（表7-1：2、4），与湖南炭河里文化的"宁乡铜器群"一样，都属于典型的殷周式铜礼器，此前已经见于河南安阳殷墟、陕西宝鸡等地。

粤西南信宜市出土的龙首长流铜盉，形制相似者有陕西长安张家坡窖藏的西周早期伯庸父盉、上海博物馆藏的龙纹盉等（表7-1：9、10、11）[①]。

铜盘也是常见的商周礼器，它也见于广西武鸣马头元龙坡等地，有着附耳、浅腹、高圈足的形制和纹饰，较接近陕西上村岭虢国1601号墓出土的西周晚期铜盘[②]。

出土于广西武宣的春秋云雷纹铜牛角（图7-1：3），尽管地方特点突出，但铜牛角在中原的殷周文化中也同样是重要的礼器（图7-1：1、2），如河南安阳殷墟侯家庄西北冈1022号晚商墓也出土有铜牛角，江苏丹徒烟墩山西周墓则出土有仿水牛角铜器[③]。

广西贺州龙中岩洞葬出土的战国双角兽形牺樽，虽然器盖已经融入了越族蛇图腾的雕像，但它由中原的双角兽形铜牺樽演变而来的迹象也是极为明显的，其祖型已经见于陕西长安张家坡163号西周早期墓、江苏丹徒烟墩山1号西周墓[④]。

广西贺州马东村1号墓出土的铜罍与陕西宝鸡纸坊头村1号墓出土的西周初期铜罍也十分神似[⑤]。如前所述，在广西玉林的博白、陆川和百色的田东等地出土的先秦双兽耳铜罍，都可以在四川盆地的蜀文化、中原的殷周文化遗存中找到其原型（表7-1）。

①李龙章：《岭南地区出土青铜器研究》，第57页。
②朱凤瀚：《古代中国青铜器》，第218页。
③同上书，第188页。
④同上书，第195页、851页。
⑤同上书，第200页。

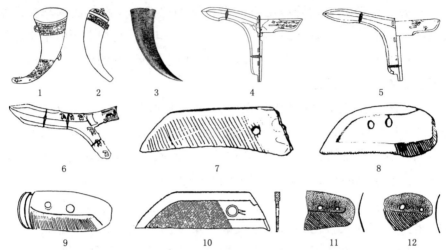

1—《西清续鉴》商代云雷纹铜牛角；2—河南安阳殷墟侯家庄西北冈1022号晚商墓铜牛角；3—广西武宣春秋云雷纹铜牛角；4—重庆涪陵小田溪秦二十六年蜀守武戈①；5—广西平乐银山岭秦戈；6—越南东山文化铜戈；7—江苏苏州城东北战国锯齿铜镰；8—江苏句容战国锯齿铜铚；9—苏州城葑门河道战国锯齿铜铚；10—广东罗定背夫山战国锯齿铜镰；11、12—越南东山文化锯齿铜铚②。

图7-1　各地出土的铜角、铜戈、铜铚、铜镰

李龙章还指出，广西恭城秧家、梧州等地出土的蟠虺纹兽蹄足铜鼎都是典型的楚式春秋鼎。此外，发现于岭南瓯骆、南越地区的所谓越式铜鼎，是南方越人战国晚期至秦汉时期的墓中的常见物，它实际上也是由中原地区西周中期以来的附耳柱足鼎或附耳蹄足鼎演变而来（表7-1）③。

在岭南广西瓯骆地区，最早出现的青铜礼乐器，当属殷周式编钟。目前出土的数量达十余件，年代大多处于西周时期。例如，广西灌阳仁江岩洞出土的铜铙、钟，与湖南耒阳夏家山及广东曲江马鞍山出土的铜铙相似，器表饰有圈带纹、细线雷纹等，专家们认为其年代为西周早期，应当是经湖南传入桂东北。广西武宣出土的铜甬钟，器表饰有变形蝉纹、云纹、窃曲纹等，具有西周中晚期的特征④。

---

①中国社会科学院考古研究所：《中国考古学·秦汉卷》，中国社会科学出版社，2010，第156页。

②何文晋主编《越南东山文化》，第451页。

③李龙章：《岭南地区出土青铜器研究》，第33、42、43页。

④蒋廷瑜：《广西考古通论》，第149-150页。

广西恭城秧家窖藏出土的铜甬钟[1]，器表纹饰明显是由殷周式的蝉纹、夔龙纹和勾曲纹演变而来，年代可能属于西周晚期或春秋早期。与恭城秧家钟形制和年代相近的还有广西横县南乡钟[2]。

需要指出的是，岭南出土的先秦殷周式编钟，因大多是非墓葬出土，缺乏断代的共存关系，因此有学者认为，这些所谓的西周青铜编钟大多是春秋晚期以后当地越人的仿制品[3]。笔者认为，从逻辑关系来说，早期的器物可以流传到晚期，即使这些编钟是当地越人仿制，那也可以说明，至少在西周时期，已经有中原的殷周式编钟流入瓯骆地区，否则仿制无从谈起。因此，在缺乏共存断代关系的情况下，我们只能从类型学的角度判断其年代的上限。反过来说，在瓯骆地区发现的时代明确的战国墓葬，都不见这些具有早期特征的所谓"仿殷周式编钟"，这也可以证明岭南殷周式编钟出现的时代应当不晚于西周中晚期至春秋早期。

除了礼乐器，还有青铜兵器，也可以说是中原地区的商周式青铜兵器向南传播，对岭南越人青铜兵器的起源与发展产生了决定性的影响。所谓"国之大事，在祀与戎"，青铜文明的传播，也是政治礼法制度和国家社会形态及相应观念的传播，早期国家就是围绕着祭祀礼仪和战争活动两个轴心运转的。

如前所述，商周式铜戈，已经分别见于中国两广地区和越南北部（表7-1），考古发现表明，中原内陆的铜戈在整个先秦时期一直流入岭南，尤其是在战国后期更是在当地产生了衍变的形式（图7-1：6）。

在中原地区，短剑出现于商末周初时期，广西武鸣马头元龙坡墓葬出土的西周中晚期三角刃短剑，可能受到过吴越地区西周前期三角刃短剑的影响[4]。西周前期中原开始出现长剑，东周时期大为盛行。中国两广地区与越南海防越溪、清化东山出现长剑应当是在东周以后，如这里出现的带穿柳叶形铜剑，早见于陕西长安沣西张家坡206号西周墓；岭南各地出土的圆首圆茎带格长刃剑、扁茎一穿无格带脊长刃剑，也早见于河南洛

①中国国家博物馆、广西壮族自治区博物馆：《瓯骆遗粹》，中国社会科学出版社，2006，第14页。

②广西壮族自治区博物馆：《近年来广西出土的先秦青铜器》。

③李龙章：《岭南地区出土青铜器研究》，第101–102页。

④郑小炉：《吴越和百越地区周代青铜研究》，第104页。

阳中州路2728号墓、2719号墓、2737号墓，年代属于春秋晚期至战国早中期①。长江中下游地区的东周剑式，最有名、最精良的要数春秋晚期的越王勾践剑、吴王夫差剑。

　　铜镰是重要的收割工具，最早也是出现于荆楚、吴越地区，尤其是带斜平行弦纹的锯齿铜镰，分见于江苏苏州城东北、镇江谏壁王家山越墓、江陵雨台山楚墓等地；楚地还流行一种弯刀形的锯齿镰。这些铜镰的年代处于春秋晚期至战国早期②。类似铜镰刀传入岭南地区和越南北部，年代应当是在战国时期。出土类似铜镰的有广东罗定背夫山1号战国墓、越南北部的东山文化青铜遗存③。需要指出的是，越南东山文化的锯齿镰刀，学者称之为"铚"，实为带穿孔的系绳手铜镰，用来掐谷穗，它们与江苏苏州鄝门河、句容，湖北红安金盆，安徽贵池徽家冲等地出土的铜铚最为相似（图7-1：7~12）。这说明，岭南两广地区和越南北部的骆越人一直都受到了来自吴越、荆楚文化的巨大影响，这与春秋战国时期以来长江中下游地区的楚人、越人的南迁及岭南越人方国"服朝于楚"有密切的关系。

表7-1　骆越地区出土的青铜器与中原先秦青铜器比较

年代	卣/盘/罍	盉/樽/鼎	铙/钟	剑	戈
商周时期	1　2 3　4 5　6 7　8	9 10 11 12　13	14 15 16	17	18　19 20　21 22　23

①朱凤瀚：《古代中国青铜器》，第346页。
②同上书，第311、379页。
③何文晋主编《越南东山文化》，第451页。

续表

年代	卣/盘/罍	盉/樽/鼎	铙/钟	剑	戈
春秋战国时期	24　25　26	27　28　29　30	31	32　33　34　35	36　37　38
	39　40	—	—	41　42　43　44　45	46　47　48　49

　　注：1. 陕西宝鸡；2. 广西武鸣勉岭；3.《古代中国青铜器》西周□卣；4. 广西武鸣元龙坡；5.《古代中国青铜器》鸟纹盘；6. 广西武鸣元龙坡；7. 河南安阳大司空村；8. 陕西宝鸡纸坊头村；9. 安徽屯溪；10. 上海博物馆藏；11. 广东信宜；12. 江苏仪征破山口；13. 湖南望城高砂脊；14. 浙江长兴上黄楼村；15. 广西灌阳仁江；16. 广西武宣；17. 陕西长安沣西张家坡；18. 河南安阳殷墟；19. 越南北部；20. 河南安阳殷墟；21. 越南北部；22. 河南安阳殷墟；23. 广西武鸣敢猪岩；24. 广西恭城秧家；25. 广西贺州马东村；26. 湖南湘阴；27. 广西恭城秧家；28. 广西贺州马东村；29. 湖北当阳慈化；30. 广西恭城秧家；31. 广西横县南乡；32～34. 河南洛阳中州路；35. 山西长子羊圈沟；36. 广西象州；37. 广西灌阳；38. 广西百色；39. 广西田东；40. 广西宾阳；41. 广西武鸣安等秧；42. 越南海防越溪；43. 广西灵川富足村；44、45. 广西武鸣独山；46. 越南北部；47. 广西灵川富足村；48. 广西灵山水头村；49. 越南清化东山。

第二节　骆越青铜文化与秦汉文化的关系

进入秦汉时期，今岭南两广地区与越南北部已经成为中华多民族统一国家的组成部分，汉族成为当地多民族社会发展的主导力量，因此，汉文化对骆越青铜文化的影响显得更加强烈，集中体现在当地的汉式墓葬日益增多，到东汉时期，岭南两广地区和越南北部已经基本完成了汉化的进程（表7-2）。

例如，铜壶是岭南秦汉墓最常见的随葬品，其祖型也早见于中原地区，如陕西大荔朝邑203号墓、河北平山中山王墓出土的带钮盖、敞口束颈、鼓腹、圈足、肩附双衔环的战国铜壶，都是岭南各地秦汉铜壶的祖型[①]。

广西贵港罗泊湾汉墓出土有一种形状较特殊的带钮盖、子母口、深腹杯筒形的圈足铜壶，也分别见于山东临淄商王墓葬1号战国晚期墓、诸城臧家庄战国晚期墓[②]。

铜钫也是岭南秦汉墓最常见的随葬品，其祖型亦早见于内地中原，如陕西咸阳塔儿坡战国秦墓都分别出土有肩带双铺首衔环的铜钫[③]，此类铜钫后来多见于岭南地区的贵港罗泊湾、广州等地汉墓。

粤西罗定背夫山、南门垌战国墓，广州南越王墓出土的铜鉴，也可以从吴越地区的"攻吴王夫差鉴"、江苏丹徒北山顶春秋晚期墓铜鉴找到其原型。

铜扁壶，也称"秦式扁壶"，它与蒜头细长颈壶一样，都是战国秦文化的典型器物，秦汉以来也分别见于岭南广州、广西贵港罗泊湾及越南清化东山的秦汉遗存。它们与半两铜钱一样，都应当是秦朝统一岭南并在当地设置郡县制度的明证[④]。

---

①朱凤瀚：《古代中国青铜器》，第205页。
②广西壮族自治区博物馆：《广西贵县罗泊湾汉墓》，第88页。
③同①，第206页。
④谢崇安：《试论秦式扁壶及其相关问题》。

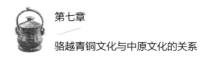

　　附耳浅腹平底三足盘也是岭南广西贵港罗泊湾等地汉墓的常见物，其祖型也见于河南洛阳中州路、新郑李家村战国墓。

　　广西平乐银山岭战国晚期墓出土的双衔环铜盆（表7-2），与山西长子牛家坡7号战国早期墓、河南辉县赵固1号战国墓出土的铜盆也十分相似①。这种中原汉式铜盆，有的学者称之为"铜盘"或"铜洗"，它应当是经楚地流入岭南地区，后来一直在两汉时期的岭南两广地区和越南北部流行演变（表7-2）。

　　再如铜樽，这是岭南两广地区和越南北部两汉墓的常见随葬品，它的祖型已经分见于湖北江陵望山2号楚墓错金银龙纹带盖铜樽（表7-2，樽）、湖北荆门包山2号楚墓出土的两件铜樽。楚墓也多见漆樽，如云梦睡虎地11号秦墓和湖北江陵凤凰山西汉早期168号墓的漆樽②。樽为酒器，出现于战国时期，《庄子·逍遥游》有云："庖人虽不治庖，尸祝不越樽俎而代之矣。"③楚式樽制作工艺极为精湛，装饰图案丰富多彩，尤其以错金银装饰最为富丽堂皇，秦统一岭南后传入岭南各地，骆越地区的錾刻花纹铜酒樽就是在楚式樽的影响下发展起来的。

　　此外，岭南两广地区和越南北部汉墓常见的随葬品，如铜鼎、熏炉、鐎壶、铜镜等，都是由中原传来的汉式器物。

表7-2　骆越地区出土的青铜器与中原战国秦汉器物比较

年代	鼎	壶/鍪	钫/鐎壶	盆（洗）	樽/熏炉/灯盏
战国至秦代	1	2　3 4　5	6　7	8 9 10	11 12

①朱凤瀚：《古代中国青铜器》，第219页。
②中国社会科学院考古研究所：《中国考古学·秦汉卷》，第694、696页。
③刘芳芳：《樽奁考辨》，《东南文化》2011年第4期。

续表

年代	鼎	壶/鍪	钫/鐎壶	盆（洗）	樽/熏炉/灯盏
西汉时期	13	14　15　16　17　18	19　20　21	22　23	24　25　26　27　28
东汉时期	29	30	31	32　33	34　35　36

注：1. 山东临淄；2. 湖北云梦；3. 陕西凤翔高庄野狐沟；4、5. 山东临淄；6. 燕国陈璋钫；7. 陕西咸阳塔儿坡；8、9. 湖北荆门包山；10. 广西平乐银山岭；11. 湖北江陵望山；12. 楚墓；13、14. 广西贵港罗泊湾；15. 越南清化东山；16. 广西贵港罗泊湾；17. 越南清化绍阳；18. 广西合浦；19. 广西贵港罗泊湾；20、21. 广西合浦风门岭；22、23. 广西贵港罗泊湾；24. 广西合浦风门岭；25. 越南清化绍阳；26. 越南清化绍阳；27. 河北满城；28. 广西合浦风门岭；29～33. 越南清化绍阳；34. 广西合浦母猪岭；35、36. 越南清化绍阳。

殷周至秦汉时期，中原地区的贵族都盛行使用马车，装饰华丽的马车都喜用青铜车马器饰件，战国晚期中原地区的汉式马车传入岭南地区，两汉时期得到普及。例如，在平乐银山岭战国晚期遗存、广州南越王墓、贵港罗泊湾汉墓、西林普驮铜鼓墓、合浦汉墓都发现了不少汉式铜制车马器。西林普驮铜鼓墓出土的西汉早期骑马俑、踞坐官吏俑，与陕西咸阳秦陵、杨家湾等地秦汉墓出土的骑马俑、汉式俑的坐姿、衣着十分相似。

殷周至秦汉时期，中原地区的墓葬都见有环首铜削刀，这也是岭南两广地区和越南北部汉墓的常见物。广西贵港罗泊湾1号汉墓出土有修治竹

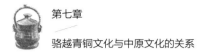

木简的书刀笔文具，西林普驮铜鼓墓出土有方桌形的铜质六博棋盘，这不仅是地方汉化的表现，也是西汉王朝在骆越地区设置郡县的又一明证。

　　汉式铜镜自秦汉以来也不断传入岭南地区和越南北部或在当地被仿制，如广西贵港罗泊湾、广州等地汉墓出土的"山"字纹镜、四叶变形螭纹镜，都是典型的楚式铜镜。大约在西汉中期以后，汉式星云纹镜、日光镜、昭明镜、四乳虺龙纹镜、汉字铭文镜、凤鸟纹镜、夔凤镜等，也成了岭南两广地区和越南北部汉墓常见的随葬品[1]。汉式铜镜传入岭南各地后，在当地都被仿制，因此有些铜镜纹饰也具有汉越文化融合的特点（图7-2）[2]。

1—西汉墓龙凤象猴纹铜镜；2—东汉长宜子孙石榴纹铜镜。

图7-2　广西贵港出土的铜镜

　　岭南瓯骆地区出土的先秦两汉时期的许多青铜器，不仅可以从中原地区的青铜器中找到其祖型，其出色的冶铸加工技术也充分吸收了中原文化的先进工艺技术。汉代驰名各地的骆越錾刻花纹铜器，早见于中原地区，如江苏六合程桥春秋晚期墓的刻纹铜器、山西潞城潞河战国墓出土的刻纹铜匜、河南辉县赵固村1号战国墓的刻纹铜盘，都是岭南錾刻花纹铜器的祖型[3]。铜器刻纹工艺技术的产生取决于铁器的发明和推广，这也正是中原冶铁技术传播到岭南两广地区和越南北部的一个佐证；同时也说明，骆越地区的铜器制造工艺一直都受到殷周文化、吴越文化、荆楚文化的影响。不仅如此，专家还指出，广西贵港罗泊湾汉墓出土的一组铜编钟，音

---

　　①俵宽司：《越南汉墓的分期——以越南北部清化省出土考古资料为中心》。
　　②黄启善：《广西铜镜》，第66、129页。
　　③谢崇安：《商周艺术》，第136-137页。

律也最接近楚式编钟。

　　上述表明，秦汉王朝先后征服统一岭南各地后，中原移民带来了大量的中原文化和先进的科技生产技术，汉式青铜文化与越式青铜文化的碰撞融合，十分鲜明地反映了秦汉多民族统一国家文化礼法制度在广大南疆地区的确立和发展。

本章小结

　　综上所述，骆越文化与中原王朝文化的关系，主要表现在骆越青铜文化中存在有许多中原商周文化、秦汉文化的因素，表明骆越青铜文化是东亚大陆王朝青铜文明的延伸。骆越青铜文化以铜鼓、羊角钮钟、铜钺为组合标志的方国礼乐文明，是在荆楚文化、吴越文化、滇文化的多重影响下发展起来的区域性青铜文明。到秦汉时期，骆越文化已经发展成为具有汉越融合特征的多民族统一国家文化的重要组成部分。

第八章 · 骆越青铜文化与周边文化的关系

如前所述，骆越历史民族区自先秦两汉时期以来，不仅包括了以骆越人为主体的众多族群，而且骆越人还同时与周边地区的族群酋邦方国保持着频繁的互动和交流关系。下面笔者将分别引述历史文献记载和当代的考古发现资料来进一步阐明骆越青铜文化与周边文化的关系。

第一节　骆越与巴蜀的关系

《水经注·叶榆河》引《交州外域记》曾记载：战国时四川盆地的蜀王子泮曾率大军东南下，征服了交趾地区的骆王、骆侯、骆将诸部，在骆越地区建立了安阳王国。秦征岭南后，安阳王国成为秦朝象郡的一部分，秦朝灭亡之际，安阳王一度复国，不久又被赵氏南越国攻破兼并，安阳王即逃亡"迳出于海"。因此，《后汉书·郡国志》"交趾郡"条下，即说当地为"故安阳王国"。这是两汉人对越南北部交趾郡骆越人与巴蜀人遥远交往关系的一种追忆。当然，历史文献记载是贫乏的，即使是西汉中期的中原汉人，对巴蜀人与岭南越人的关系也是缺乏了解的，汉武帝特使番阳令唐蒙出使南越国之前，就不知蜀枸酱是经"骆越水"（贵州北盘江—广西红水河）通道流入"番禺"（广州）等地的实情[①]。

事实上，从现当代的考古发现来看，自先秦两汉时期以来，巴蜀人民与岭南越人的交流一直没有中断。汪宁生曾指出，四川广汉三星堆文化遗址出土的海贝、象牙，很有可能就是从交趾沿海地区经西南通道输入四川

---

①《汉书·西南夷两粤朝鲜传》载："建元六年，大行王恢击东粤，东粤杀王郢以报。恢因兵威使番阳令唐蒙风晓南粤。南粤食蒙蜀枸酱，蒙问所从来，曰：'道西北牂柯江，江广数里，出番禺城下。'蒙归至长安，问蜀贾人，独蜀出枸酱，多持窃出市夜郎。夜郎者，临牂柯江，江广百余步，足以行船。南粤以财物役属夜郎，西至桐师，然亦不能臣使也。"

盆地的南海物产①。与此相呼应，在中国桂南地区的大新、那坡，越南北部冯原文化等先秦遗址出土的骨璋、玉石牙璋、石戈，与四川广汉三星堆文化的殷商式玉石牙璋、石戈也十分相似（图8-1：1～6），故多有学者认为中国桂南地区与越南北部出土的殷商式牙璋、石戈，也有可能是从四川盆地传来，桂西南地区则是巴蜀人南下越南北部交趾地区的必经通道。

此外，在中国桂西南地区和越南北部发现的三角援直内带穿戈、扁茎带穿柳叶形铜剑，也与巴蜀式的三角援直内带穿戈、柳叶形玉剑、虎纹柳叶形铜剑十分相似（图8-1：7～10）。

在前述中，笔者曾指出，在骆越地区的越南东山文化嘎江类型鼎乡遗址，发现有大石墓和火葬遗迹，这与四川西部地区的先秦大石墓（图8-2）和氐羌人习俗有共性，这意味着越南东山文化嘎江类型居民有中国西南氐羌人的成分。

先秦两汉时期的越南北部发现过不少船棺葬，这与四川的巴蜀文化也有共性。现当代考古发现表明，四川盆地的成都、重庆巴县等地，都有大量商周时期的船棺墓分布（图8-3），不排除巴蜀文化的船棺葬俗对骆越地区的船棺葬习俗也产生过影响。越南河内市附近东英县发现的上古都城——古螺城，学者多认为它就是蜀王子泮建立的安阳王国的都城，它的形制也与蜀人造城的传说有明显的联系。考古发现古螺城的布局形似龟城，传说先秦之成都城的布局也似龟城②，这恐非偶然。

凡此种种迹象表明，《水经注·叶榆河》引《交州外域记》所载之蜀王子泮曾在骆越王国故地建立安阳王国的传说，应当是有巴蜀人南下的历史原型。以考古发现印证文献记载，从蜀王子南征交趾的事件，也可知川滇黔边界的五尺道的开发当在秦并巴蜀之前。如《华阳国志·蜀志》记载，蜀人李冰为秦蜀守（公元前256年—公元前250年），开凿僰道（五尺道）时，"僰道有故蜀王兵阑……其崖崭峻，不可凿，乃积薪烧之"。此

---

①汪宁生：《汪宁生论著萃编》上、下卷，第695页。
②《太平御览》卷一九二引《成都记》曰："府城，本呼为'锦城'，秦灭蜀，张仪所筑也，每面三里，周回十二里，高七丈，屡皆倾侧，忽有大龟周行，其所蹑而筑之，功果就焉，故亦号'龟城'。"

载应当不是向壁虚构，它反映了远在先秦时期，巴蜀人就不畏艰难险阻，力图向南发展，而且通过开发川、滇、黔边界的五尺道，经黔桂地区与交趾地区的越人建立了交通关系①。

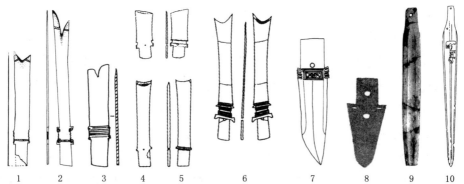

1～3—蜀文化的玉牙璋；4～6—越南冯原文化各遗址的玉牙璋②；7—蜀文化的玉戈；8—蜀文化的三角援直内带穿戈；9—蜀文化的柳叶形玉剑；10—蜀文化的虎纹柳叶形剑。

图8-1　各地出土的玉牙璋、玉戈、玉剑等

图8-2　四川西部先秦大石墓

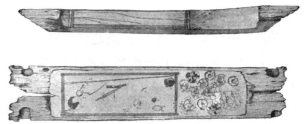

图8-3　四川昭化宝轮院出土的战国晚期船棺

《史记·南越列传》又载：汉武帝征伐南越国，于元鼎五年（公元前112年）秋，"使驰义侯（《集解》：故越人）因巴蜀罪人，发夜郎兵，下牂柯江"。可见，越人驰义侯所率领的是巴蜀罪人、夜郎兵，进军路线也是沿着巴蜀先民的足迹，从川、滇、黔边界的五尺道，经"骆越水"③东南下，这就是上古时期由来已久的巴蜀人与骆越人交往的通道。

---

①谢崇安：《也谈五尺道的开通及其对西南夷地区社会发展的影响》，《贵州民族研究》2011年第5期。

②韩文宽：《松仁—蒙德遗址考古：冯原文化研究的重要途径》。

③《旧唐书·地理志四》载："汉岭方县地，属郁林郡。秦为桂林郡地。雒水在县北，本牂柯河，俗呼郁林江，即骆越水也，亦名温水。古骆越地也。"岭方县即今广西宾阳县，温水即今红水河。

第二节　骆越与南越的关系

先秦时期，有关南越国历史的由来在史籍中的记载是贫乏的，但南越国的中心地区在广东珠江下游及邻近地区则是学界的共识。《庄子·山木篇》载："南越有邑焉，名为建德之国。"这可能是一种理想化的描述，难以证实。《逸周书·王会解》载："臣请正东符娄、仇州、伊虑、沤深、九夷、十蛮、越沤，剪发文身。"《吕氏春秋·恃君览》云："扬汉之南，百越之际……缚娄、阳禺、讙兜之国，多无君。"今多有学者认为缚娄、阳禺、讙兜之国都在岭南境内①，缚娄即"符娄"，在今广东博罗、惠州一带。今考古学者在广东的博罗横山岭和深圳屋背岭等地发现了大量的商周时期墓葬，可证缚娄在商代已经建国，博罗横山岭商周墓地规划管理有序，随葬品有珍贵的青铜甬钟、铜鼎和玉器，应当是缚娄国的重要墓地②。

所谓百越"有国无君"，据此可推断，广东地区的越人在商周时期以来，已经形成了若干个酋邦方国。《史记·越王勾践世家》又载："楚威王兴兵……大败越（国），杀（越）王无疆。"此后东方越国的人民即向南各地逃离，分裂为若干个方国，甚至"滨于江南海上"，不得不"服朝于楚"。

笔者认为，文献所记载的广东地区的诸越人方国，皆可视为南越国的前身，这些先秦越人方国最后融合成南越国，当在秦统一岭南之前，如《淮南子·人间训》载："（秦）又利越（人）之犀角象齿、翡翠珠玑，乃使尉屠睢发卒五十万为五军，一军塞镡城之岭（注：镡城在武陵西南，接郁林）；一军守九嶷之塞（注：九嶷在零陵）；一军处番禺之都（注：番禺

---

①黄启臣：《先秦岭南古越族土邦小国的社会性质》，载《百越研究——中国百越民族史研究会第十三届年会论文集》，广西科学技术出版社，2007，第80页。

②广东省文物局、广东省文物考古研究所等：《广东文物考古三十年》，暨南大学出版社，2009，第3页。

在南海）；一军守南野之界（注：南野在豫章）；一军结余干之水（注：余干在豫章）。"

上述记载表明，秦军征服岭南越人诸方国时，有"一军处番禺之都"，其余四支驻屯的秦军皆不在广东地区。此"番禺之都"可推定为南越国的都城，因为秦军不可能在短期内建成"番禺之都"，只能是选择在可以管控越人的旧邑要地驻屯重兵。秦统一岭南后，即在越人诸方国的基础上设立了南海郡、桂林郡和象郡，南海郡治即设在南越国的都城番禺。

从地缘关系来说，先秦时期的南越国、西瓯国都比骆越国更接近中原地区，因此，中原地区的商周文化经长江中下游地区向岭南地区传播，都必经南越地区和西瓯地区才传至骆越地区。考古发现也表明，凡在骆越地区发现的殷周文化因素，也早见于南越地区。南越地区传递中原文明不仅有五岭通道与纵横的河流，还有东南海路。可以说，骆越地区接受中原商周文化与秦汉文化的影响，南越始终是最重要的中转地区。历史记载也表明，骆越人与南越国人的交错杂居区就在粤西南地区。从考古发现来说，我们也很难将桂粤边界的考古学文化截然分开。

例如，在粤东饶平地区发现的浮滨文化遗存，出土有商代中期的铜戈、石戈，其陶器刻画文字与中原殷商文字有共性，如有"丁（示）""王"等字样[1]，表明浮滨文化比迄今所知的骆越文化更早受到了中原商文化的影响。此外，在香港、深圳、珠海一带发现的沙丘遗址、土岭遗址，文化性质大同小异，这些遗址出土的石铸范、石戈、石牙璋，与广西那坡感驮岩、越南冯原文化遗址出土的同类器也较相似（图8-4），这也说明，早在岭南青铜文化起源之初，南越国人与骆越先民就有了交流。

又如，广东深圳屋背岭战国中晚期墓葬出土的商代晚期陶器器表，已经见有商代青铜器常见的雷纹装饰；出土的越式扇形铜钺也见于中国粤西南地区、桂南地区和越南北部[2]。

①广东省文物局、广东省文物考古研究所等：《广东文物考古三十年》，第149页。
②广东省文物考古研究所、深圳博物馆等：《深圳屋背岭遗址发掘报告》，《考古学报》2004年第3期。

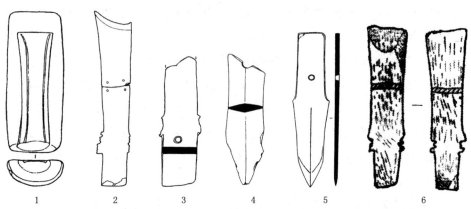

1—广东珠海平沙棠下环遗址石铸范；2—香港南丫岛大湾遗址商代石牙璋；3—广东东莞村头遗址石牙璋；4—广东深圳南山向南村的残石戈；5—广东高要茅岗商代遗址石戈；6—广西那坡感驮岩遗址骨牙璋。

图8-4　两广地区和香港出土的石铸范、石牙璋、石戈、骨牙璋

　　广东的曲江石峡、深圳，香港等上古越人地区，在西周晚期至春秋时期都普遍流行几何印纹陶器，这些陶器的纹饰中，多见有仿中原商周青铜器纹饰的特征，如有各种变形夔纹、雷纹等。所谓的南越式夔纹、雷纹印纹陶也影响到骆越部分地区，如在广西象州、来宾、防城港一带也有出土[1]。广东南越地区先秦陶器流行的装饰纹样甚至在战国秦汉时期的骆越青铜器中仍有遗留。如前所述，越南北部富寿省越池出土的靴形铜钺（图6-7：2），就见有雷纹装饰。越南老街市金新坊内住丘出土的西汉羽人船纹铜提桶（图8-5：1）[2]，器身上下部的二方连续勾连回纹、勾连纽索纹，已经分别见于云南滇文化青铜器和广东肇庆北岭松山铜提桶、罗定背夫山战国陶瓮（图8-5：2）[3]。越南内住丘铜提桶的几何纹、羽人船纹装饰图案，也是骆越青铜器最常见的装饰纹样。由此可见，自先秦两汉时期以来，南越文化与骆越文化一直都存在着密切的交流关系。

①蒋廷瑜：《广西考古通论》，第132页。
②何文逢：《东山铜缸》，第34页。
③广东省文物局、广东省文物考古研究所等：《广东文物考古三十年》，第207页。

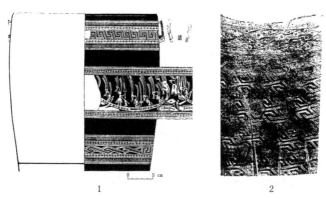

1—越南老街内住丘铜提桶；2—广东罗定背夫山战国陶瓮几何勾连纹。

图8-5　越南老街铜提桶和广东罗定陶瓮纹饰对比

　　广东博罗横岭山出土过殷周式铜鼎（M201：1），具有西周中期的特征，其时代也要早于骆越地区发现的铜鼎。

　　秦始皇统一岭南地区后，在南越地区留下了不少遗迹。例如，广州南越王墓出土有秦兵符（图8-6），广东乐昌对面山、广州秦墓等处出土有秦朝半两铜钱（图8-7：1～3），半两铜钱应当是经两广地区流传到越南北部的古螺城等地。此外，还有广州汉墓、广西贵港罗泊湾汉墓、越南清化东山出土的秦式铜扁壶，都应当是秦人所到之处留下的文物。

图8-6　广州南越王墓出土的"虎节"

1～3—秦半两铜钱；4、5—汉五铢；6—莽钱。

图8-7　广东乐昌秦汉墓出土的铜钱

　　可以说，秦始皇统一岭南后，是秦南海郡番禺地区最先成为岭南各地的政治、军事、经济和文化中心。秦末时期天下大乱，也是秦南海郡尉赵佗稳定了南海郡，随之又击并了其西部的桂林郡和象郡，即在先秦时期南越、西瓯、骆越的故地，建立了新的南越国。乘中原楚汉战争和西汉前期

"文景之治"的休养生息，南越国前后也获得了近百年的和平发展，成为横跨东西数千里的南方强国，包括西南夷民族中的夜郎国等方国都臣属于南越国①。这在考古发现上都可以得到印证。

例如，在越南北部曾出土有"胥浦侯印"，日本学者认为这是南越国王封赐给地方侯王的铜印章②，后来在《汉书·地理志》记载的九真郡下，也见有"胥浦"属县。类似的发现还有广西贵港罗泊湾2号汉墓出土的"秦后"陶盆和封泥印，"秦后"应当就是《汉书·西南夷两粤朝鲜传》记载的南越国苍梧秦王赵氏的王后③。广西合浦望牛岭西汉墓出土有"西于"铭文铜鑑壶④，《汉书·景武昭宣元成功臣表》有汉武帝大军征南越国时，南越国左将黄同斩杀骆越"西于王"并投降汉朝被封为下郦侯的记载。"西于"是汉交趾郡的中心大县，地处今越南河内一带。据《后汉书·马援列传》记载，在伏波将军马援平定骆越"二征"姐妹叛乱后，东汉王朝就将西于县分划为封溪、望海二县。迄今为止，在越南北部发现的最大的上古都城——古螺城，学者多认为它就是安阳王国的都城，也是汉代之西于县——封溪县的治所。在南越国时期，西于王国是南越国的一个封国⑤，是瓯骆人的中心地区之一，这都说明南越国对瓯骆地区的统治是有效的。

在广州南越王墓出土有几件青铜提桶，提桶纹饰中见有典型的骆越铜鼓常见的羽人船纹，故黄展岳认为这是骆越人进贡给南越国的物品。郑小炉指出，铜提桶这种器物的祖型来源于东南吴越文化的原始瓷器，如浙江德清三合塔山西周墓出土有带双附耳的原始陶提桶（图8-8：1）⑥；李龙章则认为铜提桶的起源可能与湖南战国越人墓的附耳陶提桶

---

①参见《汉书·西南夷两粤朝鲜传》。

②西村昌也：《越南古代考古学》，第174页。

③谢崇安：《西汉南越国墓出土铭刻补释三题》。

④蒋廷瑜：《广西考古通论》，第230页。

⑤《汉书·西南夷两粤朝鲜传》《汉书·景武昭宣元成功臣表》均载"下郦侯左将黄同，以故瓯骆左将斩西于王功侯，七百户"，前辈学者多认为"西于王"即"西瓯王"，笔者认为释"西于王"为"西越王"更恰当。《说文·于部》："粤，于也。"段注："《诗》《书》多假'越'为'粤'。"林义光《文源》："'粤'，本音如'于'……因音转如'越'，故小篆别为一字。"

⑥郑小炉：《吴越和百越地区周代青铜器研究》，第195页。

有关①。虽然前人关于东亚南部提桶起源的论说尚有待进一步证实，但提桶散见于广东肇庆北岭松山1号战国晚期墓（图8-8：2）②，广西贵港罗泊湾汉墓，越南北部安沛省陶盛、清化省东山（图8-8：3）、义安省鼎乡等地的青铜文化遗存，表明骆越式青铜提桶有其共同的起源。

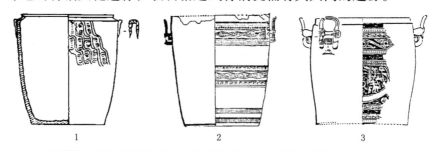

1—浙江德清三合塔山附耳陶提桶；2—广东肇庆北岭松山1号战国晚期墓铜提桶；3—越南清化东山出土的铜提桶。

图8-8 浙江、广东与越南提桶纹饰对比

秦汉时期，骆越地区已经纳入秦汉王朝的版图，当地人民也同时融入了秦汉多民族统一国家的社会发展进程。在此期间，南越国时期是非常重要的汉、越融合的时期。南越王赵佗采取"和辑百越"的政策，变服从越俗，实行汉越通婚、汉越同治，在政治管辖上实行郡县制度与羁縻制度并行的办法治理广大的南疆，因而成为"蛮夷大长"。《汉书·高帝纪》载："粤人之俗，好相攻击，前时秦徙中县之民南方三郡，使与百粤杂处。会天下诛秦，南海尉它（佗）居南方长治之，甚有文理，中县人以故不耗减，粤人相攻击之俗益止，俱赖其力。"这段西汉早期中央王朝对赵佗治边的评价是符合事实的。

考古学者在广西合浦堂排2号西汉晚期墓，曾发现有"劳邑执刲"蛇纽琥珀印章明器，结合海南岛出土的"朱庐执刲"蛇纽印章等相关发现，黄展岳、蒋廷瑜等人认为古音"劳"通"骆（僚）"，"劳邑"即"骆邑"，这是南越国或西汉朝廷赐给当地骆越豪酋邑君的官印③。这意味着

①李龙章：《湖南两广青铜时代越墓研究》。
②徐恒彬：《广东肇庆市北岭松山古墓发掘简报》，《文物》1974年第11期。
③蒋廷瑜、彭书琳：《历史的足迹——广西历史时期考古手记》，第99—101页。

秦汉王朝治边有其管辖制度实施的连续性。我们从广西合浦堂排西汉晚期几座墓葬的随葬品也可观察到，骆越邑君等人的葬制已经达到很高的汉化程度，如这些墓葬出土的汉五铢钱、铜盒（簋）、铜长剑、铁锸、铜釜（鍪）、昭明镜、带钩等汉式器物，与长沙、广州等地汉墓的同类器都极为相似。在广西贵港罗泊湾1号汉墓、越南北部的汉墓中，还有铜鼓与汉式随葬品伴出的现象。汉越文化高度融合，这也是南越国与骆越地区融为一体的反映。

南越国极力在岭南地区推行中原先进的生产技术和汉文化，并扩大和中原内地的交往，最重要的事例就是南越国从中原进口了大量的铁器，从而使岭南各地越人社会获得了飞跃性的发展。在广西贵港罗泊湾一号汉墓中出土的随葬品清单《从器志》，记载有来自中原东阳（今江苏盱眙）的铁器和谷种（客籼米）。

南越国对骆越地区的影响是巨大的。又如，广西贵港罗泊湾1号汉墓出土的铜鼎，有"蕃"字刻铭，说明其产地是南越国都城番禺。《史记·货殖列传》曾载："九疑、苍梧以南至儋耳者……番禺亦其一都会也，珠玑、犀、玳瑁、果、布之凑。"《汉书·地理志》也说："（粤地）处近海，多犀、象、毒冒、珠玑、银、铜、果、布之凑，中国往商贾者多取富焉。番禺，其一都会也。"历史记载将番禺列为与长江流域楚故郢都齐名的都会，这都反映了南越国都城商业的繁荣。

在南越国与两汉政权的长期经营下，到东汉时期，骆越地区的汉化已经基本完成。当地出土的官署建筑瓦当、文书，包括青铜器在内的许多汉墓随葬品，都显示除铜鼓等具有政治、礼俗意义的越式器物有留存外，原有的骆越青铜文化因素逐渐消失殆尽。例如，越南北宁省龙编城出土的东汉"万岁""卷云纹"瓦当（图8-9：1、2），都可以在广东广州南越国宫署遗址、广西兴安西汉秦城遗址找到其原型。广州南越国宫署遗址出土的073号木简文书还记载有骆（雒）越进贡给南越国的野雒鸡[①]。再如，越南中部广南省茶邱东汉古城出土的越式几何印纹陶片中的变形雷纹（图

---

①广州市文物考古研究所、中国社会科学院考古研究所、南越王宫博物馆筹建处：《广州南越国宫署遗址西汉木简发掘简报》，《考古》2006年第3期，彩版。

8-9：3）[1]，也是起源于广东地区的先秦几何印纹陶的仿殷周式雷纹。

需要指出的是，文化的交流也是双向的，在桂粤边界发现的铜鼓，广州暹元岗、香港大湾发现的人面纹弓形格短剑，广西贺州、广东广州汉墓出土的羽人船纹铜提桶和镂空圈足铜壶（图8-10）[2]、波斯银盒、象牙、珍珠等文物，也应当是由骆越地区输出到南越国的物产。秦汉以来，长期的和平发展，已使得南越国和两汉时期的环北部湾地区成为秦汉王朝对外开放的门户前沿，骆越通过南越和西瓯地区与中原地区的交流也日益频繁。由于地处于东西方"海上丝绸之路"交通的要冲前沿，西汉中期至东汉时期，骆越交趾地区已经发展成为汉朝最为繁荣、人口密度最大的南疆郡县地区。

1、2—北宁省龙编城出土的东汉"万岁""卷云纹"瓦当；3—广南省茶邱遗址出土的汉代变形雷纹陶片。

图8-9　越南出土的瓦当和雷纹陶片

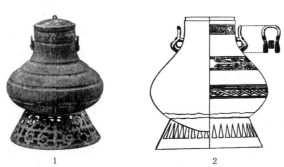

1—广西贺州铺门高寨汉墓出土的镂空圈足铜壶；2—广东广州华侨新村出土的镂空圈足铜壶。

图8-10　骆越式镂空圈足铜壶

---

[1]Ian C.Glover, Mariko Yamagata：《占族文化的起源：从1990年与1993年茶邱遗址的发掘探究中、印及本土文化对越南中部的影响》。

[2]蒋廷瑜：《镂孔圈足铜壶研究》，载广西博物馆等编《广西与东盟青铜文化学术研讨会论文集》，科学出版社，2012。

　　综上所述，可见骆越地区与南越地区的交流互动及融合由来已久。在先秦时期，中原商周文明通过南越地区传播到骆越地区，对骆越青铜文化的起源与发展起到了至关重要的促进作用，它一方面推动了骆越社会生产力的进步，另一方面也促使骆越地区分散的原始部落联盟逐渐向接近于中原国家社会的酋邦方国层级制转化，因此，到了战国时期，骆越诸部最终便形成了岭南地区屈指可数的几个大方国之一。进入秦汉时期，骆越国也融入了秦汉王朝多民族统一国家的发展进程，它最初是在秦朝、南越国的引导下进一步接受了中原先进的汉文化和生产技术，汉越文化的融合日趋加强，到东汉时期，骆越地区的汉化已基本完成。

第三节　骆越与西瓯的关系

　　据先秦两汉时期的史料记载，西瓯也是岭南地区主要的越人方国之一。《逸周书·王会解》卷七记载西周初期的"成周（洛阳）之会"，朝贡者有"东越海蛤，欧人蝉蛇"；同书又云："臣请正东符娄、仇州、伊虑、沤深、九夷十蛮、越沤，剪发文身，请令以鱼皮之鞞，乌鲗之酱，鲛䱽利剑为献；正南瓯邓、桂国、损子、产里、百濮、九菌，请令以珠玑、玳瑁、象齿、文犀、翠羽、菌鹤、短狗为献。"

　　古文的"欧""沤"皆通"瓯"，当指"百越"中的越瓯人。越瓯人又分东瓯和西瓯，东南沿海区的东瓯越人在汉代即为福建地区的闽越人[①]。西瓯与东瓯有别，其地望与南越、骆越相邻。《史记·南越列传》载，南越国"其东闽越千人众号称王，其西瓯骆裸国亦称王"，又云"瓯骆相攻，南越动摇"。从地缘关系来说，此越人之"西瓯"应当与《逸

---

　　①《史记·东越列传》载："汉击项籍，无诸、摇率越人佐汉。汉五年，复立无诸为闽越王，王闽中故地，都东冶。孝惠三年，举高帝时越功，曰闽君摇功多，其民便附，乃立摇为东海王，都东瓯，世俗号为东瓯王。"

周书·王会解》所载之"正南：瓯邓、桂国"有关。《山海经·海内南经》载："桂林八树，在番隅东（西）。"秦朝在岭南设置桂林郡，即因广西地区盛产肉桂树而得名①。学者多认为秦朝之桂林郡即为西瓯越人故地，发现于桂东北的平乐银山岭战国晚期墓葬群，很可能就是西瓯越人墓地②。从先秦青铜器出土情况来看，粤西南、桂东南地区是骆越、西瓯、南越人交错杂居区，如粤西南罗定背夫山战国墓出土的"王"字纹人首柱形器（图8-11：3～5）、刮刀、斜线纹锯齿铜镰、铜钲（图8-11：6～7）、环首铜削等青铜器③，也分见于广西平乐银山岭、象州下槽村，越南海防越溪诸遗址。

《淮南子·人间训》载："（秦）又利越（人）之犀角象齿、翡翠珠玑，乃使尉屠睢发卒五十万为五军，一军塞镡城之岭（注：镡城在武陵西南，接郁林）；一军守九嶷之塞（注：九嶷在零陵）；一军处番禺之都（注：番禺在南海）；一军守南野之界（注：南野在豫章）；一军结余干之水（注：余干在豫章）。三年不解甲弛弩，使监禄无以转饷，又以卒凿渠而通粮道。以与越人战，杀西瓯君译吁宋。而越人皆入丛薄中与禽兽处，莫肯为秦虏，相置桀骏以为将，而夜攻秦人，大破之，杀尉屠睢，伏尸流血数十万，（秦）乃发谪戍以备之。"

从上述记载可推断，秦王朝为了从五岭以北展开对南向越人诸方国的进攻和相互策应，分兵五路进击："一军塞镡城之岭"，这是针对湘、黔、桂以南地区的越人；"一军守九嶷之塞"，这是针对湘桂边界以南的越人。这表明红水河流域（骆越水）以北地区，即为岭南越人西瓯国的势力范围。西瓯十分强悍，曾迫使秦军血战多年，并在广西兴安开凿灵渠作为沟通漓水和湘水的交通运输线，不断从内地转运军粮和增派援军、后勤人员，最终才取得了征服广西地区的西瓯、骆越的胜利。

---

①《旧唐书·地理志四》载："岭南道……桂管十五州在广州西……临桂，（桂）州所治。汉始安县地，属零陵郡……梁置桂州。隋末，复为始安郡。江源多桂，不生杂木，故秦时立为桂林郡也。"

②蒋廷瑜：《从银山岭战国墓看西瓯》。

③广东省博物馆、罗定县文化局：《广东罗定背夫山战国墓》，《考古》1986年第3期。

从先秦时期文献的零星记载来看，最迟在战国时期，西瓯已经发展成为岭南实力较为强大的越人方国。从考古发现来看，西瓯与南越国一样，也是中原商周文明向骆越地区传播的主要中转地区。例如，在广西兴安发现的商代晚期天父乙卣、西周晚期铜鬲，都是典型的殷周式青铜礼器①，在灌阳县新街发现的三角援直内戈也具有殷周式铜戈的特征。可以说，在整个先秦时期，中原地区的商周式青铜器流向岭南各地，地处五岭通道的西瓯地区是最主要的中转站，往东南方向，通过漓江、桂江和贺江，即所谓"湘贺走廊"传播到珠江流域的南越地区如在广西灌阳仁江、灵川富足村、恭城秧家、平乐银山岭、荔浦栗木、桂平铜鼓滩、贺州马东村及龙中岩洞、北流、岑溪花果山、陆川鸟石，广东德庆落雁山、肇庆松山、罗定背夫山、信宜等地，都发现过两周青铜文化遗存；往西南方向，即通过桂中地区传播到广大的骆越地区如广西象州军田、武宣、忻城大塘、来宾、宾阳武陵、横县南乡等地，也发现过两周青铜文化遗存②。

由于西瓯与骆越毗邻，因此两地出土的殷周式青铜器有较多相似之处。如广西兴安兽面纹提梁天父乙卣与武鸣马头元龙坡骆越墓出土的夔纹提梁卣就属于同类器物，其兽面纹也形近武鸣马头勉岭天卣的兽面纹；桂北荔浦铜罍与桂南陆川铜罍的形制纹饰也很相似，两者都具有模仿西周中晚期中原铜罍的特征。因此，蒋廷瑜等人将荔浦铜罍和陆川铜罍的年代定为春秋早期。再如，桂北的灵川富足村战国中期岩洞葬出土的"王"字纹铜器和东周式铜剑、铜戈等兵器，也见于桂南的武鸣马头安等秧、独山、岑溪花果山和越南北部的海防越溪、清化东山等文化遗存。

沿广西红水河流域一线至粤西南地区，一直是西瓯与骆越的交错杂居区，从考古学文化的角度也难以划分两者的界线，两者互见的文化因素较多。因此，广西学者认为只能大体上把桂东北兴安灵渠以南的桂江流域及西江流域划分为西瓯文化分布区，把红水河以南的左右江流域、黔西南和越南北部红河三角洲一带划分为骆越文化分布区。春秋战国至秦汉时期，

①蒋廷瑜、彭书琳：《历史的足迹——广西历史时期考古手记》，第6页。
②广西壮族自治区博物馆：《近年来广西出土的先秦青铜器》。

西瓯文化的主要特征有盛行长方形土坑墓，一般墓底设置腰坑；青铜器也见有双肩铲形铜钺、弯月形靴形铜钺（图8-11：1）、人首铜柱形器、甬钟等。骆越文化的主要特征有流行土坑墓，但没有中原式墓葬的腰坑；除互见的东周式铜器外，青铜器地方特点突出，如有三角刃短剑、各式人面纹短剑、一字格曲刃短剑，以及铜鼓、羊角钮钟等[1]。两者相比较，西瓯文化受到中原文化的影响更深刻，骆越文化则受到了云南滇文化更大的影响。这种情况到秦汉之际有了明显的改观。秦军经数年血战征服岭南后，即在西瓯、骆越故地上设置了桂林郡和象郡，但为时不长，继秦朝而起的赵氏南越国很快就击并了桂林郡和象郡，形成了横跨东西万余里的南方大国。南越国的地方行政区划史料缺记载，但显然西汉朝岭南各郡县

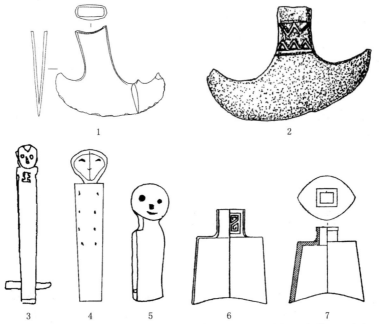

1—广西荔浦双江吉村不对称弯月形铜钺；2—越南东山文化不对称弯月形铜钺；3—广东罗定背夫山战国墓铜柱形器；4—广东四会高地园战国1号墓铜柱形器；5—广西象州下槽村战国墓铜柱形器；6—越南海防越溪铜钲；7—广东罗定背夫山战国墓铜钲。

图8-11　各地出土的铜钺、铜柱形器和铜钲

---

①蒋廷瑜：《西瓯骆越青铜文化比较研究》。

的行政区划大多是继承秦—南越国的区划而来。《汉书·西南夷两粤朝鲜传》载："苍梧王赵光与粤（越）王同姓，闻汉兵至，降，为随桃侯。及粤揭阳令史定降汉，为安道侯……粤桂林监居翁谕告瓯骆四十余万口降，为湘城侯。戈船、下濑将军兵及驰义侯所发夜郎兵未下，南粤已平。遂以其地为儋耳、珠崖、南海、苍梧、郁林、合浦、交趾、九真、日南九郡。"

　　上述记载的"苍梧"，《逸周书·王会解》载有"仓吾翡翠"；据《里耶秦简》"苍梧"为楚郡，后为秦汉朝所袭用。广西贵港罗泊湾汉墓出有带"蕃"（番禺）、"布"（布山）等地名的器物，这也分别是西汉南海郡、郁林郡的首县县名。此外，在《汉书·西南夷两粤朝鲜传》等史料中有载，南越国"桂林监居翁谕告瓯骆四十余万口降，为湘城侯"。这表明，在秦朝—南越国治下，西瓯、骆越已经融为一体。中原文化仍然是通过南越和西瓯地区，不断传播到骆越地区。因西瓯、骆越自先秦时期以来关系密切，故汉扬雄《方言》卷一"西瓯"条载晋代郭璞注云："西瓯，骆越之别种也。"从考古发现来说，西汉至东汉时期，岭南两广地区和越南北部地区的汉墓趋同性更大，这都是岭南各地越人文化与汉文化融合并最终完成汉化进程的反映。

第四节　骆越与滇国的关系

　　据《史记·西南夷列传》等文献的记载，中国云南以环滇池地区为中心的上古滇国，曾被汉王朝册封并赐予"滇王之印"，这得到了云南晋宁石寨山滇王墓考古发现的证实。考古发现还表明，在先秦两汉时期，滇文化（或称石寨山文化）与其邻近的桂、越地区的骆越文化（含越南东山文化），一直都存在着密切的互动交流与融合关系。因两者的时代多有重合，文化面貌也有较多的共性，故有关学术问题一直引起中外学者的关注，产生过一批比

较研究的先行成果，如有王大道①、李昆声和陈果②、张增祺③、谢崇安④、
松井千鹤子⑤、今村启尔⑥、阮文好⑦、郑能聪⑧等人的专门论著。尽管如
此，这些先行研究对两个文化遗存的年代断定和分期、文化的性质与文化关
系、族属判断等方面，事实上还存在着不少观点分歧和疑难问题，跨境的文
化比较明显不足。因此，笔者认为云南滇文化和桂、越地区骆越文化的比较
研究还有继续深化的必要。下面，笔者就在先行研究的基础上，拟对这两个
文化的来龙去脉和彼此的文化关系再作如下的探讨。

一、滇文化与骆越文化主要青铜器类的比较

（一）滇、越地区发现的万家坝型铜鼓

　　铜鼓，是云南滇文化与广西、越南北部骆越文化最典型的青铜器，两
种文化都有相似的早期铜鼓遗存，通过比较，可阐明其文化源流。

　　大多数中外学者认为，万家坝型铜鼓是最古老的铜鼓，它起源于滇池
西部楚雄万家坝地区，故也被称为"先黑格尔Ⅰ型铜鼓"。对此，有少数
中国学者⑨和越南学者⑩持有异议，他们认为万家坝型铜鼓和石寨山型铜
鼓只能是一种平行关系，越南学者甚至认为万家坝型铜鼓是石寨山型铜鼓

①王大道：《云南青铜文化及其与越南东山文化、泰国班清文化的关系》。
②李昆声、陈果：《中国云南与越南的青铜文明》。
③张增祺：《探秘抚仙湖：寻找失去的古代文明》，云南民族出版社，2002。
④谢崇安：《滇桂地区与越南北部上古青铜文化及其族群研究》。
⑤松井千鹤子：《越南北部出土的青铜戈》。
⑥今村启尔：《论黑格尔Ⅰ式铜鼓的二个系统》，载《铜鼓和青铜文化的新探索》，广西民
族出版社，1993。
⑦阮文好：《试论东山式铜鼓和石寨山式铜鼓》，《民族艺术》1997年增刊；《越南出土的
万家坝类型铜鼓》。
⑧郑能聪：《中国南部发现的东山文化青铜提桶》，《越南考古学》2015年第2期。
⑨杨帆等：《云南考古（1979～2009）》，第265页。
⑩Pham Minh Nguyen，Nguyen Van Hao，Lai Van Toi：*Dong son Drums in Vietnam*，The Vietnam
Social Science Publishing House，1990，Tokyo.

（东山型铜鼓）的退化形式。对此，笔者则认同大多数中外学者的观点，但对前人关于万家坝型铜鼓的断代及演变则有一些不同的看法。

　　为何说中国云南地区是万家坝型铜鼓的起源传播地？一是它的出现早于其他地区，有地层关系和碳–14年代测定数据；二是出土数量最多，分布范围也最广。其他地区，如中国广西西南部和越南北部的万家坝型铜鼓只有少量发现，也缺少可供断代分期的地层遗物的共存关系。面对学者们的观点分歧，笔者只能以万家坝型铜鼓断代的地层关系及其伴出遗物的类型学比较来阐明其源流。

　　云南楚雄万家坝1号墓、23号墓的发现表明，两座滇墓中与万家坝型铜鼓伴出的遗物较为丰富，经器物类型比较并结合碳–14年代测定数据分析，李昆声等人曾认为，万家坝1号墓、23号墓的万家坝型铜鼓的年代，可确定为春秋中期至战国早期（公元前7世纪—公元前5世纪）[①]。

　　发掘者的断代则稍有不同，他们认为，万家坝23号墓的碳–14年代测定为公元前640年—公元前405±90年，1号墓的碳–14年代测定为公元前375年—公元前350±80年，两墓的时代当处于春秋中晚期至战国中期[②]。鉴于碳–14年代测定的误差值较大，故前人从出土文物的面貌分析，认为两墓的碳–14年代测定明显有倒置现象，1号墓应当早于23号墓的年代。可见，确定万家坝型铜鼓与石寨山型铜鼓出现的早晚关系，对解决铜鼓的起源问题当具有决定意义。笔者根据发掘报告，试从出土遗物的类型学比较分析来确定万家坝型铜鼓墓与石寨山型铜鼓墓的早晚关系。

　　云南楚雄万家坝遗址距离昆明羊甫头遗址不远，因此两地文化遗存有较多共性。例如，昆明羊甫头M19:151号石寨山型早期铜鼓（表8–1:5），实际上将它和万家坝1号墓出土的M1:12号铜鼓、23号墓出土的M23:161号铜鼓（表8–1:1、4）比较，就可看出彼此的造型都十分相似，两者的区别只是鼓身纹饰不同。如羊甫头M19:151号鼓的鼓胸有弦纹、齿纹、点纹组成的装饰带，以简约的船纹点缀其间，鼓腰下垂多组齿纹装饰

　　①李昆声、黄德荣：《中国与东南亚的古代铜鼓》，第40、61页。
　　②云南省文物工作队：《楚雄万家坝古墓群发掘报告》。

带，以横列的齿纹装饰带收尾。可见石寨山型早期铜鼓，已经向繁复的装饰风格演变，开始与万家坝型铜鼓简明的装饰风格相异，代表了由万家坝型铜鼓向成熟的石寨山型铜鼓过渡的类型。因此，从类型学的相似原则分析，石寨山型铜鼓的祖型，应当是源于云南楚雄地区的万家坝型铜鼓[①]。

表8-1　云南、广西上古铜鼓类型示意

类型	春秋中晚期	战国早中期	战国晚期至西汉早期	西汉中晚期
万家坝型铜鼓	1　　　2	3　　　4	6　　　7	10
石寨山型铜鼓	—	5	8　　　9	11　　　12

注：1. 云南楚雄万家坝M1：12鼓；2. 广西田东南哈坡B鼓；3、4. 云南楚雄万家坝鼓M23：159、M23：161；5. 云南昆明羊甫头M19：151鼓；6. 云南祥云大波那鼓；7. 云南楚雄大海波鼓；8. 云南李家山M17：30鼓；9. 广西西林普驮280鼓；10. 云南曲靖八塔台M1：1鼓；11、12. 云南晋宁石寨山鼓M14：1、M10：3。

过去，李昆声等人把滇东北曲靖八塔台类型遗存的M1：1号铜鼓（表8-1：10）推定为由万家坝型铜鼓向石寨山型过渡时期的铜鼓，这从年代

---

①谢崇安：《上古滇系铜鼓对骆越铜鼓造型与纹饰的影响》。

和类型演变的逻辑来说都难以成立，曲靖八塔台M1:1号铜鼓的年代应当晚于昆明羊甫头M19:151号石寨山型早期铜鼓。因为，与八塔台M1:1号万家坝型铜鼓伴出的侈口高领折肩收腹平底罐（图8-12:4、5）[①]，很近似昆明羊甫头西汉中晚期滇墓出土的侈口高领折肩收腹平底罐（图8-12:6、7），而昆明羊甫头M19:151号石寨山型铜鼓，则被报告者断定其年代为战国中期[②]。两者的年代相差太大。

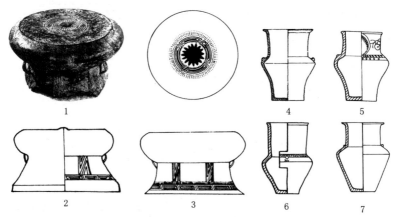

1—云南昆明冶炼厂鼓；2—广西田东南哈坡B鼓；3.越南河山平省松林Ⅰ号鼓；4、5—云南曲靖八塔台平坡陶罐（M1:1、M134:2）；6、7—昆明羊甫头陶罐（M197:35、M453:254）。

图8-12　中国云南、广西和越南出土的万家坝型铜鼓、陶器

较早出土万家坝型铜鼓的还有滇西大理地区的祥云大波那木椁铜棺墓（表8-1:6）[③]，其碳-14年代测定数据分别为距今2415±75年和距今2350±75年，该墓也有铜釜与铜鼓伴出。学者对该墓的年代断定有多种观点[④]，综合研判后，笔者认为祥云大波那木椁铜棺墓的年代可定为战国晚期至西汉早期。

迄今为止，云南万家坝型铜鼓可供断代的地层资料主要有上述几例，因此，笔者将云南楚雄万家坝、祥云大波那、曲靖八塔台几处墓葬的出土资料，作为万家坝型铜鼓断代和流行的标准器。其演变情况见表8-1。

①云南省文物考古研究所等：《曲靖八塔台与横大路》，科学出版社，2003，第29页。

②云南省文物考古研究所等：《昆明羊甫头墓地》（卷2），第527、713-714页。

③云南省文物工作队：《云南祥云大波那木椁铜棺墓清理报告》，《考古》1964年第12期。

④杨勇：《战国秦汉时期云贵高原考古学文化研究》，科学出版社，2011，第221页。

　　考古发现表明，万家坝型铜鼓是从春秋中晚期滇池西部的楚雄万家坝地区起源，然后向周边传播，其在滇西北的永胜，滇西南的昌宁、勐海，滇东北的曲靖等地都有出土；向东南方传播的有云南广南、蒙自、文山等地出土的万家坝型铜鼓，以及广西西南部的田东南哈坡A、B鼓；向越南红河流域传播的则有越南老街鼓、松林Ⅰ号鼓、茂东鼓等。

　　据李昆声等人的统计，万家坝型铜鼓在云南地区有较广泛的分布，迄今发现近50面，越南北部只发现10余面，后者也缺少可供准确断代的地层资料。从类型学的演变规律来说，越南万家坝型铜鼓应当是从中国云南与广西交界地区传播而来，如越南老街鼓（表8-2：1）就形似云南楚雄万家坝M1：12号鼓，越南富寿上农鼓（表8-2：2）也形似云南楚雄万家坝M23：161号鼓，越南松林Ⅰ号鼓（表8-2：4）[1]就形似广西田东南哈坡B鼓和云南昆明冶炼厂鼓[2]，而后两者明显是由万家坝M23：159号鼓演变而来。

表8-2　越南北部上古铜鼓类型示意

类型	春秋中晚期	战国早中期	战国晚期至西汉早期	西汉中晚期
万家坝型铜鼓	1 2	3 4	5 6	—

---

①李昆声、黄德荣：《中国与东南亚的古代铜鼓》，第48-53页。

②中国古代铜鼓研究会：《中国古代铜鼓》，文物出版社，1988，第36页，图版一三：1。昆明冶炼厂的铜鼓，在学者的早期分类中被定为石寨山型甲式2号铜鼓，但后来李昆声等学者又将与它相似的广西田东南哈坡B鼓、越南松林Ⅰ号铜鼓定为万家坝型铜鼓，笔者认为它也应当改定为万家坝型铜鼓。

续表

类型	春秋中晚期	战国早中期	战国晚期至西汉早期	西汉中晚期
东山型铜鼓	—	—	7 8	9 10

注：1. 老街Ⅺ鼓；2. 富寿上农鼓；3. 安沛茂东鼓；4. 河东松林Ⅰ鼓；5、6. 河内10u：3、10u：1；7、8. 玉镂鼓、老街Ⅴ鼓；9、10. 庙门Ⅰ、洞舍鼓。

　　万家坝型铜鼓流行演变的时代，过去学者一般定为春秋中晚期至战国晚期。笔者认为，云南曲靖八塔台M1：1号万家坝型铜鼓，其伴出陶罐具有滇文化西汉中晚期的特征（如昆明羊甫头M197：35号罐）；越南福寿省三清县陶舍社出土的万家坝型铜鼓是与汉代五铢钱、铁剑等汉式器物伴出的①。因此，万家坝型铜鼓流行演变的时代，可改定为春秋中晚期至西汉中晚期。

（二）石寨山型铜鼓与东山型铜鼓的比较

　　过去，中外铜鼓研究学者在铜鼓的分类研究中，往往是分别把中国云南和越南北部地区划分为两个铜鼓分布区域，将所谓的"黑格尔Ⅰ型铜鼓"划分为两个平行发展演变的系统，即石寨山型铜鼓系统和东山型铜鼓系统②。但这种划分事实上也容易忽略两地铜鼓文化之间的密切交流关系。例如，越南学者划定的典型东山型铜鼓——越南兴安省洞舍鼓（表

①阮文好：《越南出土的万家坝类型铜鼓》。
②李昆声、黄德荣：《论黑格尔Ⅰ型铜鼓》，《考古学报》2016年第2期。

8-2：10，KL245号鼓）①，与云南晋宁石寨山M10：3号铜鼓（表8-1：12，西汉中期）最近似，两者外观造型如出一辙，鼓面外晕环铸4只均布的蹲蛙雕像。更为重要的是，越南兴安省洞舍鼓的鼓身上还镌刻有滇人形象的纹饰（图6-10：1、2），其人像与石寨山M20：1号鼓、四川会理3号鼓②上的滇人形象（图6-11：1～3）相符，与越南红河流域地区俗尚裸体的骆越人明显不同③。与其说越南洞舍鼓是东山型铜鼓，还不如称之为滇系石寨山型铜鼓更为准确。下面再着重讨论一下石寨山型铜鼓和东山型铜鼓的源流关系。

据目前的考古发现，笔者还是认同传统观点，即石寨山型铜鼓是由万家坝型铜鼓演变而来的新铜鼓类型，而不是像越南学者和部分中国学者认为的两者只是分离的平行关系。

例如，目前发现的最早的石寨山型铜鼓是云南昆明羊甫头M19：151号鼓，报告者将其年代定为战国中期。该墓棺椁木的碳-14年代测定为公元前756年—公元前400年，数据误差大，故取其年代下限④。报告者认为，云南昆明羊甫头19号墓应当与出土万家坝型铜鼓的云南楚雄万家坝23号墓的年代相当，因此，石寨山型铜鼓是由万家坝型铜鼓演变而来的观点已经不成立⑤。

事实上，笔者前述已指出，楚雄万家坝1号墓、23号墓的碳-14年代测定与伴出的文化遗物的面貌并不相符，因此，楚雄万家坝1号墓、23号墓和昆明羊甫头19号墓的年代，只能根据考古类型学的比较研究来确定各墓葬的早晚关系。

的确，楚雄万家坝1号墓、23号墓和昆明羊甫头19号墓有较多共性，如都出土有铜鼓及相似的滇式蛇首剑、铜釜、铜矛等，表明两地滇墓的时代相差不太大。但昆明羊甫头19号墓却出土有较多万家坝铜鼓墓所没

①广西壮族自治区博物馆等：《越南铜鼓》，第106-109页。

②会理县文化馆：《四川会理出土的一面铜鼓》，《考古》1977年第3期。

③《史记·南越列传》载："（南越）其西，瓯、骆裸国。"

④云南省文物考古研究所：《昆明羊甫头墓地》卷2，第715页。

⑤杨帆等：《云南考古（1979～2009）》，第265页。

有的晚期文物，如管銎铜啄、无胡管銎铜戈、长胡四穿戈等。童恩正曾指出，滇中的无胡铜戈，最早出现应当是楚雄万家坝的Ⅱ类墓（含出土铜鼓的1号墓、23号墓）。万家坝的Ⅱ类墓不见无胡管銎铜戈，它多见于昆明羊甫头19号墓，表明此种类型铜戈始见于战国中晚期。无胡管銎铜戈在滇池地区的昆明羊甫头、晋宁石寨山早、中、晚期的墓葬中都有发现，它们出现的年代上限当为战国中晚期，大量流行于西汉中期，到西汉后期趋于绝迹[①]。因此，笔者认为，昆明羊甫头19号墓的年代大致与楚雄万家坝23号墓相当或稍晚，要比楚雄万家坝1号墓晚一个时间段。因此，可认为石寨山型铜鼓是由时代比之更早的万家坝型铜鼓演变而来的观点还是成立的[②]。

滇池地区的石寨山型铜鼓在战国中晚期出现之后，也迅速向各地传播并派生出多种地方类型的铜鼓，尤其是中国广西和越南北部地区的铜鼓造型和纹饰，明显受到云南石寨山型铜鼓的影响。

例如，广西发现的石寨山型早期铜鼓（图8-13：2），只见于桂东北贺州龙中岩洞葬，发掘者根据伴出遗物多有东周式铜器，断其年代为战国晚期[③]。该鼓和滇桂边区西汉早期的云南广南铜鼓在造型、纹饰（图8-14：5、7）方面都较为相似。

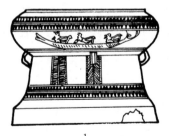

1　　　　　　　　　　　2
1—云南江川李家山M17：30号鼓；2—广西贺州龙中岩洞葬铜鼓。

图8-13　云南江川李家山铜鼓和广西贺州龙中岩洞葬铜鼓

①童恩正：《我国西南地区青铜戈的研究》，《考古学报》1979年第4期。
②谢崇安：《上古滇系铜鼓对骆越铜鼓造型与纹饰的影响》。
③贺县博物馆：《广西贺县龙中岩洞墓清理简报》。

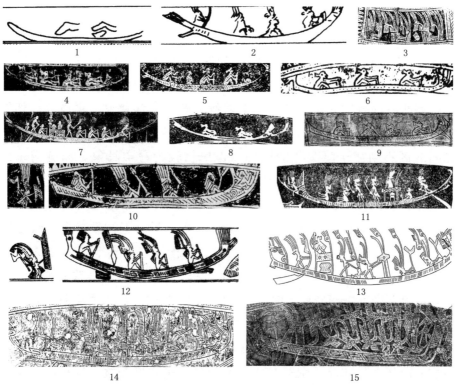

1—云南昆明羊甫头M19：151号鼓纹饰（战国中期）；2、3—云南江川李家山M24：42B—36号鼓船纹、羽人纹（战国晚期至西汉早期）；4—云南江川李家山M17：30号鼓纹饰（战国晚期）；5—广西贺州龙中鼓纹饰（战国晚期）；6—云南晋宁石寨山M15：7号鼓纹饰（西汉早期）；7—云南广南鼓纹饰；8—广西贵港罗泊湾M1：11号鼓纹饰；9—越南KL368号鼓纹饰（西汉早期）；10—云南晋宁石寨山M14：1号鼓羽人船纹（西汉早期）；11—广西西林普驮鼓羽人纹（西汉早期）；12—越南庙门Ⅱ号鼓羽人船纹（西汉早期）；13—越南玉镂鼓羽人船纹（西汉早中期）；14—越南河山平沱江鼓羽人船纹（西汉中期）；15—越南西原得乐鼓羽人船纹（东汉时期）。

图8-14　中国云南、广西和越南铜鼓船纹/羽人纹比较

　　将广西贺州龙中鼓与滇系石寨山型铜鼓相比较，它的外观造型最接近云南江川李家山M17：30号铜鼓（图8-13：1）。贺州龙中鼓的竞渡船纹的划桨人物，做脑后椎髻发式（项髻），赤身裸体用点纹填实，其封牛纹饰母题也与其他石寨山型铜鼓的牛纹相似，将之与李家山M17：30号铜鼓[①]、李家山M24：42a号铜鼓、石寨山M15：7号铜鼓相比较，彼此鼓胸的竞渡船纹的划桨

———————————

[①]云南省博物馆：《云南江川李家山古墓群发掘报告》，《考古学报》1975年第2期。

人物，也皆做脑后椎髻（项髻）发式、赤身裸体之像（图8-14：4～9）。云南学者认为这类滇系石寨山型铜鼓墓的年代处于战国晚期至西汉早期[1]，此年代应当是早期石寨山型铜鼓迅速向各地扩散的时期。

　　铜鼓及其他青铜器的装饰形式，中国云南与越南的发现也多有相似处。如两者都有羽人水手船纹、竞渡纹、芒纹、翔鹭纹、锯齿纹、切线同心圆纹等纹饰，且多为二方连续纹样，图案多采用分组行列式。它们之间的区别则在于滇文化的纹饰图像风格较为写实具象，而越南东山文化的纹饰图像风格则是逐渐趋于抽象简洁，这可能就表明了两者的年代差异。例如，云南广南鼓、广西西林普驮鼓（图8-14：7、11）、广西贵港罗泊湾鼓[2]的羽人船纹还比较写实，越南玉镂鼓羽人船纹（图8-14：13）已经开始显现简括而抽象，越南沱江（茂利）鼓羽人船纹（图8-14：14）[3]，其羽人水手还依稀可辨，羽人的长羽鸟首冠突显，发展到越南西原得乐铜鼓羽人船纹（图8-14：15）[4]，羽人水手基本符号化了，人首以圆点纹显示，长羽鸟首冠更为夸张。中国云南、广西和越南出土的早期铜鼓的鼓面，一般都围绕中心芒纹饰有一周翔鹭鸟纹，这种鸟纹的演变也是如此（图8-15）。从形式学的角度观察，这种由写实、抽象再到写意的演变趋势表明，滇文化铜鼓的年代要早于越南东山文化铜鼓，且为其艺术形式的祖型。

1—广西田东石寨山型铜鼓（战国晚期）；2—越南河内Ⅲ号东山型铜鼓（西汉晚期至东汉时期）；3—越南东山Ⅳ号东山型铜鼓（西汉晚期至东汉时期）。

图8-15　上古铜鼓鼓面纹饰

①李昆声、黄德荣：《中国与东南亚的古代铜鼓》，第112页。
②广西壮族自治区博物馆：《广西贵县罗泊湾汉墓》，第28页。
③弗朗茨·黑格尔：《东南亚古代金属鼓》，第424页。
④广西壮族自治区博物馆等：《越南铜鼓》，图版41，LSb-33068号鼓。

（三）滇、越地区发现的铜釜

　　铜釜在中国云南、广西和越南三个地区的先秦两汉时期遗存中都有发现，它是上古西南夷地区较有特点的青铜炊具，也应当是起源于云南滇池西部地区，然后才向其东南方向地区传播。

　　从时代来说，最早的铜釜也是与万家坝型铜鼓伴出，云南楚雄万家坝1号、23号墓出土了几件铜釜，其上仍有烟炱痕迹。此后，云南昆明羊甫头和晋宁石寨山等地的墓葬也出现了较多的各式铜釜，如云南昆明羊甫头19号、113号、106号墓葬出土的十余件铜釜[①]，形制仍然接近楚雄万家坝1号墓出土的数件铜釜，一部分铜釜倒置过来也可以作铜鼓使用。因此，多有学者认为铜鼓就是由实用炊具陶釜、铜釜演变而来，有的越南学者至今也是将越南历史博物馆收藏的此类铜釜称为"万家坝型铜鼓"。滇式铜釜在中国云南、广西和越南的出土情况可参见图8-16。

　　考古发现表明，环滇池地区出土的铜釜最多，与早期铜鼓也有共存关系，在其东南方的桂、越地区发现数量不多。从图8-16可看出，时代较早的是楚雄万家坝1号墓的侈口收腹平底双附耳铜釜（图8-16：1），云南晋宁石寨山M7：82号（图8-16：6）、曲靖八塔台M69：1号（图8-16：2）[②]、广南白崖脚M1：4号铜釜，都是由此式铜釜演变而来。

　　滇东北曲靖八塔台M1：2号铜釜（图8-16：5），近似滇西祥云大波那木椁铜棺墓的铜釜（图8-16：4）[③]，也近似昆明羊甫头M150：10号、M527：39号铜釜，这都反映上古滇文化盛行使用铜釜。广西东兰长江乡铜釜（图8-16：10）[④]，最似昆明羊甫头M113：195号陶釜[⑤]，说明它是仿滇式陶釜而来。越南历史博物馆藏10U：5号铜釜（图8-16：9）[⑥]，最似昆明羊甫头

　　①云南省文物考古研究所等：《昆明羊甫头墓地》（1～4卷），第67、225、226、296页。
　　②云南省文物考古研究所：《曲靖八塔台与横大路》，第74页。
　　③云南省文物工作队：《云南祥云大波那木椁铜棺墓清理报告》。
　　④梁富林：《东兰县长江乡出土两件青铜器》，《中国古代铜鼓研究通讯》2002年第18期。
　　⑤云南省文物考古研究所等：《昆明羊甫头墓地》（4卷），彩版七三：3。
　　⑥阮文好：《越南出土的万家坝类型铜鼓》。

M19：163号铜釜（图8-16：8）；越南富寿省出土的铜釜（图8-16：7）[①]，最似晋宁石寨山M7：82号、曲靖八塔台M69：1号铜釜（图8-16：6、2）。这种滇、越文化的交流至少可上溯到战国中晚期。祥云大波那木椁铜棺墓的铜釜也近似昆明羊甫头M150：10号、M527：39号铜釜（战国晚期至西汉早期）[②]。总之，在中国滇桂边区和越南北部地区发现了少量的滇系铜釜，这也应当是石寨山文化向其东南方地区传播的一种反映。

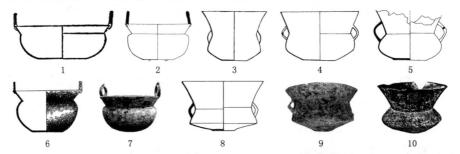

1、3—云南楚雄万家坝M1：2，M1：4（春秋中晚期）；2、5—云南曲靖八塔台M69：1，M1：2（西汉中晚期）；4—云南祥云大波那（战国晚期至西汉早期）；6—云南晋宁石寨山M7：82（西汉中期）；7—越南富寿（西汉中晚期）；8—云南昆明羊甫头M19：163（战国中期）；9—越南10U：5（战国晚期）；10—广西东兰长江乡。

图8-16　中国云南、广西和越南出土的铜釜

（四）滇文化与骆越文化的羊角钮钟

上古西南地区的羊角钮钟也是与铜鼓共存的青铜打击乐器，它一度在东亚南部古代民族之间广泛流行。在上古骆越人创作的左江花山岩画上，骆越人在举行盛大的礼仪活动时，铜鼓和羊角钮钟都是必不可少的礼乐器，在热烈的多人舞蹈场景中都绘有击打铜鼓和羊角钮钟的画面（图6-1）[③]。

从地层学、类型学及碳-14年代测定的视角来看，中国云南、广西和越南的羊角钮钟也应当是起源于滇池西部的楚雄万家坝地区（如万家坝M1：13号钟），年代上限在春秋中晚期（图8-17：1、2）。羊角钮钟传入岭南地区当在春秋战国之际。将中国云南、广西和越南出土的羊角钮钟做

---

①杨勇：《战国秦汉时期云贵高原考古学文化研究》，第296、358页。

②云南省文物考古研究所等：《昆明羊甫头墓地》（2～4卷），第714页，彩版四七：4。

③王克荣等：《广西左江岩画》，第82页。

比较，就可以看出滇式羊角钮钟传入广西、越南后，其基本形制不变，只是产生了一些地区上的微小形式差异和纹饰的新特点。如广西容县钟（图8-17：8）的羊角钮演变成了花瓣钮，越南兴安钟装饰有双翔鹭纹（图8-17：7），越南河内钟（图8-17：9）在羊角钮之间加铸了大象雕塑钮。云南新平县漠沙出土的羊角钮钟（图8-17：2）饰有鼍纹[①]，与早期万家坝型铜鼓的鼍纹相似，这应当是早期羊角钮钟的特征，表明羊角钮钟和铜鼓一样是从滇池西部地区向东传播，传至云南东南，贵州安龙，广西西林普驮、贵港罗泊湾、钦州浦北和越南兴安、义安鼎乡[②]等地。蒋廷瑜认为中国云南、广西和越南的羊角钮钟其流行年代应当在战国至西汉时期，即公元前5世纪—公元前1世纪[③]。事实上，根据越南义安省鼎乡等地的考古发现，公元纪年之后的越南古墓遗存中仍然见有羊角钮钟与晚期铜鼓伴出的现象。

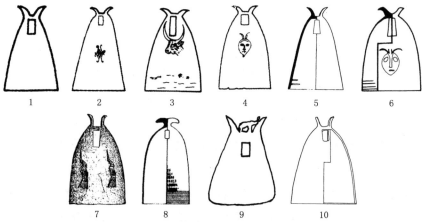

1、2—云南楚雄万家坝、新平漠沙（春秋中晚期）；3、4—云南晋宁石寨山、文山麻栗坡（战国至西汉中期）；5、6—广西西林普驮、贵港罗泊湾（西汉早期）；7—越南兴安（战国至西汉中期）；8—广西容县；9—越南河内；10—越南义安鼎乡（西汉晚期至东汉初期）。

图8-17　中国云南、广西和越南出土的上古羊角钮钟

①李昆声、黄德荣：《中国与东南亚的古代铜鼓》，第58、65页。

②Graduate School of Humanities and Sociology The University of Tokyo, *The Lang Vac Sites*, *The Vietnam-Japan Joint Archaeological Research Team*, 2004, p.108.

③蒋廷瑜：《羊角钮铜钟初论》，《文物》1984年第5期。

（五）滇、越地区互见的青铜兵器

1. 铜戈

滇、越两个地区在先秦两汉时期都流行过青铜戈兵器，云南石寨山文化的铜戈（表8-3）最为发达，其形式多样，装饰华丽。这些铜戈大多数是受到中原商周铜戈传播影响的产物。滇式直内无胡戈，即是由中原蜀式三角援直内戈演变而来，此式铜戈后来也传到了越南北部。如越南东山文化的和平铜戈，与石寨山M13号墓等处所出的Ⅰ式、Ⅱ式铜戈（原报告图版拾伍：1、2、4）为同一类型，它在东山文化中并不多见，应当是来自于滇文化。此外，越南海防的象山铜戈也形近石寨山的Ⅳ式铜戈（原报告图版拾陆：3）①，两者都是殷周式铜戈的改造型。

这一情况表明，滇人与越南东山文化的主人——骆越人的交往是密切的，滇式铜戈对骆越铜戈也产生过一定的影响②。

2. 铜剑

考古发现表明，中国云南、广西和越南的古先民都盛行使用铜剑（表8-3），且以短剑为主。各地制造的铜剑式样也可说是异彩纷呈，它们既有鲜明的地方特色，也反映了先民们密切的交流关系。从器类来说，中国云南、广西和越南众多的铜剑中可区分出三类剑式：一类是东周式剑，这是由中原地区传来的剑式；第二类是滇式青铜剑；第三类是越式青铜剑。这里，我们只举相同的剑式来表述中国云南、广西和越南的文化交流关系。

例如，滇式剑中的扁茎（或圆首）一字格曲刃短剑，大约出现于战国中晚期至秦汉之际③，笔者认为这种剑式应当是由滇西早期青铜文化中的曲刃二穿戈演变而来，它与楚雄万家坝、永胜金官龙潭、鹤庆黄坪出土的直内二穿曲刃戈最近似④。一字格曲刃短剑在云南西汉中晚期的晋宁石寨山、泸西大逸圃等地的滇墓中较为常见。在滇桂边区的广南八宝、桂西南

---

①云南省博物馆：《云南晋宁石寨山古墓群发掘报告》，文物出版社，1959。
②松井千鹤子：《越南北部出土的青铜戈》。
③云南省文物考古研究所等：《昆明羊甫头墓地》（1~4卷），第358页。
④杨帆等：《云南考古（1979～2009）》，第119、209、212页。

田东锅盖岭、林逢和田阳，以及越南东山文化晚期遗存中发现的一字格曲刃短剑，都应当是来自于云南石寨山文化[①]。

表8-3　中国云南、广西与越南铜戈/剑比较

时代	云南铜戈、铜剑		广西铜剑	越南铜戈、铜剑	
春秋晚期至战国早中期	羊甫头	万家坝　黄坪	— —	— —	—
战国晚期至西汉早期	羊甫头　石寨山	羊甫头　广南　泸西	田东　田东　山西	陶盛　太原　朗旮	
西汉中晚期	石寨山	石寨山　麻栗坡	南宁　和平	美顺　河江	

3. 铜钺

铜钺是东亚南部民族青铜时代最富特色的兵器，它最先是仿制本地区的不对称形石钺而来，是最常用的兵器。先秦时期的滇式铜钺和越式铜钺发展到战国秦汉时期便演变成为丰富多彩的实用兵器和礼兵器。从造型及装饰风格来说，中国云南、广西和越南的铜钺可说是各具特点，皆盛行不对称形铜钺。过去，蒋廷瑜[②]、李昆声等人[③]都对中国云南、广西和越南的铜钺做过一些比较研究。笔者认为，中国云南、广西和越南铜钺的形制差别是主要的，分别代表了各自的地域文化特征，但相互影响交流的现象也是存在的。

例如，滇文化的弯月形铜钺近似越南东山文化的不对称弯月形铜钺（图8-18：1、2、5、6）。

①谢崇安：《滇桂地区与越南北部的青铜剑及相关问题》。
②蒋廷瑜：《西瓯骆越青铜文化比较研究》。
③李昆声、陈果：《中国云南与越南的青铜文明》，第430-456页。

又如，两端尖锐的偏刃铜钺，见于中国云南文山、越南海防越溪（图8-18：3、7）；半圆弧形偏刃铜钺，见于越南东山文化遗存、中国云南文山州麻栗坡（图8-18：8、4）；长銎溜肩弧刃铜钺，见于中国云南红河县、越南义安鼎乡东山文化遗址[①]等地。

联系到在滇东南的红河金平、个旧，文山广南、麻栗坡、马关等地出土的滇式一字格曲刃短剑、滇式直内曲援戈、人面纹羊角钮钟、心形铜锄等器物，都与中国广西西南部、越南北部的同类器物较为相似的现象，可以确知中越边境的江河流域历来是滇文化与越文化传播交流的重要通道。

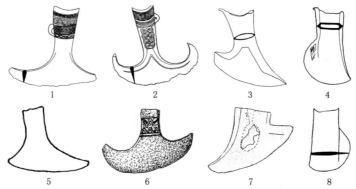

1、2—云南昆明羊甫头（M19）；3—云南文山；4—云南文山麻栗坡；5—越南河内；6—越南河东；7—越南海防越溪；8—越南老街铺卢。

图8-18　云南和越南出土的铜钺

（六）滇、越地区主要农具的比较

云南石寨山文化与越南东山文化的稻作农业可以追溯到新石器时代，故青铜时代的农业也很发达。据考古发现，这时出现了更多的新型青铜农具，而且当地的族群豪酋都很重视农业。

例如，云南晋宁石寨山、昆明羊甫头等地的滇国贵族墓中，都普遍随葬装饰华丽、安柄的青铜农具。在越南河内东英古螺城[②]、富寿省万胜、山西等地也发现了一批滇式铜锄（图8-19：7～9）。富寿省万胜出土滇式

---

①杨帆等：《云南考古（1979～2009）》，第234-236页。
②何文晋：《越南考古学Ⅱ——越南金属器时代》，第541页。

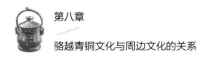

铜锄的墓葬是一处东山文化火葬墓，骨殖放入一青铜提桶内，伴出遗物还有陶片、铜斧、铜盆等①。1982年，越南学者又在古史传说中的安阳王国都城——河内东英古螺城遗址发现了铜锄的制造中心，出土了大量的滇式心形铜锄②。

应当说是地理环境的差异，造成广西的上古农具与滇、越农具有所不同。广西地区多坚硬的砖红壤，只有铁工具的出现才能取代传统的石制农具，因此当地铜锄罕见。

与之相对，滇、越地区的上古青铜农具则有较多的可比性，两地存在相似的铜锄。过去越南学者曾将东山文化遗存的滇式心形（宽叶形）铜锄称为"铜犁"，今云南昆明羊甫头滇墓出土有安柄的式样，可确证其为铜锄。通过地层资料的年代学和器物类型学的对比，可知此类铜锄大致上是在战国中期起源于滇池（如羊甫头M19：37号铜锄）及其邻近地区，它们也是由红河上游地区向红河下游的越南东山文化分布区传播。

云南楚雄万家坝1号墓出土有多种形式的铜锄，年代为春秋中晚期；祥云大波那木椁铜棺墓出土的心形铜锄、长条亚腰直刃铜锄也与万家坝型铜鼓伴出③，时代为战国晚期至西汉初期。昆明羊甫头、晋宁石寨山等地还出土有战国中期至秦汉时期的各式铜锄，其中有近长方形铜锄、近方形宽口锄，祖型也是来自楚雄万家坝的铜锄（如万家坝M23：182号、M1：42号铜锄）。后来，滇式铜锄不断传播到中国云南东部和越南北部地区，也往往用作贵族墓的随葬品。这表明自战国中晚期以来，滇文化、越文化的农业得到了较大的发展，农业受到各地豪酋统治者的重视。下面试比较滇、越两个地区发现的部分铜锄，就可见石寨山文化与东山文化的密切交流关系（图8-19）。

考古发现表明，战国中期出现的滇式心形铜锄（图8-19：1），见于中国云南昆明羊甫头、祥云大波那、红河、文山，以及越南北部的富寿、

---

①黎文兰等：《越南青铜时代的第一批遗迹》，第65页。
②李昆声、陈果：《中国云南与越南的青铜文明》，第388页。
③杨帆等：《云南考古（1979～2009）》，第198页。

古螺城、山西（图8-19：7）、清化诸东山文化遗址。云南昆明羊甫头的近似三角形铜锄（图8-19：4）也见于越南北部富寿（图8-19：8）。东山文化的宽叶形铜锄①、蝶形铜锄（图8-19：9、10），也应当是由滇式铜锄（图8-19：4、5）演变而来。越南义安鼎乡出土的长銎溜肩弧刃铜锄也近似滇式铜锄（图8-19：6、11）。

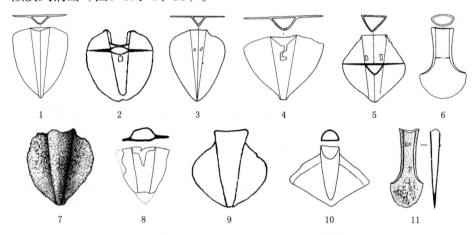

1—云南昆明羊甫头（M19：37，战国中期）；2、3—云南祥云大波那、昆明羊甫头（战国晚期至西汉初期）；4—云南昆明羊甫头（M113：331，西汉早中期）；5、6—云南红河弥勒市-红河县；7—越南山西；8—越南富寿万胜；9—越南河内东英古螺城；10—越南清化；11—越南义安鼎乡。

图8-19　石寨山文化与东山文化的铜锄

铜制农具如此相似发达，表明当时滇国与骆越的交流频繁，这是在铁工具出现普及之前的西汉前期的情况。《后汉书·循吏列传·任延》载，汉代九真郡（今越南清化等地）之骆越人以射猎为生，不事农业，这应当是古籍记载以偏概全。事实上，考古学者在越南红河流域地区的许多青铜时代遗址都发现了炭化稻米和炭化稻壳的遗迹。鉴于越南河内古螺城、清化东山、义安鼎乡等地出土有不少铜锄的情况，而且有许多稻作遗存的发现，说明越南北部的河流冲积平原等地区，实际上与其上游地区及云南昆明盆地的情况相似，彼此都有着十分适宜从事农业的地理环境和气候条件，稻作农业的出现绝不会晚至汉代时期。

①何文晋：《越南考古学Ⅱ——越南金属器时代》，第541页。

（七）滇、越地区主要日用器的比较

　　石寨山文化与东山文化都盛行青铜日用器，许多器物装饰华丽，造型奇巧，工艺高超。因相关内容很多，本节只举互见的大型铜提桶加以说明。滇、越地区的铜提桶形器纹饰精美，越南东山文化的豪酋往往用它作葬具，有的提桶器盖上还铸有男女交媾的雕像，日本学者认为这可能具有特殊的宗教意义①。考古发现表明，铜提桶在中国云南和两广地区及越南北部都有发现，其中又以越南北部的分布最密集，在中国云南只有少量发现，如分见于昆明羊甫头、呈贡天子庙、个旧黑玛井②等地。

　　黄展岳等人认为，东亚南部铜提桶流行的时代是在战国末期至秦汉时期，它应当是骆越人特有的铜器，广州南越王墓出土的羽人船纹铜提桶，形制、纹饰与骆越铜提桶相似，它们应当是通过贸易或是骆越人进贡给南越王的物品③。

　　此外，过去一些中外学者对青铜提桶的源流也有几种有分歧的观点。例如，日本学者新田荣治没有看到云南考古的新发现，故认为云南不是青铜提桶的分布区④；黄展岳比较了中国云南、广西和越南的发现，也认为云南青铜提桶与两广和越南的青铜提桶没有源流关系⑤；郑小炉则认为，岭南上古青铜提桶可能是起源于吴越地区的西周原始瓷缸⑥；李龙章却认为青铜提桶是起源于中国湖湘地区的越式陶质提桶⑦。

　　笔者认为，比较中国云南、广西和越南的考古发现，各地青铜提桶的共性是很清楚的，由此可对上述先行研究提出若干质疑。例如，云南昆明羊甫头19号墓出土的铜提桶（图8-20：1），报告者根据共存关系和

①吉开将人：《再论东山系铜盉》。
②杨帆等：《云南考古（1979～2009）》，第245页。
③黄展岳：《论南越国出土的青铜器》。
④新田荣治：《ベトナム・两广地区の青铜提筒とその变迁》。
⑤黄展岳：《铜提筒考略》。
⑥郑小炉：《吴越和百越地区周代青铜器研究》，第195、196页。
⑦李龙章：《湖南两广青铜时代越墓研究》。

碳–14年代测定，断定其年代为战国中期①，如果断代无误，这件铜提桶应当是目前中国云南和两广地区及越南北部地区考古发现有文化层关系且年代最早的青铜提桶。

这件提桶纹饰简括，重列式二方连续几何纹装饰带以弦纹分隔，主题有栉纹、同心圆切线纹、同心圆纹，其形制、纹饰与越南安沛省陶盛Ⅱ号提桶（图8-20：2）最相似②，接近新田荣治铜提桶分类的C1式，也形近越南河南省的乔松提桶，后者也饰有栉纹、同心圆切线纹，年代为西汉前期（公元前2世纪初），故其同心圆切线纹已经简化。

又如，云南呈贡天子庙41号墓出土的铜提桶（图8-20：4、5，M41：101），时代属于战国中晚期③，其形制和纹饰，也和越南菠萝溪铜提桶（图8-20：6）、广东肇庆松山北岭铜提桶（图8-20：9）、广西贵港罗泊湾铜提桶（图8-20：10）相似，彼此器身都有纽索纹装饰带。

中国云南呈贡天子庙提桶盖纹饰也与越南玉镂Ⅱ号铜提桶盖（图8-20：5、7）有共性，两者的太阳芒纹略有差异，两者的外晕都饰有一圈纽索纹装饰带，但越南玉镂Ⅱ号桶盖的纹饰更为精细。

广东肇庆松山铜提桶的年代属于战国晚期，广西贵港罗泊湾1号汉墓提桶、越南河南乔松提桶的年代属于西汉早期，这就引出了问题：青铜提桶最早是起源于何时何地？笔者认为，铜提桶与铜鼓共存，纹饰也属于同一风格（图8-20：12、13）④，故铜提桶也有可能是和石寨山型铜鼓一样，是在战国中期起源于环滇池地区（如昆明羊甫头M19：21号提桶与早期石寨山型铜鼓共存），然后才传向岭南两广地区和越南北部。虽然铜提桶在环滇池地区不多见，但滇式带盖贮贝器（图8-20：3、4）中有一部分器形近似越式提桶⑤，而且有的提桶年代早至战国中期。还有一部分滇式桶形贮贝器（图8-20：11，战国晚期）的器身略收腹，带子母口盖⑥，功能

①云南省文物考古研究所等：《昆明羊甫头墓地》（1～4卷），第714-715页，彩版五二。
②何文逢：《东山铜缸》，第127页。
③肖明华：《论滇文化的青铜贮贝器》，《考古》2004年第1期。
④何文逢：《东山铜缸》，第39-40页。
⑤昆明市文物管理委员会：《呈贡天子庙滇墓》。
⑥云南省文物考古研究所等：《昆明羊甫头墓地》（1～4卷），第301页。

也类似提桶，这说明桶形器在滇文化中并不少见。不过，云南铜提桶类
似于其他贮贝器，后来并没有得到大的发展，在西汉中后期随着滇国的
衰落也就绝迹了[①]。

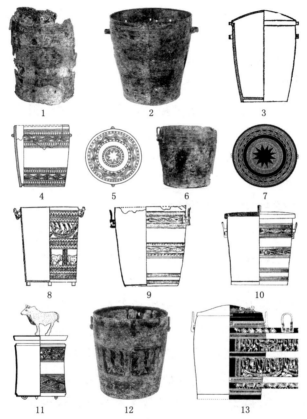

1—云南昆明羊甫头提桶（M19，残）；2—越南安沛陶盛Ⅱ号提桶；3～5、8—云南呈贡天子庙
贮贝器（M41：100、101、103）；6—越南菠萝溪提桶；7—越南玉镂Ⅱ号提桶盖；9—广东肇庆松山提
桶；10—广西贵港罗泊湾提桶；11—云南昆明羊甫头贮贝器（M115：采6）；12—越南盘溪羽人纹提
桶；13—越南安沛合明提桶。

图8-20　中国云南和越南出土的铜提桶

　　与此相对，两汉时期的交趾地区最终却成为青铜提桶的制造中心，因
此考古发现的数量也最多，并传播到邻近地区。广州南越王墓发现的骆越
式铜提桶，其器身的羽人船纹与越南安沛陶盛提桶、黄下铜鼓的羽人船纹

---

①谢崇安：《论几件越南东山文化青铜提桶的年代及相关问题》。

很相似，表明西汉前期是骆越典型铜鼓和铜提桶的流行期。云南个旧黑玛井汉墓出土的铜提桶，也应当是来自骆越地区，它与广西贵港罗泊湾汉墓的提桶（M1：2）的纹饰、越南东山文化的提桶的纹饰都较为相似，若将黑玛井提桶和越南菠萝溪提桶①比较，黑玛井提桶纹样已呈退化之象，这意味着它是骆越提桶的晚期制品。

　　一般来说，不同文化之间的交流是双向的。越南学者郑能聪著文研究过中国南疆发现的青铜提桶，并认为这些提桶是由越南北部输入中国边境的东山文化铜提桶②。然而，该文并没有关注到昆明羊甫头19号滇墓等处新的发现，而基本上是沿袭了黄展岳的看法。因此，滇、越地区的青铜提桶的源流问题仍然需要中外学者做进一步的探索。

二、石寨山文化与东山文化的铸铜工艺

　　有一些学者曾对滇、越两地的早期铜鼓和其他青铜器做过矿料成分来源的铅同位素考证，结果表明，云南早期铜鼓的矿料来自滇西至滇中的滇池一带，且可以证明石寨山型铜鼓是直接继承了万家坝型铜鼓而来③。此外，中越学者对越南东山文化的56面铜鼓和14件青铜器的铅同位素考证也说明其矿料是本地所产。滇、越两个地区的铅同位素分布场地区分明显，可由此得出石寨山文化与东山文化的铜鼓是分别在当地制造的结论④。

　　尽管如此，笔者认为，铸铜工艺技术本身的比较也能说明问题。如前所述，滇、越地区的上古铸铜工艺具有极大的共性。例如，先秦两汉时期的滇、越青铜器冶铸，都习惯使用石铸范法和泥范法工艺⑤，同时也存在

　　①何文逢：《东山铜缸》，第40页。
　　②郑能聪：《中国南部发现的东山文化青铜提桶》。
　　③崔剑峰、吴小红：《铅同位素考古研究：以中国云南和越南出土青铜器为例》，第72-74页。
　　④韦冬萍等：《越南铜鼓样品铅的富集与铅同位素的测定》，《广西民族学院学报（自然科学版）》2002年第4期。
　　⑤李昆声、陈果：《中国云南与越南的青铜文明》，第473页。

失蜡法（如云南万家坝型铜鼓①、越南东山型铜鼓②）铸铜工艺。因此，滇、越地区的上古先民铸铜工艺十分相似的考古现象说明，这种共性绝非偶然，它必然是彼此之间长期进行文化交流融合的结果。

三、滇、越地区葬俗的比较

（一）土葬习俗

这是南方民族固有的葬俗，但土葬也有多种形式。先秦两汉时期，东亚南部民族的土葬葬具开始采用棺椁（云南晋宁石寨山、云南江川李家山等墓葬）或使用殉人（如云南昆明羊甫头M113），这应当是受到中原商周王朝文化的影响。尽管如此，滇文化与骆越文化的葬俗也有各自的地方特点。例如，使用铜棺，见于云南祥云大波那木椁铜棺墓，此铜棺做成两面坡屋顶的干栏式建筑。此外，在西汉骆越故地——广西西林普驮也发现过被近代人为破坏的上古鎏金铜棺（有足）③。把铜棺做成干栏式建筑，这与滇文化墓葬习用铜质干栏式建筑模型随葬的观念是相通的。虽然骆越文化罕见铜棺遗存，但东山型铜鼓中多见干栏式建筑图像纹饰，这说明建筑是滇、越地区的族群重视的财产，其在衣食住行的"事死如生"观念及葬俗方面是相通的，只是体现的方式有所不同。

（二）船棺葬

这也是东亚南部水乡人民的出行及渔猎生活在葬俗中的反映。云南楚雄万家坝墓葬M21的棺体呈船底形，棺盖顶部上有木条搭成"人"字房梁的形状；M57则为独木船棺形；M32等则为拼板船棺形④。此种葬俗无疑与

---

①今村启尔：《失蜡法铸造的先黑格尔Ⅰ型铜鼓的发现》。

②广西壮族自治区博物馆等：《越南铜鼓》，第323页。

③蒋廷瑜、彭书琳：《历史的足迹——广西历史时期考古手记》，第73页。

④云南省博物馆文物工作队等：《云南省楚雄县万家坝古墓群发掘简报》，《文物》1978年第10期。

濮越系民族的生产生活方式有关。

先秦时期，西南地区的巴蜀文化、东南沿海区的吴越文化都流行船棺葬；秦汉时期，两广地区的墓葬和越南北部的东山文化墓葬及汉墓遗存也多见不同形式的船棺葬。可以说，船棺葬既是濮越系族群，也是百越系族群由来已久的习俗，这与滇文化和骆越文化铜鼓上多见水手竞渡船纹母题也是相对应的。

（三）石墓遗迹

石墓是指用石块砌筑的墓葬，形式多样，先秦两汉时期在中国的川、藏、滇边区较为常见，也称"石棺葬"。它在越南东山文化遗址也有一定数量的发现。

例如，越南义安鼎乡遗址的第二次发掘共见142座墓葬，它们可分为四大类，其中最引人注目的一类是石墓[①]。石墓共有36座，为石材建成，或用以盖墓，或作铺设，或用作护壁。其中，石盖墓15座，它是把石板砌盖成屋顶，石盖使用砂岩，将长方形墓坑两边覆盖成石屋形，从墓的前后两端塞入一些大卵石，墓中极少随葬品，除M1、M13若干墓葬有较多铜器外，其余只有数个陶釜。从报告的描述来看，鼎乡的石墓形制颇为近似中国四川西南部和云南金沙江流域的大石墓，其所谓石盖墓的结构，就如同童恩正曾归纳过的中国西南大石墓的Ⅰ类墓。迄今为止，学者们通常认为东亚南部巨石文化的早期传播者是中国川、藏、滇边区的氐羌系部族。中国西南石墓流行的年代上至商代，下至两汉时期[②]。

越南义安鼎乡遗址的石墓，显然与中国西南氐羌系民族的石棺墓或大石墓之间存在着文化交流关系。鉴于中国西南石墓考古发现的时代要早于越南义安鼎乡石墓的时代（公元前2世纪—公元1世纪），因此我们有理由推断越南义安鼎乡石墓葬俗应当是受到邻近的中国西南先秦两汉时期石墓

---

①吴士宏：《1983年鼎乡（义安省）第二次发掘》，今村启尔译。

②童恩正：《试论我国从东北至西南的边地半月形文化传播带》，载《中国西南民族考古论文集》，文物出版社，1990，第252-279页；88页，图一：Ⅰ。

的影响发展而来的。义安鼎乡墓葬出土的羊角钮钟、短剑柄人像作辫发珥
环著尾饰的形象（图6-12：1），都是云南石寨山文化（见石寨山墓葬M12
贮贝器人像[①]）的因素。童恩正曾指出，石寨山青铜贮贝器上的个别人像
雕塑，就与东山文化铜剑柄的辫发缠头珥环人像十分相似[②]。这都说明墓
主人是来自云南的氐羌系先民。

（四）火葬习俗

这在越南北部多处东山文化遗址也有发现，越南义安鼎乡第二类墓
葬为铺撒陶片的墓葬，将陶片铺撒在墓底是越南东山文化各地墓葬中常
见的现象。鼎乡居民是将收集到的混有炭灰和烧骨的陶片铺撒在墓底，
陶片层厚0.10～0.15米。鼎乡第二类墓葬显然反映了当时存在火葬习俗。

东山文化有的火葬习俗，是将火化的骨灰放入铜鼓、铜提桶中下葬，
这见于越南安沛省的陶盛、富寿省的万胜等遗址[③]。

我们知道，当佛教火葬习俗传入东亚南部地区以前，东亚内陆地区只
有中国西北的氐羌系部族及其南迁至西南地区的氐羌系后裔部族行火葬习
俗。火葬习俗早见于氐羌系民族原居的西北故地，散见于甘肃、青海地
区的寺洼文化、宗日文化诸墓葬遗址；在西南地区四川岷江上游石棺墓
中，火化骨殖再用石棺埋葬的现象也常见。古文献所载，如《墨子·节
葬篇》云："秦之西有仪渠之国，其亲戚死，聚柴薪而焚之。"《吕氏春
秋·义赏篇》云："氐羌之民其虏，不忧其系累，而忧其不焚也。"《太
平御览》卷七九四引《庄子》云："羌人死，燔而扬其灰。"（亦见《后
汉书·西羌传》）此火葬历经千年，氐羌人之后裔仍不改其俗，如唐《云
南志》卷八载："蒙舍及乌蛮不墓葬，凡死后三日焚尸，其余灰烬掩以土
壤，唯收两耳。"[④]

---

①易学钟：《晋宁石寨山12号墓贮贝器上人物雕像考释》，《考古学报》1987年第4期。
②童恩正：《试论早期铜鼓》，《考古学报》1983年第3期。
③黎文兰等：《越南青铜时代的第一批遗迹》，第193页。
④童恩正：《试论我国从东北至西南的边地半月形文化传播带》。

云南的火葬习俗，迄今最先见于滇池东部的泸西石洞村的火葬墓群，墓葬中还发现有白石、碎石堆等。氐羌民族崇尚白石，今其后裔仍会在墓葬上堆砌白石。墓中出土的陶釜有两汉时期物器的特征。其他同时期的竖穴土坑墓中出有弩机、铁锸、环首铁刀、铜剑、铜饰牌、铜戈、铜腰扣等，这些随葬品都具有云南两汉时期器物的特征。该地墓葬的时代大致从西汉中晚期延续到东汉初期。由于泸西石洞村青铜器遗存具有较多的石寨山文化因素，因此杨勇认为其族属可能是与滇族"同姓相扶"的"靡莫之属"或为东迁之滇人[1]。事实上，石寨山青铜贮贝器（M12：26）雕像中所见的族人，也有形似执法役吏的辫发、着长身条纹绀衣、佩剑的氐羌人。因此，笔者还是认同石寨山文化的火葬墓是来自氐羌人的习俗。

1978年，云南学者在剑川鳌凤山墓地的发掘中，于青铜时代墓葬之上还发现91座火葬墓，葬具为夹砂陶罐，有单耳罐、双耳罐、带流罐、无耳罐之分，内有烧骨，随葬品极少，时代为东汉；1990年在会泽县水城村发现2座大型竖穴土坑墓，墓中有一火葬陶罐，罐内有碎骨，2墓共出土12件随葬品及一批五铢钱，铜器有斧、甑、洗等，铁器有环首刀，时代为东汉中晚期。从上述考古资料可以看出，西汉中晚期至东汉时期是云南地区流行火葬墓的早期阶段。这种葬俗应当是受到氐羌先民火葬传统的影响[2]。而越南东山文化分布区的火葬习俗，也应当是由云南地区传入的，因为在岭南地区的先秦墓葬中从未发现过火葬墓。

四、石寨山文化与东山文化的主要区别

通过上述两地区青铜文化遗存的比较，可知石寨山文化（滇文化）与东山文化为代表的骆越文化有着不少共性。那么，两者是否可以判定为同一大文化之下的不同地方类型呢？对此，笔者的看法是否定的。不

---

　　① 杨勇：《战国秦汉时期云贵高原考古学文化研究》，第193页。
　　② 李萍：《云南古代火葬墓研究》，硕士学位论文，云南大学考古学及博物馆学专业，2010。

同的族群集团因彼此的交流影响可以拥有相似的文化因素，但代表族群
共同体的考古学文化的最重要判定标准是陶器群。下面通过两地主要陶
器群的比较，可认为石寨山文化与东山文化分别代表了不同地域的两大
族群集团。

（一）石寨山文化与东山文化的陶器组合

以环滇池地区为中心的石寨山文化遗存，其主要陶器组合有釜、
罐、壶、樽、盘、豆、瓮等（表8-4）。如有各式敞口、束领、鼓腹（或
折腹）的圜底釜；有敞口高领、鼓腹或折腹、小平底的罐；有大直口、
折肩、斜腹小平底的罐；有大敞口、束领、深腹、平底的樽；有釜形高圈
足樽；有侈口扁平圈足盘、侈口折唇浅腹圜底盘；有各式高圈足豆；有短
折唇敛口深腹小平底瓮。滇文化的鼎形器只见于个别地方类型，如曲靖
"八塔台-横大路类型"的三足鼎实为釜形器演变而来[1]。滇文化的陶器
组合，与中国广西西南部和越南北部地区先秦两汉时期的陶器组合有明
显的区别。

越南东山文化的陶器组合见表8-5，它的早期陶器，如侈口短束颈垂
鼓腹圈足罐、侈口矮圈足钵、敞口突肩收腹圈足罐、直口折腹小平底罐
（表8-5：3～6），都具有"前东山文化"（如马江流域葵渚类型[2]）的
特征。

表8-4　云南石寨山文化陶器组合

时代	釜	罐、壶	樽	盘、豆	瓮
春秋晚期至战国早期	1　2　3	4　5	6	7　8　9	—

---

①云南省文物考古研究所：《曲靖八塔台与横大路》，第25页。
②李昆声、陈果：《中国云南与越南的青铜文明》，第311页。

续表

时代	釜	罐、壶	樽	盘、豆	瓮
战国中晚期	10　11 12　13	14　15 16	17　18 19　20	21 22	23 24
秦代至西汉早期	25　26 27	28　29 30	31　32	—	33
西汉中期	34 35　36	37　38	39　40	41 42	43
西汉晚期	44　45 46	47　48	49　50	—	—

注：1. 楚雄万家坝（采）；2. 晋宁石寨山；3、4、6～9. 昆明五台山；5. 昆明大团山；10～50. 昆明羊甫头。

　　越南东山文化拥有形式多样的陶釜、圈足罐、钵、杯、豆、盘、樽、甑等器物。釜类有侈口束颈鼓腹圜底釜、侈口束颈鼓腹平底釜、侈口束颈袋状釜等；罐类有小侈口束颈垂鼓腹矮圈足罐、折唇敞口矮领折肩深腹圈足罐、直口深腹圈足罐、直口高颈鼓腹圈足罐等，其中小侈口束颈突肩收腹矮圈足罐最具特点（表8-5：6）；钵类有侈口折唇深腹圈足钵、侈口深腹圈足钵、敛口浅腹圈足钵、浅腹圜底钵、带子母口浅腹矮圈足钵；杯类有直口突棱矮圈足杯、敞口折唇斜腹矮圈足杯、侈口束领突肩垂腹矮圈足杯；豆类有钵形高圈足豆、有敛口折唇的矮圈足豆；盘类有大侈口折唇斜腹矮圈足盘、敛口浅腹矮圈足盘；樽类有侈口折唇高束领折肩收腹圈足樽、折腹釜形圈足樽；甑类有侈口高束领釜形甑。越南东山文化的陶器组合显示出其圈足器比较发达[①]。

表8-5　越南东山文化陶器组合

时代	釜	罐	钵、杯	豆、盘	樽、甑
公元前6世纪—公元前1世纪	1 2	3 4 5 6	7 8	9	—
	10 11 12 13	14 15 16 17	18 19 20 21 22 23	24	25 26

　　①何文晋主编《越南考古学Ⅱ——越南金属器时代》，第505页。

续表

时代	釜	罐	钵、杯	豆、盘	樽、甑
公元前6世纪—公元前1世纪	27 28	29 30 31 32	33 34 35 36 37 38	39 40	41
	42	43 44	45	—	46

注：本表图片采自何文晋主编的《越南东山文化》《越南考古学Ⅱ——越南金属器时代》。

　　需要指出的是，石寨山文化与东山文化的陶器也不是毫无共性的，其最大的共性就是都存在敞口束颈鼓腹的圜底釜（少量平底），且数量、形式较多，也似表现为一种同源关系。它们应当都是来源于东亚南部新石器晚期与有肩石器、有段石器共存的陶釜。虽然越南东山文化的各式敞口束颈、鼓腹的圜底（或演变成平底）釜形器、圈足罐很近似滇文化的同类器，但两者的器形、纹饰的区别大于其共性。此外，由于过去越南有关的考古调查、发掘报告和文集，多不注明器物的准确出土层位，因而仅以类型学来比较也难以对其做出较准确的断代分期。

　　过去，日本学者俵宽司曾对以越南清化绍阳汉墓为中心的越南北部两汉墓葬陶器做过较为深入的分期研究，但也只是拟构了公元前2世纪后期到东汉时期的汉墓陶器编年[1]，此前的东山文化分期断代研究在学者之间

----

①俵宽司：《越南汉墓的分期——以越南北部清化省出土考古资料为中心》。

仍然存在着不少观点分歧。云南地区先秦两汉时期的考古现状也大体与之相似。因为，至今只在昆明羊甫头、曲靖八塔台等滇人墓地发现了较多可供分期断代的陶器群，云南学者也是在此基础上基本确立了战国中晚期至两汉时期的文化发展序列。若再往上追溯，学者们仍然会面临断代分期材料不足的困难。

下面再以青铜器为例来说明石寨山文化与东山文化的重要区别。

（二）石寨山文化与东山文化青铜器的特点

事实上，石寨山文化与东山文化都有各自独特典型的青铜器。

例如，石寨山文化青铜器类中最常见的是雕饰华丽的兵器、各种日用器工艺品。如带管銎的青铜戈、啄、蛇首剑（图8-21：1）、三叉格剑（图8-21：2）、贮贝器、铜枕、铜案、铜杖饰、乐器等，体现了高超的写实技艺和优美的装饰风格，这是石寨山文化青铜器的主要特点。这种青铜工艺与邻近的中国广西西南部地区和越南北部的青铜文化风貌迥然不同。

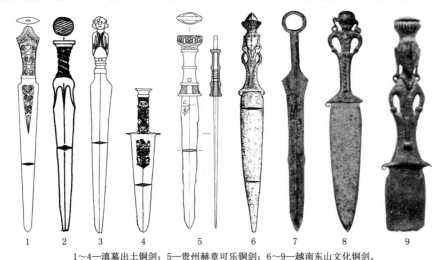

1～4—滇墓出土铜剑；5—贵州赫章可乐铜剑；6～9—越南东山文化铜剑。

图8-21　中国云南、贵州和越南出土的铜剑

如铜剑、铜削在滇、越地区都有出土，但各具特色。滇文化的削刀与剑的首柄多雕塑有人物等形象，有的人像是典型的着对襟无领外衣的滇人（图8-21：3）。三叉格剑是石寨山文化吸收了中国西南石棺葬文化的因

素，此剑式在东山文化的典型遗址没有发现。石寨山文化最典型的滇式蛇首剑也未见于东山文化。

　　与石寨山文化相比，东山文化的铜兵器也有自身的特点，如它有各式卷格铜剑（图8-21：8、9），以及装饰华丽和形式多样的不对称形铜钺（图6-7）等，这都不见于石寨山文化。东山文化戴冠着长裙珥环的贵妇人像柄卷格剑（图8-21：6、9），与石寨山文化人像雕塑习见的项髻着对襟外衣的女头人形象（图8-22：6）也形成了鲜明的观照。

　　再如，滇、越地区出土的农具虽然有共性，但差异也大。如多种形式的有銎双肩长条铜锄（图8-23：1、2）是云南石寨山文化的常见物，它却是越南东山文化的罕见物。此外，越南东山文化的V形宽口沿铜锄、半月形铜锄、双肩弧刃铜锄（图8-23：3～5）等，也未见于石寨山文化。

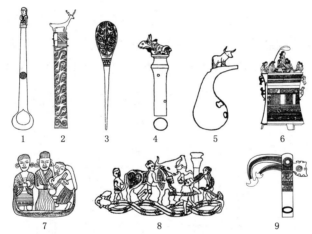

1—勺；2—针线筒；3—锥；4—杖头饰；5—牛雕葫芦笙；6—贮贝器（M69：139）；7—滇人奏乐吹笙扣饰；8—杀人祭祀扣饰；9—双钺曲援管銎戈。

图8-22　滇文化的青铜工艺品

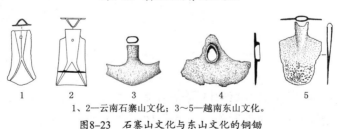

1、2—云南石寨山文化；3～5—越南东山文化。

图8-23　石寨山文化与东山文化的铜锄

石寨山文化的铜纺织生产工具也是形式多样，有针线筒、锥（图8-22：2、3）等，其做工精致，纹饰优美，它们既是工具，也是极具观赏性的工艺品。纺织工具样式多也反映纺织业的发达，由于滇国统辖的族群较多，故服饰也歧异多彩，这在石寨山文化的人物雕像、服装铜扣饰（图8-22：7、8）上也得到鲜明的体现，其盛行写实具象的装饰风格在中国岭南地区和越南北部也不多见。可能是桂、越地区气候炎热，《史记·南越列传》称南越其西为"瓯骆裸国"，这应当是骆越东山文化纺织业不及滇国发达的缘故。云南高原有复杂的气候带，年平均气温也低于桂、越地区。反映在考古资料所见的人物图像中，云南青铜人物雕像则少见裸体人，广西西南部左江流域上古越人的花山岩画及越南东山文化的人物雕像则多见裸体人。

日用器具，这也是以石寨山文化最为发达。如它有带孔雀钮高盖的刻纹铜杯、带牛雕器盖铜樽，还有装饰雕像及刻纹图案的铜枕、以圆雕形式组合而成的牛虎铜案等，制作精美绝伦，它们与越南东山文化的日用器明显不同。尤其是石寨山文化形式多样，集实用器和写实性雕塑为一体的贮贝器（图8-22：6），更是它特有的典型器。

铜勺，这是云南石寨山文化和越南东山文化多见的日用器，但两者的造型及雕饰风格也迥然不同（图8-22：1、图8-24：2）。

铜盅（图8-24：3），这是东山文化特有的器物，在越南红河、马江流域等地区都有发现，经越南学者的研究复原，它可能是一种法器，是豪酋墓葬中常见的随葬品[1]。

1—人像柄短剑（义安鼎乡）；2—勺（海防越溪）；3—盅（海防越溪）。

图8-24 越南东山文化铜器

---

[1]Pham Quoc Quan：《东山文化"铜盅"研究》。

与石寨山文化多见带雕塑器盖的桶形贮贝器相对，东山文化则盛行带盖或无盖的附耳铜提桶，其中也不乏精美的工艺品，如越南安沛省出土的合明提桶①、陶盛提桶，都是以器身錾刻写实性的线纹图案装饰而著称。过去，蒋廷瑜主要根据广西南部地区的发现，曾提出过桂东南是汉代錾刻花纹铜器的制造中心的观点②。如果我们综观中国云南、广西和越南的考古发现，就感觉到錾刻花纹铜器事实上在这些地区都有大量的发现，如中国云南的晋宁石寨山、昆明羊甫头和越南东山文化遗存中，都见有不少精美的錾刻花纹铜器，表明錾刻花纹铜器在中国云南、广西和越南都有制作。

铜发簪、头饰也多见于石寨山文化。除了与云南相邻的贵州西南部的可乐文化遗存，其他地区少见。这是地区族群文化习俗、服饰不同的反映。

铜扣饰，这在石寨山文化中是最常见的服饰器件，形式多样。其中有圆形者，装饰手法颇似汉式铜镜；还有长方形、羊首形、人物雕像形、动物群雕形等，极富艺术性。铜扣饰的许多写实性图像，也是滇国人社会生活的一幅幅缩影，如其中见有跳锅庄舞的舞蹈人群、奏乐吹笙人、有杀人祭祀的场面（图8-22：7、8）等。在人物服饰图像中，往往也可以观察到滇国人系束腰扣饰的情况。越南东山文化有部分铜腰扣饰，当是石寨山文化的影响所致。岭南越人受楚文化等中原文化影响较多，因而多见铜带钩，至秦汉时期更为普遍。

五、滇、越两地青铜文化的源流问题

长期以来，一些越南学者（如黎文兰等）都认为，最典型精美的东山文化的玉镂铜鼓出自越南北部，东山型铜鼓一方面是因为与南部的马来西亚、印度尼西亚群岛等地原住民交换而南传，在北部则流传到老挝和中国的云南、四川等地。他们还特别强调，所谓的"黑格尔Ⅰ型铜鼓"（石寨

①何文逢：《东山铜缸》，第39页。
②蒋廷瑜：《汉代錾刻花纹铜器研究》。

山型、东山型）为东山文化的典型特征，而石寨山型铜鼓则具有地方特
点，似乎是仿制东山型铜鼓而来，东山型铜鼓的传播主要是走水路，它是
沿红河及中国的西江，还有湄公河、海路流传到南北各地[1]。

　　我们认为，黎文兰等人的观点正好说明最典型精美的东山型铜鼓和石
寨山型铜鼓是滇、越两地青铜文化成熟鼎盛期的代表作，而非铜鼓的祖
型。越南北部若从民族地理分布的角度来看，应属骆越集团的分布区，与
滇桂地区的濮越系统民族有一定的同源关系。但从考古遗存的发现及其类
型演变的情况来看，石寨山型铜鼓的祖型——早期万家坝型铜鼓，却主要
集中发现于滇池西部地区，因此，把越南北部视为铜鼓的起源地的论点，
证据还不如滇西铜鼓起源论充分。如前所述，笔者也指出了越南东山文
化的兴安洞舍铜鼓不仅与石寨山型铜鼓相似，而且镌刻有滇人的形象及
相似的牛负鸟纹和蹲蛙雕饰[2]。这应当就是滇文化传播到越南的确证。又
如，越南东山文化铜鼓、铜提桶中最多见的鸟首羽人纹饰母题，最先也
是见于战国晚期云南江川李家山M24：36号铜鼓（图8-14：3）[3]。然而，
越南的早期东山型铜鼓却罕见科学发掘品，当云南石寨山型铜鼓在西汉中
晚期趋于绝迹之后，东山型铜鼓却在越南北部得到了更大的发展。

　　如何阐明滇文化与骆越文化的关系，我们再以中国云南与越南北部的
青铜兵器（表8-3）为例。

　　从考古发现来说，东亚南部的青铜戈，都是起源于东亚大陆内地中原
的商周式铜戈。

　　对越南青铜戈，日本学者松井千鹤子曾做过比较研究。他认为，古代
越南人是从云南滇国人那里学会了铸造铜戈的技术。归纳越南铜戈的系统
地位，其长胡有翼戈毫无疑问应属云南戈系统，因为它最早出现在云南青
铜器文化中。松井千鹤子还认为，与云南戈非常类似的铜戈，在四川巴蜀
文化中也可看到。云南戈大概与四川戈有密切的联系。通过铜戈，就可

---

①黎文兰等：《越南青铜时代的第一批遗迹》，第197–198页。
②谢崇安：《上古滇系铜鼓对骆越铜鼓造型与纹饰的影响》。
③中国古代铜鼓研究会：《中国古代铜鼓》，第172页。

探索四川、云南及与越南相连的中国西南边缘文化的系统问题①。而在此前，童恩正也已提出过类似的观点②。

松井千鹤子还认为，越南戈是东山文化的遗物，因而它的年代应属于东山时期。通过对戈的比较，可知道越南东山时期的青铜文化与中国云南有十分紧密的联系。而另一方面，它与地域接近的中国广东、广西的交往却不多，这反映在靴形斧问题上，就形成了"亲云南、疏两广"的越南青铜器文化的特征。它是在其传统基础上，吸收消化外来文化的精华而形成的。

对松井千鹤子的观点，笔者并不完全赞同。事实上，越南北部出土的铜戈大致可分为三大类（图5-24）：一是殷周式铜戈，如三角援直内戈、长胡多穿戈、无胡多穿戈等，具有殷周至秦代的特征，这些殷周式戈早见于中国河南安阳殷墟③、四川新繁水观音诸遗址，它们应当是由中原地区输入岭南地区和越南北部的产品或仿制品；二是滇式戈，如直内长援（或曲援）带穿戈（表8-3）；三是越南戈，其大多是对殷周式铜戈的改造型。

应当说，越南北部的青铜文化在形成发展的过程中，都不断从滇、黔、桂各地吸收中原青铜文化的因素。又如，越南海防越溪、清化东山都出土过圆首圆茎（或带箍）带格的东周式铜长剑。贵州上古夜郎地区（今黔西南）曾流行过的一种青铜剑式，学者称之为"镂空牌形首剑"（图8-21：5），其特点是剑首有一呈镂空的牌形装饰，剑的茎部和剑身分铸后才组合安装成完整的长剑，有的剑身系巴蜀式柳叶形铜剑，有的剑身为长身铁剑。发掘报告者认为，此剑式的剑柄部分可能是采用失蜡法工艺铸造的。出土此式铜剑的贵州赫章可乐308号墓的年代上限大体上不晚于战国早中期，此剑式的铜柄铁剑的时代上限在战国末期至西汉早期④。

---

①松井千鹤子：《越南北部出土的青铜戈》。
②童恩正：《我国西南地区青铜戈的研究》。
③朱凤瀚：《古代中国青铜器》，第727页。
④贵州省文物考古研究所：《赫章可乐2000年发掘报告》，文物出版社，2008，第71、165页。

这种镂空牌形剑首的夜郎剑式，在滇东的昭通、晋宁、江川、曲靖、陆良及滇桂边区的广南县小尖山等地均有出土[①]。此外，在越南东山文化分布区也有发现，主要出土于清化省和义安省北部的马江和朱江流域[②]。

根据《史记·南越列传》等文献的记载，西汉初期南越国赵氏政权雄踞岭南，其西部的夜郎国、滇国及今中国广西、越南北部的瓯骆诸酋邦方国不是被其役属就是同盟者，疆域号称"东西万余里"，"乃乘黄屋左纛，称制，与中国侔"。反映在考古学文化上，就是各地存在互见的青铜器。而其中又以滇式铜器流向桂、越地区为多。这一方面反映了滇国是当时东亚南部地区最大的青铜器制造中心；另一方面也反映了滇国与其东部的诸酋邦方国或盟主国，一直在进行朝聘贸易和交通的历史背景。

毫无疑问，这种滇越交流是双向的。例如，铜贮贝器本是滇文化特有的器具，其常见的铜鼓形、器盖有群雕像的桶形贮贝器皆不见于中国广西和越南，但中国云南却不产海贝，石寨山文化遗存中的大量海贝极有可能是从越南东山文化分布的沿海区输入的[③]。此外，我们从滇文化的青铜器中也见有其仿制南越国器物的痕迹，如云南江川李家山M69号墓和晋宁石寨山11号、12号滇墓出土的列瓣纹铜盒，就具有仿南越王墓列瓣纹银盒（图8-25）的特征。这种具有古波斯装饰风格的金属盒，应当是经由南越国属地传入滇国地区的青铜仿制品。

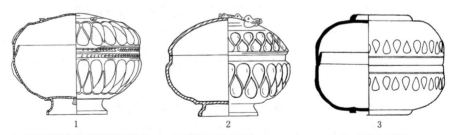

1—广东广州南越王墓列瓣纹银盒；2—云南晋宁石寨山铜盒（M12:13）；3—云南江川李家山铜盒（M69）。

图8-25　广东广州南越王墓列瓣纹银盒和云南晋宁、江川铜盒

①杨帆等：《云南考古（1979～2009）》，第233页。

②杨勇：《可乐文化因素在中南半岛的发现及初步认识》。

③汪宁生：《汪宁生论著萃编》（上、下卷），第695页。

综上所述，通过对两地青铜文化遗存所做的比较分析，我们认为中国云南和越南北部的上古青铜文明，与中原的商周文化各类型之间的异同关系模式很相似，如在广大的地域内，各地青铜文化皆表现出较大的共性，但各地最能代表其族群集团文化特征的陶器，却呈现出明显的地方差异和特点。这些情况表明，滇、越地区青铜时代的社会形态也接近东亚大陆商周时期方国林立的政体，它们也同样超越了以血缘关系为纽带的原始氏族部落共同体的阶段，进入了存在广泛的远距离交往的地域酋邦社会。否则，两地的青铜文化就不会产生如此多的共性。与此相对，两地的陶器呈现出明显不同的地方特色，这也意味着它们代表不同地域社会的族群集团，表明它们的确是不同的区域性青铜文化类型。

滇、越地区上古青铜文化联系的日益加强，应当是当时东亚南部的不同地缘政治实体及其社会经济文化得到空前发展与民族交融得到加强的反映。这一政治、经济、文化频繁交流的结果，便是秦王朝统一岭南各地、南越国赵氏政权割据中国南疆，以及汉武帝在中国云南、两广地区和越南北部设置汉朝郡县制度的前提和社会基础。

通过对云南石寨山文化和越南东山文化遗存及其相关问题的探讨，使我们对两地青铜文化的源流和文化关系又有了进一步的认识。从中，我们可明显看出云南青铜文化在东亚南部民族文化发展史中的特殊地位。两地青铜文化遗存所反映的那种既有明显区别又有密切联系的迹象，表明了两个不同的区域性青铜文化类型，在战国时期和秦汉时期已先后步入了酋邦方国文明社会①。

此外，我们也看到，尽管滇、越两地的青铜文化起源较早，其年代上限有可能早到商至西周时期，如云南剑川海门口遗存、香格里拉石棺墓遗

---

①《汉书》卷九十五《西南夷·两粤朝鲜传》载："及元狩元年，博望侯张骞言使大夏时，见蜀布、邛竹杖，问所从来……于是天子乃令王然于、柏始昌、吕越人等十余辈间出西南夷，指求身毒国。至滇，滇王当羌乃留为求道。四岁余，皆闭昆明，莫能通。滇王与汉使言：'汉孰与我大？'及夜郎侯亦然。各自以一州王，不知汉广。使者还，因盛言滇大国，足事亲附。天子注意焉。"

存和广西武鸣马头墓葬群遗存，以及越南冯原文化晚期遗存—铜豆文化遗
存等，但青铜文化发展都十分缓慢，迄今罕见典型系统的早期青铜文化遗
址。直到春秋晚期至战国时期，青铜文化才在当地获得蓬勃的发展。笔者
认为，其中原因当与当时中原移民浪潮的挤压及其文化传播紧密相关。所
谓"楚将庄蹻王滇"，蜀王子泮在骆越故地建立安阳王国的古史传说，就
是这种历史背景的反映。

　　到了南越国时期，如《汉书·西南夷两粤朝鲜传》所载，南越王赵佗
号称"疆域东西万余里"，东亚南部诸方国，如中国广西与越南北部的西
瓯、骆越，贵州地区的夜郎等方国都依附于南越国，南越王赵佗自称"蛮
夷大长"，在这种地域辽阔、分布松散的酋邦联盟共同体之下，事实上也
是十分有利于促进各地人民的交流，各地青铜文化也因此得到了繁荣发
展。从文化的源流来说，笔者认为，在战国时期，当滇国成为东亚南部独
特而具有巨大影响力的古代青铜文明中心之后，滇文化的铜鼓、羊角钮钟
及各种青铜兵器流传到其东南方的骆越地区，也对骆越方国的礼制文明发
展产生了深远的影响，因为，此后铜鼓文化只在中国桂南地区与越南北
部才得到传承和更大的弘扬，最终成为骆越集团及其后裔族群最具有代
表性的文化特征。

　　综上所述，通过文化因素异同的比较，表明滇文化和桂、越地区的骆
越文化，在上古时期一直存在着密切互动交流与融合关系。两者都是以铜
鼓、羊角钮钟和形式多样的铜钺为主要的礼器组合；互见有相似的铜兵
器、农具、日用器等，也互见相似的火葬、船棺葬等葬俗。两者的文化差
异主要表现在各自都存在独有的陶器群组合及典型青铜器，可分别代表不
同的族群集团和地域色彩。从青铜器的造型与纹饰的比较，可知滇文化对
骆越文化具有持续的影响力。

　　从文化源流来说，东亚南部以铜鼓和羊角钮钟为核心组合的上古族群
的青铜文化，起源于云南石寨山文化，而且一部分滇人后来也逐渐融合到
其东南部的骆越人当中，越南东山文化遗存中所见的氐羌文化因素也应当
是来源于云南西部。总之，以越南东山文化为代表的骆越文化是较多吸收
了滇文化的成分而再创造的青铜文明。

第五节　骆越与西南夷诸方国的关系

滇、黔、桂、越边区，历来也是骆越、西南夷各族先民的文化交汇之地，在史前时期就是如此。例如，有肩石器、有段石器都是这里共见的文化遗物，其中有一类大石铲，是先秦两汉时期流行于骆越地区形制较特别的石器，形式多样，其中的有肩长石铲在滇东南文山州西畴县、红河州河口县新街等地也有发现①。又如，磨制有沟槽的树皮布石拍，在中国云南龙陵大花石、红河州元阳黄茅岭乡，广西武鸣、田东和越南河江等地都有不少发现，说明滇、桂、越在史前时期就有密切的交流②。又如，滇东南文山丘北出土的扁茎三角刃短剑，应当也是受到了广西西林、武鸣等地骆越式三角刃短剑的影响；该地也出土有滇式一字格曲刃短剑（图8-26：2），这种剑式应当也是通过黔西南地区或是滇东南地区流传到桂西南和越南北部的骆越地区。

贵州上古夜郎地区（黔西南）典型的铜剑式，被称为"镂空牌形首剑"（图8-26：7、8），此类剑的特点是剑首有一个呈镂空装饰的牌形饰，剑的茎部和剑身分铸后才组合安装成完整的长剑，有的剑身系巴蜀式柳叶形铜剑，有的剑身为长身铁剑。发掘报告者认为此剑式的剑柄部分可能是用失蜡法工艺铸造的。出土此式铜剑的贵州赫章可乐308号墓的年代上限大体上不晚于战国早中期，此剑式的铜柄铁剑的年代上限在战国末期至西汉早期③。

镂空牌形首剑式在越南东山文化分布区也有发现，主要出土于清化省和义安省北部的马江和朱江流域，在春立乡中立、永宁乡寿谷诸遗址中，与镂空牌形首剑伴出的遗物有铜鼓（图8-26：1、9）、提桶、釜、矛、钺、带钩、汉五铢钱等，有的铜提桶和铜鼓放置人头骨。杨勇认为，这意

---

①杨帆等：《云南考古（1979～2009）》，第29、67页。
②李昆声、陈果：《中国云南与越南的青铜文明》，第27页。
③贵州省文物考古研究所：《赫章可乐2000年发掘报告》，第71、165页。

味越南北部的东山文化遗存、墓葬与中国贵州可乐文化（夜郎时代文化）有明显的联系，越南东山文化的铜鼓套头葬俗、镂空牌形首铜柄铁剑，应当是从黔西南夜郎文化传来的，这种铜鼓套头葬俗在湄公河下游的柬埔寨菠萝勉省的波赫墓地也有一些发现①。蒙文通曾根据"两汉书"的《西南夷列传》有关夜郎国的史事记载，认为西汉后期夜郎王遭到汉牂柯郡守陈立的镇压之后，就有夜郎部众向中南半岛方向迁移②，这再次得到了考古发现的印证。

　　滇、黔、桂、越边区在先秦两汉时期，一直是多族群的杂居地区。《汉书·西南夷两粤朝鲜传》载："滇王与汉使言：'汉孰与我大？'及夜郎侯亦答。各自以一州王，不知汉广大。"又载："西南夷君长以百数，独夜郎、滇受王印。"这说明在滇、黔地区的族群中，夜郎国与滇国一度被汉王朝分别视为最大的酋邦方国盟主，在两者的领属下有着众多的酋邦方国；又载"滇王者，其众数万人，其旁东北劳深、靡莫皆同姓相杖，未肯听"，直到元封二年（公元前109年）后才降服于汉朝。在"两汉书"的《西南夷列传》等史料记载中所见的国名或族名有"且兰""漏卧""句町""劳深""靡莫"等。但从考古发现来说，很难将两者对号入座，我们只能把滇、黔、桂、越边区的青铜文化大体上区分为夜郎文化、滇文化和骆越文化。如前所述，这三种东亚南部上古青铜文化，都有不少彼此互见和相互影响的因素。下面我们还可列举出一些证据。

　　例如，出土于广西东兰长江乡桥龙山的铜钟和铜釜，铜钟具有仿制殷周式甬钟的痕迹，铜釜则具有滇系和夜郎系铜釜的特征③。出土于广西田东战国晚期墓的曲刃铜矛（图8-26：4）也近似贵州赫章可乐先秦古墓的铜矛（图8-26：3）。贵州锦屏亮江出土的战国有肩偏刃铜钺（图8-26：5）也与广西柳江成团出土的战国有肩偏刃铜钺相似（图8-26：6）④。

①杨勇：《可乐文化因素在中南半岛的发现及初步认识》。
②蒙文通：《蒙文通文集第二卷·古族甄微》，第347页。
③吴小平：《战国秦汉时期云贵地区青铜炊具的考古学研究》，《考古》2015年第3期。
④刘文：《柳州博物馆藏几件青铜器的研究》，载广西博物馆等编《广西与东盟青铜文化学术研讨会论文集》，科学出版社，2012。

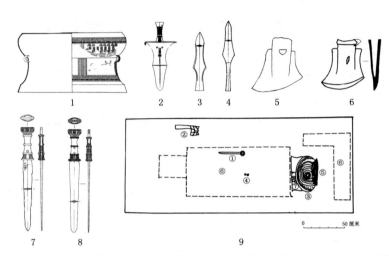

1、3、7、8、9—贵州赫章可乐墓葬的铜鼓（M153）、曲刃铜矛、铜剑（M308、M365）、铜鼓套头
墓葬平面示意图（M153）；2—贵州安龙一字格曲刃剑；4—广西田东战国晚期墓曲刃铜矛；5—贵州锦
屏亮江战国有肩偏刃铜钺；6—广西柳江成团战国有肩偏刃铜钺。

图8-26 贵州和广西出土的铜鼓和兵器

汉代的西南夷地区和中国桂西南到越南北部一带，当地汉墓都常见铜
鍪。有学者认为，战国早期的铜鍪最先起源于巴蜀地区，此后才向各地扩
散，其中往西南方向，在秦汉时期一直传播到越南北部[1]。

在桂西西林普驮发现的西汉早期铜鼓墓，也具有汉越文化融合的特
征，贵族墓主是用4个相互套合的铜鼓做葬具，反映的是骆越先民的二次
葬习俗，但用铜釜和铜鼓套人头的葬俗，晚见于中国广西西部及越南北
部，应当说后者也是受到了黔西南赫章可乐夜郎葬俗的影响。蒋廷瑜认
为，战国至秦汉时期的句町国大致地处今滇、黔、桂交界地区，西林普驮
铜鼓墓可能就是汉代句町国豪酋的墓葬，这是较有说服力的推论[2]。

尽管铜鼓起源于滇池西部地区，但它向东传播后，随时间的推移和
地域分布的扩大，铜鼓也派生出各种不同的地方类型。例如，云南与广西
交界地区发现的广南铜鼓（石寨山型），其人物形象发式作羊角髻，裸体
下身围草裙，与桂南左江花山岩画的骆越人形象相近，与滇系铜鼓的滇人

---

①陈文：《铜鍪研究》，《考古与文物》1994年第1期。
②蒋廷瑜：《夜郎句町比较研究》。

形象却明显不同，这意味着滇、黔、桂交界地区一直是骆越文化与句町文化交会的地带。

正因为骆越文化与西南夷文化存在着较多的共性，加上《华阳国志·南中志》又载："句町县，故句町王国名也，其置自濮，王姓毋，汉时受封迄今。"故多有学者认为，"骆越"非越族，其族属应当是西南夷中的濮人①。如前所述，笔者已经用充分的考古发现证据说明了骆越集团的主体民族应当是操原始壮侗语的越人，骆越人与西南夷各族的文化互鉴和相互影响，也充分说明这些族群之间自古以来就有着密切的交往或融合的关系。

第六节　骆越文化与占族文化的关系

越南学者根据古史传说大多认为，骆越与其南界的西屠国胡孙人为邻，东汉朝初期，伏波将军马援还在汉日南郡之象林县南部竖铜柱与西屠国人分界②。西屠国胡孙人的主体就是操南岛语的占族先民。东汉杨孚《异物志》载："西屠国在海外，以草漆齿，用白作黑，一染则历年不复变；一号黑齿。"③《吴时外国传》又载："有铜柱表，为汉之南极界，左右十余小国，悉属西屠，有夷民所在二千余家。"④这意味着东汉时的西屠国仍然是部落联盟性质的酋邦，后来才演变成国家——林邑国。至今，越南学者是将越南中南部的先秦两汉时期的金属器文化笼统地视为占族文化。然而，事实上越南中南部的青铜文化发现远不及北部丰富，文化发展序列还存在许多缺环。就以越南东南沿海区的沙黄文化为例，其年代

---

①范勇：《骆越考》。
②《水经注》卷三十六《温水》引《林邑记》曰："建武十九年，马援树两铜柱于象林南界，与西屠国分汉之南疆也。"
③杨孚：《异物志辑佚校注》。
④李昉等：《太平御览》卷七九〇引。

为距今3500～2000年，实际上是包括了新石器时代、青铜时代、铁器时代三个阶段的遗存。这些越南中南部遗址的发现表明，尽管时代漫长，但当地青铜文化的发展极其缓慢，并且明显受到过泰国班清文化和越南北部骆越青铜文化的影响。例如，越南中南部波莱格龙地区[①]和同奈文化的铜器及石铸范工艺（图8-27：4、5）[②]就与泰国班清文化[③]、越南北部"前东山文化"[④]（图8-27：1～3）的铸铜工艺相似。

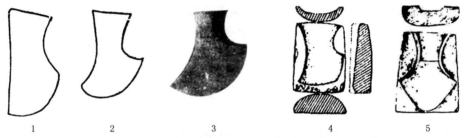

1　　　　2　　　　　　3　　　　　　　4　　　　　5

1、2—泰国班清文化的偏刃铜钺；3—越南北部"前东山文化"的偏刃铜钺；4—越南中南部波莱格龙地区的铜钺石铸范；5—越南中南部同奈文化的铜斧石铸范。

图8-27　泰国和越南出土的铜钺和铸范

　　越南东南沿海区沙黄文化的青铜器（图8-28：5～9）[⑤]，其弯刀形铜戈是商周式铜戈的改造型，不对称铜钺是骆越铜钺的仿制品。弯刀形铜戈在泰国北部（乌隆、南奔）也有一些发现，国外学者认为它属于中国式铜戈的改造型，因为它还保留有中国早期铜戈的基本特点[⑥]。此外，沙黄文化的亚腰弧突刃铜斧，也应当与澜沧江流域云南昌宁出土的亚腰弧突刃铜斧（图8-28：1～4）有源流关系[⑦]。

---

　　①Phan Thanh Toan：《波莱格龙水库电站地区考古遗址的青铜器和铁器的源流》，《越南考古学》2014年第1期。

　　②Tran Van Bao：《Cat Tien圣地的同奈文化》，《越南考古学》2013年第3期。

　　③王大道：《云南青铜文化及其与越南东山文化、泰国班清文化的关系》。

　　④郑新：《"前东山—东山文化"社会组织与初期国家》。

　　⑤Bui Chi Hoang：《从Hoa Diem遗迹看沙黄文化的分布》，《越南考古学》2009年第5期。

　　⑥M. 冯·德瓦尔：《东南亚山地青铜时代晚期文化的制作中心》，张文宝译，载《民族考古译丛》第二辑，云南省民族研究所民族学考古研究室，1982年6月。

　　⑦耿德铭、张绍全：《云南昌宁青铜器综说》，《考古》1992年第5期。

越南中南部多乐省的青铜文化也有北方的东山系铜鼓，其铜戈是商周式戈的演变型，长銎不对称弧刃铜钺[1]也和滇文化[2]、东山文化的同类器（图8-28：10～14）相似。关于东亚南部青铜文化的起源问题，尽管学者们有不同的观点，但越南中南部的青铜文化，或多或少都与越南北部及中国南疆的青铜文化存在着源流关系[3]，这应当是中外学者的共识。

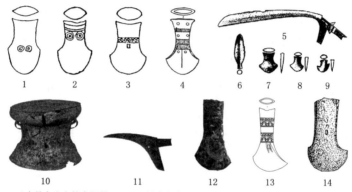

1～4—云南昌宁出土的青铜斧；5～9—越南东南沿海区沙黄文化的青铜器；10～12—越南南部多乐省出土的青铜器（东山文化铜鼓、戈、钺）；13—云南元江的滇文化铜钺；14—越南东山文化铜钺。
图8-28　云南和越南出土的青铜器

总之，根据目前的考古发现推论，先秦两汉时期，越南北方和南方的文化有一定的交流，但南北方文化发展的不平衡现象也很突出。越南南方林同省富美遗址的发掘表明，在遗址距今2500～2000年的文化层中，包含了青铜时代和铁器时代的文化遗存[4]，其文化现象反映了富美史前遗址的居民仍然长期过着平等的氏族社会生活，他们集体狩猎、捕鱼、从事农耕、制陶，也学会了冶铸金属器。与此相对，越南北方的骆越社会已经先后迈进了酋邦方国社会和帝国社会阶段。因此，在金属器时代，南方占族文化主要是受到了北方骆越文化的影响。

①范宝箐：《多乐省的金属器时代：资料和讨论》，《越南考古学》2015年第4期。
②杨帆等：《云南考古（1979～2009）》，第239页。
③范德孟：《母亲河下游地区早期冶金术的起源及其特点》，《越南考古学》2008年第3期。
④Tran Van Bao：《林同省富美遗迹的文化关系》，《越南考古学》2008年第1期。

本章小结

　　骆越青铜文化与周边地区青铜文化的比较研究表明，它们彼此之间都存在着十分密切的互动与融合关系。一方面，中原文化通过南越、西瓯等越人地区中转后才传入骆越地区。广州南越王墓和广州汉墓出土的骆越式铜提桶、镂空圈足双耳铜壶等文物，可与汉史书的相关记载相印证，表明骆越方国也一度臣属于赵氏南越国。南越、西瓯的文化因素在骆越地区不断出现，这也意味着南越、西瓯、骆越的融合。另一方面，先秦两汉时期，中国西南各民族与骆越的交通也十分密切，川、滇、黔文化因素在骆越文化中的出露表明，骆越文化在形成发展的过程中也受到过西南夷各族的重要影响。事实上，骆越文化最主要的因素，如铜鼓、羊角钮钟等，就来自滇文化。

第九章

·

骆越青铜文化反映的古代社会性质与社会形态

　　从骆越青铜文化起源和发展的历程来看，骆越青铜文化反映的社会性质可分析归纳为三个阶段，也就是苏秉琦指出的中国早期文明社会起源发展经历的古国社会——方国社会——帝国社会的三个阶段[①]。

第一节　古国社会阶段

　　早期国家文明起源的基础是由农业奠定的。骆越地区在史前时期就有了悠久的稻作栽培农业。考古学者认为，亚洲栽培稻最早的起源地是在北纬23°～28°的华南地区，如中国湖南道县玉蟾岩、江西万年仙人洞、广东翁源青塘诸遗址，都先后发现了11000～9000年前的人工栽培稻。

　　西瓯、骆越地区在6000～4000年前，事实上已经进入了较为发达的稻作农业阶段。例如，在广西资源晓锦新石器晚期遗址的第二、第三期文化层中，曾出土过丰富的稻谷遗存，年代在6000～3000年前[②]。广西南宁邕宁顶蛳山新石器时代遗址地层的植硅石分析结果也证明，该地区在6000年前后就已经出现了较为发达的稻作农业生产活动[③]。同时，该遗址伴出有一批早期农具[④]。我们注意到，邕宁顶蛳山诸遗址出土的所谓蚌刀，实为收割稻谷的系绳手镰，应当是后世骆越人青铜手镰（铚）的祖型。

　　①苏秉琦：《中国文明起源新探》，第128-130页。
　　②广西壮族自治区文物工作队：《资源县晓锦新石器时代遗址发掘简报》，载《广西考古文集》，文物出版社，2004。
　　③赵志军等：《广西邕宁县顶蛳山遗址出土植硅石的分析与研究》。该文认为，植硅石研究表明顶蛳山第四期遗存中发现大量稻谷遗存，这种突变说明在6000年前当地已进入稻作农耕阶段。这种稻作技术有可能是从外地传入的，但发展十分迅速，在很短的时间内便达到了一定的规模。
　　④黄云忠主编《邕州考古》，广西人民出版社，2001，第38-79页。

在右江流域的隆安县大龙潭诸遗址，还发现了史前时期的大规模大石铲农业祭祀遗迹，在这一祭祀遗址中发现了231件石铲，石铲有规律地排列成圆圈形、队列形、"门"字形，其中遗留有用火祭祀的痕迹。这种大石铲形式多样（图9-1），在中国广西和越南北部[①]都有广泛的分布。它由深耕农具演变而来，成了骆越先民农业祭祀的圣器，此风俗从新石器时代晚期一直沿袭到汉代。

一方面，在这种大规模的农业祭祀遗迹背后，显现的应当是一种村社部落联盟的社会形态。没有充分有效的组织，并付出巨大的人力物力，不足以完成这种大规模的农业祭祀活动；而且在广大的骆越地区还形成了大石铲农业祭祀文化圈。因此，郑超雄认为当时的骆越地区已经进入了古国社会发展阶段[②]。笔者认为其说可从。

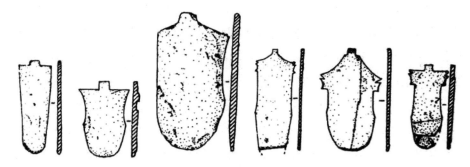

图9-1　广西隆安县大龙潭遗址出土的大石铲

另一方面，我们也意识到，从新石器时代晚期过渡到骆越青铜文化起源发生的阶段，这种部落联盟式的古国，并没有产生明显的阶级分化。例如，我们在越南北部的"前东山文化"遗址中，只发现了一些简单的铜工具和渔猎工具，还没有发现门类较齐全的礼器、武器、生产工具和生活用具，说明青铜业尚未占据手工业部门的主导地位。

桂南骆越地区的青铜文化起源和发展的过程也十分缓慢。当时的中原殷周式青铜礼乐器已经传入两广各地，《逸周书·王会解》卷七记载

---

①Trinh Nang Chung：《越南东北部沿海区的大石铲：资料与分析》，《越南考古学》2005年第3期。

②郑超雄：《壮族文明起源研究》，第113页。

西周初期的成周（洛阳）四方朝贡之会，有来自南方的"路（越）人大竹，长沙鳖……蛮杨之翟，仓吾翡翠……"广西南宁武鸣等地出土的天卣、铜甬钟、三角援直内戈等早期的殷周式青铜器，可能就是这些南方古国与内地中原王朝交流获得的礼乐器和兵器。与此同时，包括骆越先民在内的南方越人在中原文化的影响下，也开始铸造青铜器，最初是制作一些鱼钩、铜斧、铜针之类的简单器具，随后也开始仿制殷周式青铜器。

在岭南的古国社会阶段，促进当地原始社会瓦解并向早期酋邦方国社会转变的还有一个重要的外因，那就是外来移民的推动。例如，岭南地区广东曲江石峡文化诸遗存中，已经出现了中原地区和长江下游良渚文化的牙璋、玉琮、玉璧、玉璜、玉瑗、玉玦、陶鬶等礼器，以及穿孔石钺、有段石锛等典型器物，这就从侧面反映了长江流域良渚文化等古国文明对珠江流域的古国文明起源发展也产生了重要影响。

从新石器时代晚期开始，岭南文化就不断受到长江中下游地区的荆楚文化、吴越文化的影响，到了商周时期，这种影响显得更为强烈。从青铜冶金业来看，中国两广地区和越南北部的早期工艺，与江西清江吴城文化、湘江流域宁乡炭河里文化的青铜工艺都有着较多的共性，而后两者都是受到商周文化深刻影响的百越先民的青铜文化，且在商代中晚期至西周初期已达到很高的水平，也产生了较大规模的城邑[1]。商周时期以来，长江流域古方国的族群不断向岭南与越南北部等地区迁移渗透，成了当地酋邦方国文明崛起的主要诱因。

如前所述，殷周式青铜礼器、牙璋、石戈等礼制性器物对岭南和越南北部各地区的输入[2]，同时也是王权观念及相关政治礼仪制度的输入。经过较长时期的发展，到了西周中晚期至春秋早中期，岭南越人社会才先后进入了酋邦方国社会阶段。

①湖南省文物考古研究所等：《湖南宁乡炭河里西周城址与墓葬发掘简报》。
②何文晋主编《越南考古学Ⅱ——越南金属器时代》，第528页。

第二节　方国社会阶段

　　根据目前的考古发现，岭南骆越地区形成了自身系统的青铜冶铸业，应当说年代上限是在西周中晚期。例如，在广西南宁武鸣马头元龙坡等地的古墓葬群中，考古学者都发现了与殷周式铜器共存的地方越式青铜器。元龙坡墓葬出土了数十件石铸范，用石铸范作为随葬品当有特殊含义，说明它是一种新兴而重要的产业且受到骆越先民的重视；它也是氏族社会手工业部门进一步分化和走向成熟的体现。元龙坡墓葬出土了殷周式礼器，虽然不及中原墓葬的组合形式，但它是一种礼法制度和等级制度出现的标志。墓葬中还出土了兵器随葬品，这是武士阶层出现的象征。学者一般认为，早期酋邦方国社会的村社氏族成员皆为亦兵亦农的身份，元龙坡墓葬中生产工具与兵器伴出也印证了这种说法。此外，元龙坡等地还出现了一批不同类型的生产和生活用具。骆越社会青铜业初具较完整的规模，这是社会制度发生巨大变化的反映。在西周中期至春秋早中期，可以说是岭南瓯骆越人酋邦方兴起的时期。

　　何谓"酋邦制社会"？酋邦制本为国外学者研究原始社会解体向阶级国家社会过渡阶段时提出的一个概念，迄今已得到中国学者的认同。酋邦制社会的要素包括五个方面，即公共工程、社会地位、财富差异、贸易或交换、战争以及社会等级，它与所谓真正国家文明社会相比，最主要的差距还是政治体制不及后者完备，但已具备了后者的雏形[①]。如果将酋邦制和苏秉琦的文明起源理论作比较，它也大致处于中国古代方国发展过渡到帝国时期的范畴。

　　从公共工程方面来说，岭南各地的青铜冶铸业、大规模祭祀、墓葬遗址、青铜时代出现的大型建筑，已经符合了酋邦制的这一重要条件。如青铜冶铸业就包括探矿开矿、冶炼矿石原料、制作各种模范、冶铸铜器、细

　　[①]童恩正：《中国西南地区古代的酋邦制度——云南滇文化中所见的实例》，《中华文化论坛》1994年第1期。

加工成品，加上运营管理和交换网络的形成，都会造就一个庞大的手工业部门，而且有层级制度的管理。

从广东曲江石峡文化诸遗存中的墓葬、遗址中，也可观察到在4000～3000年前，随葬品的多寡已经反映出岭南越人社会的贫富分化趋势。对牙璋、玉石戈及铜鼎、卣等礼器的占有，相应的祭祀神权也只能掌握在长老、祭师和豪酋手中。在香港、广东博罗、广西武鸣等地发现的大型夯土建筑，出现了随葬有贵重铜礼器、铸范的墓葬群遗址，也是上古层级制度产生的结果。

岭南越人社会存在远距离的贸易或交换也有考古发现的证据，即岭南与越南北部出土的石戈、牙璋、青铜礼乐器，它们与中原地区同类器物的相似性已经足以印证这一说法。

从政治体制来说，岭南的方国社会制度始终没有形成类似于中原地区王国的王权集中制，这种状况一直延续到秦始皇征服并统一岭南之前也没有改变，它也是秦汉王朝以及后世王朝在岭南实行郡县制度和羁縻制度并行的政治基础[①]。例如，《淮南子·人间训》记载，秦军在统一岭南的战争前期，攻杀越人的西瓯君译吁宋后，越人仍"相置桀骏以为将，而夜攻秦人，大破之"，并击杀了秦军大将尉屠睢；骆越与西瓯一样，亦称王（见《史记·南越列传》），两者的社会性质相同，这都表明西瓯人、骆越人的酋邦社会组织是较严密而强大的，其军事首领应当是通过民主推举而产生的[②]。再如，《吕氏春秋·恃君篇》又说："扬汉之南，百越之际……缚娄、阳禺、骧兜之国，多无君。"即使是进入秦汉帝国时期，变服从越人之俗的南越王赵佗仍然自称"蛮夷大长"。

岭南骆越诸方国达到成熟的酋邦制社会阶段，应当是在春秋战国之际，标志就是铜鼓、铜钺礼兵器组合形式的出现，它集中体现了岭南骆越社会特有的礼制文明，也符合"国之大事，在祀与戎"的社会性质。

《隋书·地理志》载："自岭以南二十余郡……南海、交趾……椎结踑

[①]《汉书·食货志》载："汉（元鼎间）连出兵三岁，诛羌、灭两粤，番禺（今广州）以西至蜀南者置初郡十七，且以其故俗治，无赋税。"

[②]范宏贵等：《壮族历史与文化》，第19页。

踞，乃其旧风。其俚人则质直尚信，诸蛮则勇敢自立，皆重贿轻死，唯富为雄。巢居崖处，尽力农事。刻木以为符契……诸獠皆然。并铸铜为大鼓……俗好相杀，多构仇怨，欲相攻则鸣此鼓，到者如云。有鼓者号为'都老'，群情推服。本之旧事，尉（赵）陀于汉，自称'蛮夷大酋长、老夫臣'，故俚人犹呼其所尊为'倒老'也。言讹，故又称'都老'云。"

学者一般认为，魏晋南朝至隋唐时期的岭南俚僚人就是先秦两汉时期骆越人的后裔，上述《隋书·地理志》的记载，仍然清晰地反映了先秦两汉时期骆越人酋邦制社会的基本特征。

骆越酋邦制社会的阶级结构，中外学者都曾做过多方探讨。越南学者认为，青铜时代越南东山文化的社会，从考古资料上看，可将不同规格的墓葬主人划分为贵族、自由民、奴隶三个等级[1]。

第一等是贵族。当时的骆越社会已产生了社会分工和地区的交换，大中小墓葬及其随葬品的等差也反映了阶级分化。普遍随葬工具的风俗反映了当时的人们都重视生产，即使是贵族也是如此。例如，能用铜鼓作随葬品或是葬具者，就应当是部族的豪酋。越南海防越溪的个别船棺墓，墓主也有类似两广地区出土的东周文化随葬品，如东周式铜剑、铜铙、铜削，还有黑格尔Ⅰ型铜鼓（石寨山型）、各式铜钺、大型铜提桶、漆器等，这些器物皆非普通氏族成员所能拥有。骆（雒）王与骆（雒）侯及其家族成员虽然是上层分子[2]，但他们与民众的关系可能不像后世，贵族可能也参加劳动，他们用纳贡和服劳役的方式来剥削各个公社及下层人民。贵族出身于大小首领家族，逐渐形成世袭制。以此对照中国商代甲骨文的记载，商王也有从事农业、放牧、占卜、祭祀、打仗的活动，至少当时实行官吏监督下的集体生产劳动是毫无疑问的，这种由王参与的农事后来就演变成为先秦两

---

① 文新等：《雄王时代：历史、经济、政治、文化、社会》，第66—67页。

② 《史记·南越列传·索隐》引《广州记》云："交趾有骆田，仰潮水上下，人食其田，名为'骆人'。有骆王、骆侯。诸县自名为骆将，铜印青绶，即今之令长也。后蜀王子将兵讨骆侯，自称为安阳王，治封溪县。后南越王尉佗攻破安阳王，令二使典主交趾、九真二郡人。寻此骆即瓯（西瓯）、骆（骆越）也。"封溪县在今越南河内北部。

汉王朝的耤田礼①。滇国青铜雕像也见有头人监督下人集体劳作的情景，文化性质与滇国相似的酋邦制度下的骆王、骆侯、骆将等贵族，也应当如此。

第二等是自由民，即公社成员，要承担各种义务。

第三等是奴隶。"前东山文化"时期，俘虏是用来祭祀或交换的；到东山文化时期，奴隶已成为普遍交易的物品，但当时的数量还不多。用奴隶殉葬似乎不是当时普遍的风俗。

骆越社会的层级结构是骆王、骆侯、骆将、骆民。骆王是首领和祭师，其下是骆侯，即大小将佐。骆王、骆侯住在国内的中心区。骆侯下面是骆将，负责管理地方，是骆王、骆侯所承认的世袭职位。但当时无文字，可能有类似印加帝国那样的记事结绳系统。

越南学者文新等人复原的这种骆越社会的层级结构，笔者认为仍然是酋邦制社会，所谓的世袭制度也是有疑问的。从"两汉书"等文献来看，先秦两汉时期的骆越社会仍然保留有母权制遗风是不容置疑的②，因此，像中原地区那样严格的世袭制度是不存在的，而应当有民主推举的首领。此外，地方骆将对宗主及骆王要履行纳贡、服劳役和军役等各种义务，但这种隶属关系也是松散的。

由于交通不便及各种地理环境因素的影响制约，因此骆将下属的农村公社可能是自治的，但要绝对从属上层领主管理。骆王和骆将应当有一定数量的常备军或侍卫队伍，但战争时临时征召村社人员也势所难免。在墓葬中屡见青铜兵器与农具伴出，青铜人物雕像中，也往往可见佩短剑者，皆充分说明骆越人多有亦兵亦农的特点。

《汉书·循吏传·召信臣》载：汉零陵太守召信臣，"为人勤力有方略，好为民兴利……开通沟渎……以广溉灌，岁岁增加……信臣为民作均水约束，刻石立于田畔，以防纷争"。《后汉书·马援列传》也提到："越律与汉律驳者十余事。"这都意味着先秦两汉时期的骆越社会已经有了通行的法律（或习惯法）。民族志也表明，越南北部与中国两广地区一

---

①吴浩坤、潘悠：《中国甲骨学史》，上海人民出版社，1985，第265、273、279页。

②《汉书·五行志下》云："越地多妇人，男女同川，淫女为主"。《后汉书·马援列传》又载：骆越女二征姐妹领军反汉。

样，许多村社仍残存有习惯法，通过口耳世代相传。

从古史传说和《淮南子》《史记》《汉书》等文献记载来看，骆越的酋邦方国时期，战争频繁，到秦始皇统一岭南之前，已经能够组织进行较大规模的战争。《史记·樗里子甘茂列传》载，战国后期，岭南之"越国乱，故楚南塞厉门①而郡江东。计王之功所以能如此者，越国乱而楚治也"。可见战国后期的强楚已经不能小看岭南越人方国的实力。

越南学者最终认为，雄（雒）王时代是走向集权的贵族政体②。其说虽有疏漏，但大体尚符合史载和考古发现的事实。也就是说，秦汉王朝在滇桂地区与越南北部建立了郡县制行政区划实行管理，也只是在中心大邑逐渐推行汉制，在鞭长莫及的广大民族聚居区和杂居区，中央王朝也只能是实行羁縻制，羁縻制实际上就是保留了先秦两汉时期的酋邦方国自治政体。就如《南州异物志》所云："广州南有俚贼，在苍梧、郁林、合浦、宁浦、高凉五郡中央……往往别村各有常帅，无君主，恃在山险。"③

这些骆越青铜时代的酋邦方国，就相当于古文献、古印章中所见的王、侯、君、长之下的族群属邑，如秦汉间执有"滇王之印"、"句町王"、"漏卧侯"、"劳邑执刲"（图9-2）、"朱庐执刲"、"越归义青蛉长"等印信的豪酋之领地。

《史记·西南夷列传》说，滇国是楚威王的将军庄蹻进军云南后，在滇池地区变服从当地土俗而建立的国家。公元前109年汉武帝建立益州郡，"赐滇王印"。20世纪50年代，考古学者在云南晋宁石寨山古滇王墓中发掘出了"滇王之印"（图9-3）④。后来在滇东北曲靖八塔台墓葬群中又发现了先秦至西汉时期的滇式铜戈、短剑、铜鼓和"辅汉王印"⑤。

①《史记》《集解》引徐广曰："厉门"，"一作'瀬湖'"；《正义》引刘伯庄云："厉门，度岭南之要路。"

②文新等：《雄王时代：历史、经济、政治、文化、社会》，第66–67页。

③汪森编辑、黄振中等校注：《粤西丛载校注》卷二十四引《国朝汇典》，广西民族出版社，2007。

④云南省博物馆：《云南晋宁石寨山古墓群发掘报告》，图版一〇七：3。

⑤云南省文物考古研究所：《曲靖八塔台与横大路》，第105页。

图9-2　广西合浦堂排汉墓的"劳邑执刲"印

图9-3　云南晋宁石寨山出土的"滇王之印"

　　学者多认为，古滇国的青铜文化与桂、越地区的青铜文化是交流互动密切、社会性质相似的酋邦方国文化，滇国与骆越都是在西汉时期分别得到南越国和汉王朝的承认而保有其王权的方国①。

　　由于东亚南部的酋邦主要是通过交通贸易的方式把彼此联系起来，互相承认，互通有无，由小邑聚组合发展成大邑聚，并同时加强它们与北方内地中原王朝的联系，因此日本学者称之为"驿市国家群"。它以中国云南为起点，向东、西以南方向延伸，东汉以后就形成了两大"驿市国家群"，东部到达中国南海，西部到达孟加拉湾。

　　《史记·五帝本纪》说："舜耕历山，渔雷泽，陶河滨，作什器于寿丘……一年而所居成聚……二年成邑，三年成都。"中国上古西南民族地区迄今为止虽没有发现先秦时期的城邑遗址，但在越南河内市东北部东英县已发现了属于骆越文化时期的古螺城，年代在战国晚期至秦汉时期（公元前3世纪—公元前2世纪），此可作为东亚南部青铜时代繁荣期已进入酋邦方国文明社会的一个重要象征。

　　越南古螺城的残余面积达16平方千米左右，尤其是在该城的城壕中发现了万枚铜箭镞，这些铜箭镞与其北方地区同期的箭镞相似。在古螺城的安阳王神社的西南角还发现了制造三翼箭镞的铸造作坊。联系越南东山文化中见有汉式铜弩机，因此，可以认为东山时代的古螺城也是西瓯骆越人在战国至秦汉时期建立的方国城邑。

　　事实上，岭南地区的南越国与西瓯国比滇国更早受到中原文化的影响。迄今为止，在广西地区虽然还找不到确切的秦代以前的城址，不过，广西全州洮阳山城的发现，可能意味西汉以前这里已出现用于防卫的城。

────────────

　　①《汉书·地理志》交趾郡下有"西于县"，治所在今越南河内一带。《汉书·景武昭宣元成功臣表》载："下郦侯左将黄同，以故瓯骆左将斩西于王功侯。"如第八章所述，"西于王"即为"西越王"，为赵氏南越国所册封。

该城内发现的大量绳纹板、筒瓦片和各种几何印纹陶片，都是汉代以前的遗物，说明该城在汉代以前已被废弃。考古学者认为，洮阳在战国时期已是楚国南境的城邑关戍所在，安徽寿县出土的战国《鄂君启节》有楚国商船进入湘江"庚洮阳"的记载，这座洮阳山城可能就是汉初在楚边邑的基础上建立起来的洮阳县故城址①。

　　总之，先秦两汉时期的东亚南部产生过地区性的方国王都或邑聚中心应当是无疑的。如在广东番禺有南越国的王都；在云南滇池地区的晋宁、昆明一带，则有滇王国的中心邑聚和王族墓地；在广西隆安大龙潭、武鸣马头元龙坡及越南北部河内东英等地，也留存有骆越先民的大型祭祀遗址、邑聚墓地和城址。近年来，考古工作者在广西兴安等地新发现的部分秦汉时期的城址，也可为之提供一些旁证。

第三节　帝国社会阶段

　　秦汉时期，是学术界公认的中国上古历史发展的早期帝国社会阶段，秦汉王朝先后征服统一岭南两广地区和越南北部，也标志着骆越酋邦方国已经被纳入秦汉多民族统一国家的发展进程中。

　　如前所述，骆越青铜文化也相应地演变成秦汉社会文明的重要组成部分，其主要表现为汉越文化的融合。《水经注·叶榆河》载：东汉"建武十九年，伏波将军马援上言：'……击益州，臣所将越骆万余人，便习战斗者二千兵以上。'"这反映了东汉初期交趾地区汉制下的骆越人与汉族不断融合之后的政治军制的实情，在当时郡县制和羁縻制并存的情况下，汉王朝仍然需要组织土著骆越豪酋的兵众去镇压益州地区的叛乱。

---

①李珍、覃玉东：《广西汉代城址初探》，载《广西博物馆文集》（第二辑），广西人民出版社，2005。

因此，在进入铁器时代后，骆越的青铜文化仍然得到发展，考古学者在中国桂南地区的北流市铜石岭和越南河内市附近的古螺城（汉之封溪县治）、北宁省的龙编城诸遗址，都发现过两汉时期的铜鼓和铸造铜器的遗迹①，各地越式铜鼓的发现可谓层出不穷。铜鼓是羁縻制下当地骆越豪酋权威存在的象征，北流型、灵山型铜鼓纹饰中有汉朝五铢钱纹的主题，这象征了骆越先民对汉王朝的认同。越南古螺城出土的Ⅰ号铜鼓，属于流行于公元前3世纪—公元前2世纪的产品样式，上面有汉字刻铭"两千百八十二（斤）"等字样；同时期的文化层中还出土有秦半两铜钱，表明象征豪酋权威和神权的骆越铜鼓仍然得到秦汉王朝的认可并继续传承。《汉书·西南夷两粤朝鲜传》载，汉武帝元鼎六年（公元前111年），南越国"闻汉兵至……粤桂林监居翁谕告瓯骆四十余万口降，为湘城侯"。当时的西瓯、骆越皆为南越附属国，两瓯、骆越编户40多万口归附汉朝，实成为汉朝统治桂、越地区的行政基础。有学者根据《汉书·地理志》等文献的记载，推测安阳王初（战国中期）在交趾地区建国时，其骆越故地的民众也不过15万口；至汉武帝平定南越国时，骆越故地的民众已增至约36万口②。如果没有东亚南部先秦至西汉初期诸方国文明社会发展所奠定的基础，秦汉帝国要在南疆建立有效的行政区，并促进后来南方丝绸之路的发达繁荣，则是不可想象的历史现实。

在汉族主导的民族融合的发展进程中，骆越青铜文化也开始嬗变。多民族文化的融合通常表现为量变的过程，如越南北部红河流域往往呈现出汉式器物、滇式器物、越式器物共存重叠的状态，考古学者在越南老街省就发现了不少滇式管銎兵器、铜釜、石寨山型铜鼓、羊角钮钟、东山系铜鼓和提桶、汉式铜樽、铜壶、铁剑等③。在越南北部西汉后期汉墓逐渐增多，到了东汉时期，具有浓厚地方特点的东山文化遗址及墓葬就基本绝迹了。

①西村昌也：《越南古代考古学》，第151页。
②蒙文通：《蒙文通文集·第二卷·古族甄微》，第372页。
③西村昌也：《ベトナムの考古·古代学》，（日本）同成社，2011，第128、129、119页。

第四节　复合的社会形态

在复原东亚南部古代骆越社会形态时，笔者也意识到区域性社会文明的复杂性和特殊性。在判定先秦两汉时期的骆越社会曾先后经历过酋邦制方国和秦汉帝国郡县制与羁縻制并行的社会形态的同时，我们还认为，骆越地区与滇国相似，不仅存在奴隶制的迹象，也有母权制社会的残余。

何平曾指出，一方面，东南亚各国或各民族在原始社会之后演变成的都是封建社会，即在其历史上并不曾出现过一个奴隶社会的发展阶段。另一方面，在东南亚社会历史上，自始至终都不能否定的一个因素，就是奴隶制现象的存在，而且随着当地封建关系的发展及封建统治者的特殊需求，奴隶制才逐渐真正获得了相应的发展①。的确，《史记》《汉书》等文献史料中，以及云南石寨山文化青铜雕像都屡见有贩卖奴隶的现象，而且在昆明羊甫头滇墓、广州南越王墓、贵港罗泊湾汉墓还见有用奴隶殉葬的例子。因此，我们认为何平的理论较接近考古发现的事实。

此外，东亚南部考古资料中显现的母权制残余特征也不容忽略。冯汉骥和越南学者都曾分别就此问题对云南石寨山文化、越南东山文化做过较多的论述。晋宁石寨山贮贝器（M20∶1）盖面上有一幅人物活动场面，有学者判断其为"杀人祭铜鼓仪式"；冯汉骥则判定它是滇族贵妇正在主持"祈年"的开土春播仪式，此仪式就如同中原先秦的帝王行亲耕的耤田礼。总之，在滇国的很多重要场合，都可见妇女在其中占有显著的地位。又如，在所谓的"报祭""上仓"等仪礼中，仪式主持者皆为妇女，男性则处于辅助的地位②。

事实上，从考古资料与民族史志都可见桂、越地区骆越先民的氏族母权制残余。例如，越南清化那山出土的人像柄铜剑，其雕像就是刻画一个骆越贵妇的盛装形象，身份非女豪酋莫属。《汉书·五行志·下》云：

---

①何平：《东南亚的封建——奴隶制结构与古代东方社会》，云南大学出版社，1999，第12页。

②冯汉骥：《云南晋宁石寨山出土铜器研究——若干主要人物活动图像试释》，《考古》1963年第6期。

"越地多妇人，男女同川，淫女为主。"史载实际上是反映了岭南古越人有母权制的遗风。汉朝交趾郡麊泠县（南齐时废名），是骆越人的世居地之一，《后汉书·马援列传》载骆将之女二征姐妹反汉称王就先起于麊泠，征夫人、赵夫人①分别在1世纪和3世纪成为越人部族的首领绝非偶然。根据越南北部许多村落的神话传说，征侧、征贰二骆王麾下还有许多女将，如八难夫人、圣天夫人、黎真夫人等，这些女将肯定是有社会生活原型的神话人物②。同样，岭南地区古代的越人后裔（俚僚）也产生过冼夫人、瓦氏夫人那样的女豪酋。此外，民族史志中所见壮侗语族先民的"不落夫家""产翁制"等习俗也应当是母权制社会残余的反映。

事实上，无严格的男女之别，只有家族世袭制而没有严格的嫡长继承制，此上古时期的南疆民族风俗一直延续到宋明时期。例如，广西地方的豪酋土官承袭制，明代"洪武中，土官无子弟，其婿与妻皆得袭"；嘉靖年间，除土官子孙外，土官愿报"弟侄若女者"承袭，上级官府查照备案即可③。

第五节　青铜文化遗存中所见之古代社会

一、阶级关系

将考古发现与文献相印证，可看出青铜时代骆越社会的主要阶级关系与阶级矛盾。

①《初学记》引《南越志》曰：南朝宋九真郡"军安县（今越南清化西北）女子赵妪，尝在山中聚结群党，攻掠郡县，著金箱齿履，恒居象头斗战。"
②文新等：《雄王时代：历史、经济、政治、文化、社会》，第66–67页。
③汪森编辑、黄振中等校注：《粤西丛载校注》卷二十四引《国朝汇典》。

　　要以考古资料证明青铜时代骆越社会的职官制度不大可能，但其中的各级贵族还是有迹可循的。例如，在广西合浦堂排汉墓等处出土有"劳邑执卦""朱庐执卦"铜印，越南北部也曾发现"胥浦侯印"。据《汉书·地理志》的记载，"胥浦"是西汉朝九真郡的首县和郡治。日本学者吉开将人认为，据传出自越南清化的古银玺"胥浦侯印"，应当就是赵氏南越国封赐的骆越支族侯国印章①，故"胥浦"地名为汉朝所沿袭。《汉书·景武昭宣元成功臣表》又载，元鼎六年（公元前111年），南越国左将黄同斩"西于王"降汉获得了封侯。"西于县"是西汉交趾郡的大县，地望在今越南河内市北部，东汉初期被分割为封溪、望海二县。这些骆越故地的王、侯、邑君（骆将），就反映了骆越社会的层级关系。

　　先秦两汉时期的骆越地区已存在发达的手工业生产，其产品名目繁多，有青铜器、玉石器、金银器，还有纺织品、陶器和精美的漆器等。这是社会实现专业化大分工的明证，其"百工"的管理部门及其生产人员的大量存在，就是骆越地区早期方国文明发展到帝国社会阶段在社会组织及其人员分层结构上的曲折反映。而农牧业所能提供的剩余食物及生产原料则是酋邦方国社会及帝国社会赖以生存的基础，其承担者就是广大的村社氏族成员。

　　该区域最精湛的手工产品就是青铜器，它们多为礼乐器、兵器、仪仗器、酒器、装饰品、随葬明器等，皆出土于各级贵族的墓葬。这种情形就如张光直所归纳的，中国历史文明的演进之所以同王朝相伴随，是因为这里也同其他任何地区一样，文明不过是社会少数人，即王朝积累财富的象征。财富积累需要先凭借政治权力的行使来实现，统治者对青铜艺术品的垄断和占有（如华夏族的九鼎、骆越人的铜鼓），是因其为神权政治"沟通天地的工具"，象征着财富和权力地位。就此而言，桂、越地区的骆越青铜文明即是殷周青铜文明的次生形态。

　　如前所述，在出土石寨山型铜鼓的广西贵港罗泊湾1号汉墓②以及广

---

　　①吉开将人：《印からみた南越世界——岭南古玺印考》，载《东洋文化研究所纪要》，第136、137、139册，东京大学，1998—2000。
　　②广西壮族自治区博物馆：《广西贵县罗泊湾汉墓》，第35页。

州第二代南越王墓中，考古学者也曾经发现过一批殉葬人①。这表明，当时该区域社会的底层人就是奴隶。据文献的记载，该区域的奴隶制现象在两汉时期一直都存在。《汉书·景武昭宣元成功臣表》载，"（湘成侯）益昌嗣，五凤四年，坐为九真太守盗使人出买犀、奴婢，臧百万以上，不道，诛"，"（临蔡侯）襄嗣，太初元年，坐击番禺夺人虏掠，死"。

　　在酋邦制或郡县制与羁縻制并行下的骆越社会阶级关系，应当是高层有家族世袭的豪酋，其次是各级贵族，下层的有邑聚的自由民众和众多的农村公社成员，还包括一部分奴隶。奴隶的来源有可能是外族的战俘或买来的奴隶。

二、远距离的交通和贸易

　　考古发现表明，与骆越相邻的先秦两汉时期的滇国社会，其商贸的流通货币，与上古中原地区夏商时期的情形相似②，都是以罕见珍稀的海贝作为一般的商品等价媒介物（见江川李家山、晋宁石寨山等遗址）。但在近海的骆越地区贝币却不适用，只能是以物易物，因此，内陆的滇国就是通过红河等通道与沿海区的骆越人交换物品，以获得海贝。

　　广州南越王墓的大量随葬品中，有数件骆越青铜提桶与波斯银盒伴出，应当也是早期朝贡贸易的例证；此外，滇系铜鼓、铜戈出现在骆越地区，也体现了远距离的族际交通和互动。例如，越南北部出土的KL245号铜鼓（图9-4）③，应当是在越地铸造的铜鼓，鼓面环铸蛙雕像，这是受到了内陆铜鼓的影响。其形制花纹最接近滇系铜鼓，如鼓身纹饰的人像形似滇人，纹饰图案中的封牛负鸟的形象也见于滇系铜鼓（如会理鼓等），鼓面环铸四蛙雕像也与云南晋宁石寨山M10:3号铜鼓相似，鼓身的齿纹、同心圆纹也是滇系铜鼓纹饰常见的主题。毫无疑问，这是滇人移民到红河地

---

① 麦英豪、王文建：《岭南之光——南越王墓考古大发现》，第21-23页。
②《说文》云："贝，海介虫也。古者货贝而宝龟，至周而有泉（钱），到秦废贝行泉。"
③ 广西壮族自治区博物馆等：《越南铜鼓》，第106-109页。

区后制作的铜鼓[①]。

在东亚南部地区，各种复杂的小生态环境中散布着许多土著民族的酋邦[②]，人民之间通过陆路、水路的交通线进行频繁的互动交往。例如，骆越的青铜钺和铜鼓，都屡见有人物操作的竞渡船纹，这也是水乡及沿海区人民水上交通频繁的缩影。

在骆越铜鼓纹饰和青铜雕像中，也可见一些反映当地财富、物产的主题，如有鹭鸶衔鱼、孔雀、封牛、鸽子（图9-5）、飞禽等形象。封牛，一般认为是原产于缅甸和克什米尔等地的野牛，因牛的颈背有驼峰而又称"瘤牛""双峰黄牛"。"两汉书"的《西域传》都记载有罽宾（今克什米尔）出封牛，《后汉书·南蛮西南夷列传》说，云南永昌郡（今保山）徼外焦侥种夷献封牛请求内属。可见当时封牛从南、北方丝绸之路都有进口，云南滇国与骆越的青铜雕像和铜鼓纹饰都习见封牛形象，说明在秦汉时期，引种的封牛在南疆地区已得到广泛的饲养和利用，成了当地众多族群的贵重畜产。《汉书·西南夷两粤朝鲜传》又载，汉文帝赐南越王尉佗书及衣，"（赵佗）因使者献白璧一双，翠鸟千，犀角十，紫贝五百，桂蠹一器，生翠四十双，孔雀二双……以闻皇帝陛下"。此载表明，骆越铜鼓纹饰所见的动物主题，大多是越人与外界交流凭借的主要物产。

图9-4 越南KL245号铜鼓   图9-5 广西合浦风门岭26号汉墓铜鸽

①《后汉书·南蛮西南夷列传》："凡交阯所统，虽置郡县，而言语各异，重译乃通。"
②《史记·西南夷列传》："西南夷君长以什数，夜郎最大；其西靡莫之属以什数，滇最大……此皆魋结，耕田，有邑聚。"

秦汉时期，骆越地区都先后出现了秦汉半两铜钱和五铢钱货币，五铢钱在西汉晚期到东汉时期的墓葬中已经成为最常见的随葬品，这确切说明秦汉王朝的影响在西汉中期前后已扩展到遥远的骆越地区，其郡县制与羁縻制并行的管辖和社会治理是有效的。

三、骆越社会的礼俗

《礼记·礼运》说，小康之世的早期国家阶级社会的特征就是："大人世及以为礼，城廓沟池以为固，礼义以为纪，以正君臣。"在岭南两广地区和越南北部，文献记载与考古发现可相印证的家族王权世袭制，只见于以今天广州地区为中心的南越王国。1980年至今，在广州曾先后发现了南越王墓和南越国的宫署遗址，宫署遗址出土的073号木简载有"野雏鸡七，其六雌一雄，以四月辛丑属中官租。纵"等字样①。中官简册文书记载的"野雏鸡"数量，也有可能指的是骆越国向南越国王室进贡的野山鸡特产。据《史记·南越列传》可知，西汉初期南越国是骆越国的宗主国，骆越有向南越王朝贡的义务。广州第二代南越王墓出土的铜提桶，其形制纹饰风格都与越南北部安沛陶盛、海防越溪等地出土的东山文化铜提桶相似，故麦英豪等人认为南越王墓所出的铜提桶也应当是骆越人的进贡品②。以广州南越国宫署遗址出土的"万岁"瓦当、桂北兴安秦城遗址出土的十字云纹瓦当，比证越南河内东英古螺城发现的同类器物，可知秦汉之际的骆越社会已经产生了城邑。此前的桂、越地区上古酋邦方国社会的都邑详情如何，以目前的考古资料还无法证明。

过去，童恩正、郑超雄等人都认为东亚南部的滇国或岭南的骆越方国是没有城邑的，充其量存在过一些木栅栏式或高密度荆棘围墙那样的防卫设施，就如同《齐书》描述的东南亚古国城邑那样。

然而，笔者却认为，岭南及云南等地区未见较早的城邑，可能是考古

---

①广州市文物考古研究所等：《广州南越国宫署遗址西汉木简发掘简报》。

②麦英豪、王文建：《岭南之光——南越王墓考古大发现》，第67页。

发现的不足。如前所述，桂北兴安秦城遗址的发现仅是古城的一小部分，还有大量的遗迹尚未发掘。越南河内北部东英县发现的残余面积达16平方千米的古螺城遗址（图9-6）分为三重区域。这座大土城的墙基用石块加固，其夯土城墙的城内残存许多有建筑遗迹的土垒，表明其中分布有以大型建筑为中心的组聚落，它们意味着一个强大王权的存在。此外，其城墙外壕还发现了年代为公元前3世纪末—公元前2世纪初的1万枚铜箭头①。总之，这一古城遗址的时代，相当于中国古代战国末叶至秦汉之际，它可证明当时骆越方国已是一种较高程度的文明，国家军队与防卫的城池已经存在。

关于安阳王在中国桂西南与越南北部一带建国的古史传说，蒙文通在《越史丛考》中曾有详考。蒙文通指出，越南史籍自吴士连的《大越史记全书》、陶维英的《越南古代史》，莫不备载蜀王子泮征伐越南上古"雄王"、并"文郎"，称"安阳王"，建"瓯骆国"，及最后为南越王赵佗所灭的事迹。此为越南有信史之始，旧史都称之为"蜀朝"。考其说之史料，当源自中国古籍《水经注·叶榆河》引《交州外域记》等书②。

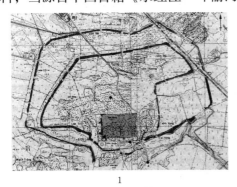

1—古螺城遗址平面示意图；2—出土的西汉瓦当。

图9-6　越南河内东英古螺城及出土的瓦当

据这一则记载可推测，中国古代战国中期的秦并巴蜀之后，蜀国贵族及其残部或有一支就东南下，辗转至今中国广西西南部与越南北部一带，

①黎文兰等：《越南青铜时代的第一批遗迹》，第191页。

②蒙文通：《蒙文通文集第二卷·古族甄微》，第358-373页。

他们征服了交趾一带的骆越部族，后来又融合了桂东北地区的西瓯族，这个被称为"蜀王子泮"的首领或其后继者，就因瓯骆民称"安阳王"。在秦代至西汉初期激烈的统一和兼并争夺战中，安阳王的瓯骆国先后被秦朝和南越国所征服。古螺城遗址的相关发现，如其环濠围绕的防卫城池即意味着激烈的征战；瓯骆文化遗存中的东周式剑、戈、铜弩机、箭镞的大量存在，都足证在战国至秦汉时期，岭南瓯骆方国与其北方内地的政治军事形势的演变有着不可分割的联系。

到了本区域青铜时代的繁荣发展期，滇桂地区与越南北部的各民族之间的联系更为紧密，安阳王的历史传说就应当是这种联系的反映，东山青铜文化同时受到滇桂青铜文化的影响是不容置疑的。因此，我们没有理由认为，滇桂地区不曾产生过像越南北部古螺城那样规模的邑聚。越南北部东英古螺城的一度废弃，当与南越国对其的征服有关，而南越国在秦末至西汉初期，已经是模仿中原帝制统辖"东西万余里"的酋邦方国联合体了。当时中国岭南、西南与越南北部主要向南越国臣服的大方国就有夜郎、滇、瓯、骆等国。

《左传·成公十三年》谓："国之大事，在祀与戎。"其中，祀与礼更是不可分割。据汪宁生等人的考证，滇文化不仅在礼制上逐步向中原王朝看齐，而且还存在着与之类似的礼制性建筑，如滇文化青铜雕像中就可见先秦文献常提到的"明堂"或"宗庙"。

汪宁生指出，《史记·封禅书》载："（汉武帝）欲治明堂奉高旁，未晓其制度。济南人公玉带上黄帝时明堂图。明堂图中有一殿，四面无壁，以茅盖，通水……"此载可与云南石寨山文化的木结构建筑铜雕像（图9-7）相印证，这座具有会所性质的房屋形象，的确是"茅盖"而"四面无壁"[1]。与滇国"明堂"铜屋模型相似的礼制性大建筑也多见于骆越铜鼓纹饰（图9-8），如其中反翘屋檐顶有鸟饰，鸥首的干栏式大建筑中可见人物活动、侧放的铜鼓、人击建鼓等形象。

---

[1] 汪宁生：《汪宁生论著萃编》（上卷），第431-432页。

图9-7   滇国明堂、宗庙性质的铜建筑模型

图9-8   越南历史博物馆藏LSb-5722号铜鼓纹饰的礼制建筑

民族志所见的礼制会所式建筑，是专供议事、集会、待客及行仪式之用，并储藏宗教物品（如敌人的头骨、水牛的下颚骨及鼓等）。这种明堂的功能在东亚南部民族的青铜文化中已得到了形象的反映。《礼记·明堂位》说："明堂也者，明诸侯之尊卑也。"可见，明堂是阶级社会典型的礼制性建筑。不过与原始氏族社会的会所不同的是，进入阶级王政社会的明堂，已演变成为统治者祭祀、施礼、行政的场所，质朴、宽敞、开放式的大木结构建筑也演变成为华饰而庄严的宫殿式建筑。由此可以判断，上述的相关发现、记载，应当是南方民族上古社会明堂礼制建筑演变的重要环节，即明堂是由方国社会鼎盛期向帝国社会过渡发展阶段的礼制建筑。

四、社会生活的再现

虽然目前对于骆越青铜文化的考古发现，还未能确立较完整的文化编年序列，其中仍然存在着许多缺环，但从大量的青铜文化遗存中还是可以观察到不少骆越先民社会生活的片段。

（一）人物服饰

　　骆越先民的服饰装扮，从发式来说，有髡头，见于越南越池靴形铜钺纹饰，是裸国骆越人驾船的形象，人物与广西左江岩画的裸体人相似。短发，见于越南安沛陶盛铜提桶的器盖人物雕像，人物作短发齐肩、裸体着遮羞布、佩短剑。披发，见于越南东安古螺Ⅰ号铜鼓。椎髻，见于广西合浦风门岭汉墓裸体人物铜雕像（图9-9：1）。项髻，见于广西贺州龙中铜鼓、贵港罗泊湾汉墓铜鼓人像纹饰。螺髻，见于越南兴安省金洞县梁鹏社铜鼓。牛角髻，见于滇东南广南铜鼓纹饰，其中有人物作牛角髻发式、裸体着草裙；牛角髻发式也见于广西左江岩画的裸体人像。辫发，见于越南清化东山、义安鼎乡出土的人像柄短剑，其人物发式反映骆越先民来源较复杂，与云南滇人、氐羌系先民也有关系。到了秦汉时期，青铜文化体现了汉越融合的趋势，如广西贵港罗泊湾汉墓、风流岭西汉墓（图9-9：2），西林普驮铜鼓墓，随葬青铜器中都出现了着汉式服饰的人物及官吏的画像和雕塑。

　　《史记·南越列传》说："且南方卑湿，蛮夷中间……其西瓯、骆（越）裸国……"这是符合考古发现的，但也不是绝对的。广西左江花山岩画中的骆越人、骆越铜器纹饰和雕塑的人像多见裸人，有的着草裙或缠遮羞布。又因骆越地区气候带纬度的高低不同，温差悬殊，所以骆越青铜图像也见有着深衣、对襟短衣者，有的戴冠、佩珠宝串饰、着衣裙的服饰华丽者，可能就是女性豪酋（图9-9：3）。

　　此外，在表现重大仪式活动的铜鼓纹饰中，最常见的就是戴羽冠、着长裙的盛装人物形象（图9-9：4）。凌纯声曾对东亚南部铜鼓纹饰的人物头饰和发式作过分类，他认为头饰的不同也是等级身份不同的反映。如鸟形头饰者，其鸟形状像犀鸟，为吉祥鸟，有此鸟形头饰者似为首领，这种鸟形头饰习俗还保留在近代南亚的那伽人和中国台湾的耶美人中；而部落战士则身披羽毛装饰，南亚的那伽人只有取得猎头的战士，方能穿戴鸟羽[①]。

　　[①]石钟健：《凌纯声的铜鼓研究——译凌文代序》，载中国古代铜鼓研究会编《第二次古代铜鼓学术讨论会资料集》，1984。

1—广西合浦风门岭汉墓磨锄俑；2—广西贵港风流岭西汉墓胡人铜侍俑；3—越南义安鼎乡出土的
贵妇雕像剑柄；4—广西贵港罗泊湾汉墓铜鼓纹饰。

图9-9　广西和越南出土物上的人像

百褶桶裙。明邝露《赤雅》载，广西苗人节庆跳月时，苗女装扮为
"尺簪寸环，衫襟袖领，悉锦为缘……裙细褶如蝶版……女仅裙不裤。裙
衫之际，亦锦带束焉"。可见铜鼓等青铜器所见的高冠盛装舞人束腰带及
所着的百褶桶裙，自古以来都是西南各民族喜好的服装。今云南傣族、布
朗族和广西壮族、瑶族等民族中仍然多见着百褶筒裙。

左衽。古代滇人、越人服饰也多见衣服为左衽者，即对襟上衣的衣襟
左掩。如滇国青铜器所见的高冠盛装舞人着上衣即为左衽，铜贮贝器（晋
宁石寨山M13：2）的青铜人像也有左衽袒臂者，其人辫发，左耳戴大环垂
于肩上，可能为氐羌系的昆明人。

《史记·赵世家》说："夫翦发文身，错臂左衽，瓯越之民也。"衣
裳左衽，为古代华、夷服饰特征的主要区别，华夏为右衽，左衽则为少数
民族服饰的主要特征。左衽服饰在近代中国西南民族与东南亚民族中仍有
不少遗留。例如，近代广西田林的木柄瑶、罗城的板瑶，云南的拉祜族、
哈尼族等也是衣皆左衽。

衣后著尾。在滇文化的青铜雕像中见有衣后著尾的形象。有的舞人束
发上耸，以长巾裹额头，由后作结拖于背后，且罩一披肩，背后缀一虎皮
或豹尾。越南义安鼎乡遗址、中国湖南长沙树木岭战国晚期墓出土的越式
青铜短剑，其剑柄部也被塑造成人物立像，其人像作辫发盘髻之状，双大
耳环垂肩，皆著有尾饰（图2-1：3）。

衣后著尾的习俗可追溯到很早的时期。如甘肃、青海地区的马家窑文
化彩陶盆，就见有舞人纹皆著尾。《说文解字》尾部云："古人或饰系

尾，西南夷亦然。"《后汉书·南蛮西南夷列传》载："（哀牢夷）衣皆著尾。"可见华夷各族在上古时代皆有衣后著尾的服饰。考古发现，民族史志多可互相印证。再如，《后汉书·南蛮西南夷列传》说，两湖西部的"（盘瓠之裔）好五色衣服，制裁皆有尾形"。又说滇缅地区的"哀牢夷"，其"种人皆刻画其身，象龙纹；衣皆著尾"。这说明衣后著尾应当是历史上多民族曾共有过的习俗。

（二）竞渡

在骆越青铜器纹饰中，最常见的就是人物竞渡船纹。它有时出现在铜钺纹饰中，如越南清化东山铜钺中就见有羽人船纹，它意味着水乡越人十分重视练习操舟，这是生产和战斗所必须的技能。滇系石寨山型铜鼓和同时期的越南红河系铜鼓，装饰纹样富丽堂皇，内容多姿多彩，应当是一个整体，再现骆越人盛大的礼仪活动场面，其中羽人操舟就占据了醒目的位置。越南玉镂鼓、黄下鼓的竞渡船纹见有羽人持弓、执人等形象，汪宁生等人认为，骆越人竞渡有宗教意义，往往伴随着一系列的祭祀仪式活动，也可能是遭遇仇敌械斗。这种习俗仍然见于明代的桂林地区（见明代邝露《赤雅》卷下"桂林竞渡"条）[1]。

（三）杵舂歌舞

在骆越铜鼓纹饰中，常见人物杵舂的形象。杵舂（柷，打击乐器）在岭南民族志中可说是多种多样，用于在丧葬节庆及各种礼仪活动中节歌节舞。滇东开化鼓、沱江鼓、越南玉镂鼓纹饰中，就见有杵舂歌舞的图像，它与其他羽人歌舞组成系列仪式的画面，可见骆越人杵舂歌舞风俗由来已久。杵舂本为人类加工谷物的劳动，为减轻单调重复劳动的疲惫，人们将杵舂动作节奏化，和着节拍边舂边唱，最终演变成了许多民族中习见的杵舂歌舞形式。宋人周去非《岭外代答》卷四《风土门》谓之"舂堂"。"舂堂"歌舞风俗在岭南地区流传至今，演变成了所谓的打"砻"，主要

---

① 汪宁生：《汪宁生论著萃编》（下卷），第1329页。

流行于广西天等、平果、田阳等壮族地区。"磘"仍然保留了长方木槽形，击槌棒有8～10根，发音铿锵有力，声音洪大。专门用于节庆的打磘歌舞表演，表演形式多样，乐、歌、舞结合，气氛欢快热烈[①]。

（四）铜鼓是骆越人社会生活的见证

岭南的骆越铜鼓纹饰不仅再现了骆越人社会生活，其本身也与骆越人周而复始的生活须臾不离。例如，铜鼓用于豪酋的各种仪礼排场，以及日常生活与宴乐。《后汉书·马援列传》唐人李贤注，引晋人裴渊《广州记》云："俚僚铸铜为鼓，鼓唯高大为贵，面阔丈余。初成，悬于庭，克晨置酒，招致同类，来者盈门。豪富子女以金银为大钗，执以叩鼓，叩竟，留遗主人也。"这是对粤系大型北流型、灵山型铜鼓最形象的诠释[②]。《隋书·地理志》也载，俚僚人豪酋拥有铜鼓才能号令部众，被称为"都老"。

明魏浚《西事珥》云："夷俗最尚铜鼓，时时击之以为乐。"明邝露《赤雅》也载："伏波铜鼓……东粤二鼓……雌雄互应，夷俗赛神宴客，时时击之。"

铜鼓纹饰的图像也记录了许多弥足珍贵的史料。例如，滇东南的开化（文山）铜鼓、越南的黄下铜鼓都刻画有越人吹奏葫芦笙的形象。以民族志证之，岭南许多少数民族皆有吹奏葫芦笙的习俗。唐人刘恂《岭表录异》卷上载："葫芦笙，交趾人多取无柄老瓠，割而为笙，上安十三簧，吹之，音韵清响，雅合律吕。"这表明，骆越先民的文化风俗与岭南少数民族都有着一脉相承的源流关系。

又如，铜鼓纹饰中所见的干栏式建筑壮观而优美，它不仅可以同滇文化的铜屋模型、东南亚的马来式建筑相印证，也可以证明史籍的有关记载。《史记·封禅书》说，西汉中期长安城柏梁台火灾后修建章宫，汉武帝就采纳了岭南越巫勇之的建议，建大屋以厌胜。建章宫中与高耸的神明台并列的井干楼，应当就是越人的大型干栏式建筑。

---

①杨秀昭等：《广西少数民族乐器考》，漓江出版社，1989，第58页。
②姚舜安等：《北流型铜鼓探秘》。

（五）宗教信仰习俗

张光直曾指出，中国上古文明以"萨满式文明"为主要特征，也就是"巫教式文明"。事实上，古代骆越先民的青铜文化艺术品也是萨满式文明形象生动的体现。萨满式文明社会的宗教信仰习俗表现为万物有灵的宇宙观，这在骆越青铜文化中多有反映。

动物崇拜。在越南清化东山出土有虎钮铜鼓随葬明器，表明猛虎是时人所敬畏崇拜的动物，可作墓主的守护神。

越南清化东山出土的一件铜矛上刻画有双鳄鱼纹和双蛇纹[1]，这都是古越人崇拜的动物神灵。学者多认为，古越人崇拜的蛟龙的原型即为鳄鱼，越南清化东山出土的铜钺（图6-3：2）、滇文化的铜器都见有相似的对鳄纹。越人崇拜蛇图腾，故被称为"蛇种"[2]，这在骆越青铜器装饰中得到了鲜明的体现。云南晋宁石寨山出土的青铜器中，蛙、蛇的装饰主题也最为常见，一件错金剑鞘有扭曲的蛇纹装饰，类似蛇纹也见于越南东山文化的青铜短剑，似为一种护符。这表明古滇人与骆越人有十分密切的接触和文化联系。南方稻作民族崇拜蛇神，认为它不仅能避邪，还能呼风唤雨[3]。

古越先民及其后裔也崇蛙，骆越的北流型、灵山型、冷水冲型铜鼓，鼓面都铸有蛙饰雕像，今桂西壮族地区仍然有祭铜鼓的"蚂蚓节"。滇文化青铜器中也有许多蛙形装饰。蛙崇拜信仰的产生，与需要水热条件的稻作农业有很大关系，蛙鸣则雨水至，水稻生产自然丰收在望，故广西北流型、灵山型、冷水冲型铜鼓都喜用蛙形作鼓面主题纹饰。而且，在古越人的心目中，神蛙也是护符，可以避兵祸。如《太平御览》卷九四九引《文子》曰："蟾蜍避兵，寿在五月之望。"故越人敬蛙为神，用其作神器装饰。

---

① 黎文兰等：《越南青铜时代的第一批遗迹》，第93页。

② 《说文·虫部》："蛮，南蛮，蛇种。"《说文》又云："闽，东南越（人），它（蛇）种。从虫，门声。"

③ 《太平御览》卷九三三引《淮南子》："牺牛……其于致雨不若黑蜧。"（注云："黑蜧：蛇属，能致雨"）《山海经·海外东经》："雨师妾……其为人黑，两手各操一蛇。"

　　牛崇拜。牛崇拜能反映多重意义。牛是东亚南部各民族的贵重财物，不仅被人们视为神灵，也是献神的最佳祭品。人拥有牛的数量也是其地位权势的象征。因此，滇人以牛头铜雕饰作随葬品，在铜鼓纹饰中多刻画封牛主题。这一观念也影响到骆越社会。骆越铜鼓纹饰不仅多见封牛形象，广西合浦风门岭西汉墓（M26）还见有用封牛铜雕像作随葬品。

　　神鹿崇拜。有学者认为，滇人及骆越的青铜鹿造型，可能是受到了北方斯基泰动物纹造型的影响而产生的，但历史语言学的研究却对之做出了否定。据闻宥的研究，在汉语史料中都可找到春秋越人语言中的"鹿"类词汇，直至唐樊绰《蛮书》卷八之白蛮语仍说"鹿谓之识"；唐代岭南道沿海地区的土语中有"鹿谓之擢"（《恩平郡谱》）。这都是来源于古越人的语言。生物史和考古发现也为此提供了相应的证据。中国俗称的"黑鹿"或"水鹿"在南亚等地则被称为"南亚鹿"或"印度鹿"。黑鹿的主要特征是雄性的角上只有三个叉，同时通体一色，或深黄或近黑，今滇西沧源、潞西一带仍可见到[①]。滇文化形式多样的鹿形青铜雕像（图9-10：1），是上古西南民族青铜艺术中最优美的形象之一，与骆越青铜器纹饰中的鹿纹（图9-10：2）也可谓异曲同工。

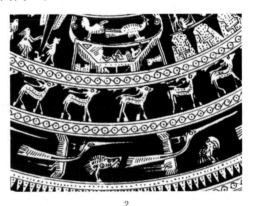

　　　　　　1　　　　　　　　　　　　　　　　　　　2

1—滇文化管銎青铜兵器上的鹿、蛇雕饰；2—越南骆越铜鼓的鹿、鸟纹饰（局部，越南历史博物馆藏LSb-5722号铜鼓）。

图9-10　兵器和铜鼓上的鹿饰

①闻宥：《黑鹿释名》，载《闻宥论文集》，中央民族学院科研处内部发行，1985。

西南各民族的自然崇拜习俗有相似之处，但也存在一定的地域差别。如滇文化青铜艺术反映的自然崇拜以蛇、牛为主；岭南越人则以崇拜蛙、蛇为主。此外，中国广西、云南和越南上古民族的自然崇拜物中也有一些水生物。如滇国青铜艺术品中可见到鱼、螺的造型，晋宁石寨山M10出有鱼杖头饰。螺旋纹是滇文化与骆越文化青铜器中最常见的纹饰，广西等地在东汉时期开始流行的灵山型、冷水冲型铜鼓，鼓面也见有鱼形（见广西象州县博物馆藏铜鼓）、田螺形的装饰雕像[1]，它们如同鼓面均布的蛙雕像一样，也是古越人动物崇拜的写照。

鸟图腾崇拜。百越先民崇拜鸟图腾多见于史籍，如干宝《搜神记》卷二十载："越地深山中有鸟，大如鸠，青色，名曰冶鸟……越人谓此鸟是越祝之祖也。"越人崇鸟，可以追溯到江南良渚文化遗址出土的玉器花纹，它刻画有屋顶矗立鸟图腾柱，其形象与绍兴战国越墓出土的铜屋模型的屋顶图腾柱立鸟相似[2]。越人崇鸟是学者们的共识，但骆越人是因崇拜鸟得名还是因山居得名（山之"巃"与"雒、骆"音近），这在学界有不同看法。笔者认同骆越当以崇拜鸟得名为是。汉字记音之"雒"，《说文·隹部》云："雒，鵋䳢也。从隹，各声。"清段玉裁注引《尔雅》认为，鵋䳢，即忌欺，怪鸱，今称"鸺鹠"，也叫"横纹小鸮"。段玉裁注解"雒"鸟是为猫头鹰之属[3]。但越人后裔——今壮族人仍然称"鸟"为"雒（rok⁸）"[4]。从骆越铜鼓常见的鸟纹来看，虽然有鹰类，但占据最显赫位置的鸟却是水鸟——翔鹭（图9-11），它是铜鼓纹饰中最优美的神鸟形象，就是在骆越人用作明器的最粗简的铜鼓上，也不能省略翔鹭纹，表明它的确是骆越人崇拜的主神。铜鼓纹饰中还见有鸟首歌舞羽人（图9-12：1），这是骆越人在盛大仪式上装扮鸟图腾，以乐歌舞请神、娱神的写照。

---

①龚海：《广西平南出土田螺塑像铜鼓》，《中国古代铜鼓研究通讯》2004年第19期。
②吴玉贤：《河姆渡的原始艺术》，《文物》1984年第1期。
③许慎撰、段玉裁注：《说文解字注》，中州古籍出版社，2006，第141页。
④蒙元耀：《壮汉语同源词研究》，民族出版社，2010，第107-113页。

图9-11　越南历史博物馆藏LSb-5722号铜鼓鼓面纹饰（南商如琢乡出土）

　　骆越先民的自然崇拜还表现在各种铜雕像饰物方面，如杖饰有鸠杖，器盖有立鸟，鐎壶有孔雀形流、蛇首流（合浦七星岭M1），铜魁有龙首柄（合浦望牛岭M1）等。在铜器纹饰中还见有鹞鹰、孔雀、凤鸟、龙、虎、神兽等。这些青铜艺术形象，皆可从侧面反映古代骆越先民的图腾崇拜或万物有灵观。

　　"神柱"崇拜礼俗。东亚南部民族社区公共活动的中心是神柱广场，今神柱仍被中国哈尼族、泰国泰族等民族称为"寨心"。《淮南子·坠形训》载："建木在都广，众帝所自上下，日中无景，呼而无响，盖天地之中也。"除去其中神话的色彩，"建木"就相当于西南民族邑聚广场中心的人造神柱。

　　在滇文化的青铜雕像中，表现典仪和各种人物活动的场面中心，就屡见有这种巨型神柱。滇桂边界出土的广南铜鼓的纹饰中有一剽牛图，其上刻划一高大的立柱拴有封牛，两个戴冠裸身着草裙的骆越人在行剽牛祭神礼（图9-12：2），它充分显示了高大的"柱"在骆越人心目中占有的神圣地位。

1　　　　　　　　　　　　2
1—鸟首歌舞羽人；2—滇东南广南铜鼓纹饰之剽牛图像。
图9-12　铜鼓上的纹饰

　　围绕神柱行仪礼是多方面的，冯汉骥曾指出滇国青铜文化的神柱也是
"立誓要盟"的地点场所。秦汉时期的西南夷各族凡行大事皆盟誓，汉官也
利用此盟诅来控制夷人。此俗延至唐代、五代时期仍见于诸文献，如《十国
春秋》卷六八载："溪州西接牂牁两林，南通桂林象郡，王（马希范）素称
马援苗裔，敬法伏波将军故事，以铜五千斤铸柱立之溪州。柱高丈二尺，入
地六尺，命学士李宏皋铭之，勒誓扰于上。自是宁州蛮莫彦殊以所部温那等
十八州，都云蛮尹怀昌率其昆明等十二部，牂牁蛮张万浚率其彝播等七州，
皆前后来附。"[1]这一始建于后晋天福五年（940年）的溪州铜柱，原立于
溪州会溪坪（今湘西古丈县境），现仍保存在永顺县湘西民俗风光馆内[2]。

　　立柱盟誓的风俗，是仿效《后汉书·马援列传》曾记伏波将军马援缴
获的交趾骆越铜鼓化铸为铜柱界标以示土民的归附，并昭示汉王朝统治及
其疆界的神圣。这一举措实际上是起源于东亚南部民族一直视聚邑礼仪活
动中心的巨型柱为神圣的崇拜信仰，中央王朝的统治者则是巧妙地利用了
当地民众这一共同心理。

①冯汉骥：《冯汉骥考古学论文集》，第152-159页。
②曾湘军：《湘西溪州铜柱立柱形式揭秘》，《民族艺术》1994年第1期。

（六）青铜器与族际间的社会交往

《礼记·表记》载："无辞不相接，无礼不相见也。"这可谓古今同俗。古代的人际、族际社会交往，在各种礼节性的场合，如朝贡、婚丧、结盟、观礼等，都要相互馈赠礼物，其中的贵重物就有吉金——青铜器。它起源于原始民族之间的简单社会交往，有维系亲属、友情、宗主、盟友等社会关系的功能，"一件礼物宣示送礼者和受礼者之间的关系"[①]。

在青铜时代，双边祀享朝聘最重要的凭借就是青铜器的交流。如《春秋左传·昭公十五年》说，周王室举行丧礼，主持仪礼时在诸侯所献礼器中选用了鲁国的铜壶作为宴会用器，并责备晋国不能献器于周王室，晋国的籍谈则托词回答："诸侯之封也，皆受明器于王室，以镇抚其社稷，故能荐彝器于王。晋（侯）居深山，戎狄之与邻，而远于王室，王灵不及，拜戎不暇，其何以献器？"这清楚地表明，青铜礼器的赠与贡是维持双方主臣关系的重要形式和手段。这就是长江流域以至岭南等地区多见殷周式青铜礼兵器的主要原因，也是中原与边区各民族之间交流的物证，其结果必然是促进了边区国家文明化的进程[②]。

我们在中国云南、两广地区以至越南北部的广大地域，同样也能见到各种同出一辙的青铜器或其仿制品，如石寨山型铜鼓、曲刃短剑、南越式提桶等青铜器，这些物品往往就是通过古代的朝聘礼节、赠媵器等风俗的流行而传播到各地。媵器即为陪嫁的礼物，中原出土的春秋前期青铜器《齐侯匜》铭文，其中记载了姜齐与虢姬通婚的大事，同时也反映凡外婚制下的贵族女子，也必会携带嫁妆性质的青铜媵器到夫家[③]。因此，青铜文化的交流，也意味着民族之间的融合。又如，汪宁生指出，铜鼓与上古民族行夸富宴就有直接的联系，其实质是社会上层人物利用竞相举行宴会、分赠礼物等消耗大量财物于公众的手法，用以取得、巩固或提高自己的社会地位，从而凌驾于公众之上。时人除了以占有牲畜

---

①R.基辛：《当代文化人类学》，陈其南等译，台湾巨流图书公司，1985，第474页。

②谢崇安：《滇桂地区与越南北部上古青铜文化及其族群研究》，第303页。

③谢崇安：《商周艺术》，第184页。

的多寡以示贫富，铜器也是当时最贵重的物品之一，对它们的占有和施
与，皆可确立其在社会中的显赫地位。这不仅多见于中国西南民族与东
南亚民族，铜鼓图像本身也可以证明。滇东南的开化（文山）鼓，越南
的玉镂鼓、黄下鼓、如琢鼓（图8-27）等，都是以图像精美、纹饰内容
多彩多姿而著称于世，这些主题形象就再现了许多骆越人的社会风俗。
它是在鼓面主晕中，以一座顶部饰鸟的干栏式建筑为中心，刻画了室内
有人群作相对饮酒或聚谈的情状，周围还有人群联袂歌舞，间有击杵、
击编锣及吹葫芦笙伴奏等情景。对照云南西盟佤族等民族的习俗，可知
其屋顶饰鸟是富人或头人住宅的标志，歌舞奏乐的人群是应邀而来的宾
客。图像中房屋的晒台上多平置铜鼓，人们持棒由上而下敲击，这是铜
鼓用于夸富宴的明证①。

　　古骆越先民为何将礼仪社会生活用艺术的形式记录在铜鼓之上？笔者
认为，其用意也同中原华夏民族的习俗相似，这种再现性的艺术有记事、
宣教与传承礼俗的功能。这在没有文字信息系统的古越族社会尤其重要，
即《墨子·兼爱》下卷所谓："书于竹帛，镂于金石，琢于盘盂，传于后
世子孙者知之。"它如同殷周文化风俗一样，岭南古越族也一直存在着用
艺术形式来表现纪念性的事物和礼法制度的文化传统。正如孔子云："唯
器与名，不可以假人，君之所司也。名以出信，信以守器，器以藏礼，礼
以行义，义以生利，利以平民，政之大节也。"礼就是阶级国家社会的礼
仪法制，将其镂于金石，琢于盘盂，目的是便于行政。

（七）社会生活面面观

　　骆越地区多水乡，青铜器装饰多见船纹。到了西汉早期，广西西林县
普驮铜鼓墓中的随葬青铜器中出现了骑马俑，贵港罗泊湾南汉墓中出现了
马车铜构件，表明骆越人对马的利用是汉人带来的风气。马的引进和广泛
利用也是文化、商贸交流和社会进步的反映。后来在东汉的灵山型铜鼓上
也多见铸有骑马人雕像纹饰。

---

①汪宁生：《汪宁生论著萃编》（上卷），第433-434页。

上古越族先民有非常高超的驯兽技能。《论衡·物势》说："十年之牛，为牧竖所驱，长仞之象，为越僮所钩。"古越人用铜钩杖作驯象工具，这在宋人周去非《岭外代答》卷九"禽兽门"中有详细生动的描述。其俗至少可追溯到两汉时期，在越人制造的铜鼓雕饰、铜镜、带钩等青铜器中都见有表现大象的主题，这是越族先民驯象风俗在青铜文化遗存中的反映。

民族乐歌舞与节庆，在铜鼓纹饰中也有一定的反映。如前所述，骆越铜鼓的人物竞渡船纹，反映的是越人及其后裔傣族、壮族等西南民族每逢节庆都要举行的娱乐活动，其民俗的源头至迟当可追溯到该区域的青铜时代。

人物执戈盾歌舞（干戚舞）的形象，分见于滇系和粤系铜鼓纹饰，如广西西林普驮鼓、贵港罗泊湾鼓及越南玉镂鼓等。由此可见，铜鼓纹饰图像所反映的古代民族风俗多与壮傣语族先民——百越系民族有关。《滇海虞衡志》卷十三载："僰夷（今傣人）……乡村饮宴，则击大鼓，吹芦笙，舞牌为乐。"这是古代滇、越文化习俗在西南少数民族中的遗留。盾牌舞颇似古代"巴渝武"一类的"大武舞"。由此可见，古文献所载的所谓"大武舞"在古代的许多民族都普遍存在，恐非巴人独创。

流传至今的铜鼓舞。前揭文中已谈到过铜鼓具有多种社会功能，此外，铜鼓更是骆越先民用于乐歌舞表演场合的重要乐器。后世有云："无鼓不成舞。"骆越先民敲击铜鼓而歌舞，在云南晋宁石寨山出土的青铜贮贝器（M 12：26）纹饰上已有表现。著名的骆越开化（文山）鼓、越南玉镂鼓都见有击铜鼓的主题，广西左江花山岩画表现骆越人击铜鼓歌舞的形象更为写实生动。铜鼓舞在越僚人后裔——布依族、侗族、水族、壮族等民族中至今仍十分流行，这种风俗可追溯到骆越先民的青铜时代。

匏笙歌舞。云南晋宁石寨山滇墓出土的铜屋模型中，见有吹葫芦笙和击铜鼓的乐歌舞人雕像。无独有偶，骆越铜鼓纹饰中也多见有吹笙歌舞人像，这表明滇、越民族风俗相似，各地都盛行匏笙歌舞，此风俗也流传至今。匏笙歌舞，今贵州、广西一带的侗族人称之为"芦笙踩堂"，在节庆、祭祖礼中是必不可少的表演形式。

铃舞。在滇国四人乐舞铜饰牌（M13：64）雕像中，可见到头戴高尖帽

的舞者，其帽有飘带长及地，每人右手各执一铃迈步齐舞。张增祺称之为
"铃舞"。笔者认为此舞铃者，服饰特殊，很可能是仪式中的巫者。铜铃
在滇、越青铜文化中是最常见的器物，形式多样，当有不同的用途功能，
其中就包括有用作巫师法器的铜铃。壮族的《麽经布洛陀·铜源歌》就说
道："铜在山坡九重天……挖中间山坡做炉……去砍树做空洞，去剁木做
风箱……风箱拉去拉回来……水铜沸腾花花花，铸做铜铃口花纹……铸做
铜铃问神吃祭品……"①这说明铜铃是骆越巫者歌舞跳神必备的道具，由
此也派生出所谓的"铃舞"。

　　南方民族的乐器组合。云南青铜时代遗存中见有不少民族乐器实物和
图像，如匏笙、葫芦箫、铜鼓、铜钟等。骆越青铜器纹饰也见有类似的图
像，广西贵港罗泊湾汉墓出土的铜锣也可以和铜鼓纹饰中的编锣图像相印
证，这种以葫芦箫、笙为主奏旋律的乐器，鼓、钟为伴奏乐器的乐队组
合，也是现代壮族、傣族和其他西南少数民族群众演出中最基本的乐队组
合②。从中也可见滇、越先民文化的影响之深远。

　　综上所述，上古骆越青铜器及其艺术图像所反映的文化内涵是极为丰
富多彩的，其中所蕴藏的许多文化奥秘也有待学者们作更深入的挖掘。

本章小结

　　从骆越青铜文化的起源发展历程来看，笔者认为骆越青铜文化属于中
原商周王朝青铜文明的次生形态，属于秦汉国家多元一体格局下区域文化
的重要组成部分。骆越社会与中原王朝周边的许多少数民族社会一样，也
经历了从古国社会到方国社会再到帝国社会的发展阶段。骆越青铜文化丰

---

　　①张声震：《壮族麽经布洛陀影印译注》（第八卷），第2796-2800页。
　　②吴钊等：《万家坝、石寨山铜鼓生律法倾向的初步研究》，载《中国铜鼓研究会第二次学
术讨论会论文集》，文物出版社，1986。

富多彩的内涵也是骆越先民社会生活的缩影，如铜鼓、编钟与铜钺、戈剑等礼兵器的大量存在，不仅反映出"国之大事，在祀与戎"的社会性质，同时也是部族社会层级制度的象征。从骆越青铜文化的人物雕像和铜器造型及纹饰图像，也可观察到骆越人的礼俗、宗教信仰、祭祀、歌舞、奏乐、竞渡、建筑、衣食住行，乃至琴棋书画活动的片段。青铜文化遗存既是古代社会史料，也是骆越先民精神世界的表征。

第十章
·
青铜文化所见之秦汉多民族统一国家形成发展的历程

　　骆越地区发现的青铜文化不仅可重建先秦骆越史，还可证明，经秦汉王朝前后达400余年的经营，环北部湾地区最终完成了王朝国家化和民族认同的进程。青铜文化遗存所见的汉字铭文、国家颁行的铜钱币在各地都有发现，这是中央王朝政令在骆越社会得到有效推行的反映。汉墓及遗址遍布各地，其中重放光彩的大量文物，可形象地反映当时骆越地区的人口大增和社会经济与文化的繁荣。环北部湾地区的汉代港口城市，如今广西合浦港区和越南中北部的茶邱城、龙编城，在当时都发展成为具有国际化色彩的城邑，这就意味着环北部湾地区是东西方大交流时代的汉朝东方门户前沿，是古代海上丝绸之路的重要枢纽，在世界古代文明发展史上具有不可替代的地位和价值。

第一节　秦王朝对岭南地区的征服

一、统一的基础：先秦岭南方国与中原王朝的交通

　　在前述中，笔者已经用大量的青铜文化考古发现，揭示了先秦岭南的越人方国与中原王朝的交通情况。在《逸周书·王会解》引《伊尹朝献》中，就明确记载了包括百越在内的诸多南方族群酋邦与中原王朝的朝贡贸易关系。

　　《史记·周本纪》卷四在阐明中国上古文明演进的历程时说道："夫先王之制……夷蛮要服，戎翟荒服……要服者贡，荒服者王……于是有刑不祭，伐不祀，征不享，让不贡，告不王。于是有刑罚之辟，有攻伐之兵……远无不服。"

朝贡交通、兼并与征伐，在中国文明起源发展由方国社会走向帝国社会的历程中，表现得尤其明显。《竹书纪年》卷一二载：周隐（赧）王三年（公元前312年）四月，"越王使公师隅来献舟三百、箭五百万，及犀角、象齿"。徐文靖《竹书纪年统笺》：此距"（越王）无疆灭二十一年矣。是此越王者，必无疆之子若孙也"。笔者认为，此"越王"只有《史记·越世家》所记战国之"服朝于楚"的"江南海上"越人堪可当之。这种朝贡与交往关系，反映在考古发现上，就是东南、岭南越人故地屡现东周式青铜器的原因。

一方面，早期帝国的形成，就是中原王朝不断开疆拓土获取四方边区资源的过程。另一方面，岭南各地的小酋邦方国要成为具有权威的领主，也需要得到更大方国权威的认可并确定盟属关系，才能在激烈的兼并战争中图存，这也是先秦社会诸侯会盟的实质。因此，岭南各小酋邦与外部大文明世界的接触是必不可少的，主要途径就是通过朝贡、贸易交往同大国接触交通。史籍说"南人皆北向"，即反映了这种向心关系。

从零星的文献记载也可察觉到，岭南诸方国在受到中原文化影响的同时，彼此间也在展开兼并战争。《史记·樗里子甘茂列传》载，战国楚大臣范蜎对楚怀王曰："越国乱，故楚南塞厉门而郡江东。计王之功所以能如此者，越国乱而楚治也。今王知用诸越而忘用诸秦，臣以王为巨过矣！"何谓"厉门"？《史记正义》引刘伯庄云："厉门，度岭南之要路。"由此可知，岭南越人社会在战国中晚期已形成楚国南方的若干个有实力的酋邦方国。

从考古发现而言，先秦的岭南地区分布有不少发达的青铜文化类型，且深受荆楚、吴越、滇文化的影响。这些青铜文化的地方类型当可代表当时不同的族群方国共同体。至秦始皇统一六国之后，秦朝显然已经不能忽视岭南诸越人方国的存在。《淮南子·人间训》载："（秦）又利越（人）之犀角象齿、翡翠珠玑，乃使尉屠睢发卒五十万为五军，一军塞镡城之岭（注：镡城在武陵西南，接郁林）；一军守九嶷之塞（注：九嶷在零陵）；一军处番禺之都（注：番禺在南海）；一军守南野之界（注：南野在豫章）；一军结余干之水（注：余干在豫章）。三年不解甲弛弩，使监禄无以转饷，又以卒凿渠而通粮道。以与越人战，杀西瓯君译吁宋。"

从上述记载可推断，秦王朝为了从五岭以北展开对越人方国的进攻和相互策应，分兵五路进击。考古学者今在江西赣江支流的遂川藻林乡，发现了一批秦人兵器，这应是秦人以"一军结余干之水"的证据[1]。此外，考古学者又在岭南的广西平乐银山岭、象州运江，广东乐昌对面山等地发现了秦人兵器和秦半两铜钱（图10-1）。

秦王朝以"一军结余干之水"，可能是为了防范和切断闽越地区越人与岭南越人的联系，同时也可以作为已占领南越番禺等地秦军的后援[2]。

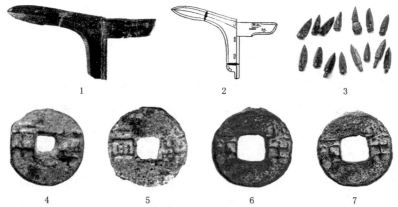

1—秦军兵器（江西遂川）；2—秦军兵器（广西平乐银山岭）；3—铁铤铜镞；4～7—秦半两铜钱
（广西象州运江河岸）[3]。

图10-1　秦兵器和铜钱

从《淮南子·人间训》等史料记载[4]，可确知秦军的南征在五岭通道之一的湘桂走廊地区遭到了西瓯越人方国的顽强抵抗，在付出沉重代价后才取得了南征岭南的胜利。因此，岭南先秦越人方国——西瓯[5]的存在也

---

[1]江西省博物馆等：《记江西遂川出土的几件秦代铜兵器》，《考古》1978年第1期。

[2]谢崇安：《泛北部湾地区秦汉时代的古族社会文明》，第37页。

[3]图10-1：3～7为广西象州博物馆藏品，象州运江河岸出土。其中的秦半两铜钱大小不一，与广州出土的秦半两铜钱相似，参见中国社会科学院考古研究所等编著的《广州汉墓》第159页。

[4]相关史事，参见《汉书·严助传》引《淮南王刘安上书谏》。

[5]《汉书·西南夷两粤朝鲜传》载南越王赵佗言："且南方卑湿，蛮夷中西有西瓯，其众半赢，南面称王；东有闽越，其众数千人，亦称王；西北有长沙，其半蛮夷，亦称王。"

是可以确定的。与闽越东瓯国相对而言，西瓯国则是以广西东北部为中心而形成的越人方国。此外，在《史记》和"两汉书"中也同样屡见有骆越方国的存在。《史记·南越列传》太史公曰"瓯、骆相攻"，"南越动摇"，表明先秦至西汉初期，骆越与西瓯国相邻，两者被赵佗南越国统合之后即称"瓯骆"，受南越国"桂林监"节制。

从青铜文化考古发现和史籍记载来看，先秦时期的岭南越人方国与强楚当有着密切的关系。因此，秦灭楚后，进一步征服统一岭南的越人方国就成为其必然的选择。

二、秦朝对岭南地区的征服统一

《史记·秦始皇本纪》说：秦始皇"二十五年，大兴兵……王翦遂定荆（楚）江南地，降越君……"。《史记正义》云："楚威王已灭越，其余自称君长，今降秦。"这一记载表明，战国早期，楚威王虽大破越国，但江南地区仍然有许多越人方国似无疑义，而且这些越人方国君主是在战国末期才最终归降了秦朝。但这也并不意味秦王朝已对岭南越人酋邦方国真正领属。事实上，大约时隔秦将王翦定荆楚、降江南越君多年之后，秦朝才真正占领岭南地区。从《淮南子·人间训》《史记·平津侯主父列传》等史料的记载①，也可见秦军统一岭南的战争是十分艰难且过程较长的。综合分析史料和前人的研究，确切地说，秦统一岭南的战争是始于秦始皇二十九年（公元前218年）②。秦军先略取了闽越，设立闽中郡，形成楔形进攻的军事形势，又占领了番禺。接着因越人的激烈反抗相持了三年，此期间秦朝修筑了灵渠（广西兴安），转输了粮草补给，调动了增援部队，于秦始皇三十三年（公元前214年），才最终略定了岭南越地，在

---

①《史记·平津侯主父列传》："（秦王）欲肆威海外……又使尉（佗）屠睢将楼船之士南攻百越，使监禄凿渠运粮，深入越，越人遁逃。旷日持久，粮食绝乏，越人击之，秦兵大败。秦乃使尉佗将卒以戍越……行十余年，丁男被甲，丁女转输，苦不聊生，自经于道树，死者相望。"

②谢崇安：《西汉南越国墓出土铭刻补释三题》。

此设置了象郡、桂林郡、南海郡①。

《史记·秦始皇本纪》又载，秦始皇"三十三年，发诸尝逋亡人、赘婿、贾人，略取陆梁地，为桂林、象郡、南海，以适遣戍（《集解》引徐广曰：五十万人守五岭）……三十四年，适治狱吏不直者，筑长城及南越地"。这是岭南越人地区第一次被纳入秦朝版图的确证，也是对中原汉民族迁移到岭南的第一波移民大浪潮的记述。尽管如此，秦在岭南设置三郡究竟统辖的地理行政区划的范围如何，至今学术界仍然有争论。秦置南海、桂林二郡的地望，学者无异议，但秦朝是否在今天的越南北部设置过象郡则存在截然相反的看法。

一方面，如范文澜《中国通史简编（修订本）》（1958年）所附的《秦的疆域及郡治简图》，郭沫若主编的《中国史稿地图集》上册"秦统一图"，顾颉刚、章巽编的《中国历史地图集·古代部分》等，均把秦的南疆及象郡划至今越南中部。《古代中越关系史资料选编》也明确说秦代"南海郡约当今天的广东，桂林郡为广西东部，象郡包括今越南北部和中部"②；郭振铎等人至今也仍然坚持与之相似的观点③。

另一方面，有许多中外学者又主张秦象郡不在今越南，而在今广西、贵州地区。蒙文通在《越史丛考》中指出："法国学者马司帛洛作《秦汉象郡考》④……谓象郡当在汉牂牁、郁林郡之间，其他部分地跨有广西、贵州两省。所考可谓当矣。"⑤

谭其骧曾就秦代象郡所在地的界定说明道："在我们的图（《中国历史地图集》）上，没有把秦朝的象郡按我国的传统说法划在越南境内……《汉书·地理志》《水经注》都说秦朝的象郡在越南。但是我们没有采用这种说法而主张象郡是在广西、贵州……因为《汉书·地理志》赶不上《汉书·本纪》可靠，而《汉书·本纪》的材料证明象郡应该在广西。

---

①余天炽等：《古南越国史》，广西人民出版社，1988，第8页。

②《古代中越关系史资料选编》，中国社会科学出版社，1982。

③郭振铎、张笑梅：《越南通史》，中国人民大学出版社，2001，第137页。

④H.马司帛洛：《秦汉象郡考》，冯承钧译《西域南海史地考证译丛四编》，商务印书馆，1962。

⑤蒙文通：《蒙文通文集第二卷·古族甄微》，第355页。

《水经注》的材料虽然可贵，但《山海经》的材料比《水经注》更早一点。《山海经》的材料说明象郡应该在贵州。"[1]

笔者综合分析前人的研究和考古发现认为，秦置象郡地包括今中国桂西南和越南北部是可信的，它就是原安阳王国及"两汉书"所称之交趾的骆越故地，理由如下。

先秦时期，越南北部曾是骆越集团建立酋邦方国的故地应无疑义。其最早是否如越南学者所称之"文郎国"暂可存疑，但称其为"骆（雒）越国"未尝不可。其后来继之而起的又有称"安阳王国"者，均载于史籍[2]。但安阳王国疆域范围如何难以确证。据与其有对应关系的越南东山青铜文化的分布空间来看，其早期类型的遗址主要还是位于红河流域和马江流域，嘎江（大江）地区青铜文化类型遗存的年代要晚一个时段。

至于到了秦代，据目前一些中外学者的观点，他们认为秦朝从未在今越南设置过郡县，是秦末至西汉初期，秦南海郡尉赵佗割据后称南越王时，才始将西瓯、骆越纳入南越国的统治范围之内，这就是《水经注·叶榆河》引《交州外域记》说的"南越尉佗"举众攻"安阳王"而灭其国的史迹。

事实上，《史记·南越尉佗列传》明载："秦已破灭，（南海尉）佗即击并桂林、象郡，自立为南越武王"，"（汉）高帝已定天下，为中国劳苦，故释佗弗诛；汉十一年，遣陆贾因立佗为南越王，与剖符通使，和集百越，毋为南边患害，与长沙接境"。又载："高后时，有司请禁南越关市铁器……于是（赵）佗乃自尊号为南越武帝，发兵攻长沙边邑，败数县而去焉。高后遣将军隆虑侯灶往击之，会暑湿，士卒大疫，兵不能逾岭。岁余，高后崩，即罢兵。佗因此以兵威边，财物赂遗（东）闽越、西瓯、骆，役属焉，东西万余里，乃乘黄屋左纛，称制，与中国侔。"

---

[1]谭其骧：《历史上的中国和中国历代疆域》，《中国边疆史地研究》1991年第1期。

[2]《后汉书·郡国志五》载："交趾郡，武帝置，即安阳王国。"东汉之交州刺史部的地域范围和郡名，仍沿袭西汉未变。

我们以上述《史记》记载结合《交州外域记》的史料分析，认为当时的南越国不仅占有岭南西瓯故地，而且还攻占了安阳王国——骆（雒）越故地，后者自然就与秦王朝设立的象郡不可分割，即所谓赵佗"击并桂林、象郡"与"西瓯、骆，役属焉"是对应的关系。当然，我们也不能仅凭文献材料，就确定秦王朝曾经在今越南北部建立过郡县制行政区，不过笔者还是找到了一些考古发现的有力证据。

　　例如，在越南东山文化后期，越南北部陶舍诸遗址出现了秦半两铜钱与万家坝型早期铜鼓共存的现象①。

　　越南学者也曾报道过越南北部曾出土过一批秦半两铜钱②。从时代和地望来说，出土秦半两铜钱的越南北部东英古螺城遗址，国外学者都公认它是安阳王建立的都城，也就是西汉交趾郡的西于县治及东汉的封溪县城③。

　　秦朝文物的发现，不能视为由北方大陆传入的偶然现象，因为我们在西汉早期的广州南越王墓、贵港罗泊湾1号汉墓、西林普驮铜鼓墓中，都没有发现秦半两铜钱，表明秦亡之后，秦之货币也随之废行。反言之，秦半两铜钱在岭南地区和越南北部的发现，可视为秦朝曾在该地设置过郡县行政区的明证。

　　此外，越南北部还出土过一批东周式铜剑、汉字篆书铭文戈、长胡多穿戈（图5-24）、秦式铜扁壶（图10-2：2）等中原器物或仿作器。虽然当时是秦属的短暂时期，但秦军经长期血战取西瓯地，势必也席卷与其相邻的骆越国。何况，在《汉书》卷十七、卷九五等古文献中，往往是"瓯雒"联称的。因此，也有史家认为西瓯与骆越实为同一方国之族群，西瓯、骆（雒）越、瓯雒即为同一支越族的不同称谓④。

---

①邱兹惠：《试论东南亚所见之万家坝式鼓》。

②杜文宁：《秦朝半两钱币》。

③西村昌也：《越南古代考古学》，第136—139页。

④覃彩銮：《骆越青铜文化初探》。

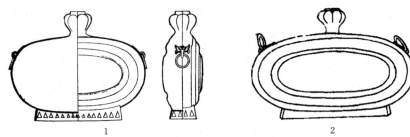

1—广西贵港罗泊湾汉墓秦式扁壶（M1：17）；2—越南清化东山秦式扁壶（河内博物馆 I.19304）[①]。

图10-2　广西和越南的秦式扁壶

　　笔者必须指出，一些中外史学家在讨论西瓯、骆越的史迹时，还有一处不能自圆其说的明显破绽，那就是力主"秦朝不曾在越南北部设置象郡"的学者，也认为"西瓯"即"西于"，"瓯""于"乃一声之转，古音可通假，而"西于王"也即"西瓯王"。《汉书·西南夷两粤朝鲜传》《汉书·景武昭宣元成功臣表》分别载有"粤桂林监居翁谕告瓯骆四十余万口降，为湘城侯"；"故瓯骆左将黄同"斩杀"西于王"投降西汉王朝而被封为下郦侯的记载。《汉书·地理志》记载交趾郡下有"西于县"（治所在今越南河内北部），今中国考古学者在广西合浦县望牛岭西汉晚期墓中，曾发现有"九真府"朱书陶提桶和"西于"刻铭铜鐎壶[②]，表明这里距离瓯骆的核心地区"西于县"不算太远，两地有密切的物资交流。"西于县"后来被东汉伏波将军马援提议分划为封溪、望海二县。陶维英又认为"西于王"也是"安阳王"，"安阳王"及其后裔的领地即在红河流域的广大平原上，西于部族曾一度臣属于南越赵氏政权，至西汉中期汉武帝在越南设置郡县制后才销声匿迹[③]。我们认为，若"西瓯"即"西于"，那么，《淮南子·人间训》明确记载，秦军统一岭南战争的劲敌及最后征服的对手就是西瓯国，只要这一前提确立，力主秦朝不曾在越南北部设置象郡的旧说即不攻自破。

　　《史记》《汉书·地理志》等文献在叙述到汉武帝元鼎年间征服岭南

----

①V.戈鹭波：《东京和安南北部的青铜时代》。

②蒋廷瑜：《广西考古通论》，第230页。

③陶维英：《越南古代史》，第97、153页。

地区及越南北部后，其重新置郡的郡名，都没有见到"象郡"之名，但《汉书·昭帝纪》却载，元凤五年（公元前76年）"秋，罢象郡，分属郁林、牂柯"。我们认为，文献记载的有限和含混不清是引起学者意见分歧的症结。但是《汉书·昭帝纪》等记载虽然与《汉书·地理志》《水经注》有矛盾，但是并不能动摇秦朝文物考古发现的证据。

事实上，在西汉初期以前，即在公元前3世纪前后的越南东山文化遗存中，都发现过北方内陆的各种东周式铜器和漆器，在越南海防越溪的越人船棺墓中，不仅出有铜鼓，也伴出有东周楚式铜剑、铜镱。再如，巴蜀式铜戈（棘戈）[①]、东周式铜剑等也见于越南清化省东山遗址[②]。与此相呼应，考古学者在中国的浙江鄞县（今宁波市鄞州区）也发现过与越南东山铜镱纹饰相似的"凤"字形铜镱；在湖南长沙树木岭战国晚期墓，也曾发掘出越南东山文化典型的人形柄铜短剑[③]；在湘桂走廊也发现过越南东山文化的越式青铜镱等器物[④]。这些迹象意味着越南东山文化的主人——骆越集团，其与中原地区东周的诸侯国，如楚、吴、越、蜀等国都有着交往关系。秦朝所设置的南海、桂林、象郡三郡，理应对其西南部的骆越也产生过重要的影响。因此，要否定《汉书·地理志》《水经注》都说秦朝的象郡是包括越南北部一带的记载，目前还无法成立。

就上述问题，覃圣敏也做了新的探索，他认为广西武鸣马头一带的青铜文化墓葬群，代表的可能是西瓯与骆越结盟后抵御秦军的前期瓯骆族中心都邑遗迹，越南河内东英县古螺城代表的是瓯骆族后期的中心城邑遗迹，但不久古螺城也被秦军攻克了。由于秦朝统治短暂，因此瓯骆族又重新复国，随后才被南越国降服。只是南越赵佗采用的是羁縻制，这就是《汉书·景武昭宣元成功臣表》有故瓯骆左将黄同斩杀"西于王"降汉被

①李学勤：《四海寻珍——流散文物的鉴定和研究》，第163页。
②高本汉：《早期东山文化的年代》，《远东古物博物馆集刊》第14卷，1942；云南民族学院民族研究所：《民族考古译丛》（一），赵嘉文译，内部资料，1979。
③湖南省博物馆：《长沙树木岭战国墓阿弥岭西汉墓》。
④湖南省博物馆：《湖南省博物馆新发现的几件铜器》，《文物》1966年第4期；高至喜：《湖南发现的几件越族文物》；周世荣：《蚕桑纹尊与武士靴形斧》，《考古》1979年第6期。

封侯的由来①。

　　覃圣敏的说法有一定的道理，因为《史记·南越列传》的确载有太史公曰"瓯、骆相攻""南越动摇"之语，且《汉书》的多处记载中又往往是"瓯骆"连称。也就是说，秦时桂林郡包含西瓯故地，秦时象郡包含安阳王国，南越国时期赵佗兼并的桂林郡、象郡，也就是《汉书·西南夷两粤朝鲜传》中所指的"瓯骆"②。

　　迄今为止，在岭南先后发现的一批秦朝统一该地区的历史文物，如秦篆铭文调兵铜虎节，秦人的典型器——扁壶、蒜头细颈壶也散见于越南北部和中国两广地区，至西汉前期仍然有遗留。在岭南发现的早期简牍、铭刻、玺印、封泥文字，字体都是秦篆、秦—西汉隶书。封泥是信件公文及物品往来的印证，这是秦朝在当地确立行政区统辖管理的标志。在广西贵港罗泊湾汉墓出土有秦制木尺，在广州、广西象州及越南古螺城等地，出土有一批秦半两铜钱。这些考古发现表明，秦朝统一两广地区和越南北部并在此设置了郡县制行政区，时间虽然短暂，但是对当地多族群社会还是产生了十分深远的影响。

第二节　秦朝与南越国的统治

一、秦朝在岭南的统治

　　秦朝在岭南设置南海、桂林、象郡三郡以后，它以什么样的方式来统

---

①覃圣敏：《西瓯骆越新考》，载中国百越民族史研究会、广西壮族自治区文物局、广西文物考古研究所编《百越研究（第一辑）——中国百越民族史研究会第十三届年会论文集》，广西科学技术出版社，2007。

②《史记·索隐》引邹氏云："南越王尉他攻破安阳王，令二使典主交阯、九真二郡人。寻此骆即瓯骆也。"

治这一广大地区，这在史载中是不清楚的。由于征服不易，因此秦军付出了损兵折将的巨大代价，秦人在广西兴安开凿灵渠沟通漓水与湘江，也是为了人力物资转运的需要。除了派遣几十万军队，秦朝还大量征发中原所谓的"罪人、赘婿、贾人、不直官吏、徙民"南迁岭南地区，"与越杂处"。由此，秦朝在岭南的统治才得到了一段时间的稳固。

秦帝国史称"暴秦"，而事实上，秦国的东向发展长达几个世纪，秦人对新占领的多民族地区也积累了不少成功的治理经验，其实质上也是沿袭周制的原则，即按王畿的远近亲疏来界定中央与地方的关系，一般是对地方采取了不同于中原发达地区的统治管理方式。

例如，《后汉书·南蛮西南夷列传》载："及秦惠王并巴中，以巴氏为蛮夷君长，世尚秦女，其民爵比不更（秦第四级爵），有罪得以爵除。"这表明，秦设置新郡县的同时，也分封少数民族君长，实行和亲并给予优待，明显是实行郡县制与羁縻制并行的行政管辖模式。秦朝虽然在岭南设置三郡，但中原移民不过数十万人，以这样微薄的人力物力，是难以统治这一广大地区的，因此秦朝必然也是实行郡县制与地方自治并行的羁縻制，这样中原移民才有可能"和辑百越""与越杂处十三岁"。考古发现也可为此提供佐证，如秦汉官印的发现，有南海郡"龙川长印"（图10-3：1）[1]。史载，南越国第一代王赵佗就曾担任过秦朝南海郡龙川县的"龙川令"。

广州南越王墓出土的"王命=车徒"调兵铜虎节，有楚制作风，应当也是南下秦军的遗物[2]。

广西合浦堂排汉墓出有"劳邑执刲"（图9-2）铜印，海南岛出有"朱庐执刲"银印章（图10-3：2）。汉代朱庐，地望在今广西博白。"执刲"原为楚国的小邑封君爵名，春秋至秦汉之际沿用。"执刲"印章有可能就是秦—南越国—汉朝政府颁发给土著越人邑君的官印[3]。这种官制，都可视为秦汉王朝先后统一岭南，在当地建立郡县制度，并施行

①周世荣：《湖南古墓与古窑址》，岳麓书社，2003，第521页。

②广州市文物管理委员会等：《西汉南越王墓》（上册），文物出版社，1991，第315页。

③蒋廷瑜、彭书琳：《历史的足迹——广西历史时期考古手记》，第99-101页。

羁縻制度的证据。"汉承秦制"，《汉书·食货志》说，汉武帝灭两粤（越），在岭南建立郡县制度，"且以其（越人）故俗治，无赋税"，应当就是指秦汉王朝在岭南行羁縻制。

1—南海郡"龙川长印"；2—"朱庐执刲"印；3—"胥浦候印"。

图10-3　反映了秦—南越国—汉的统治行政建制的印章

到了秦二世天下大乱时，《史记·南越尉佗列传》载："（秦）南海尉任嚣病且死，召龙川令赵佗语曰：'中国扰乱，未知所安……番禺负山险，阻南海，东西数千里，颇有中国人相辅，此亦一州之主也，可以立国'……即被佗书，行南海尉事。"赵佗接掌南海尉事，即封关聚兵自守，"稍以法诛秦所置长吏，以其党为假守。秦已破灭，佗即击并桂林、象郡，自立为南越武王"。自此，南越国因中原战乱和西汉朝北方边患频繁，得到了偏安岭南地区发展的良机，其后又延长了5世共93年才亡国。

因秦朝短暂，文献缺失，秦治岭南的史迹湮灭，只能从现当代的考古发现才能做一些复原。例如，在广东乐昌市对面山秦墓出土的秦半两铜钱[1]，就可同越南河内东英县古螺城诸遗址出土的秦半两铜钱比较。广州汉墓、广西贵港罗泊湾汉墓出土的秦式扁壶，也形同越南清化东山遗址出土的铜扁壶。

广西平乐银山岭战国晚期墓出土的刻铭"江鱼"铜戈和"屠陵"铜矛，广州市东郊罗冈秦墓出土的刻铭"秦王十四年"铜戈[2]，也可以同越南北部发现的汉字篆书铭文铜戈相互印证。广州西村石头岗秦墓的"番禺"篆书漆盒、越南河内东英县古螺城出土的中原式卷云纹瓦当等迹象，

---

[1]广州市文物管理委员会：《广东乐昌市对面山东周秦汉墓》，《考古》2000年第6期。
[2]广州市文物管理委员会：《广州东郊罗冈秦墓发掘简报》，《考古》1962年第8期。

都确切说明秦朝在岭南地区和越南北部统治的存在。

汉承秦制，在考古发现中也有鲜明反映。例如，广州地区的南越王墓、宫署遗址、墓葬出土的木简文书、陶器的官方铭记，广西贵港罗泊湾汉墓出土的"家啬夫印"，都清楚地说明南越国继承了秦朝的政治制度。

李学勤曾介绍过两件古越阁藏传世青铜器，一是错金铜雕大象（图10-4），时代可能是战国中晚期，其功能可能是用作铜镇子；二是秦式飞仙羽人纹铜扁壶（图10-5），时代应当是西汉早期。因出土地点不明，李学勤没有做过多的推测[1]。

图10-4　古越阁藏错金铜雕大象

图10-5　秦式飞仙羽人纹铜扁壶

笔者认为，古越阁藏错金铜雕大象，应当是秦军统一岭南带来的产物。因为此前岭南越人地区罕见镶嵌错金银工艺的战国青铜器，秦汉之际

---

[1]李学勤：《论古越阁所藏三件青铜器》，《文物》1994年第4期。

才出现这类青铜工艺品，如广州象岗南越王墓出土的铜错金铭文"王命=车徒"铜虎节[1]。此铜虎节的铭文风格与长沙出土的楚国"王命=传赁"龙节相似，当是战国楚文化青铜工艺传播的产物。此外，错金铜雕大象张口下端的勾连雷纹，与越南海防越溪船棺墓出土的楚式铜钲纹饰相似[2]，表明两者都应当是楚式器物的孑遗。古越阁藏秦式飞仙羽人纹铜扁壶更应当是秦军南下的产物。如其壶身刻画的勾连雷纹，曾见于广西武宣等地出土的岭南青铜器，是先秦岭南越人地区青铜器常见的仿商周铜器的装饰纹样。铜扁壶器身的戴冠飞仙羽人，也是中原神仙思想传播到岭南越人地区的鲜明反映。

二、南越国的统治——汉越融合的过程

到了南越国时期，南越国仍然是仿中原秦汉帝制。除了郡县各级地方官员、邑君，还有王国分封在地方的王、侯等。如《史记·南越列传》《汉书·西南夷两粤朝鲜传》《汉书·食货志》《汉书·景武昭宣元成功臣表》等皆见有苍梧秦王赵光、术阳侯（赵）建德、西于王、钩町王、漏卧侯、驰义侯、"故归义越侯"等称谓，岭南考古发现及传世品则见有"秦后"印章封泥、"苍梧候印"封泥、"邻乡候印"、"乐昌侯印"、"胥浦候印"（图10-3：3）等。《后汉书·百官五》云："四夷国王，率众王，归义侯，邑君，邑长，皆有丞，比郡、县……列侯，所食县为侯国……功大者食县，小者食乡、亭，得臣其所食吏民。"此相关记载可同上述出土的传世官印相印证。

岭南地区出土的官印中的"邻乡候印"，黄展岳认为，"邻乡"应当是南越国在岭南北边近邻西汉长沙国的地区自置的郡。南越王墓中出土的"邻乡候印"当是郡太守都尉下的属官官印[3]。

①麦英豪、王文建：《岭南之光——南越王墓考古大发现》，第18页。
②《越溪古墓》，载《越南历史博物馆馆藏文物》。
③广州市文物管理委员会等：《西汉南越王墓》上册，第310页。

　　笔者认为，"乐昌侯印"的乐昌地名虽然不见于汉时记载，但唐《元和郡县图志》记载："乐昌县，本汉曲江县地也。"①今考古学者在广东乐昌也发现了一批秦汉墓葬，墓中也出土了秦半两铜钱②。因此，"乐昌侯"应当是南越国至西汉时期的一个岭南地方列侯。

　　吉开将人等中外学者也研究了越南清化出土的"胥浦候印"，认为西汉九真郡治就在胥浦县，用胥浦地名命名官职本是南越国的官制，"胥浦候印"可能是南越国边郡长官属下的候官官印，候官属于军事官员，并沿袭到汉武帝时期。然而，日本学者山本达郎却提出，"胥浦候印"应当与《史记南越列传·索隐》引《广州记》"交趾……有骆王、骆侯，诸县自名为'骆将'，铜印青绶，即今之令长也"的记载有关③。

　　综观前人的观点，笔者则认为，吉开氏等人说秦汉官印的"候"不能读"侯"，此说并不尽然。事实上秦汉的"候"与"侯"字常相混淆，可以通假。如《周礼·春官·小祝》："掌小祭祀，将事侯禳祷祠之祝号。"郑玄注："侯之言候也。"故《广韵·侯韵》云："侯，候也。"④

　　从秦汉印文看，"候"与"侯"的字形也相似，主要区别是"侯"字省去"亻"旁，"候"字则有"亻"旁。如"邦侯"印作"邦侯"（图10-6：1）⑤，"邦侯"的"邦"指诸侯国，"邦侯"当指"邦君"，即诸侯王，"邦侯"应当是后世才演变成地方长官的别称⑥。因此，古玺印学者有时无"亻"旁释之为"侯"，如"乐昌侯印"（图10-6：2），有"亻"旁也释之为"侯"，如"军曲侯印"（图10-6：3）⑦。笔者认为，山本达郎的观点有一定道理，"胥浦候印""邻乡候印""苍梧候印"

　　①李吉甫：《元和郡县图志》下册"岭南道一"，中华书局，1983，第902页。

　　②广州市文物管理委员会：《广东乐昌市对面山东周秦汉墓》。

　　③吉开将人：《印からみた南越世界——岭南古玺印考（前篇）》，《东洋文化研究所纪要》第136册，东京大学，1998。

　　④徐中舒：《汉语大字典》"侯"字条，湖北辞书出版社、四川辞书出版社。

　　⑤罗福颐：《古玺印考略》，紫禁城出版社，2010，第116页。

　　⑥罗竹风：《汉语大词典》，汉语大词典出版社。

　　⑦陈松长：《玺印鉴赏》，漓江出版社，1993，图一四〇、图一九〇。

等，也有可能是岭南南越国—汉朝郡县各地的列侯印章。事实上，秦汉王朝封侯的问题很复杂，如《汉书·百官表》云："王国都官如汉朝。"也就是说，中央王朝封侯的同时，诸侯王国之内也可以封侯，即所谓"宫室百官，同制京师"。因此，封侯者也很多，如下层地方乡官"三老"也可以食邑封侯①。

1—"邦侯"印；2—"乐昌侯印"；3—"军曲侯印"。

图10-6

上述史料反映，尽管是中央王朝边区，岭南官制自从楚、秦、汉以来仍然是一脉相承的，只是有所损益。故汉武帝重新统一岭南，西汉王朝在置郡县的同时，仍然是"以其故俗治，无赋税"。

汉高祖在西汉初期分封诸侯，也没有忽略割据岭南的秦朝旧属南越赵氏政权。《汉书·高帝纪》载，汉高祖十一年（公元前196年）五月，"诏曰：'粤人之俗，好相攻击，前时秦徙中县之民南方三郡，使与百粤杂处。会天下诛秦，南海尉它（佗）居南方长治之，甚有文理，中县人以故不耗减，粤人相攻击之俗益止，俱赖其力。今立它为南粤王。'使陆贾即授玺绶。它稽首称臣"。

由上述记载可见，秦亡至楚汉之争时期，岭南割据政权也在进行兼并战争，其结果是南海郡（南越）尉赵佗先后击并了秦朝设的桂林郡（西瓯故地）和象郡（骆越故地），汉高祖十一年（公元前196年），派陆贾出使南越国，实际上是承认了赵佗兼并岭南各地的既成事实。

从《史记·陆贾传》等文献记载可看出，"陆生至，尉他（佗）魋结

①陈直：《汉书新证》，第55、171页。

箕倨见陆生"，表明南越王赵佗不仅自称"蛮夷大长"，而且也和楚将庄
蹻王滇一样，也是变服从当地越人的文化习俗。这种主动实现汉越融合的
举措，是赵佗能稳健实现其长期统治的根本原因。

《史记》《汉书》的记载表明①，南越国曾与西汉王朝发生军事冲
突，事实上当时的岭南地区仍然得到了巨大的发展。其根本原因就在于
秦人在推行汉越民族融合的同时，也在极力推广中原先进的科技与文
化。如铁器的普及、灵渠等大型农业水利灌溉设施的兴修，使得岭南社
会大规模的农业垦殖成为可能，这必然会促进当地生产力的飞跃进步。
从文化传播来说，南越国也极力推行中原汉文化，如广西贵港罗泊湾1
号汉墓出土了大量汉式器物，有楚式"山"字纹镜、带钩、汉隶木简文
书、长铁剑、铜车马器、漆器和大量的丝织品。该墓葬出土的铜编钟，
也是采用了楚国的音律。这都是岭南先秦越人青铜文化遗存中罕见的现
象。广州南越王墓出土的大量汉式文物也表明，南越国的文物典章制度
都是模仿中原帝制。

与此同时，南越国也十分注重对外交通，即所谓以"财物赂遗"四
方。今考古学者在广州南越王墓中发现了中原的漆器、波斯的银盒；在广
西贵港罗泊湾汉墓中发现了"客籼米"、"东阳"（今江苏盱眙）铁器
等外来物资。到汉文帝时，南越国已经役属了闽越、西瓯、骆越等百越
系方国，疆域达东西万余里，连西南夷的夜郎诸方国也依附于南越②。可
见，经汉初近20年的发展，南越国的实力已壮大到能与北方汉朝分庭抗
礼的程度。

因此，至汉文帝元年（公元前179年），汉朝再次派陆贾为太中大
夫，往使南越。赵佗出于缓和的目的，作书称臣谢汉文帝的种种安抚。

《汉书·两粤传》载："蛮夷大长老夫臣佗，前日高后隔异南越，窃

---

① 《史记·南越列传》又载："高后时，有司请禁南越关市铁器。佗曰：'高帝立我，通使
物，今高后听谗臣，别异蛮夷，隔绝器物，此必长沙王计也。欲倚中国，击灭南越而并王之，自
为功也。'于是佗乃自尊号为南越武帝，发兵攻长沙边邑，败数县而去焉。"

② 《史记·西南夷列传》："夜郎侯始倚南越。南越已灭，会还诛反者，夜郎遂入朝。上以
为夜郎王。"

疑长沙王谗臣。又遥闻高后尽诛佗宗族,掘烧先人冢,以故自弃,犯长沙边境。且南方卑湿,蛮夷中间,其东闽越千人众号称王,其西瓯骆裸国亦称王。老臣妄窃帝号,聊以自娱,岂敢以闻天王哉!乃顿首谢,愿长为藩臣,奉贡职,于是乃下令国中曰:'吾闻两雄不俱立,两贤不并世。皇帝,贤天子也。自今以后,去帝制黄屋左纛。'"《汉书·两粤传》又载:"陆贾还报,孝文帝大说(悦)。遂至孝景时,称臣,使入朝请。然南越其居国窃如故号名,其使天子,称王朝命如诸侯。至建元四年卒。"

上述南越赵氏的表里不一,今已得到广州第二代南越王墓考古发现的证实。如墓中出有"文帝行玺"龙钮金印,于汉朝而言,此为僭礼。

史载表明,到赵佗孙赵胡(南越王墓印章作"赵眜"[①])为第二代南越王时,其国力已显现衰退的迹象,开始向汉朝示好。例如,曾被南越役属的闽越王郢,这时兴兵攻击南越边邑,南越王赵眜即上书汉朝曰:"两越俱为藩臣,毋得擅兴兵相攻击。今闽越兴兵侵臣,臣不敢兴兵,唯天子诏之。""于是天子多南越义,守职约,为兴师,遣两将军往讨闽越。兵未逾岭,闽越王弟余善杀郢以降。于是罢兵。"

可见,经汉初的休养生息和文景之治后,汉朝的国力得到了空前的增强。汉武帝遣将伐闽越,虽兵未越南岭,但已震慑闽越,汉朝接着派庄助谕意南越王,南越王即遣太子婴齐入长安京师为人质,以示效忠汉朝。这是汉越关系的一个重要转折点。

笔者认为,南越国的衰弱,也可反证岭南越人社会汉化进程的加速。以桂西西林县普驮铜鼓墓为例,该墓年代可确定为西汉早期,墓主为采用数面铜鼓作二次葬具的当地骆越人豪酋。墓中出土了两组随葬品:一是以石寨山型铜鼓为主的越式器物;二是汉式器物,汉式器物有官吏铜俑、骑士俑、车马器、六博棋铜桌等。类似的汉式器物也多见于两广地区的西汉早期墓葬,这说明南越国汉风炽盛,中原汉文化的影响已经深入人心。

---

①麦英豪、王文建:《岭南之光——南越王墓考古大发现》,第25—28页。

第三节　两汉时期的岭南社会

一、南越国的回归

　　第三代南越王婴齐病故，太子兴成为第四代南越王。据《史记》《汉书》的记载，南越国此时的汉化进程加快。元鼎四年（公元前113年）"汉使安国少季往谕王、王太后以入朝，比内诸侯"。这意味着南越国不受汉法节制的时代已经结束。与此同时，汉朝还派遣官员入南越监国并辅助南越王和王太后管理王国，同时又遣卫尉路博德将兵驻屯桂阳（今湖南郴州）作为后盾[①]。

　　自然，上述汉王朝将南越国纳入中央集权制管辖的举措，引起了南越国汉人和越人统治阶层的不满，尤其是对倾向汉化的王太后，国人多不附之，因此"太后恐乱起，亦欲倚汉威，数劝王及群臣求内属。即因使者上书，请比内诸侯，三岁一朝，除边关"。其结果是汉武帝"赐其丞相吕嘉银印，及内史、中尉、大傅印，余得自置。除其故黥劓刑，用汉法，比内诸侯。使者皆留填抚之"。南越王与王太后还需要饬治行装重礼，入京朝见汉天子[②]。

　　南越国由此而来的迅速汉化，完全触犯了当地贵族统治者的根本利益。以南越国权相吕嘉为首，发军攻杀南越王和王太后及汉使臣，"遣人告苍梧秦王及其诸郡县，立明王长男越妻子术阳侯（赵）建德为王"，并消灭了孤军深入岭南的韩千秋汉军，宣布脱汉自立[③]。

　　因此，汉武帝下达了用武力统一岭南的诏令。"元鼎五年秋，卫尉路博德为伏波将军，出桂阳，下汇水；主爵都尉杨仆为楼船将军，出豫章，

---

　　①参见《史记·南越列传》。

　　②参见《史记·南越列传》。

　　③参见《史记·南越列传》。

下横浦；故归义越侯二人为戈船、下厉将军，出零陵，或下离水，或抵苍梧；使驰义侯因巴蜀罪人，发夜郎兵，下牂柯江：咸会番禺。"元鼎六年（公元前111年）冬，汉军攻陷了南越国番禺（今广州），南越军迅速瓦解，如桂东的苍梧秦王赵光不战而降，南越国桂林监居翁谕告瓯骆四十余万口归汉，故瓯骆左将黄同斩骆越"西于王"后降，皆被汉朝封侯。"南越已平矣。遂为九郡……自尉佗初王后，五世九十三岁而国亡焉"。①

史载表明，汉武帝重新统一岭南的过程远不及秦朝征服岭南时的情势艰难。究其原因是多方面的，笔者认为最重要的原因还是汉越民族融合的结果。

秦人赵佗立国以来，在"和辑百越"的同时，更主要的是推行中原的先进科技与文化，从根本上改变了南越国的社会生产力。南越国的汉、越统治者都深知汉朝军力和人力、物力的强大，如汉王朝向南疆出口的铁器等重要物资一直是制衡南越国的重要手段。从综合实力上说，南越国不但不足以和汉朝对抗，而且与汉朝的交通也是其图存发展的必由途径。以广西贵港罗泊湾1号汉墓的发现为例，该墓随葬器物坑出土铜器200多件，"东阳"铁器20多件，其中的铜器组合有鼎、钫、深腹筒形壶、扁壶、盆、匜、九枝灯等，这都是中原常见的汉式随葬品，而且占据了随葬品的主导地位。墓中也出土有一批越式铜器，如石寨山型晚期铜鼓、骆越式铜提桶等。值得注意的是，有一件三足铜盘，是用越人铜鼓的鼓面一截改制而成。铜鼓原是骆越先民的王权神器，而它不再受到珍视，被改造成贵族的生活日用品，这说明酋邦方国时期的越人王权、神权崇拜意识，在汉族统治者主导的南越国社会已逐渐弱化。因而南越国回归汉王朝是一种必然的归宿。

二、西汉王朝的统治

西汉王朝重新统一岭南，郡县制与羁縻制并行的岭南社会又获得了近百年的和平期，其间虽有反复，但民族融合、共同进步发展仍然是民心所

---

①参见《史记·南越列传》《汉书·西南夷两粤朝鲜传》《汉书·景武昭宣元成功臣表》。

向和社会主流。

首先，国家边区的长治久安，取决于汉朝岭南地方的能吏及勤政爱民者。如《汉书·循吏·召信臣传》载："召信臣字翁卿，九江寿春人也……召为零陵①太守……为人勤力有方略，好为民兴利，务在富之。躬劝耕农，出入阡陌，止舍离乡亭，稀有安居时……开通沟渎……以广溉灌，岁岁增加……"

据《召信臣传》可知，召信臣原为吴越地方人，他曾任零陵太守，应当是为岭南地方经济建设做出过突出贡献的。他移风易俗，广开教化，曾被时人称为爱民如子的"召父"。

应当说，汉吏治理岭南地区最大的成效，集中表现在促进了当地社会生产力的飞跃发展。例如，秦至西汉前期的岭南冶铁业并不发达，史书及墓葬遣册皆记载有南越国从中原内地输入铁器，但在西汉后期，地方官已在桂阳②设置铁官，以水路捷径，铁器产品可流通至岭南各地。汉朝又在广东高要、番禺设置了盐官，这是岭南地区盐业、铁业生产得到迅速发展的标志，也是岭南地方经济实力空前壮大的表现。因为以盐业和铁业经营为主的工商业是两汉社会经济发展的龙头，这必然会进一步带动边区社会经济的内外交流和发展。

《汉书·宣帝纪》载，本始二年（公元前72年）夏五月，诏曰："朕以眇身奉承祖宗，夙夜惟念孝武皇帝躬履仁义，选明将，讨不服，匈奴远遁，平氐、羌、昆明、南越，百蛮乡风，款塞来享。"这意味着到了西汉后期，汉朝国家和边疆的治理已经取得了明显的成效。

此时，岭南地区也发展成为汉朝对外交通的门户前沿，海上丝绸之路东西方交流的大发展也见载于《汉书·地理志》，所谓的"朝贡贸易"也史不绝书。如《汉书·宣帝纪》载：神爵元年（公元前61年），交趾地区的"九真（郡）献奇兽"。《汉书·平帝纪》载，元始元年（1年），南方远夷"越

---

①西汉之荆州刺史部零陵郡，管辖地已包括今广西兴安、桂林等地，其南境与郁林郡地相邻。参见黄体荣编著《广西历史地理》，广西民族出版社，1985，第45页。

②桂阳，今湖南郴州，西汉之荆州刺史部桂阳郡，管辖地已包括今广东韶关、英德等地，其南境与南海郡地相邻。参见谭其骧主编《中国历史地图集》（一），中国地图出版社，1982。

裳氏重译献白雉一，黑雉二，诏使三公以荐宗庙"；元始二年（2年），"黄支国献犀牛"。今学者一般认为，"黄支国"即古印度南部的建志补罗。[①]

　　以考古发现来印证历史文献的记载，可以说，汉墓遗存的演变也体现了西汉社会的繁荣昌盛。例如，岭南西汉中期的汉墓，常见于中原汉墓的鼎、盒、壶、罐、盆等施釉陶器在此大量出现，带有越人地方特点的硬陶大为减少，木船模型、珠玉饰品逐渐增多，这是海上丝绸之路交通发展的缩影。岭南西汉晚期的汉墓，更是充分体现了海外交通的繁荣。这时的两广地区和越南北部不仅分布有大量的汉墓，其中丰富多彩的随葬品，就是后世王朝的墓葬也难与之匹敌。以广西合浦望牛岭西汉晚期木椁墓为例，该墓葬出土珍贵文物240多件，其中有车马器、铁佩剑、昭明镜、金饼、金珠、水晶、玛瑙、玻璃、琥珀等，占比例最大的是各种精美的錾刻花纹铜器，品种有凤灯、博山炉、鼎、钫、壶、魁、匜、鐎壶、鉴、盘、樽等，器物造型优美，工艺精湛，可以说达到了中国古代青铜工艺制造的又一高峰。该墓葬出土有"九真府"朱书陶提桶、"西于"铭记铜鐎壶（图10-7），因此墓主很可能担任过越南北部汉九真郡郡守[②]。

图10-7　广西合浦汉墓出土的"西于"铭记铜鐎壶

　　越南北部西汉晚期汉墓的随葬品也与中国两广地区大体相似。如越南清化省绍阳西汉晚期墓出土的汉字铜印章、博山炉、铜樽、带钩、日光

①冯承钧：《中国南洋交通史》，第2页。
②广西壮族自治区文物考古写作小组：《广西合浦西汉木椁墓》。

镜等^①，都可以在广州、广西合浦等地的汉墓中找到其同类明器。在合浦风门岭汉墓中，出土了较多的铜质明器，其中有一件铜池塘模型（M26：7-2），池塘中放置鹅、鱼、青蛙等模型。其他汉墓还出土有铜质的牛、马、狗、猪、鸽子等明器。这一方面反映当时禽畜饲养业的发达，另一方面反映了类似中原地区的大庄园经济在岭南社会得到了迅速的发展。

　　同样，王莽摄政和新朝改制初期，其中央政令也一度在中国岭南地区和越南北部推行，如各地许多墓葬都出土过王莽时期铸造通行的钱币（图10-8）^②。秦汉以来，中国两广地区与越南北部不仅是中原地区的移民地，也成了中原王朝罪人的主要流放地。如《汉书·杜周传》载："哀帝崩，王莽秉政，诸前议立庙尊号者皆免，徙合浦。"《汉书·毋将隆传》载："莽秉政……但与隆连名奏事……及尚书令赵昌潜郑崇者为河内太守，皆免官，徙合浦。"《汉书·董贤传》载："贤与妻皆自杀……父恭、弟宽信与家属徙合浦。"

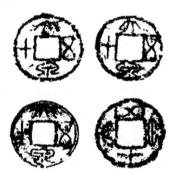

图10-8　越南北部出土的王莽铜钱

　　中原移民大量迁入岭南骆越等地区，给当地社会带来了巨大的影响。汉文化的传播起到了移风易俗的作用，汉人葬俗的事死如事生、重厚葬，无形中留下了许多宝贵的文化遗产。今广西合浦汉墓群已经成为国家大遗址保护地，其宽约3千米，长二三十千米的墓葬群，是古骆越先民与汉民族融合的历史见证。

---

　　①俵宽司：《越南汉墓的分期研究——以越南北部清化省出土考古资料为中心》。
　　②杜文宁：《越南发现的一些王莽铜钱》，《越南考古学》2008年第3期。

三、东汉时期多元一体的骆越社会

在新莽王朝崩溃和中原长期大乱之际，岭南各地的地方官只能联合自保。因此，这一时期，岭南地区和越南北部仍然处于相对稳定的社会格局，而且成了中原人的避难地和东汉王朝统一光复汉朝的基地之一。如当时汉光武帝刘秀略定中原，于建武元年（25年）即遣征南大将军岑彭率军南征，汉军之所以进展较为顺利，一是采取了安抚地方并恢复对少数民族的羁縻政策，二是得到了江南及岭南各地方势力的迅速依附。

《后汉书·岑彭传》载："彭以将伐蜀汉……当荆州要会，喻告诸蛮夷，降者奏封其君长。初，彭与交趾牧邓让厚善，与让书陈国家威德，又遣偏将军屈充移檄江南，班行诏命。于是让与江夏太守侯登、武陵太守王堂、长沙相韩福、桂阳太守张隆、零陵太守田翕、苍梧太守杜穆、交趾太守锡光等，相率遣使贡献，悉封为列侯。或遣子将兵助彭征伐，于是江南之珍始流通焉。"《后汉书·光武帝纪》也载，建武五年（29年）十二月，"交趾牧邓让率七郡太守遣使奉贡"。

上述记载表明，岭南地区能够成为东汉王朝统一光复汉朝的后援基地之一，这说明西汉王朝治理岭南是卓有成效的，汉越长期的融合已经使岭南社会发展成为汉朝多民族统一国家不可分割的重要组成部分。

《后汉书·光武帝纪》载，建武十二年（36年），有"九真徼外蛮夷张游率种人内属，封为归汉里君"；"（建武十三年）九月，日南徼外蛮夷献白雉、白兔"，这也表明当时东汉王朝的治边政策是深得人心的。然而，三年之后，"交趾女子征侧反，略有城邑"。据《后汉书·马援列传》载，当时的"九真、日南、合浦蛮夷皆应之，寇掠岭外六十余城，（征）侧自立为王"。这是交趾郡麊泠县骆将之女"二征"姐妹不服汉官管辖而发起的叛乱，并且在环北部湾地区得到当地人民的大力响应。自从汉武帝重新在岭南地区置郡以来，这是汉朝骆越地区最大的一次叛乱起义。从《后汉书·马援列传》《东观汉记》[①]等文献的记载来看，应当是

---

①《东观汉记》卷十二传七《马援传》："马援平交趾，上言太守苏定张眼是钱，瞋目讨贼，怯于战功，宜加切勒。后定果下狱。"

地方汉族贪官采取了不当、过激的政策才引起了这场大动乱。因此，建武十八年至十九年（42年—43年），东汉王朝遣伏波将军马援平定交趾之乱后，"援所过辄为郡县治城郭，穿渠灌溉，以利其民。条奏越律与汉律驳者十余事，与越人申明旧制以约束之，自后骆越奉行马将军故事"。

从"二征"事件的平定，可看出骆越地方豪酋遭受了沉重的打击，伏波将军马援实行郡县制与羁縻制并行的政策，并采取各种利国利民的措施，大大缓和了社会矛盾，骆越地区人民的国家认同感和向心力重新得到加强，这在考古发现汉代文化遗存中也得到了不少的印证。例如，越南北部东山青铜文化自东汉初期以后走向绝迹，被大量的东汉砖室墓遗存所取代。从"郡县治城郭"的角度来说，的确，我们从广州汉墓、越南汉墓出土的城堡模型明器，可以看出东汉岭南的城楼已是十分壮观。在两广地区和越南北部，在东汉前后建立又被后世再利用的城址迄今为止有不少发现。例如，广西贵港是汉代郁林郡治布山县城的所在地，今考古学者在其港北区就发现了两汉时期的一部分城市遗迹，出土的建筑瓦件遗物有"万岁""零陵郡""永元十年"等字样①。

在越南也有古螺城、麓泠、苟漏诸城址的发现。麓泠城位于越南北部永福省仁兰县下龙村，红河干流流经其城南。这里有"二征"姐妹神社。越南学者认为这里就是征侧、征贰起义最先攻下的汉交趾郡麓泠县城。该城城墙有两重，城址略呈正方形，面积约3.6万平方米。城址出土有与古螺城、龙编城类似的瓦，表明至少该城在东汉时期与上述城市是平行发展的。苟漏城位于越南河静省古安县大凤村，也有残留的汉城遗迹。其他可推测的县城还有越南河东市西部的朱鸢城、北宁省西南部的望海县城等，这些汉代县城遗址的周围都有很多东汉砖室墓分布。

除了河内北部东英县的古螺城，越南北部古城的发现当以龙编城最为重要，它位于北宁省同太县的同江南岸。该城利用河流的弯曲部作为护城濠，城垒就建立在水濠的内侧。城郭的周长为1730米。城的基址最宽超过20米。此外，在城垒东北方的同江右岸，有一个大型港口聚落的遗迹。此种种迹象

①蒋廷瑜：《广西考古通论》，第209页。

皆表明，该城在越南北属时期的前期是一个十分重要的历史舞台。

在龙编城址内发现了青铜器铸造工场以及黑格尔Ⅰ型铜鼓的铸范片，这表明即使是在东汉时期，在高度汉化的越南，铜鼓作为越人文化与精神信仰的象征，仍然在被制造和利用。汉朝地方官仍然把铜鼓作为信物来约束、支配地方势力。铜鼓在东南亚的流传也说明，它也可作为珍贵的交易品，用以同远方人民进行交通往来。

笔者认为，无论是铜鼓还是其他铜制生活用具，在东汉时期都流传很广。例如，在越南北部清化采集到的一件所谓东山系铜洗[①]，其纹饰与铜鼓的纹饰相似，但铜洗的形状却是汉式的，这就是汉越文化融合的表现。这件铜洗与广西浦北县所出土的一件铜洗的纹饰风格相似[②]，笔者推测它们可能都是在交趾地区制造的，然后流传到岭南内地。

龙编城遗址的出土物表明，这里有堆积很厚的文化层，在早期的文化层中发现有汉五铢钱和其他铜钱及瓦片。在城址的LK1地点发现有青铜器制作工场，它与城外的陶瓷器作坊性质不同，前者当具有政治、社会意义。在城郭外的南边，有佛教初传越南的遗址——延应寺，在寺院周围一带还分布有当时居住遗址的文化层。城外的东部和西北部的水田地带分布有大量的东汉砖室墓群。

《后汉书·南蛮西南夷列传》载："凡交趾所统，虽置郡县，而言语各异，重译乃通。人如禽兽，长幼无别。项髻徒跣，以布贯头而著之。后颇徙中国罪人，使杂居其间，乃稍知言语，渐见礼化。"也就是说，经过长期的多民族融合，到东汉时期，汉语才成为古骆越历史民族区的通用语言，汉朝的礼法文物典章制度才被当地民族仿效。

考古发现与文献互证也表明，作为汉朝对外开放的门户前沿，2世纪的交趾郡龙编城已经发展成为国际化的城市，这里不仅成了佛教中心，也是铜器制造中心。在城址及周边地区，发现了古印度风格的人面纹瓦当、水注陶器，表明它们与来自越南中南部的印度文化影响有关。此外，早期

---

①西村昌也：《ベトナムの考古·古代学》，第154–159页。

②梁旭达、覃圣敏：《广西浦北县出土的青铜器》。

莲花纹瓦当及延应寺佛教初传的传说，都意味着当时的龙编城已成了南传佛教与文化交流的中心。①

四、两汉时期岭南社会的繁荣发展

《后汉书·任延传》载："建武初，（任）延上书愿乞骸骨，归拜王庭。诏征为九真太守……九真俗以射猎为业，不知牛耕，民常告籴交趾，每致困乏。延乃令铸作田器，教之垦辟。田畴岁岁开广，百姓充给……于是徼外蛮夷夜郎等慕义保塞，延遂止罢侦候戍卒。"

《后汉书·独行列传》又载，南阳淯阳人李善，以忠义名世，光武下诏拜为太子舍人，"显宗时辟为公府，以能理剧，再迁日南太守……到官，以爱惠为政，怀来异俗。迁九江太守"。

上述史料反映，在汉王朝德才兼备的治边大吏推行善政的基础上，岭南骆越等地区的农业得到了飞跃性发展，文教也获得了长足进步，人民安居，远夷慕义朝归。《后汉书·南蛮西南夷列传》又载，东汉"安帝永初元年，九真徼外夜郎蛮夷举土内属，开境千八百四十里"。据此，联系到《汉书·西南夷两粤朝鲜传》记载的西汉成帝河平年间，贵州的夜郎王被汉军镇压的史事，蒙文通即推测事变后的夜郎人有部众逃到了南方的交趾地区，所以到了东汉伏波将军马援征交趾之后，又复见"九真徼外夜郎蛮夷举土内属"的史迹②。如前所述，蒙文通的上述推论，已经得到了考古发现的一部分证实，可说明《后汉书·西南夷列传》所载东汉之"九真徼外夜郎蛮夷举土内属"确为信史。

新莽王朝崩溃之后到东汉王朝的重新统一，东汉王朝交州刺史部的地域范围，沿袭西汉的边疆未曾改变③。两汉王朝重新确立的环北部湾地区的行政版图，最终都属于中国古代多民族统一国家演进历程的一个重要组

---

①西村昌也：《ベトナムの考古·古代学》，第173–174页。

②蒙文通：《越史丛考》，第76–81页。

③尤中：《中国西南边疆变迁史》，云南教育出版社，1987，第108页。

成部分。

　　反映在考古文化遗存上，即中国两广地区和越南北部西汉以来的厚葬之风延续，东汉墓葬出现了很多反映大土地庄园的坞堡、田园宅院、俑人车马、畜禽、池塘等明器。三合院式房屋和楼阁建筑模型取代了前期的越式干栏式楼居模型，砖室墓也象征厅堂宅院，反映了当地居民生活水平的不断提高。墓中常见的随葬铜镜也反映出当地社会汉化程度不断加深，如博局纹镜、四神镜，并流行"长宜子孙""君宜高官""位至三公"等汉字吉语铭文镜。随葬汉五铢钱也十分普遍。

　　由此可见，秦汉时期不断入迁岭南地区的汉民族人口虽然是少数，但却是有着强大国家政权作其后盾的族群力量，在环北部湾地区众多的族群集团之间，汉民族始终发挥着主导作用。正是依靠民族和解与共同繁荣发展的治边政策的实施，汉语及中原地区先进的科技、文化才得以在南疆不断深入推行，骆越地区才真正融合成汉朝多民族统一国家的组成部分，并迎来了海上丝绸之路东西方人民的大交流时代。

　　骆越地区自西汉中期以后，已经开始成为汉朝国家对外开放交流的门户前沿。《汉书·地理志》云："（粤地）处近海，多犀、象、毒冒、珠玑、银、铜、果、布之凑，中国往商贾者多取富焉。番禺，其一都会也。"又云："自日南障塞、徐闻、合浦船行可五月，有都元国，又船行可四月，有邑卢没国；又船行可二十余日，有谌离国；步行可十余日，有夫甘都卢国。自夫甘都卢国船行可二月余，有黄支国，民俗略与珠厓相类。其州广大，户口多，多异物，自武帝以来皆献见。有译长，属黄门，与应募者俱入海市明珠、璧流离、奇石异物，赍黄金，杂缯而往。所至国皆禀食为耦，蛮夷贾船，转送致之。亦利交易，剽杀人。又苦逢风波溺死，不者数年来还。大珠至围二寸以下。平帝元始中，王莽辅政，欲耀威德，厚遗黄支王，令遣使献生犀牛。自黄支船行可八月，到皮宗；船行可二月，到日南、象林界云。黄支之南，有已程不国，汉之译使自此还矣。"①

---

①班固：《汉书》，中华书局标点本。

《汉书·地理志》以简略的语言描述了汉代海上丝绸之路由中国南海至印度的交通盛况。文中提到的"日南障塞、徐闻、合浦"，都是汉朝骆越地区重要的对外贸易港口。今天考古学者在中国两广地区和越南北部的汉墓和遗址中，发掘出涉及海上丝绸之路交通的大量文物，有印度的玻璃器、多面金珠饰品、波斯列瓣纹银盒、南岛地区的龙脑香木、罗马式陶瓶等。青铜器中也多见能够反映海外胡人及热带黑人的雕像。例如，广州南越王墓出土的跪坐衔蛇人铜器座，人像就形似海外的热带黑人；合浦风流岭汉墓出土有铜质踞坐的长须胡人仆侍俑；岭南东汉墓也常见一种托灯胡人俑（图10-9）[①]，其人俑做成深目高鼻、络腮胡须的形象，这应当也是以进出于环北部湾地区的域外胡人为模特塑造的工艺品。

　　在骆越铜鼓纹饰中，也多见人物船纹，这与中国两广地区及越南汉墓多见木船模型及船棺相对应，都是当时水乡和海上交通发达的反映。贵州赫章可乐西汉晚期墓出土的石寨山型铜鼓的船纹（M153:3）中，已见有船上竖立多面风帆。骆越青铜器的船纹也见有多桅风帆（图10-10）[②]，广州汉墓还出土有木质楼船模型，这都足以印证《汉书·地理志》所载中国古代先民能做远洋航行的壮举。

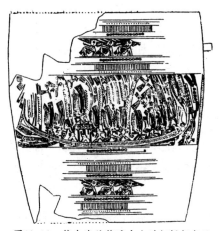

图10-9　广西梧州东汉墓托灯胡人俑　　　　图10-10　越南海防越溪出土的铜提桶船纹

---

　　①广西壮族自治区博物馆：《广西博物馆文集》第十辑，广西人民出版社，2014，彩版壹:5。
　　②《越溪古墓》，载《越南历史博物馆馆藏文物》。

当时，通过海上丝绸之路，也有不少的中国物产和青铜工艺品被输出到海外西方世界。例如，中国两汉时期的青铜器，在越南中南部到泰国湾沿海一带都有发现，而且是与西方罗马帝国的物产伴出，其中有日光镜、昭明镜、四乳四虺纹镜等。此外，当地还出土有铜鼓和所谓的东山式青铜器。在越南河内博物馆收藏的汉镜中，有的日光镜铭文作"见日之光，天下大阳，所言必当"，是对中原汉镜铭文格式的改异，十分特殊①。这应当是在骆越地区制作的铜镜，可表明当时汉朝南疆的交趾郡也具有十分雄厚的物质基础，青铜器制造业也可为对外交通贸易提供受外国人欢迎的工艺品。

本章小结

上述表明，骆越地区发现的青铜文化遗存不仅可重建先秦骆越史，而且也可证明，经秦汉王朝前后长达400余年的经营，环北部湾地区最终完成了王朝国家化和民族认同的进程。青铜文化遗存所见的汉字铭文、国家发行的铜钱币在各地都有发现，这是中央王朝政令在骆越社会得到有效推行的反映。两汉墓葬及遗址遍布各地，其中重放光彩的大量文物，可形象地反映当时骆越地区的人口大增和社会经济与文化的繁荣，环北部湾地区的汉代港口城市，如越南中北部的茶邱城、龙编城，广西合浦港区都发展成为具有国际化色彩的城邑，这就意味着环北部湾地区是东西方大交流时代汉朝的东方门户前沿，是古代海上丝绸之路的重要枢纽，在世界古代文明发展史上占有不可替代的地位和价值。

---

①李学勤：《四海寻珍——流散文物的鉴定和研究》，第97页。

第十一章 · 青铜文化遗产的传承保护、开发利用及其对策建议

人类社会历史的演变是一种客观存在，学者的任务就是要去发现和重建这种客观存在的史实，去阐明它的价值和意义。要重建缺乏文字史料记载的东亚南部民族史，考古资料起到了至关重要的作用。迄今为止，中国和越南的考古学者，在对上古骆越青铜文化的考古发现和研究方面，已经取得了较丰硕的成果，但距离重建充实的骆越史，将之与东亚大陆青铜文明的考古学体系相比，仍然有不小的差距。要继续推进此项研究，要得到社会的广泛关注和支持，对青铜文化遗产的传承、保护、弘扬及开发利用就显得尤其重要和紧迫。为何要传承保护和弘扬骆越青铜文化遗产？下面笔者首先阐明其主要价值。

第一节　骆越青铜文化遗产的价值

一、历史价值

自秦始皇统一以来，中国的历史就是一个统一多民族国家形成发展演变的历史，除了博大精深的中原华夏文化，周边民族文化也犹如群星荟萃，彼此共同互动融合才形成中华民族文化多元一体的大格局。但因长期以来"华夷之别"的种种偏见，导致历史文献记载缺失，周边民族的历史与文化遗迹又几近湮灭，如今要复原光大周边民族创造过的辉煌历史，只有依靠考古资料。其中，考古发现的骆越青铜文化遗存就是十分珍贵的史料。青铜文化是当时的骆越先民感受和认知世界的载体，其中凝聚着先民的生产技能、生产方式、生活习俗、民族迁徙、互动融合、文化交流、历史事件等方面的信息，它是中国历史与文明体系不可分割的组成部分，也是追溯东亚南部民族史的基础和出发点。

例如，上古骆越先民能用各种冶铸技术铸造出铜鼓等大型精美的青铜工艺品，他们使用的泥型合范法、失蜡法、砂范法、焊接等工艺技术，在古代冶金科技史上都是值得浓墨重彩书写的篇章。

在铁器未应用于农耕之前，我们通过揭示红河流域等地区出土的东山文化青铜锄的源流，就知道这是滇文化与骆越文化交流的结果之一，即滇式铜锄在红河中下游等地区的农业耕作生产方式中发挥过重要的作用和影响。这一青铜农具的发现，就可以超越《后汉书·循吏·任延传》史料记载的局限和认识。

从骆越铜鼓纹饰中，我们可直观了解到西南地区各民族之间存在着许多相似的习俗和信仰，如竞渡、杵舂、吹笙歌舞、剽牛、崇拜神鸟等。从越南北部出土的黔西南地区夜郎式铜剑、V形符铜钺，可以知道西南地区各民族的交往存在着许多渠道。在今中国湘桂交界的道县、衡山霞流等地出土的骆越式青铜钺[①]，也可印证东汉初期伏波将军马援将骆越豪酋家族迁移到零陵郡的历史事件。

从骆越青铜文化遗存中伴出有各种中原东周式青铜器，可知骆越先民与中原地区的楚、吴、越诸国也早有交往。我们推断秦汉统一之前的岭南越人社会是酋邦制方国社会，最主要的依据就是对岭南青铜文化遗存的判断分析，因为这些青铜文化反映了礼乐制度和武士阶级的存在。尤其是以铜鼓、铜钺为组合特征的礼法制度，就是先秦两汉时期越人酋邦及后世岭南边区羁縻制度存在的象征。所谓"蛮地多古铜……溪洞爱铜鼓甚于金玉"[②]，原因就是铜鼓"声宏者为上，可易千牛……得鼓二三便可僭号称王"[③]。铜鼓作为西南地区民族的政治权威和财富象征，可谓千年不变。

迄今为止，考古发现层出不穷，青铜文化遗存是其中重要的组成部分，它们作为先民生活历史片段的见证，成为不可磨灭的记忆，供后人永久观瞻。

---

①周世荣：《蚕桑纹尊与武士靴形钺》，《考古》1979年第6期。

②朱辅：《溪蛮丛笑》。

③参见《明史·刘显传》。

二、文化价值

骆越青铜文化艺术风格独特、内容丰富、功能多样、形式优美，体现了十分精湛的工艺，它们是岭南特有的自然地理环境和特定历史条件下产生的民族文化艺术，是骆越先民独特的精神世界的象征。

从科学技术、美术、音乐歌舞等角度出发，后人都可以从骆越青铜艺术遗存中发掘出许多先民的创造性思维和文化元素，更可从中汲取再创作的源泉。如清代的仡佬人，就习用盖模取铜鼓纹饰，以蜡刻板印制花布。骆越铜鼓作为许多民族的非物质文化遗产能够传承至今，正是因为它具有深厚的文化底蕴和多重价值。

青铜艺术蕴含的复杂多变的构图、出神入化的各种线条运用组合、抽象而生动的主题、富于节奏韵律感的写实画面，都充分显现出骆越先民是心灵手巧和极具创造天赋的族群集团。这些色彩斑斓的青铜器作为古先民的文化载体，对之可做的文化挖掘是多方面的。如铜鼓文化，《后汉书·马援列传》载："援好骑，善别名马，于交趾得骆越铜鼓，乃铸为马式，还上之。"这实际上是反映汉越文化融合以及骑马风俗开始在岭南地区流行的一段插曲。汉墓的文物发现表明，至迟在西汉初期，骑马和马车就开始在岭南地区流行，在南越国墓出现铜车马器（贵港罗泊湾M1），在西汉墓中出现骑马俑（西林普驮铜鼓墓）和铜马雕像（合浦风门岭M26∶6），这显然是秦汉王朝统一岭南带来的风尚，此后在东汉铜鼓的鼓面装饰中才较多出现骑马人的形象。再如，在北流型、灵山型、冷水冲型铜鼓中都盛行蛙形装饰，结合民族志考察，可知骆越先民及其后裔都有蛙崇拜信仰，以至于今天的桂西壮族地区仍然保留有盛大的祭铜鼓的"蚂𧊅节"①。

《新唐书·南蛮传下》载，东谢蛮（今水族）"居黔州西三百里……地方千里。宜五谷，为畲田，岁一易之。众处山，巢居……会聚，击铜鼓，吹角"。如今桂西少数民族在热闹非凡的节庆中，仍然有"击铜鼓，吹角"

---

① 罗坤馨：《铜鼓与壮族"蚂𧊅节"考》，载《广西博物馆建馆60周年论文选集》，广西民族出版社，1993。

的环节，这是古为今用，也是骆越文化习俗的传承。

《宋史·蛮夷四》载："西南诸夷……病疾无医药，但击铜鼓、铜沙锣以祀神。风俗与东谢蛮同。"这表明铜鼓文化习俗的传承，也与古骆越人及其后裔的宗教信仰紧密相连。

唐白居易《送客春游岭南二十韵》云："牙樯迎海舶，铜鼓赛江神。"这也是对骆越青铜器竞渡船纹图像反映的越人习俗的生动诠释。《太平寰宇记》记太平军府（今桂东南）"夷人号越迤，多采珠及甲香为业，亲戚宴会，即以匏笙铜鼓为乐"。古文献记载，直至明清时期，西南夷民族中的许多族群，如仲家（今布依族）等，仍然是"范铜为鼓"，凡祭神驱邪、遇婚丧、待宾客、迎节庆，皆无不击铜鼓为乐[①]。

铜鼓与西南民族的生活习俗须臾不离，流传至今，就成了当地少数民族文化传承的符号。所谓"无鼓不成舞"，实为"无鼓不成节"。今天广西河池壮族的"蚂蚜节"、那坡彝族的"跳弓节"、布依族的"砍嘎"和"嫩信节"（春节）、水族的"端节"、侗族的"迎新年"，铜鼓都在其中扮演不可替代的角色，可谓古越之风犹存。

三、科学价值

文化与科技实际上是不可分的，前面我们已经谈到过骆越青铜文化遗存是科技史研究的重要对象，它也是彰显古越人科技成就和聪明才智的宝贵遗产，蕴含着丰富的科学研究价值。

例如，研究骆越青铜器的冶铸方法，可以弘扬其卓越的工艺成就，可重新确立骆越先民的青铜工艺在古代冶金史上的独特地位。如巨型的汉代北流型铜鼓，世所罕见，其模范制造、浇铸方法就是用现代冶铸工业复原也难以企及。又如，有专家指出，用失蜡法铸造青铜器，不是中原商周青铜工艺的选择，对失蜡法铸铜工艺的记载，也晚见于南宋赵希鹄的《洞天

[①] 蒋廷瑜、廖明君：《铜鼓文化》，第69—71页。

清禄集》、明代宋应星的《天工开物》，然而事实上，包括骆越先民在内的上古西南夷民族早已将失蜡法铸铜工艺运用得十分娴熟。

从西南民族史志中看到的冶铸铜器的泥范法，也与中原商周时期的陶范法有所区别。凡此种种都说明，上古骆越青铜工艺有其独到之处，值得科技史专家进一步深入挖掘。古先民铸造完成的铜鼓，还需要精加工和调音才能成为适用的打击乐器。有的科技史专家通过对铜鼓音律的研究，不仅复原了古代的律制，还通过比较，了解到西汉骆越地区的礼乐制度最接近楚制，说明中原楚文化对岭南文化有着深刻的影响。通过对羊角钮钟音律的比较研究，可了解到骆越青铜文化也受到过滇文化的影响。研究丰富多彩的铜器纹饰的加工方法（如压印法），也可了解到铜器制作工艺与古越人的印染技术和印纹陶制作的相互关系。凌纯声早已指出，不仅古越人的陶器模印技术对制作铜器模范和印花布有影响，甚至中国古代纸钞的印刷发明都是起源于古越人模印纹饰的技术。[①]

四、艺术价值

青铜时代，是人类社会许多民族都经历过的重要社会发展阶段，青铜文化遗产是值得这些族群永久珍视和保护传承的民族文化，是其民族精神的伟大象征。尤其是很多古代青铜器其本身也是精美绝伦的艺术品，堪与任何时代的古典艺术相媲美。

谈到青铜文化的艺术价值，自然使人想到骆越铜鼓，它是能够体现民族性、区域性、世界性特点的经典文物，同时它自身又具有艺术美和丰富的历史内涵。也就是说，它同时符合具有科学价值、历史价值、艺术价值的国家一级文物收藏的三重标准，的确是世所罕见的珍品。作为国家博物馆的镇馆之宝，青铜艺术品始终是最直观生动形象的教材之一。因此，青铜文化遗产在国家社会的精神文明建设中担负着重要的角色。

[①]凌纯声：《树皮布印文陶与造纸印刷术发明》，台湾"中研院"民族学研究所专刊之三，1958。

五、应用价值

发现、研究、保护、开发、弘扬骆越青铜文化为现实社会服务，笔者认为有以下几个方面的重要作用。

一是教育作用。青铜文化遗产作为民族传统文化的载体，具有高度的审美价值，这是最佳的乡土教材，充分利用它进行展示宣传教育，可使各民族获得丰富的知识，可提高人们的艺术素养，增强民族的自信心和自豪感。由于过去在"华夷之别"的阴影笼罩下，岭南地区一直被世人视为"蛮荒之地"，因此科学工作者应借助考古发现和综合研究，努力重建区域民族的历史辉煌，填补东亚南部民族史的空白，充实中国史和世界史的内涵。

二是传承民族文化的作用。在今天，利用青铜文化遗产为传承民族文化服务已经屡见不鲜，如铜鼓文化已经被多民族和各级政府列入非物质文化遗产保护名录。在这些民族的传统节庆及婚丧等习俗活动中，无处不用铜鼓，这种节点的作用，能最大程度起到传承民族文化和增强民族记忆的功能。例如，布依族的铜鼓演奏曲《布陇戛分云》，分为12段，代表12个月的农事季节变化，或者是古代打仗进攻、收兵的12种信号，是每个布依族青年必学的唱曲；布依族人吟唱叙事民歌《格图河之歌》时，也离不开铜鼓的节点。[①]

三是经济开发的作用。旅游业现已经成为国民经济的重要支柱产业，其中文化旅游资源的开发利用举足轻重，青铜文化遗产以其独特的魅力也成为重要的看点。尤其是围绕铜鼓创作的节庆歌舞表演、宗教民俗、娱乐项目等，都是今天我国西南各地民族文化旅游必不可少的内容。以民俗博物馆的展演形式，让人们观摩、参与青铜文化的制作、操作体验，也不失为有意义的旅游经历。建立骆越青铜文化艺术博物馆，因其具有历史、科学、艺术的高度价值，可成为打造少数民族地区著名旅游文化品牌的核心内容之一。尤其是做好骆越青铜文化的基础研究，更是申报各级文化遗产

---

① 蒋廷瑜、廖明君：《铜鼓文化》，第77页。

和世界文化遗产的前提。

　　四是国际交流与合作的作用。中国历史文献记载清楚表明，骆越地区是地跨今中国和越南两国的上古历史民族区，以当今国界划分来研究骆越历史与文化，显然是不科学的，只有开展跨境跨文化的比较研究，骆越历史与文化的研究才能走向深入。因此，今后的骆越青铜文化研究，仍然事关中越历史研究、中越民族关系和国际问题。近年来，这方面的工作已经有了较好的开端。如广西壮族自治区博物馆与越南国家历史博物馆合编《越南铜鼓》巨著，为骆越青铜文化研究提供了许多直观的材料；2011年10月在南宁市召开的"广西—东盟青铜文化学术研讨会"并出版了会议论文集，不仅加深了中外同行专家的相互了解，也将青铜文化的比较研究推向了一个新阶段。如果今后的国际交流合作能迈开更大的步子，骆越青铜文化考古将有可能取得更重大的发现，基础研究和综合研究也将会取得更大的成就。

第二节　骆越青铜文化遗产的传承保护

一、青铜文化遗产传承保护的社会背景

　　当今联合国教育、科学及文化组织（以下简称"联合国教科文组织"）及世界有关的国际组织，都十分重视各国各民族文化遗产的保护，如联合国教科文组织于1972年11月颁布的《保护世界文化和自然遗产公约》（简称《世界遗产公约》）、2003年10月颁布的《保护非物质文化遗产公约》等，其主要强调的宗旨就是"对任何民族文化财产的损害即是对全人类文化遗产的损害"，强调保护世界各民族文化遗产是全人类共同的责任。1982年11月，中国政府也颁布了《中华人民共和国文物保护法》，

1985年中国成为《世界遗产公约》的缔约国，1987年中国开始申报世界遗产。至今，中国被批准列入世界文化遗产名录的项目已达数十项。2004年8月，中国成为联合国《保护非物质文化遗产公约》的缔约国，颁布了《中华人民共和国非物质文化遗产保护法》，青铜文化遗产得到了空前的重视和保护，如"壮族铜鼓文化"已经被列入国家级非物质文化遗产保护名录。

二、青铜文化遗产传承保护的现状

一方面，新中国成立以来，对广西而言，历年国家建设的博物馆和文物管理所遍布全区各市、县，其中都收藏有不少各类青铜文化遗物，有的是考古发掘品，有的是采集品和收购物，都得到了文博部门的较好保护，并发挥了以陈列展览形式向大众做宣传教育、普及科学文化知识的作用。如广西民族博物馆的"铜鼓文化陈列"就是很有特色的展览，做到了雅俗共赏，将铜鼓文化作为活态的非物质文化遗产加以传承弘扬的工作也做得很出色。此外，在广西壮族自治区博物馆等网站上或多或少都有青铜文物的介绍，也有相关的印刷宣传品。考古文博部门公开出版的调查发掘报告、文物研究专著和论文集也是层出不穷，这是研究骆越青铜文化至关重要的基础。除了省（区）级考古文博单位的领军作用，在其他的市级、县级博物馆，青铜文物藏品的陈列也占有一定的分量。越南国家的各级博物馆的情况也与广西的情况大体相仿。随着考古发掘不断取得进展，也有不少青铜文化遗物被各地博物馆陆续收藏。目前，广西文化部门也有拟斥巨资建立"世界铜鼓文化艺术博物馆"的计划设想。

另一方面，保护开发的不足之处也很突出。例如，广西武鸣马头元龙坡墓葬群、合浦汉墓群等，都是涉及骆越文化研究的重要遗存，但发掘后30年过去，全面的考古发掘报告至今仍然未能公开发表。这种情况在中国和越南的考古文博部门中都不在少数。也就是说，骆越青铜文化考古的发现及文物的保存情况，我们还未能真正了解其全貌，这必然会导致基础研究存在缺陷。

此外，青铜文物的被破坏和流散也不在少数。如广西右江、邕江流域长期零星出土的骆越式青铜短剑，因造型精美，往往先被私家获得，其后少部分才被博物馆购入收藏。柳州市博物馆、广西壮族自治区博物馆都曾购入过流散的骆越青铜短剑。这说明，青铜文物的原出土地已经遭到破坏，这在基础建设大力开展的近20年更是势所难免。据笔者的调研，崇左市壮族博物馆陈列有一件所谓的大型骆越青铜戈，形似越南沙黄文化遗物；广西田东县博物馆陈列有一件斜刃铜戈，形似越南东山文化铜戈，如果不是赝品，也应当是从越南流入的青铜文物。至于有计划地全面调研普查青铜文物，建立相关的文物及资料数据库的工作也未能充分开展，而有计划地进行专项考古调查和发掘目前亦无从谈起。

第三节 骆越青铜文化遗产的开发利用及其对策建议

世界博物馆协会的宗旨，就是要建立非营利性的教育宣传机构，普及科学文化知识，这样必然需要国家政府和各种社会民间渠道的资金不断投入和赞助。如今，我国文博部门在资金来源方面已今非昔比，大多数的博物馆实行免费开放参观，这是国家文化事业飞跃发展的一个里程碑，但仍然需要不断加大资金的投入。此外，考古文博部门也要不断改革创新才能与时俱进，挖潜改造还有大量的工作可做。针对这些问题，笔者试提出如下的对策建议。

一、将文化遗存保护与文物保护单位及文化遗产名录的申请结合起来

文化遗存的保护最好能与国家文物保护单位相结合，有法律的保障，这样才能得到最好的保护，如广西合浦汉墓群现已成为国家级大遗

址保护单位。但有的青铜文化遗址，由于历史的局限，当时未能得到有关方面的重视，因此错过了成为重要文物保护单位的良机，如西林县普驮西汉铜鼓墓、武鸣马头元龙坡墓葬群等遗址。重要的青铜文化遗址只有得到很好的保护，才能对它们进行文化内涵的深度挖掘，在此基础上才能筹建骆越文化艺术博物馆。目前，广西在铜鼓文化的传承和保护方面做得很好，但这仅仅是骆越青铜文化的一部分，还应当有诸多方面的延伸，这样才能同申报文化遗产项目结合起来。联合国已将"左江花山岩画文化景观"列入世界文化遗产名录。实际上，骆越青铜文化与左江花山岩画有紧密的关系，两者的人物图像相似，族属当同为骆越先民；骆越青铜器实物，如铜鼓、羊角钮钟、三角刃短剑、环首刀等，在花山岩画的图像中都可以得到印证。可以这样说，骆越青铜文化的考古发现和研究，与花山岩画的研究保护以及"申遗"工作是相辅相成的，两者的基础研究都可以相互促进。各级文博部门如果能建立更多的青铜文化保护平台，以点带面，就能促进博物馆收藏、研究、陈列这三大功能的发挥。

二、基础研究与科普宣传并举

2007年，国务院下发了关于开展第三次全国文物普查工作的通知，各级文博单位都做了相应的普查工作，这种工作不仅应当常态化，而且应当建立完善的文物资料数据库。如能够建立有数据库支撑的中越骆越青铜文化网站，既可起到科学普及和教育宣传的作用，又可大大提高基础科学研究的效率和水平。

做好科学普及的工作是多方面的。例如，有关左江花山岩画、骆越铜鼓文化的电视纪录专题片已经在各种传播媒体多次播报，产生了广泛的社会影响。相比之下，整体进行骆越青铜文化的科普解说和传媒播报则尚属空白，这虽有很大的难度，但与投入和基础研究的不足也有直接关系。参考结合国外的先进范式，如日本大阪国立民族学博物馆、韩国的世界文化遗产名录，就知道文化遗产的保护传承，首先是要建立文物资料完备的数据库，对文物都要做分门别类的整理和综合复原研究，以此作为开展各项工作的基础。例如，作为单件文物的陈列，简单的说明文字并不能使观众对文物的功能留下多少印象。韩国博物馆的青铜文化陈列，不仅分门别类陈列介绍每件藏品、青铜模范，还以青铜器的组合形式，图像与实物的综合复原解说，全面介绍整组青铜器的功能和时代背景，从而使观众对铜剑、铜镜、铜杖饰、铜铃等青铜时代主要器物的社会功能有了深入的了解①。要做好这项工作，需要有扎实深入的基础研究，还需要采用综合性的复原手段，这样才能全面展示青铜文物的时代风貌。

三、加强保护机构与教育、文化、科研部门的合作

骆越青铜文化的开发利用，归根到底，最重要的工作还是要取决于考古新发现和基础研究的进展。目前，骆越青铜文化开发利用工作的影响不大，主因即在于此。它与四川广汉三星堆青铜文化遗存的开发利用相比，不能同日而语，也不能与云南省的青铜文化遗存的开发利用程度相比，如云南的省级、市级博物馆都有丰富的青铜文化陈列展览，连楚雄县也建立有青铜文化艺术博物馆。大学、研究机构和考古文博单位都有一批研究青铜文化的学者，相关研究硕果累累。与云南、越南的研究力量相比，广西方面的研究力量还显得较为薄弱，而且是只有少数学者在进行分散的研究。今后须进一步整合青铜文化保护开发利用的主体力量，还要加强国际合作与学术交流。只有高水平的考古发掘和综合研究取得进展，加上从深度和广度挖掘现有的青铜文化资源，保护和弘扬珍贵文化遗产的事业才能延续下去。

---

①KOREA VISUALS编辑部：《韩国文化遗产之旅》，李华、李华敏译，生活·读书·新知三联书店，2007，第293页。

四、实现常态化的国际交流与合作

如上所述，骆越青铜文化的综合研究，必须是跨境跨文化的比较研究，但事实上，我们对中国和越南现有的骆越青铜文化遗存的保存情况还没有真正完全了解和掌握。过去中越的国际合作与交流大多是局限于铜鼓研究，也极少进行合作发掘。今后工作的开展应当围绕以下六个方面进行。

①继续加大开拓科研项目资金的渠道来源。

②开展建立骆越青铜文化资料数据库的工作。这项工作非个别中国或越南的大学、科研院所、文化部门所能独立承担完成的，需要这些单位进行国际合作。

③有目的、有计划地开展专题考古调查和发掘。如日本与越南合作发掘越南义安鼎乡遗址，中国四川省文物考古研究院、陕西省文物考古研究院与越南考古研究院合作，发掘越南永福省义立遗址，都取得了较好的成果。这样的工作不断推进，相信骆越青铜文化的发展序列和编年体系研究将会取得学术界公认的成果。

④中越学者及相关部门继续开展学术交流和互访。通过举办学术会议、参观访问、互派留学生等形式促进双边的学术交流并达成共识，培养学术研究的后备人才。

⑤加强采取保护骆越青铜文化遗产的各项措施。

⑥加强对青铜文化遗存的多学科综合研究和开展社会宣传。要充分发挥文物藏品的科普教育作用，用多种形式将青铜文化资源转化为旅游资源。

若上述措施能够不断地落实，骆越青铜文化的研究不仅会成为名副其实的国际显学，而且对中国边疆开发的文化基础建设、对中外文化交流也必将产生重要的作用和影响。

结束语

　　综上所述，把"骆越青铜文化"作为一个独立而系统的学术概念及问题提出来加以探讨研究，在过去国内相关的历史与考古研究中，应当说这还是一个比较薄弱的学术领域。相较而言，越南东山青铜文化的研究已经取得了丰硕的成果，但它主要还是同所谓的"雄王时代社会"相联系，这一研究，实与中国学者的"骆越青铜文化"研究是名异实同，但越南学者的研究，实际上往往不能跟中国南疆相邻地区的青铜文化做系统深入的比较，因而其研究视野自然会受到很大的局限。迄今为止，中国学者的跨境跨文化的比较研究应当说比之前更向前迈进了一大步。本著一再强调，从史籍记载和考古发现来说，"骆越"并不是一个单一的族群集团，而是应当把它看作一个历史民族区来加以剖析研究，这样才能更接近历史的真相。考古发现也表明，中越上古青铜文化及其族群的关系是十分紧密的，而且具有共同的源流。只有确立了这样的前提共识，中越的骆越青铜文化才能正本清源，重大的学术疑难问题才能迎刃而解。因此，本著的完成，可以说是中越边区骆越青铜文化比较研究的又一新成果。本著所做的最重要的基础研究，仍然是进一步提出了一个骆越青铜文化的区系、类型与年代分期的框架。今后，这一骆越青铜文化的历史编年体系，一方面是要接受中越两国考古新发现的检验和学术界的挑战，另一方面还需要用更新更丰富的资料加以完善。

　　美国学者乔伊斯·怀特等人曾指出，东南亚青铜文化考古，尽管研究了几十年，但可供断代分期的，以地层关系为基础的区域性陶器序列、准确的测年数据、表达清晰的科学考古发掘报告等，这些基本的研究证据仍然是匮乏的[①]。但这些困难并不会导致学者裹足不前，因为我们有东亚南

---

　　① 乔伊斯·怀特、伊丽莎白·汉密尔顿：《东南亚青铜技术起源新论》。

部上古青铜文化考古发现的基础，通过比较研究，我们仍然能向历史的真实迈进。本著的完成，也是一次以多学科方法综合研究的实践，不求能一步达到何种精确的程度，但这种实践仍然是今后研究的必须。同时这也昭示，开展国际合作与学术交流，不断推进有目的的考古调查发掘和综合研究，仍然是骆越青铜文化研究的必由之路。

骆越问题是研究东亚南部民族史、东南亚民族国家的起源、古代中越关系史、海上丝绸之路、秦汉王朝多民族统一国家形成发展的历程、第一次东西方大交流时代都不能回避的问题。骆越青铜文化尽管是其中的一个局部问题，但它却关系到上古东亚南部的全局，在没有多少历史文献记载的巨大的骆越历史时空，继续把这一研究深入推进，无疑能为解决上述问题起到举一反三的作用。考古事实也说明，骆越历史与文化中的玉石文化研究、陶瓷文化研究、城市研究等专题，至今仍然存在许多空白需要填补。因此，笔者期待今后能有更多更好的骆越历史与文化研究的新成果问世。

笔者也曾谈到骆越青铜文化遗产的保护和开发利用问题。毫无疑问，基础研究是实现这一目的的前提和保障，如果保护和开发利用工作能够做好，产生了社会效益，它也会反过来促进基础研究的深入开展，也会产生国际性的影响，国家间的学术合作和交流也会进入正常发展的轨道。

英国学者霍尔曾提出，研究东南亚史，应当是以东南亚"自身的观点而不能用任何其他观点"来进行研究[①]。这无疑是正确的。也就是说，一切研究要从事实出发，不带偏见。本著的研究立足于考古资料，通过对考古的发现和研究做出综合的分析概括，我们得出结论：骆越青铜文化是一种复合型的青铜文化，它有自身独特的起源和历史发展的延续性，而且这一过程也是多民族文化融合的过程，是东亚大陆社会文明与东亚南部民族社会文明互动融合的过程。正是这种具有开放包容的文化特质，骆越历史民族区才能真正地融入秦汉多民族统一国家繁荣发展的历程。

---

①霍尔：《东南亚史》（上册），中山大学东南亚研究所译，商务印书馆，1982，第14页。

贡德·弗兰克曾指出，考古和历史资料都显示，在基督诞生的纪元前后，东南亚地区早就出现了地域广大的具有高度文明和生产力的社会，它具有高度发达的经济和政治，其中最值得注意的国家中，就有越南的越（Viet）和占婆（Champa）①。从历史文献记载来说，所谓的"Viet"，当指先秦两汉时期的"骆越"，"占婆"的前身则是东汉后期从汉朝日南郡象林县分裂出去而形成的独立国家——林邑。这表明，我们研究的骆越历史与文化，的确是世界古代文明发展史上举足轻重的一环，本著阐明的骆越青铜文化史及其社会背景也足以彰显这光辉灿烂的一页。

　　此外，我们也强调，先秦两汉时期骆越地区的社会发展也不是孤立的，尤其是两汉时期，是外来文化的影响从根本上改变了骆越地区的历史进程，使之成为"海上丝绸之路"东西方交流的前沿，成为亚洲中国、印度两大文化和其他外来文化及民族迁移的交会之地。这一历史发展的趋势，决定了骆越文化有其自身起源发展演变的道路，同时它也具有开放兼容性，从而使之在区域性、民族性和世界性上有着独特而不可取代的地位。

　　如今，面对中外的学术界，本著上述的观点和结论未必就能改变许多传统的看法，其中最突出的就是强调东南亚上古文化独立起源的学者，始终难以面对中越考古学广泛比较研究的动向和结果。与之相反，强调外来文化影响主导论的学者，也没有充分意识到东亚南部社会文明的融合发展，是东亚大陆先秦两汉文明不可分割的重要组成部分，以及它如何给世界文明的发展带来的深远作用和影响。因此，我们今后的首要任务，仍然是要继续建立以考古事实为出发点的认知基础和体系，这样才能真正继续夯实骆越历史与文化研究的基础，使宝贵的区域民族文化遗产发扬光大，最终实现古为今用，并达成建立在科学研究基础之上的国际交流与合作。

---

①贡德·弗兰克：《白银资本——重视经济全球化中的东方》，刘北成译，中央编译出版社，2011，第88页。

参考文献

[1] 中国社会科学院考古研究所. 中国考古学·夏商卷 [M]. 北京：中国社会科学出版社，2003.

[2] 中国社会科学院考古研究所. 中国考古学·两周卷 [M]. 北京：中国社会科学出版社，2004.

[3] 中国社会科学院考古研究所. 中国考古学·秦汉卷 [M]. 北京：中国社会科学出版社，2010.

[4] 冯汉骥. 冯汉骥考古学论文集 [G]. 北京：文物出版社，1985.

[5] 童恩正. 童恩正文集·学术系列 [M]. 重庆：重庆出版社，1998.

[6] 汪宁生. 汪宁生论著萃编：上、下卷 [M]. 昆明：云南民族出版社，2001.

[7] 蒋廷瑜. 桂岭考古论文集 [G]. 北京：科学出版社，2009.

[8] 高至喜. 商周青铜器与楚文化研究 [M]. 长沙：岳麓书社，1999.

[9] 朱凤瀚. 古代中国青铜器 [M]. 天津：南开大学出版社，1995.

[10] 苏秉琦. 中国文明起源新探 [M]. 北京：生活·读书·新知三联书店，1999.

[11] 许智范，肖明华. 南方文化与百越滇越文明 [M]. 南京：江苏教育出版社，2005.

[12] 蒙文通. 蒙文通文集：第二卷　古族甄微 [M]. 成都：巴蜀书社，1993.

[13] 徐松石. 徐松石民族学文集：上、下卷 [M]. 重版. 桂林：广西师范大学出版社，2005.

[14] 陈国强，蒋炳钊，吴绵吉，等. 百越民族史 [M]. 北京：中国社会科学出版社，1988.

[15] 王文光，李晓斌. 百越民族发展演变史：从越、僚到壮侗语族各民族 [M]. 北京：民族出版社，2007.

[16] 张声震. 壮族通史 [M]. 北京：民族出版社，1997.

［17］郑超雄，覃芳.壮族历史文化的考古学研究［M］.北京：民族出版社，2006.

［18］郑超雄.壮族文明起源研究［M］.南宁：广西人民出版社，2005.

［19］张荣芳，黄淼章.南越国史［M］.广州：广东人民出版社，1995.

［20］中国秦汉史研究会，中山大学历史系，西汉南越王博物馆.南越国史迹研讨会论文选集［M］.北京：文物出版社，2005.

［21］《云南各族古代史略》编写组.云南各族古代史略［M］.昆明：云南人民出版社，1977.

［22］尤中.中国西南边疆变迁史［M］.昆明：云南教育出版社，1987.

［23］谭其骧.中国历史地图集［M］.北京：中国地图出版社，1982.

［24］李孝聪.中国区域历史地理［M］.北京：北京大学出版社，2004.

［25］方豪.中西交通史：上、下册［M］.上海：上海人民出版社，2008.

［26］梁志明.东南亚古代史［M］.北京：北京大学出版社，2013.

［27］郭振铎，张笑梅.越南通史［M］.北京：中国人民大学出版社，2001.

［28］覃圣敏，覃彩銮，卢敏飞.广西左江流域崖壁画考察与研究［M］.南宁：广西民族出版社，1987.

［29］王克荣，邱钟仑，陈远璋.广西左江岩画［M］.北京：文物出版社，1988.

［30］广州市文物管理委员会，中国社会科学院考古研究所，广东省博物馆.西汉南越王墓：上、下册［M］.北京：文物出版社，1991.

［31］中国社会科学院考古研究所，广州市文物管理委员会，广州市博物馆.广州汉墓：上、下册［M］.北京：文物出版社，1981.

［32］广州市文物考古研究所，广州市番禺区文管会办公室.番禺汉墓［M］.北京：科学出版社，2006.

［33］广东省文物局，广东省文物考古研究所，广州市文物考古研究所.广东文物考古三十年［M］.广州：暨南大学出版社，2009.

［34］徐闻县历史文化研究领导小组办公室.大汉徐闻两千年［M］.北京：商务印书馆，2014.

［35］麦英豪，王文建.岭南之光：南越王墓考古大发现［M］.杭州：浙江文艺出版社，2002.

［36］广西壮族自治区文物工作队.广西文物考古报告集：1950—1990［G］.南宁：广

西人民出版社，1993.

[37] 中国国家博物馆，广西壮族自治区博物馆.瓯骆遗粹：广西百越文化文物精品集
[M].北京：中国社会科学出版社，2006.

[38] 广西壮族自治区文物工作队，合浦县博物馆.合浦风门岭汉墓：2003～2005年发
掘报告[M].北京：科学出版社，2006.

[39] 广西壮族自治区文物考古研究所等.广西合浦寮尾东汉三国墓发掘报告[J].考
古学报，2012（4）：489-545.

[40] 广西壮族自治区博物馆.广西博物馆文集：第三辑[G].南宁：广西人民出版
社，2006.

[41] 广西壮族自治区博物馆.广西博物馆文集：第四辑[G].南宁：广西人民出版
社，2007.

[42] 广西壮族自治区博物馆.广西博物馆文集：第五辑[G].南宁：广西人民出版
社，2008.

[43] 广西壮族自治区博物馆.广西博物馆文集：第六辑[G].南宁：广西人民出版
社，2009.

[44] 广西壮族自治区博物馆.广西博物馆文集：第七辑[G].南宁：广西人民出版
社，2010.

[45] 广西壮族自治区博物馆.广西博物馆文集：第八辑[G].南宁：广西人民出版
社，2011.

[46] 广西壮族自治区博物馆.广西博物馆文集：第九辑[G].南宁：广西人民出版
社，2012.

[47] 广西壮族自治区博物馆.广西博物馆文集：第十辑[G].南宁：广西人民出版
社，2014.

[48] 广西壮族自治区博物馆.广西贵县罗泊湾汉墓[M].北京：文物出版社，1988.

[49] 广西壮族自治区博物馆.广西铜镜[M].北京：文物出版社，2004.

[50] 广西壮族自治区博物馆.广西考古文集[M].北京：文物出版社，2004.

[51] 蒋廷瑜.广西考古通论[M].南宁：广西科学技术出版社，2012.

[52] 蒋廷瑜，彭书琳.历史的足迹：广西历史时期考古手记[M].南宁：广西人民出
版社，2006.

［53］谢崇安.壮侗语族先民青铜文化艺术研究［M］.北京：民族出版社，2007.

［54］谢崇安.滇桂地区与越南北部上古青铜文化及其族群研究［M］.北京：民族出版社，2010.

［55］谢崇安.泛北部湾地区秦汉时代的古族社会文明［M］.北京：科学出版社，2014.

［56］蒋廷瑜.铜鼓艺术研究［M］.南宁：广西人民出版社，1988.

［57］李昆声，黄德荣.中国与东南亚的古代铜鼓［M］.昆明：云南美术出版社，2008.

［58］李昆声，陈果.中国云南与越南的青铜文明［M］.北京：社会科学文献出版社，2013.

［59］李昆声，黄德荣.论黑格尔Ⅰ型铜鼓［J］.考古学报，2016（2）：173-206.

［60］杨勇.战国秦汉时期云贵高原考古学文化研究［M］.北京：科学出版社，2011：221.

［61］杨勇.可乐文化因素在中南半岛的发现及初步认识［J］.考古，2013（9）：76-86.

［62］王大道.云南青铜文化及其与越南东山文化、泰国班清文化的关系［J］.考古，1990（6）：531-543.

［63］张增祺.晋宁石寨山文化与越南东山文化的比较研究［J］.云南社会科学，1985（2）：55-60.

［64］姚舜安，万辅彬，蒋廷瑜.北流型铜鼓探秘［M］.南宁：广西人民出版社，1990.

［65］蒋廷瑜，廖明君.铜鼓文化［M］.杭州：浙江人民出版社，2007.

［66］广西壮族自治区博物馆.近年来广西出土的先秦青铜器［J］.考古，1984（9）：798-806.

［67］广西壮族自治区博物馆.广西恭城县出土的青铜器［J］.考古，1973（1）：30-34.

［68］广西壮族自治区文物考古写作小组.广西合浦西汉木椁墓［J］.考古，1972（5）：20-30.

［69］贺县博物馆.广西贺县龙中岩洞墓清理简报［J］.考古，1993（4）：324-329.

［70］贺州市博物馆.广西贺州市马东村周代墓葬［J］.考古，2001（11）：15-18.

［71］广西壮族自治区文物工作队.平乐银山岭战国墓［J］.考古学报，1978（2）：

211.

[72] 广西壮族自治区文物工作队，南宁市文物管理委员会，武鸣县文物管理所. 广西武鸣马头元龙坡墓葬发掘简报［J］. 文物，1988（12）：1-13.

[73] 韦仁义. 武鸣马头墓葬与古代骆越［J］. 文物，1988（12）：32-36.

[74] 广西壮族自治区文物工作队. 广西西林县普驮铜鼓墓葬［J］. 文物，1978（9）：43-51.

[75] 杨帆，万扬，胡长城. 云南考古：1979—2009［M］. 昆明：云南人民出版社，2010.

[76] 云南省博物馆. 云南晋宁石寨山古墓群发掘报告［M］. 北京：文物出版社，1959.

[77] 云南省文物考古研究所，昆明市博物馆，官渡区博物馆. 昆明羊甫头墓地：1~4卷［M］. 北京：科学出版社，2005.

[78] 云南省文物考古研究所. 曲靖八塔台与横大路［M］. 北京：科学出版社，2003.

[79] 广西壮族自治区文化厅文物处，中国古代铜鼓研究会. 铜鼓和青铜文化的新探索：中国南方及东南亚地区古代铜鼓和青铜文化第二次国际学术讨论会论文集［C］. 南宁：广西民族出版社，1993.

[80] 张世铨. 铜鼓人像的族属试析［C］//中国铜鼓研究会. 中国铜鼓研究会第二次学术讨论会论文集. 北京：文物出版社，1986.

[81] 李龙章. 湖南两广青铜时代越墓研究［J］. 考古学报，1995（3）：275-312.

[82] 施劲松. 长江流域青铜器研究［M］. 北京：文物出版社，2003.

[83] 李龙章. 岭南地区出土青铜器研究［M］. 北京：文物出版社，2006.

[84] 郑小炉. 吴越和百越地区周代青铜器研究［M］. 北京：科学出版社，2007.

[85] 吴小平. 汉代青铜容器的考古学研究［M］. 长沙：岳麓书社，2005.

[86] 蒋廷瑜. 汉代錾刻花纹铜器研究［J］. 考古学报，2002（3）：277-302.

[87] 蒋廷瑜. 西瓯骆越青铜文化比较研究［C］//中国百越民族史研究会，广西壮族自治区文物局，广西文物考古研究所. 百越研究（第一辑）：中国百越民族史研究会第十三届年会论文集. 南宁：广西科学技术出版社，2007.

[88] 郑超雄. 广西武鸣马头　骆越方国故地［M］//罗世敏. 大明山的记忆：骆越古国历史文化研究. 南宁：广西民族出版社，2006.

[89] 覃圣敏. 西瓯骆越新考［C］//中国百越民族史研究会，广西壮族自治区文物局，

广西文物考古研究所.百越研究（第一辑）：中国百越民族史研究会第十三届年会论文集.南宁：广西科学技术出版社，2007.

［90］覃彩銮.骆越青铜文化初探［J］.广西民族研究，1986（2）：32–40.

［91］谢崇安.滇桂地区与越南北部的青铜剑及其相关问题［C］//中国与东南亚民族论坛编委会.首届中国与东南亚民族论坛论文集.北京：民族出版社，2005.

［92］谢崇安.兰威克文化艺术遗存之早期中越民族文化交流管窥［M］//李富强.中国壮学：第一辑.北京：民族出版社，2006.

［93］谢崇安.略论岭南民族文物中所见之早期印度佛教文化因素［J］.中国美术研究，2008（2）：1–6.

［94］谢崇安.岭南汉墓所见之胡人艺术形象及相关问题［J］.民族艺术，2009（2）：105–109.

［95］谢崇安.西汉南越国墓出土铭刻补释三题［J］.考古与文物，2013（1）：68–72.

［96］谢崇安.关于骆越族的考辨［J］.广西民族师范学院学报，2011（2）：6–11.

［97］谢崇安.从考古发现看南越国与滇国的经贸文化交流［C］//李昆生，黄懿陆.中华历史文化探源：云南抚仙湖与世界文明学术研讨会论文集.昆明：云南人民出版社，2012.

［98］谢崇安.从南方上古青铜器纹饰看骆越族造物神祭礼的源流［J］.民族艺术，2015（3）：86–88.

［99］谢崇安.上古滇系铜鼓对骆越铜鼓造型与纹饰的影响［J］.民族艺术，2016（6）：62–68.

［100］谢崇安.论几件越南东山文化青铜提桶的年代及相关问题［J］.四川文物，2016（5）：41–49.

［101］谢崇安."雒王"与"雄王"问题考辨：与刘瑞先生商榷［J］.广西民族师范学院学报，2016（5）：30–34.

［102］谢崇安.云南石寨山文化与越南东山文化的比较研究［G］//中国社会科学院考古研究所.考古学集刊：第21集.北京：社会科学文献出版社，2018.

［103］邓聪，吴春明.东南考古研究：第三辑［M］.厦门：厦门大学出版社，2003.

［104］湖南省博物馆.长沙树木岭战国墓阿弥岭西汉墓［J］.考古，1984（9）：790–797.

［105］贵州省文物考古研究所. 赫章可乐二〇〇〇年发掘报告［M］. 北京：文物出版社，2008.

［106］崔剑峰，吴小红. 铅同位素考古研究：以中国云南和越南出土青铜器为例［M］. 北京：文物出版社，2008.

［107］中国广西壮族自治区博物馆，中国广西文物考古研究所，越南国家历史博物馆. 越南铜鼓［M］. 北京：科学出版社，2011.

［108］吴春明. 从百越土著到南岛海洋文化［M］. 北京：文物出版社，2012.

［109］广西壮族自治区博物馆，广西文物考古研究所，广东省博物馆，等. 广西与东盟青铜文化学术研讨会论文集［C］. 北京：科学出版社，2012.

［110］李学勤. 论古越阁所藏三件青铜器［J］. 文物，1994（4）：64-69.

［111］李学勤. 四海寻珍：流散文物的鉴定和研究［M］. 北京：清华大学出版社，1998.

［112］黎文兰，范文耿，阮灵. 越南青铜时代的第一批遗迹［M］. 梁志明，译. 河内：（越南）科学出版社，1963.

［113］何文晋. 越南东山文化［M］. 河内：（越南）社会科学出版社，1994.

［114］何文晋. 越南考古学Ⅱ：越南金属器时代［M］. 河内：（越南）社会科学出版社，1999.

［115］何文逢. 东山铜缸［M］. 河内：（越南）社会科学出版社，2008.

［116］清化省文化厅. 清化省东山文化遗物［M］. 越南清化，2004.

［117］陶维英. 越南古代史［M］. 刘统文，子钺，译. 北京：科学出版社，1959.

［118］西村昌也. ベトナムの考古・古代学［M］. 东京：同成社，2011.

［119］石井米雄，樱井由躬雄. 东南アジア世界の形成［M］. 东京：讲谈社，1985.

［120］松本信广. 古代インドシナ稲作民族宗教思想の研究：古铜鼓の文様を通じて見みたる［M］. 佚名. インドシナ研究：东南アジア稲作民族文化综合调查报告（一）. 东京：有邻堂，1965.

［121］尼古拉斯·塔林. 剑桥东南亚史：Ⅰ～Ⅱ卷［M］. 贺圣达，陈明华，俞亚克，等，译. 昆明：云南人民出版社，2003.

［122］黎道纲. 泰国古代史地丛考［M］. 中华书局，2000.

［123］弗朗茨·黑格尔. 东南亚古代金属鼓［M］. 石钟健，黎广秀，杨才秀，译. 上

海：上海古籍出版社，2004.

［124］邱兹惠. 试论东南亚所见之万家坝式鼓［C］//《铜鼓和青铜文化的再探索》编辑组. 铜鼓和青铜文化的再探索——中国南方及东南亚地区古代铜鼓和青铜文化第三次国际学术讨论会论文集：《民族艺术》1997年增刊. 南宁：《民族艺术》杂志社，1997.

［125］查尔斯·海汉姆. 东南亚青铜时代断代［M］//四川大学博物馆，四川大学考古系，成都文物考古研究所. 南方民族考古：第六辑. 北京：科学出版社，2010.

［126］乔伊斯·怀特，伊丽莎白·汉密尔顿. 东南亚青铜技术起源新论［M］. 陈玮，译//四川大学博物馆，四川大学考古系，成都文物考古研究所. 南方民族考古：第七辑. 科学出版社，2011.

［127］查尔斯·海汉姆，托马斯·海汉姆，罗伯特·强南. 东南亚青铜时代的起源［M］. 董红秀，译//四川大学博物馆，四川大学考古系，成都文物考古研究所. 南方民族考古：第九辑. 科学出版社，2013.

［128］SMITH R B, WATSON W. Early Southeast Asia［M］. Oxford：Oxford University Press，1979.

［129］SRENSEN P. The Ongbah Cave and Its Fifth Drums［M］//SMITH R，WATSON W. Early South-East Asia. Oxford：Oxford University press，1979.

［130］DEWALL M. New Evidence on the Ancient Bronze Kettle-drums of South East Asia from Recent Chinese Finds［M］//ALLCHIN B. South Asia Archaeology. Cambridge：Cambridge University Press，1981.

［131］LOOFS W. The Development and spread of Metallurgy in Southeast Asia［J］. Journal of Southeast Asian studies 1983，14.

［132］HIGHAM C. The Archaeology of Mainland Southeast Asia［M］. Cambridge：Cambridge University Press，1989.

［133］HIGHAM C. The Bronze Age of Southeast Asia［M］. Cambridge：Cambridge University，1996.

［134］JAMES R B，ANH-HOANG B. Bronzes of the Dong Son Culture of Vietnam［J］. Arts of Asia，2007（5）.

［135］Conference papers on Archaeology in Southeast Asia The University Museum and Art

Gallery The University of Hong Kong，1995.

［136］Graduate School of Humanities and Sociology The University of Tokyo. The Lang Vac
　　　Sites，The Vietnam-Japan Joint Archaeological Research Team，2004.

［137］WAN-TOI L. Archaeology of Co Loa：Data and discussion［J］. Vietnam Archaeology，
　　　2008（3）.

［138］范宝簪. 多乐省的金属器时代：资料和讨论［J］. 越南考古学，2015（4）.

［139］PHAN T T. 波莱格龙水库电站地区考古遗址的青铜器和铁器的源流［J］. 越南
　　　考古学，2014（1）.

［140］郑新. “前东山—东山文化”社会组织与初期国家［J］. 越南考古学，2014
　　　（4）.

［141］来万东. 古螺王国的历史［J］. 越南考古学，2010（3）.

［142］TRAN V B. Cat Tien圣地的同奈文化［J］. 越南考古学，2013（3）.

［143］郑能聪. 中国南部发现的东山文化青铜提桶［J］. 越南考古学，2015（2）.

［144］阮维. 越南东山文化青铜器的早期汉字铭文［J］. 越南考古学，2007（5）.

［145］PHAM Q Q. 东山文化“铜盅”研究［J］. 越南考古学，2009（2）.

［146］BUI C H. 从Hoa Diem遗迹看沙黄文化的分布［J］. 越南考古学，2009（5）.

［147］范德孟. Tan Uyen-Nong Nai（South Vietnam）-convergence area of historical "Indigenous-
　　　exogenous culture"［J］. 越南考古学，2003（5）.

［148］范德孟. 湄公河下游地区早期冶金术的起源及其特点［J］. 越南考古学，2008
　　　（3）.

［149］TRAN W B. 林同省富美遗迹的文化关系［J］. 越南考古学，2008（1）.

［150］莽甘. 关于扶南国的考古学新研究：位于湄公河三角洲的沃澳（Oc EO，越南）
　　　遗址［M］吴旻，译//《法国汉学》丛书编辑委员会. 考古发掘与历史复原：法
　　　国汉学　第十一辑. 北京：中华书局，2006.

［151］戈鹭波 V. 东京和安南北部的青铜时代［M］. 刘雪红，等，译//云南省博物
　　　馆，中国古代铜鼓研究会. 民族考古译文集（1），1985.

［152］埃德蒙·索兰，让皮埃尔·卡伯内尔. 印度支那半岛的史前文化［M］. 任友
　　　谅，译//中国社会科学院考古研究所. 考古学参考资料：2. 北京：文物出版社，
　　　1979.

［153］ゴ・シ・ホン. ラン・ヴァク（ゲティン省）の発掘第二次［J］. 今村启尔译. 东南アジア考古学会会报，1990，10.

［154］韩文宽. 松仁—蒙德遗址考古：冯原文化研究的重要途径［J］. 越南考古学，2007（3）.

［155］武世龙，等. 越南铜鼓上的花纹［J］. 越南考古学，1974（14）.

［156］黄春征. 越南发现和研究铜鼓的情况［C］//《铜鼓和青铜文化的再探索》编辑组. 铜鼓和青铜文化的再探索：中国南方及东南亚地区古代铜鼓和青铜文化第三次国际学术讨论会论文集：《民族艺术》1997年增刊. 南宁：《民族艺术》杂志社，1997.

［157］何文晋. 东南亚铜鼓的记录［C］//《铜鼓和青铜文化的再探索》编辑组. 铜鼓和青铜文化的再探索：中国南方及东南亚地区古代铜鼓和青铜文化第三次国际学术讨论会论文集：《民族艺术》1997年增刊. 南宁：《民族艺术》杂志社，1997.

［158］阮文好. 越南出土的万家坝类型铜鼓［C］//广西壮族自治区博物馆，广西文物考古研究所，广东省博物馆，等. 广西与东盟青铜文化学术研讨会论文集. 北京：科学出版社，2012.

［159］俵宽司. 越南汉墓的分期研究：以越南北部清化省出土考古资料为中心［G］. 谢崇安，译//广西壮族自治区博物馆. 广西博物馆文集：第六辑. 南宁：广西人民出版社，2009.

［160］新田荣治. ベトナム・两广地区の青铜提筒とその変迁［J］. 考古学杂志，1984，70（2）.

［161］梶山胜. 越文化的人像柄青铜短剑：从湖南省长沙市树木岭1号墓出土资料谈起［J］. 黄德荣，译. 中国古代铜鼓研究通讯，1996（12）.

［162］松井千鹤子. 越南北部出土的青铜戈［J］. 唐虹，孙晓明，译. 东南亚，1987（1）：62-69.

［163］吉开将人. 再论东山系铜盉［C］//《铜鼓和青铜文化的再探索》编辑组. 铜鼓和青铜文化的再探索：中国南方及东南亚地区古代铜鼓和青铜文化第三次国际学术讨论会论文集：民族艺术，1997年增刊.

［164］吉开将人. 印からみた南越世界：岭南古玺印考［M］. 佚名. 东洋文化研究所纪

要：第136、137、139册，日本东京大学，1998—2000.

［165］李昉，等.四库类书丛刊：太平御览［M］.上海：上海古籍出版社，1994.

［166］吕不韦.吕氏春秋［M］.上海：上海古籍出版社，1989.

［167］刘安，等.淮南子［M］.高诱，注.上海：上海古籍出版社，1989.

［168］赵晔.吴越春秋校注［M］.张觉，校注.长沙：岳麓书社，2006.

［169］袁康.越绝书［M］.吴平，辑录.上海：上海古籍出版社，1985.

［170］杨孚.异物志辑佚校注［M］.吴永章，辑佚校注.广州：广东人民出版社，
2010.

［171］钱林书.续汉书郡国志汇释［M］.合肥：安徽教育出版社，2007.

［172］刘珍.东观汉记校注［M］.吴树平，校注.郑州：中州古籍出版社，1987.

［173］常璩.华阳国志校补图注［M］.任乃强，校注.上海：上海古籍出版社，1987.

［174］郦道元.水经注校证［M］.陈桥驿，校证.北京：中华书局，2007.

［175］刘恂.岭表录异校补［M］.商壁，潘博，校补.南宁：广西民族出版社，1988.

［176］周去非.岭外代答校注［M］.杨武泉，校注.北京：中华书局，1999.

［177］吴士连，等.大越史记全书［M］.越南汉喃研究院，国子监藏版.

［178］汪森.粤西丛载校注［M］.黄振中，吴中任，梁超然，校注.南宁：广西民族出
版社，2007.

后 记

　　本著从写作到出版，耽搁多年。这是我第三次完成国家社科基金项目的结项成果。笔者之所以选择"骆越青铜文化研究"作为自己的课题，有两个方面的主要原因。首先，从学术渊源来说，我在大学学习的专业是考古专业，不免会受到母校学风的影响和老师的学术熏陶。2018年10月，母校四川大学历史文化学院特别邀请1977、1978级的同学回校，参加纪念改革开放、恢复高考四十周年的庆典。师生相会座谈时，让我们1978级考古班的同学们深感欣慰的是，绝大多数考古专业的任课老师还健在，这使我们更加怀念逝世已21周年的恩师童恩正教授。童先生因在中国西南考古领域取得卓越成就早已蜚声中外。他于1984年当选第三届中国古代铜鼓研究学会理事长，1990年当选德国考古研究院通讯院士。回过头来看，笔者才感觉到自己多年来所从事的教学和科研工作，竟是沿着童先生所倡导和着力实践的科研方向一直往前走。因此，笔者曾对一些同窗说，我不是童先生的关门弟子，但阴差阳错，本班同学中却是我最不自觉地继承了童师的薪传。童先生最有名的论文就是《试论我国从东北至西南的边地半月形文化传播带》，该文视野开阔，宏观研究与微观研究相结合，阐明了不同区域文明交流的重要意义，展现了在缺少历史文献记载的巨大历史时空如何利用考古发现去重建古代文明的方法和理论，这在中国西部与东南亚考古学界影响至今，因此有学者曾称这条文化交流传播带为"童恩正线"。童先生还在其他论文中多次指出加强中国西南与邻近东南亚国家的研究和比较研究的重要性。在我工作了几十年的广西民族大学，其教学和科研也是以世界性、区域性和民族性为重心，可以说与童先生早年的设想和攻关的目标不谋而合。我的学术兴趣虽然广泛，但因学术师承和工作环境的关系，我没有理由不致力中国西南与东南亚的民族考古学和民族文化艺术史的教学与研究。

经过长期的学习和实践，我感觉到骆越历史与文化的研究，既是一个老课题也是一个新课题。它"老"是因为根据很有限的历史文献记载，中外学者近百年来对骆越问题的研究已经积累了不少研究成果，后人若用历史学方法来研究已经难以取得突破；要说它"新"，那是因为近百年来在中越两国，考古发现层出不穷，积累了大量可供研究复原上古骆越历史与文化的新资料，因这些考古资料的隔膜生冷，要将地下的文化遗物转化为活生生的历史语言，其难度不言而喻。可以说迄今为止，能用多种外语直接驾驭这些上古时期的考古资料，并开展综合研究和比较研究的学者更是凤毛麟角。笔者认为，要不断完成上述的学术目标，只有从专题分类研究入手，采用多学科结合的方法，才能借助考古发现的一砖一瓦去重建骆越的历史与文化。

幸运的是，在我多年从事科研的过程中，结识了一些志同道合的师友，可以向他们请益、得到鼓励、获赠和借阅资料。可以说，没有他们的支持和提携，我不可能朝着研究骆越问题的道路走下去。这就是我选择和能够研究骆越青铜文化的第二个原因。就此而言，我要特别感谢广西民族研究所的覃彩銮研究员，广西壮族自治区博物馆的蒋廷瑜研究员、郑超雄研究员、黄启善研究员，广西文物考古研究所的林强研究员、覃芳研究员、李珍研究员，还有本课题组成员、我校民族学与社会学学院院长王柏中教授、副院长滕兰花教授，因本职教研工作和学院行政工作太过繁忙，两人虽然没有参与到专著的写作，但在力所能及的情况下都给予我很多帮助。《民族艺术》主编许晓明博士在笔者从事项目研究的过程中也曾给予很大的帮助，还有将我引入骆越研究的同仁黄兴球教授，在此笔者一一深表谢意！

本著从写作到出版能够先后获得国家社会科学基金和国家出版基金的立项资助，这是笔者事先想不到的幸遇。因此，作为学者，我要特别感谢国家各级文化部门对加强边疆民族问题研究和民族文化建设的高度重视，也感谢覃彩銮先生的牵线搭桥和广西科学技术出版社的领导，以及编辑部各位编辑为《骆越文化研究》丛书的立项、编辑、出版所付出的艰辛努力。

　　本著付梓出版了，师友之情难忘，我不由得怀念起著名学者——我校外国语学院的范宏贵教授。宏贵先生在2015年和我们一道承担了骆越历史与文化研究分项目的调研和写作，其间竟不幸逝世！但他助人为乐、诲人不倦、学到老、笔耕不辍的精神，是我辈及后学永远值得学习的典范。我想，如果条件允许，笔者还会将骆越历史与文化的研究继续做下去。

　　是为记。

谢崇安

2019年1月于广西民族大学寓所